Jürgen Schiener

Bildungserträge in der Erwerbsgesellschaft

Sozialstrukturanalyse

Herausgegeben von
Stefan Hradil

Jürgen Schiener

Bildungserträge in der Erwerbsgesellschaft

Analysen zur Karrieremobilität

VS VERLAG FÜR SOZIALWISSENSCHAFTEN

Bibliografische Information Der Deutschen Bibliothek
Die Deutsche Bibliothek verzeichnet diese Publikation in der Deutschen Nationalbibliografie; detaillierte bibliografische Daten sind im Internet über <http://dnb.ddb.de> abrufbar.

Die vorliegende Arbeit wurde vom Fachbereich 02 Sozialwissenschaften, Medien und Sport der Johannes Gutenberg-Universität Mainz im Jahr 2004 als Dissertation zur Erlangung des akademischen Grades eines Doktors der Philosophie (Dr. phil.) angenommen.

1. Auflage Januar 2006

Lektorat: Frank Engelhardt

Der VS Verlag für Sozialwissenschaften ist ein Unternehmen von Springer Science+Business Media.
www.vs-verlag.de

Umschlaggestaltung: KünkelLopka Medienentwicklung, Heidelberg
Druck und buchbinderische Verarbeitung: MercedesDruck, Berlin
Gedruckt auf säurefreiem und chlorfrei gebleichtem Papier
Printed in Germany

ISBN 3-531-14650-5

Für meine Eltern

Inhaltsverzeichnis

Vorwort

DAS Thema »Bildung« ist in den letzten Jahren wieder ins Zentrum des öffentlichen und des wissenschaftlichen Interesses gerückt. Im Zeitalter der Globalisierung beschleunigt sich der Strukturwandel in der Arbeitswelt. Bildung gilt als wichtigste Ressource im Wettbewerb um Produktionsstandorte und Arbeitsplätze. Allerdings ist die allgemeine und berufliche Erstausbildung heute immer weniger in der Lage, den wachsenden und sich rasch verändernden Qualifikationsbedarf zu decken. Stattdessen gewinnt die berufliche Weiterbildung an Bedeutung. Das Prinzip des »lebenslangen Lernens« scheint sich in der modernen Erwerbsgesellschaft mehr und mehr durchzusetzen. Doch welche Folgen haben diese Entwicklungen für die Karriereprozesse auf dem Arbeitsmarkt und für das Verhältnis von Bildung und Beruf?

Diese Frage beschäftigt mich bereits seit den 1990er Jahren. Mein Interesse wurde von Professor Dr. Dr. h. c. Stefan Hradil in seinen Seminaren zur sozialen Ungleichheit geweckt. In einem Praktikum im Forschungsbereich »Bildung, Arbeit und gesellschaftliche Entwicklung« am Max-Planck-Institut für Bildungsforschung in Berlin habe ich 1996 die ersten Erfahrungen mit empirischen Analysen zum Thema gesammelt. Dabei wurde mir deutlich, dass es in diesem Forschungsgebiet spezieller Methodenkenntnisse bedarf. Nachdem ich nun selbst einige Weiterbildungsveranstaltungen zur statistischen Datenanalyse am Zentralarchiv für empirische Sozialforschung in Köln besuchen konnte, hat mich das Thema wieder gepackt.

Die vorliegende Arbeit zu den neueren Entwicklungsprozessen zwischen Bildung und Beruf ist während meiner Tätigkeit als wissenschaftlicher Mitarbeiter am Institut für Soziologie der Johannes Gutenberg-Universität in Mainz entstanden. In dieser Zeit habe ich von einer ganzen Reihe von Menschen Unterstützung erfahren. Zu allererst möchte ich mich bei meinem Doktorvater Professor Dr. Dr. h. c. Stefan Hradil für das Vertrauen bedanken, das er in mich gesetzt hat. Besonderer Dank gilt auch Professor Dr. Peter Preisendörfer für die Geduld, meine Ideen anzuhören und sie mit mir zu diskutieren. Er hat großen Anteil am Zustandekommen dieser Arbeit. Meiner Frau Heike Schiener danke ich herzlich für den Rückhalt, den sie mir gegeben hat, wenn ich zwischenzeitlich den „Faden“ verloren hatte.

Noch ein Wort zur geschlechtsspezifischen Schreibweise. Ich habe darauf verzichtet, obwohl ich den Anspruch prinzipiell für berechtigt halte. Bei der Darstellung von Ergebnissen aus der empirischen Umfrageforschung hat das gebotene Bemühen um Präzision ohnehin zu komplexen Textkonstruktionen geführt. Eine konsequente Berücksichtigung der weiblichen Form hätte die Lesbarkeit des Textes stark eingeschränkt.

Jürgen Schiener, im November 2005

1 Einleitung

WELCHE Veränderungen haben sich zwischen 1984 und 2000 im Verhältnis von Bildung und beruflicher Tätigkeit vollzogen? Hat sich die Wertigkeit von allgemeinen und beruflichen Bildungsabschlüssen beim Zugang zu entsprechenden Berufspositionen verringert? Werden geringer qualifizierte Erwerbstätige durch höher qualifizierte Kolleginnen und Kollegen von ihren angestammten Arbeitsplätzen verdrängt? Verringert sich die soziale Ungleichheit in den Karrierechancen, und kann von einer Individualisierung der Karrieremobilität gesprochen werden? Nach welchen Kriterien ist der Zugang zu beruflicher Weiterbildung strukturiert, und wie verändern sich diese Ungleichheiten über die Zeit? In welchem Zusammenhang steht die Teilnahme an beruflicher Weiterbildung mit den Prozessen der Karrieremobilität? Trägt die berufliche Weiterbildung zu einer Verringerung ungleicher Karrierechancen bei? Mit diesen Fragen beschäftigen sich die Analysen zum Verhältnis von Bildung, Weiterbildung, Statuszuweisung und Karrieremobilität in der vorliegenden Arbeit.

1.1 Zur Perspektive der Untersuchung

Die Arbeit bewegt sich im Schnittfeld von Bildungssoziologie (vgl. Krais 1994; Löw 2003) sowie soziologischer Ungleichheits- bzw. Mobilitätsforschung (vgl. Hradil 2001b). Obwohl der Statuszuweisungsprozess spätestens seit den 1960er Jahren zu den Grundfragen der soziologischen Ungleichheits- und Mobilitätsforschung gehört (vgl. Blau und Duncan 1967; Ganzeboom et al. 1991; Hopf 1992), besteht im Hinblick auf die Entwicklung der Beziehung zwischen Bildung und Statuszuweisung bzw. Karrieremobilität im Zuge der Bildungsexpansion noch Forschungsbedarf (vgl. Müller 1998: 107). Auf der Basis des sozio-ökonomischen Panels (SOEP) (vgl. SOEP Group 2001) leistet die Arbeit einen Beitrag zum Verständnis dieser Entwicklung für westdeutsche Erwerbstätige zwischen 1984 und 2000.[1]

1 Die Untersuchung ist aus inhaltlichen und pragmatischen Gründen auf Westdeutschland beschränkt. Zum einen sind die Arbeitsmarktprozesse in Ostdeutschland in den 1990er Jahren noch stark durch die Folgen des abrupten Systemwechsels 1990 geprägt. Aufgrund der spezifischen Gegebenheiten in Ostdeutschland, die eine längere Diskussion der institutionellen Veränderungen

In einem neueren Aufsatz zum Verhältnis von Bildung und Beruf in Deutschland hat Walter Müller (2001: 60) die Forderung erhoben, „dass die zukünftige Forschung sich verstärkt auch auf die Nachfrageseite des komplizierten Verhältnisses zwischen Bildung und Arbeitsmarkt konzentrieren sollte“. Die vorliegende Arbeit wird dieser Forderung insofern gerecht, als der berufliche Status von Erwerbstätigen – und damit auch der Bezugsrahmen der Mobilitätsanalysen – über eine Skala der erforderlichen Ausbildung im Beruf operationalisiert wird. Sie wird im SOEP mit einer Frage nach dem Qualifikationsniveau der aktuell ausgeübten beruflichen Tätigkeit erhoben. Gemessen werden dabei nicht die formalen Qualifikationen der Arbeitskräfte, sondern vielmehr die Qualifikationsanforderungen, die mit ihren Arbeitsplätzen verbunden sind. Die Skala der erforderlichen Ausbildung im Beruf liefert eine unabhängige Messung für die Qualifikationsstruktur der realisierten Arbeitskräftenachfrage. Durch einen Vergleich zwischen den formalen Bildungsabschlüssen von Arbeitskräften und dem Qualifikationsniveau ihrer Arbeitsplätze machen es die SOEP-Daten möglich, den Umfang des vertikalen qualifikatorischen Mismatchs auf dem Arbeitsmarkt und seine Entwicklung zu bestimmen (vgl. Büchel 1998; Büchel und Weisshuhn 1996, 1997; Szydlik 1996b).

Eine weitere Besonderheit der vorliegenden Arbeit ist darin zu sehen, dass sie Brücken zum interdisziplinären Forschungsfeld der beruflichen Weiterbildung schlägt. Die berufliche Weiterbildung nimmt bisher weder in der Bildungssoziologie noch in der Ungleichheitsforschung einen zentralen Raum ein. Obwohl vieles dafür spricht, dass der beruflichen Weiterbildung im Zuge des technologischen und arbeitsorganisatorischen Wandels eine immer wichtigere Rolle bei der Bereitstellung von arbeitsmarktrelevanten Qualifikationen zukommt, ist ihre Bedeutung für den Karriereprozess noch unterbelichtet. Deshalb werden in dieser Arbeit einerseits die Struktur und Entwicklung der sozialen Ungleichheiten im Zugang zur beruflichen Weiterbildung untersucht. Andererseits wird der Zusammenhang zwischen der Teilnahme an beruflicher Weiterbildung und den Prozessen der Statuszuweisung und der Karrieremobilität untersucht. Eine wesentliche Rolle spielt hier wiederum die Messung des beruflichen Status durch die Skala der erforderlichen Ausbildung im Beruf. Es ist ein Spezifikum der beruflichen Weiterbildung, dass hier nur vergleichsweise selten Bildungsabschlüsse nachgeholt werden, die normalerweise im sekundären und tertiären Bildungsbereich zu erwerben sind (vgl. Kuwan et al. 2003). Sehr viel häufiger handelt es sich bei den Maßnahmen der beruflichen Weiterbildung um kurzfristige Qualifizierungsprozesse, die auf spezifische Tätigkeiten ausgerichtet sind. Ihr Profil wird eher von der Nach-

von Bildungs- und Beschäftigungssystem erfordern, ist eine vergleichende Analyse im Rahmen dieser Arbeit nicht zu leisten. Und zum anderen sind vergleichbare Daten für Ostdeutschland im SOEP erst seit 1990 enthalten.

frageseite als von der Angebotsseite des Arbeitsmarkts her bestimmt. Als Messinstrument für den beruflichen Status von Erwerbstätigen ist die Skala der erforderlichen Ausbildung im Beruf weniger auf die formale Bildung der Arbeitskräfte ausgerichtet als konkurrierende Skalen (vgl. Wolf 1995). Die Statusskalen, die auf die Erhebungsschemata zur beruflichen Tätigkeit oder zur Stellung im Beruf aufbauen, greifen entweder im Erhebungs- oder im Skalierungsprozess auf Informationen zur formalen Bildung der Erwerbstätigen zurück. Sie liefern keine unabhängige Messung der Qualifikationsstruktur der Arbeitskräftenachfrage. Die Skala der erforderlichen Ausbildung im Beruf ist dagegen logisch unabhängig von den formalen Qualifikationen der Erwerbstätigen, auch wenn empirisch starke Korrelationen vorliegen. Deshalb eignet sie sich besser dazu, Mobilitätsvorgänge zu registrieren, die mit Prozessen der beruflichen Weiterbildung verbunden sind. In der betrieblichen Praxis ist es keine Seltenheit, dass Arbeitskräfte in Weiterbildungsprozessen für spezifische Tätigkeiten qualifiziert werden, die *in der Regel* einen formalen Ausbildungsabschluss erfordern, ohne dass sie diesen Ausbildungsabschluss in der Weiterbildungsmaßnahme tatsächlich absolvieren.

1.2 Bildung, Weiterbildung und soziale Ungleichheit

In fortgeschrittenen Gesellschaften ist Bildung eine der zentralen Dimensionen und der wichtigsten Determinanten sozialer Ungleichheit zugleich (vgl. Geißler 2002; Hradil 2001b; Kreckel 1992). Aus dieser Perspektive entspricht »Bildung« einem ungleich verteilten Gut, das nicht nur für sich selbst genommen als wertvoll erachtet wird, sondern darüber hinaus in andere Dimensionen sozialer Ungleichheit konvertierbar ist. Dies gilt auch für Bildung im idealistisch geprägten Sinne des Begriffs (vgl. Gukenbiehl 2001: 89), die sich über die Mechanismen von Distinktion und Assoziation als »inkorporiertes Kulturkapital« in die symbolischen Dimensionen sozialer Ungleichheit umsetzen lässt (vgl. Bourdieu 2001: 113-6; Müller 1993: 277-8). Es gilt aber noch viel mehr für Bildung, die im utilitaristischen oder bildungsökonomischen Sinne als »Qualifikation« verstanden wird (vgl. Krais 1994: 561). Damit sind erwerbsarbeitsbezogene Kenntnisse und Fertigkeiten gemeint, die sich als »Humankapital« auf dem Arbeitsmarkt in entsprechende Berufspositionen und Erwerbseinkommen ummünzen lassen (vgl. Müller 2001; Müller et al. 2002; Timmermann 2002).

In einer „postindustriellen Erwerbsgesellschaft“, in der theoretisches Wissen für das gesellschaftliche Leben und den sozialen Wandel immer wichtiger wird (vgl. Bell 1996), die aber nach wie vor um die Institution der Erwerbsarbeit zentriert ist (vgl. Berger und Konietzka 2001; Rürup und Sesselmeier 2001; Wagner 2000), sollte Bildung die Erwerbschancen – und damit auch die Prozesse der Statuszuweisung und der Karrieremobilität (vgl. Mayer 2000) – immer nachhaltiger beeinflussen.

Bei der Übertragung von Bildung in andere Dimensionen sozialer Ungleichheit auf dem Arbeitsmarkt spielen »Bildungstitel«, »Bildungszertifikate« oder »Bildungspatente« (vgl. Weber 1972: 577) eine besondere Rolle. Damit sind in erster Linie Diplome, Zeugnisse, Briefe und ähnliche Dokumente gemeint, die den erfolgreichen Abschluss von formal organisierten und staatlich regulierten Bildungsgängen bestätigen und die dabei erbrachten Leistungen bewerten. Sie sind als »institutionalisiertes Kulturkapital« zu verstehen, weil sie den Kenntnissen und Fähigkeiten, die ihren Besitzern zugeschrieben werden, öffentliche Anerkennung verleihen (vgl. Bourdieu 2001: 118-20; Müller 1993: 279-80). In diesem Sinne werden Bildungszertifikate vor allem in den Bereichen der allgemeinen Schulbildung, der beruflichen Ausbildung und der Hochschulbildung verliehen. Durch die hochgradige Standardisierung von Bildungsgängen und -abschlüssen im primären, sekundären und tertiären Sektor des Bildungswesens sind die entsprechenden Zertifikate zu einem wichtigen Medium des Zugangs zu Berufspositionen und Erwerbseinkommen auf dem Arbeitsmarkt geworden.

Der Bereich der beruflichen Weiterbildung ist im Vergleich zu den anderen Bildungsbereichen ausgesprochen pluralistisch strukturiert und staatlicherseits in wesentlich geringerem Umfang reguliert (vgl. Geißler und Orthey 1996: 193; Lipsmeier 1990; Wittwer 1995).[2] Neben die allgemein anerkannten Zertifikate der staatlichen und parastaatlichen Institutionen (z. B. von Kammern oder beruflichen Schulen) treten hier die Zertifikate von privaten Weiterbildungsträgern (z. B. von Betrieben oder kommerziellen Weiterbildungsanbietern). Ihre Geltung ist in der Regel durch den Einflussbereich bzw. die Marktmacht des jeweiligen Weiterbildungsträgers begrenzt (vgl. Wittwer 1995: 41). Zudem handelt es sich in den meisten Fällen um bloße Teilnahmebestätigungen, die keine differenzierte Leistungsbewertung im Sinne eines Zeugnisses vornehmen.[3] Theoretisch können diese Teilnahmebestätigungen oder auch die bloße Teilnahme an beruflicher Weiterbildung auf dem Arbeitsmarkt dennoch als funktionales Äquivalent zu den Zertifikaten aus den anderen Bildungsbereichen wirken. In vielen Fällen (so z. B. in der betrieblichen Weiterbildung) stehen die Weiterbildungsmaßnahmen in engem Bezug zu spezifischen Qualifikationsanforderungen. Die Teilnahme an berufli-

2 Davon sind bestimmte Teilbereiche der beruflichen Weiterbildung ausgenommen, die auf Bundesebene durch das Berufsbildungsgesetz (BBiG) oder die Handwerksordnung (HWO), das dritte Sozialgesetzbuch (SGB III) zur Arbeitsförderung oder auf Landesebene beispielsweise durch Fachschulgesetze geregelt sind (vgl. Diemer und Peters 1998).

3 Im Bereich der beruflichen Weiterbildung bezieht sich die »Zertifizierung« vorwiegend auf das »Qualitätsmanagement« der Weiterbildungsanbieter (vgl. Kuwan und Waschbüsch 1996; Wuppertaler Kreis e.V. und CERTQUA 2002). Durch eine Zertifizierung kann der Marktwert der Zertifikate bzw. Teilnahmebestätigungen eines Anbieters gesteigert werden.

cher Weiterbildung sollte in diesen Fällen den Besitz spezifischer Qualifikationen einigermaßen verlässlich signalisieren, weil eine klare Definition der Qualifikationsanforderungen die Auswahl und Kontrolle eines bestimmten Weiterbildungsangebots erleichtert. In anderen Fällen geht es bei der Teilnahme an beruflicher Weiterbildung gar nicht darum, spezifische Qualifikationen zu erwerben, sondern „lediglich" darum, potenziellen Arbeitgebern die Bereitschaft und Fähigkeit zur weiteren Qualifizierung zu demonstrieren. Welcher Wert der Teilnahme an beruflicher Weiterbildung bei der Umsetzung von Bildung in die Dimensionen des beruflichen Status oder des Erwerbseinkommens unter diesen Bedingungen zukommt, und wie er sich mit dem beschleunigten technologischen und organisatorischen Wandel in der Arbeitswelt entwickelt, bleibt eine offene, empirisch zu beantwortende Frage.

Der »Bildungsexpansion« wird ein zentraler Stellenwert für die Entwicklung im Verhältnis zwischen Bildung und sozialer Ungleichheit auf dem Arbeitsmarkt zugeschrieben (vgl. Geißler 2002: 334-45; Klemm 2000, 2001). Es handelt sich um einen zusammenfassenden Begriff für eine Reihe von Entwicklungsprozessen im Bildungswesen, die in Westdeutschland seit den 1950er Jahren zu einer kontinuierlichen Höherqualifizierung der Bevölkerung geführt haben (vgl. Geißler 2002: 339). Bei der allgemeinen Schulbildung ist zunächst die Verlängerung der Pflichtschulzeit zu nennen. Ganz besonders fällt aber der starke Anstieg in der Beteiligung an den mittleren und höheren Bildungsgängen ins Gewicht, der sich vor allem in den 1960er und 70er Jahren ereignet hat (vgl. Klemm 2001: 332). In der beruflichen Bildung ist der über die Geburtskohorten sukzessive wachsende Anteil von Personen anzuführen, die über eine abgeschlossene Berufsausbildung verfügen (vgl. Klemm 2000: 150). Was die akademische Bildung angeht, sind die Anteile von Frauen und Männern, die mit Hochschul- oder Fachhochschulabschlüssen in das Erwerbsleben eingetreten sind, von den 1930er Jahren bis in die 1990er Jahre hinein beinahe kontinuierlich angestiegen (vgl. Müller 2001: 41). Klemm (2001: 337) kann anhand einer Sonderauswertung des Mikrozensus 1998 zeigen, dass sich der Anteil von Hochschul- und Fachhochschulabsolventen an der gleichaltrigen Bevölkerung von der Altersgruppe der 60- bis 64-Jährigen bis hin zur Altersgruppe der 40- bis 44-Jährigen mehr als verdoppelt hat.

Allerdings scheint die Bildungsexpansion seit den 1990er Jahren in mancherlei Hinsicht ins Stocken geraten zu sein. Der Anteil von Jugendlichen (zwischen 15 und 24 Jahren) ohne Berufsabschluss ist zwischen 1990 und 1998 in einer Weise angestiegen (vgl. Reinberg und Hummel 2001: 34), die sich nicht auf eine verlängerte Bildungsbeteiligung der entsprechenden Geburtskohorten zurückführen lässt. Gleichzeitig ist der Anteil der Schulabgänger mit Hochschul- oder Fachhochschulreife leicht gefallen (vgl. Hradil 2002: 234), während der Anteil der Studienanfänger am Durchschnittsjahrgang der 19- bis unter 21-Jährigen stagnierte (vgl. Leidhold 2001: 452; Reinberg und Hummel 2001: 28-9). Zudem zeigt die gerade erwähnte Sonderauswertung des Mikrozensus 1998, dass die Anteile von Personen mit Hochschulabschluss bzw. Fachhochschulabschluss an der gleichaltrigen Bevölkerung bei den unter 40-Jährigen wieder niedriger liegen als in der Altersgruppe der 40- bis 44-Jährigen (vgl. Klemm 2001: 337). Wenn man davon ausgeht, dass die meisten Studierenden an Universitäten und Fachhochschulen ihr Studium bis zum Alter von 30 Jahren abgeschlossen haben, deutet dieses Ergebnis ebenfalls auf eine Stagnation der Bildungsexpansion hin.

Parallel zur Bildungsexpansion ist es seit den frühen 1970er Jahren in der Bundesrepublik zu einem massenhaften, schubweisen Anstieg der Arbeitslosigkeit gekommen. Die so genannte »Sockelarbeitslosigkeit«, die im wirtschaftlichen Aufschwung nach den jeweiligen Konjunkturkrisen nicht wieder abgebaut werden konnte, steigt treppenförmig an (vgl. Franz 2001: 13; Hradil 2001b: 189). Von der Höherqualifzierung des Arbeitskräfteangebots und der gleichzeitigen (absoluten und relativen) Ausweitung des Arbeitskräfteangebots wurde häufig auf Entwertungsprozesse im Verhältnis von Bildung und Beschäftigung geschlossen (vgl. Geißler 2002: 343-4; Hradil 2001b: 173-5; Müller 1998: 92-8). Eine zunehmende Statuskonkurrenz zwischen den Absolventen von höheren Bildungsabschlüssen führe zur »Bildungsinflation«, d. h. zu einer durchschnittlichen Entwertung von Bildungsabschlüssen bei der Konversion von Bildung in beruflichen Status und Einkommen, und zur »Verdrängung« von Absolventen mit niedrigeren Bildungsabschlüssen. Die Erwartungen zu den Entwertungs- und Verdrängungsprozessen im Verhältnis von Bildung und Beschäftigung lassen sich durch Filter- und Signaltheorien (vgl. Arrow 1973; Spence 1973), die Arbeitsplatzwettbewerbstheorie (vgl. Thurow 1975, 1978) oder durch die Theorie der Positionsgüter (vgl. Hirsch 1980; Ultee 1980; Wolbers et al. 2001) plausibel erklären. Die empirischen Befunde zur Entwicklung der beruflichen und der monetären Bildungsrenditen in der Bundesrepublik sind jedoch widersprüchlich. Die Analysen von Blossfeld (1985) und Handl (1986, 1996) weisen auf eine (recht moderate) Verringerung von beruflichen Bildungsrenditen hin, während die Ergebnisse von Däumer (1993) und Müller (2001) eher für ein stabiles Verhältnis von Bildung und beruflichem Status sprechen. Was die Entwicklung der monetären Bildungsrenditen angeht, sind die Einschätzungen auf der Grundlage verschiedener Datenquellen ebenfalls unterschiedlich (vgl. Butz 2001; Hradil 2001b: 174-5).

Insgesamt gesehen sprechen die neueren empirischen Studien dafür, dass der Begriff der Bildungsinflation nicht angemessen ist, um die Entwicklung im Verhältnis zwischen Bildung und beruflichem Status in der Bundesrepublik zu beschreiben (vgl. Geißler 2002: 344; Müller 1998: 95 und 106). Die Diagnose einer Bildungsinflation hat sich in der Vergangenheit zu sehr auf die Befunde zur Höherqualifizierung des Arbeitskräfteangebots gestützt und die gleichzeitig erfolgte

Anhebung im Qualifikationsniveau der Arbeitskräftenachfrage zu wenig berücksichtigt (vgl. Müller 2001: 57). Beide Prozesse dürften sich in der Vergangenheit trotz steigender Arbeitslosigkeit, die sich allerdings bei den gering qualifizierten Arbeitskräften konzentriert, in etwa kompensiert haben (Geißler 2002: 344).

Um die Auswirkungen der Bildungsexpansion für die soziale Ungleichheit von Statuszuweisung und Karrieremobilität abzuschätzen, muss der qualifikatorische Strukturwandel auf dem Arbeitsmarkt in seiner Gesamtheit berücksichtigt werden (vgl. Reinberg 1999). Ohne Zweifel ist im Zuge der Bildungsexpansion das Qualifikationsniveau des Arbeitskräfteangebots kontinuierlich gestiegen. Noch in den 1990er Jahren ist der Anteil der Hochschul- und Fachhochschulabsolventen unter den Erwerbspersonen in Westdeutschland weiter angestiegen (vgl. Reinberg 1999: 436). Die Akademikerarbeitslosigkeit hat im gleichen Zeitraum nur geringfügig zugenommen. Der Arbeitsmarkt war demnach auch in einer insgesamt angespannten Situation in der Lage, das gestiegene Arbeitskräfteangebot in diesen Qualifikationsgruppen aufzunehmen.

Nun stellt sich die Frage, unter welchen Bedingungen die Integration der Absolventen von Hoch- und Fachhochschulen auf dem Arbeitsmarkt erfolgt ist (vgl. Reinberg 1999: 438-42). Wenn der Qualifikationsbedarf auf der Nachfrageseite des Arbeitsmarkts hinter der Entwicklung im Arbeitskräfteangebot zurückgeblieben ist, dürfte die Arbeitsmarktintegration der Akademiker in den 1990er Jahren vermehrt zu „unterwertiger" Beschäftigung in dieser Qualifikationsgruppe und zu einer Verdrängung von niedrigeren Qualifikationsgruppen geführt haben. Die verfügbaren Daten sprechen jedoch dafür, dass sich der Anteil von qualifikationsinadäquat Beschäftigten mit Hochschul- oder Fachhochschulabschluss zwischen 1984 und 1995 allenfalls marginal erhöht hat (vgl. Büchel 1998). Offenbar steht dem steigenden Angebot an höheren Bildungsabschlüssen auf der Nachfrageseite des Arbeitsmarkts auch in den 1990er Jahren ein gleichermaßen wachsender Bedarf an höheren Qualifikationen gegenüber. Zu Verdrängungsprozessen in einer nennenswerten Größenordnung dürfte es in dieser Situation kaum gekommen sein. Und die verfügbaren Prognosen lassen erwarten, dass der Bedarf an akademischen Qualifikationen auch künftig zunehmen wird (vgl. Dostal 2000; Hradil 2002: 234; Weidig et al. 1999: 52-7).

Als Folge der Bildungsexpansion und des beschleunigten organisatorischen und technologischen Wandels in der Arbeitswelt vermuten manche Autoren Verschiebungen im Verhältnis von Bildung, Weiterbildung und sozialer Ungleichheit (vgl. Geißler 1994; Geißler und Orthey 1996; Tippelt und Cleve 1995: 1). Weil die Systeme der schulischen und beruflichen Erstausbildung die Funktionen von Statuszuweisung und -stabilisierung nicht mehr erfüllen könnten, würden diese Funktionen immer weiter in den Bereich der beruflichen Weiterbildung verlagert. Mit der Verbreitung von Abschlüssen der allgemeinen und beruflichen Bildung müsse die berufliche Weiterbildung zur Legitimierung sozialer Ungleichheit beitragen. Geißler und Orthey (1996: 191) formulieren besonders nachdrücklich:

> „Nicht mehr die Ausbildung in der Schule, in der Hochschule oder in der Lehre produziert heute das Bildungskapital, sondern die (berufliche) Weiterbildung beziehungsweise Erwachsenenbildung. Sozialer Status, Einkommen, gesellschaftliche Privilegien und Anerkennung hängen zunehmend weniger von der Ausbildung ab. Es werden die Titel und die Zertifikate der Weiterbildung immer wichtiger für Aufstieg, Erfolg und Einkommen."

Die Diagnosen von Geißler und Orthey lassen eine merkwürdige Mischung von modernisierungstheoretischen Argumenten in Bezug auf das Verhältnis von Bildung, Weiterbildung und beruflichem Status erkennen. Dabei lassen sich mit Müller (2001: 29-30) Argumente der klassischen und der postmodernen Variante der Modernisierungstheorie unterscheiden. Einerseits argumentieren Geißler und Orthey (1996: 191), dass „die Reproduktion sozialer Ungleichheit mit Hilfe des Bildungssystems [...] noch dominanter geworden [ist], da es mit Hilfe der Realisierung des lebenslangen (lebenslänglichen!) Lernprinzips die gesamte Existenz der Individuen umfaßt". Es handelt sich um ein Argument der klassischen Modernisierungstheorie, angewendet auf ein Stadium der sozio-ökonomischen Entwicklung, in dem ein nicht zu vernachlässigender Teil der arbeitsmarktrelevanten Qualifikationen in der beruflichen Weiterbildung erzeugt wird. Andererseits wird unterstellt (siehe oben), dass die Verknüpfung zwischen allgemeiner und beruflicher Erstausbildung und dem beruflichen Status erodiere. Hier wird mit der postmodernen Variante der Modernisierungstheorie argumentiert. Beide Argumente lassen sich nur dann vereinbaren, wenn die Beziehung zwischen der Teilnahme an beruflicher Weiterbildung und den Prozessen der Statuszuweisung im Zuge der sozio-ökonomischen Entwicklung so viel stärker geworden ist, dass sie den Funktionsverlust im Bereich der allgemeinen und beruflichen Erstausbildung kompensieren kann. Hier stellt sich allerdings die Frage, wie realistisch eine solche Einschätzung ist. Die Argumente von Geißler und Orthey (1996) lassen sich sowohl aus der Perspektive der klassischen als auch der postmodernen Variante der Modernisierungstheorie anzweifeln.

Die empirischen Befunde weisen eindeutig darauf hin, dass die Teilnahmequoten und das Volumen an beruflicher Weiterbildung in den letzten Jahrzehnten gestiegen sind (vgl. Kuwan et al. 2003). Parallel zur Ausweitung der Beteiligung im sekundären und tertiären Bildungsbereich hat sich also auch hier eine »Bildungsexpansion« vollzogen. Ob die Bedeutung der beruflichen Weiterbildung für die Produktion von Gütern und Dienstleistungen gegenüber den anderen Bildungsbereichen dabei zugenommen hat, ist schwer zu beurteilen. Die Bildungsprozesse in der Erstausbildung und der Weiterbildung sind zu unterschiedlich, um sie auf der Basis von Teilnahmefällen, Volumen an aufgewendeter Zeit oder hinsichtlich der entstandenen Kosten miteinander zu vergleichen. Ebenso ungewiss ist es, ob die Bedeutung der beruflichen Weiterbildung für den Statuszuweisungsprozess im Zuge ihrer Ausweitung zugenommen hat. Aus der Perspektive der postmodernen Variante der Modernisierungstheorie hat gerade die Expansion der Bildungsbeteiligung im sekundären und im tertiären Bildungsbereich zu einer Auflösung der Beziehungen zwischen Bildung und Beruf beigetragen. In dieser Hinsicht ist es schwer einzusehen, dass gerade die Verallgemeinerung von Weiterbildungsanforderungen und -aktivitäten im Prinzip des lebenslangen Lernens für alle zu einer stärkeren Bindung zwischen (Weiter-) Bildung und Beruf führen sollte. Aus der Perspektive der klassischen Variante der Modernisierungstheorie wäre darauf hinzuweisen, dass die verfügbaren empirischen Studien eher für Stabilität in der Beziehung von Bildung und beruflichem Status sprechen als für Erosion. Insofern ist der Funktionsverlust der allgemeinen und beruflichen Erstausbildung anzuzweifeln, den Geißler und Orthey als Ausgangspunkt ihrer Überlegungen zur zunehmend engeren Bindung von Weiterbildung und Statuszuweisung wählen.

Angesichts des langfristig stabilen Einflusses, den die Erstausbildung sowohl auf die Prozesse der Statuszuweisung als auch auf die Aktivitäten der beruflichen Weiterbildung ausübt (vgl. Friebel 1996), ist es letztlich eine empirische Frage, ob der von der Erstausbildung unabhängige Einfluss der beruflichen Weiterbildung auf die Prozesse der Statuszuweisung und der Karrieremobilität zunimmt. In der vorliegenden Arbeit werden empirische Befunde zu dieser Fragestellung für westdeutsche Erwerbstätige für die Zeit seit Mitte der 1980er Jahre präsentiert.

1.3 Zum weiteren Verlauf der Untersuchung

Im weiteren Verlauf der Arbeit werden vier empirische Kapitel (zweites bis fünftes Kapitel) präsentiert, deren Ergebnisse in einem abschließenden, sechsten Kapitel noch einmal aufgearbeitet, miteinander in Beziehung gesetzt und in ihrer Bedeutung für zukünftige Forschungsarbeiten bewertet werden. Die empirischen Analysen schlagen inhaltlich einen weiten Bogen über verschiedene Aspekte und Dimensionen der Beziehung zwischen Bildung, Weiterbildung und dem Qualifikationsniveau beruflicher Tätigkeiten. Die Ergebnisse beziehen sich jeweils auf die Struktur bestimmter Teilaspekte dieser Beziehung und auf ihre Entwicklung für westdeutsche Erwerbstätige zwischen 1984 und 2000. Weil sich die empirischen Analysen im Einzelnen auf verschiedene Forschungsfelder (Bildungs-, Mobilitäts- und Weiterbildungsforschung) mit unterschiedlichen Traditionen und Herangehensweisen erstrecken, wurde auf eine *zusammenfassende* Darstellung der theoretischen Grundlagen und des Forschungsstandes verzichtet. Stattdessen werden die jeweils notwendigen theoretischen und methodischen Hintergründe in den einzelnen empirischen Kapiteln erläutert. Die empirischen Kapitel sind somit auch unabhängig voneinander lesbar, und dem Gang der jeweiligen Argumentation sollte leichter zu folgen sein. Auf eine grundlegende Gemeinsamkeit der empirischen Analysen ist dennoch hinzuweisen. Sie ist darin zu sehen, dass der berufliche Status der Arbeitskräfte jeweils über die Skala der erforderlichen Ausbildung im Beruf von der Nachfrageseite des Arbeitsmarkts her bestimmt wird. Abbildung 1.1 auf der nächsten Seite veranschaulicht die folgenden Ausführungen zu den zentralen Bezugspunkten der einzelnen Kapitel.

Im zweiten Kapitel wird die Entwicklung von beruflichen Bildungsrenditen untersucht. Es geht um die viel diskutierten Fragen nach der Entwertung von Bildungsabschlüssen und der Entkopplung von Bildungs- und Beschäftigungssystem in Bezug auf die jüngere Vergangenheit. In diesem Zusammenhang wird die Überprüfung solcher Entwertungs- und Entkopplungsprozesse anhand von Regressions- und Tabellenanalysen diskutiert. Dabei wird u. a. gezeigt, dass die Tabellenanalyse gegenüber der Regressionsanalyse Vorteile hat, weil sie zwischen *absoluten* Bildungsrenditen – gemessen in Prozentsätzen – und *relativen* Bildungsrenditen – gemessen in Chancenverhältnissen – unterscheiden kann. Auf der Basis von log-linearen Modellen kann untersucht werden, welche Rolle die Steigerungen im Qualifikationsniveau von Arbeitskräfteangebot und -nachfrage für etwaige Veränderungen in den absoluten Bildungsrenditen spielt. Die Ergebnisse belegen, dass die Unterscheidung von absoluten und relativen Bildungsrenditen wichtig ist, weil sich die Entwicklung beider Größen überlagern kann.

Die Frage nach der Individualisierung der Karrieremobilität wird im dritten Kapitel aufgeworfen. Hier werden die Thesen einer Öffnung des westdeutschen Mobilitätsmusters und einer zunehmenden Unbestimmtheit beruflicher Karrieren untersucht. Ähnlich wie im vorangegangenen Kapitel zu den beruflichen Bildungsrenditen werden hier Tabellenanalysen durchgeführt und es wird zwischen absoluten und relativen Mobilitätsraten unterschieden, um die Auswirkungen des berufsstrukturellen Wandels zu kontrollieren. Die Analysen werden zunächst für Erwerbstätige durchgeführt. Im Anschluss werden die Analysen für Erwerbstätige und Arbeitslose zusammengenommen wiederholt, um zu untersuchen, ob die steigende Arbeitslosigkeit im Untersuchungszeitraum die Ergebnisse der Mobilitätsanalysen für Erwerbstätige verzerrt. Die Ergebnisse zur Karrieremobilität von Erwerbstätigen einerseits und Erwerbspersonen andererseits unterscheiden sich diesen Analysen zufolge nur unwesentlich.

In der Weiterbildungsforschung ist bereits seit den 1960er Jahren bekannt, dass die Beteiligung an beruflicher Weiterbildung stark nach dem Bildungsabschluss und dem Qualifikationsniveau der beruflichen Tätigkeit der potenziellen Teilnehmer variiert. Dieser Befund wurde seitdem regelmäßig mit verschiedenen statistischen Methoden und auf der Basis von unterschiedlichen Datenbeständen repliziert. Es besteht allerdings Forschungsbedarf im Hinblick auf multivariate Trendanalysen, die über Strukturen und Entwicklungen im Geflecht der verschiedenen Determinanten der Weiterbildungsbeteiligung anhand von vergleichbaren Datensätzen und Modellen Aufschluss geben. Für den Zeitraum zwischen 1986 und 2000 wird diese Lücke im vierten Kapitel der vorliegenden Arbeit geschlossen.

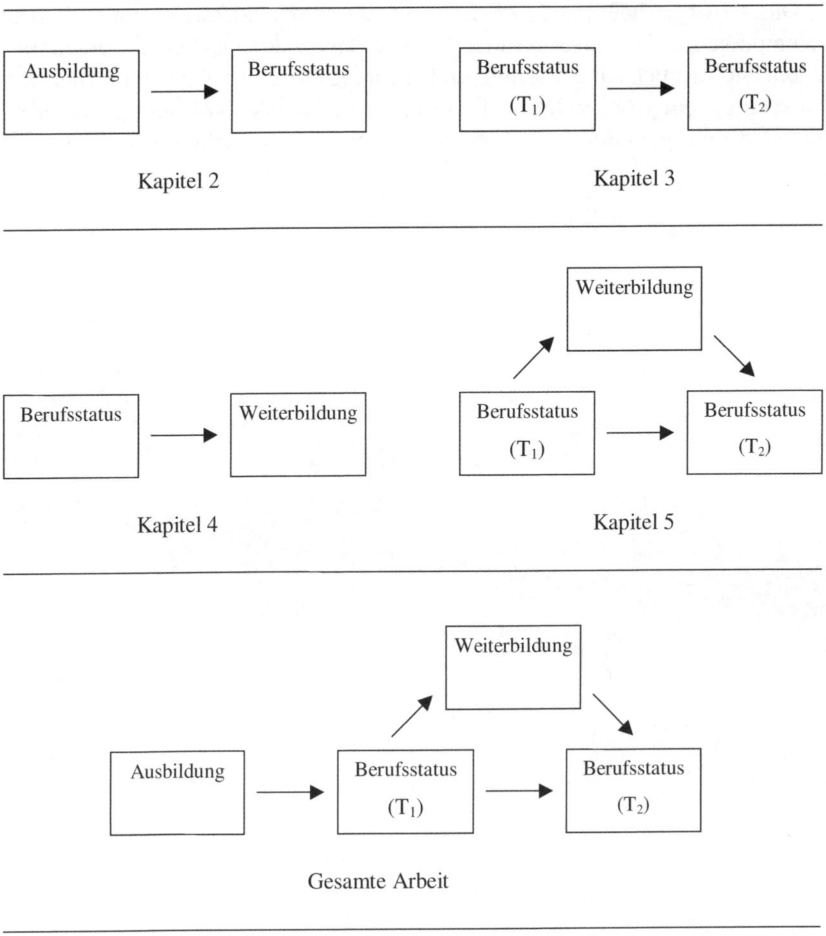

Abbildung 1.1: Diagramme zum weiteren Verlauf der Arbeit

Das fünfte Kapitel ist dem Zusammenhang von beruflicher Weiterbildung und Karrieremobilität gewidmet. Hier wird untersucht, ob die berufliche Weiterbildung einen erkennbaren eigenständigen Beitrag zum beruflichen Aufstieg leistet und ob sie dabei helfen kann, die sozialen Ungleichheiten in der Karrieremobilität abzubauen. Von besonderem Interesse ist dabei die Frage, ob sich der Zusammenhang zwischen beruflicher Weiterbildung und den Karriereprozessen auf dem Arbeitsmarkt im Untersuchungszeitraum verstärkt, wie es Geißler und Orthey (1996) postuliert haben.

Die Arbeit schließt mit einem zusammenfassenden sechsten Kapitel, in dem die empirischen Ergebnisse resümiert und miteinander abgeglichen werden, und in dem ein Ausblick auf den künftigen Forschungsbedarf gegeben wird. Hier werden auch die eingangs gestellten Fragen zum Verhältnis von Bildung, Weiterbildung und Karrieremobilität noch einmal aufgegriffen und schlüssig beantwortet.

2 Die Entwicklung der beruflichen Bildungsrenditen

2.1 Einführung

DAS vorliegende Kapitel beschäftigt sich mit den Auswirkungen der Bildungsexpansion für das Verhältnis von Bildungs- und Berufsstruktur (vgl. Müller 1998, 2001). Im Vordergrund steht die Frage, ob und in welcher Hinsicht die Bildungsexpansion zu einer »Bildungsinflation« führt, d. h. zu einer Entwertung von höheren Bildungsabschlüssen aufgrund ihres zunehmenden Anteils in der Bildungsstruktur der Erwerbsbevölkerung. Diese Frage wird im Hinblick auf »berufliche Bildungsrenditen« untersucht. Damit sind die Erträge verschiedener Bildungsabschlüsse in Bezug auf die Zugangschancen bzw. -risiken zu vorteilhaften und nachteiligen Berufspositionen gemeint (vgl. Handl 1996; Wolbers et al. 2001). Zur Klassifikation von Berufspositionen wird eine Skala verwendet, die über die Art der Ausbildung informiert, die zur Ausübung der entsprechenden Tätigkeit normalerweise erforderlich ist. Die Skala misst das Qualifikationsniveau von Arbeitsplätzen und kann einerseits als Indikator für das Anforderungsprofil der (befriedigten) Arbeitskräftenachfrage angesehen werden. Andererseits kann sie auch als Indikator des sozialen Status beruflicher Tätigkeiten gelten. In diesem Sinne mögen berufliche Bildungsrenditen etwas abstrakter zu interpretieren sein als die »monetären Bildungsrenditen«, die üblicherweise im Zusammenhang mit der Humankapitaltheorie in Bezug auf das Einkommen von Erwerbstätigen bestimmt werden (vgl. z. B. Butz 2001; Wunderlich 1997). Sie sollten demgegenüber aber auch einige Vorteile aufweisen. So werden die Angaben zum Einkommen in der Umfrageforschung häufiger verweigert als Angaben zur Berufsposition. In den relevanten Datensätzen stehen nicht immer Einkommensangaben zur Verfügung, die sich zur Bestimmung monetärer Bildungsrenditen ohne Abstriche eignen.[1] Die Einkommensstruktur von Arbeitsplätzen stellt nur ein mittelbares Maß für ihr Anforderungsprofil dar. Deshalb können Hypothesen zu den Mecha-

1 In seiner Analyse zur Entwicklung der monetären Bildungsrenditen zwischen 1982 und 1995 anhand von Mikrozensusdaten verwendet Butz (2001: 99) beispielsweise Angaben zum monatlichen Nettoeinkommen von abhängig Beschäftigten. Hier stellt sich bereits die Frage, inwiefern die Ergebnisse durch Veränderungen bei den Sozialabgaben, Transferleistungen und Steuern verzerrt sind.

nismen der Bildungsinflation, die sich auf Diskrepanzen im Qualifikationsprofil von Arbeitskräfteangebot und -nachfrage beziehen, nur bedingt durch die Analyse von monetären Bildungsrenditen geprüft werden. Insofern ist die Analyse von beruflichen Bildungsrenditen sicher als sinnvolle und notwendige Ergänzung der Forschungsarbeiten zu den Folgen der Bildungsexpansion anzusehen.

In der langanhaltenden Diskussion über die Folgen der Bildungsexpansion wurden immer wieder empirisch begründete Zweifel angemeldet, ob es dabei überhaupt zu Entwertungsprozessen in nennenswertem Umfang gekommen sei (vgl. Müller 1998). So zeigen die empirischen Forschungsergebnisse nach wie vor, dass die Erwerbschancen von Arbeitskräften in hohem Maße von ihrer formalen Ausbildung abhängen und die beruflichen Perspektiven von Höherqualifizierten sehr viel besser sind als die von Geringerqualifizierten. Dennoch spricht eine Reihe von Argumenten aus dem Feld der Industriesoziologie und der Organisationssoziologie dafür, dass der Vorsprung der Höherqualifizierten im Hinblick auf ihre Erwerbschancen in den letzten Jahren zusammengeschmolzen ist. So sind höhere Bildungsabschlüsse längst keine Garantie mehr für einen sicheren Arbeitsplatz. Die Flexibilisierung des Arbeitsrechts hat zu einer Ausweitung von befristeten und ungeschützten Beschäftigungsverhältnissen geführt, mit denen sich auch Akademiker konfrontiert sehen. Die Rationalisierung der Arbeitsorganisation hat mit dem Abbau betrieblicher Hierarchien auch die höheren Berufspositionen erreicht, und von einem langfristig zu geringen Wirtschaftswachstum gehen kaum Impulse zur Kompensation dieser Entwicklung aus. Von den Kürzungswellen und Einstellungsstopps im öffentlichen Dienst dürften höhere Qualifikationsgruppen besonders betroffen sein, weil es sich hier um ein klassisches Beschäftigungsfeld für Akademiker handelt (vgl. Blossfeld 1985: 157-8). Die Liste von Argumenten, die für eine Verringerung der Erträge von höheren Bildungsabschlüssen sprechen, ließe sich leicht verlängern und ausdifferenzieren. Angezeigt wäre dabei auch eine kritische Diskussion von Geltung, Reichweite und empirischer Fundierung dieser Überlegungen. Bei den folgenden Analysen geht es jedoch weniger um die Diskussion theoretischer Argumente, als vielmehr um einen empirisch-methodischen Beitrag zur Messung beruflicher Bildungsrenditen und zur Beschreibung ihres zeitlichen Verlaufs. Auf theoretische Konzeptionen beziehe ich mich in diesem Beitrag nur, insofern sie das Vokabular der laufenden Diskussion zum Verhältnis von Bildungs- und Berufsstruktur geprägt haben.

Nach Walter Müller (2001) lassen sich in der soziologischen Literatur zum Verhältnis von Bildungs- und Beschäftigungssystem zwei Perspektiven identifizieren, die zu gegensätzlichen Aussagen in Bezug auf die Entwicklung dieser Beziehung gelangen. Es handelt sich einerseits um die klassische und andererseits um die postmoderne Variante der Modernisierungstheorie (Individualisierung, reflexive Modernisierung). Während erstere eine zunehmend engere Verbindung zwischen Bildungsabschlüssen und Berufspositionen unterstellt, postuliert letztere die Auflösung dieser Verbindung. In der vorliegenden Analyse möchte ich mich auf die Begriffe und Konzepte der postmodernen Variante konzentrieren. Es ist strittig, ob es in den letzten Jahren oder Jahrzehnten zu so weitreichenden Auflösungserscheinungen im Zusammenhang zwischen Bildungsabschlüssen und Berufspositionen gekommen ist, wie sie die Individualisierungsthese unterstellt (vgl. Müller 1998: 92-100; Steinmann 2000: 16). In einem programmatischen Aufsatz von Ulrich Beck (1985) ist von der „Bildungsinflation" (317) die Rede, vom „Brüchigwerden des Zusammenhangs zwischen Bildung und Beschäftigung" (318) sowie davon, dass *„das Bildungssystem in den 70er Jahren seine statusverteilende Funktion eingebüßt"* (317) und „an die betrieblichen Personalabteilungen bzw. -chefs verloren" (318) habe. Im Folgenden werde ich die Begriffe der Bildungsinflation und der Entkopplung von Bildungs- und Berufsstruktur mit geeigneten empirischen Konzepten in Verbindung bringen, um die Diskussion zur Entwicklung der beruflichen Bildungserträge zu rationalisieren.

Bildungsinflation und Verdrängungsmechanismus

Mit dem Begriff der Bildungsinflation wird in der soziologischen Ungleichheitsforschung eine Entwertung von Bildungsabschlüssen bezeichnet, die durch ein Überangebot von hoch qualifizierten Arbeitskräften auf dem Arbeitsmarkt hervorgerufen wird. Der Begriff bezieht sich auf eine Verringerung des Tauschwerts von Bildungsabschlüssen bei der Konversion von Ressourcen aus einer Dimension sozialer Ungleichheit in eine andere (vgl. Hradil 2001b: 31-3; Kreckel 1992: 80-1). Nach dem Leistungsprinzip – so die Idealvorstellung in der industriellen Gesellschaft – werden auf dem Arbeitsmarkt Qualifikationen in entsprechende Berufspositionen und Einkommen umgesetzt. Das Tauschmedium sind die Bildungsabschlüsse, die im Bildungssystem erworbenen Zeugnisse und Zertifikate. Dieses Tauschmedium wird entwertet, wenn das Angebot auf dem Arbeitsmarkt die Nachfrage langfristig übersteigt. Der Begriff der Bildungsinflation bezeichnet die Vermutung, dass diese Situation im Zuge der Bildungsexpansion eingetreten sei. Die Bildungsexpansion wird hier als Ursache der Entwertung von Bildungsabschlüssen angesehen. Wenn diese Vermutung richtig ist, müsste auf dem Arbeitsmarkt zunächst ein deutliches Überangebot an höheren Bildungsabschlüssen festzustellen sein, *infolgedessen* sich die beruflichen und monetären Bildungsrenditen verringern (vgl. Blossfeld 1985: 82).

Die »Verdrängungsthese« liefert ein Modell für die Mechanismen, die zu einer Entwertung von Bildungsabschlüssen führen können, welches sich mit einer ganzen Reihe von theoretischen Ansätzen plausibel vereinbaren lässt (vgl. Handl

1996: 251-2; Müller 1998: 92-3; Tippelt 1990: 133-4).[2] Die Verdrängungsthese geht von einer wachsenden Diskrepanz zwischen Angebot und Nachfrage nach höheren Bildungsabschlüssen auf dem Arbeitsmarkt aus. Die Verfügbarkeit von hoch qualifizierten Positionen in der Berufsstruktur hält nicht mit der Bereitstellung höherer Bildungsabschlüsse durch das Bildungssystem Schritt. Es entsteht ein Überangebot von hoch qualifizierten Arbeitskräften, das zunächst einmal die entsprechenden Positionen in der Berufsstruktur auffüllt und anschließend die darunter liegenden Qualifikationsstufen besetzt. Im Hinblick auf das Verhältnis zweier übereinander liegender Qualifikationsstufen in der Berufsstruktur kann es dabei in mehrfacher Hinsicht zu Verdrängungsprozessen kommen. Wenn es in der Vergangenheit – beispielsweise aufgrund langjähriger Berufserfahrung, Firmenzugehörigkeit o. ä. – auch formal geringer qualifizierten Arbeitskräften gelungen ist, auf der höheren Qualifikationsstufe Fuß zu fassen, dürften sie verdrängt werden, wenn ausreichend Arbeitskräfte mit formal angemessenen Bildungsabschlüssen zur Verfügung stehen. Wenn darüber hinaus formal angemessen qualifizierte Arbeitskräfte auf der höheren Qualifikationsstufe zur Verfügung stehen, wird wiederum erwartet, dass sie im Wettbewerb um die Arbeitsplätze auf der niedrigeren Qualifikationsstufe die geringer qualifizierten Arbeitskräfte von ihren – in qualifikatorischer Hinsicht angestammten – Arbeitsplätzen verdrängen. Für die jeweils höheren Qualifikationsstufen wird die Verdrängung innerhalb der Erwerbsarbeit nach unten als wahrscheinlicher angesehen als die Verdrängung aus der Erwerbsarbeit heraus in die Arbeitslosigkeit.

---

2 Inwieweit die Verdrängungsthese empirisch zutrifft, ist jedoch strittig. Nach Rudolf Tippelt muss sie „als gut belegt gelten" (1990: 132). Unter Verweis auf eine empirische Studie von Hans-Peter Blossfeld formulieren Tippelt und Cleve (1995: 148): „Wie sich empirisch eindrucksvoll nachweisen lässt, ging diese sichtbare Inkongruenz von Bildungs- und Beschäftigungssystem immer auf Kosten der jeweils weniger qualifizierten Berufsanfänger (vgl. Blossfeld 1985)". Ironischerweise bezieht sich Müller (2001: 34) mit folgender Formulierung auf die gleiche Studie: „Bedenkt man den substantiellen Wandel und die Niveauanhebung in der Berufsstruktur (*Blossfeld* 1985), wird man kaum dramatische Verdrängungsprozesse oder Abwertungen von Bildungsqualifikationen erwarten". Dieses Beispiel zeigt, dass die Ergebnisse von empirischen Studien zur Entwicklung beruflicher Bildungsrenditen durchaus unterschiedlich gelesen werden (vgl. zur Interpretationsproblematik Müller 1998: 93-5). Es lohnt sich in jedem Fall, das Zahlenmaterial aus den Primärquellen zu überprüfen und sich nicht auf die Interpretationen in der Sekundärliteratur zu verlassen. Meines Erachtens finden sich bei einer Betrachtung der relevanten Tabellen (vgl. Blossfeld 1985: 84, 88 und 89) zwar begrenzte Hinweise auf Verdrängungsprozesse zwischen einzelnen Absolventengruppen. Die Veränderungen in den konditionalen Berufsstrukturen zeigen jedoch, dass es den „verdrängten" Bildungsabschlussgruppen auch zum Teil gelingt, in expandierende Bereiche der Berufsstruktur auszuweichen, die in Bezug auf ihr berufliches Prestige und ihren beruflichen Status nicht wesentlich schlechter gestellt sind als die ursprünglichen Zielpositionen. Hier dürfte die Begründung dafür zu suchen sein, dass sich die Verdrängungsprozesse zwischen Bildungsabschlussgruppen beim Zugang zu bestimmten Berufsgruppen kaum in der Entwicklung der konditionalen Prestigemittelwerte niederschlagen, die Müller (2001: 46) untersucht.

Diese Überlegungen lassen sich gut mit dem Warteschlangenmodell von Thurow (1975, 1978) vereinbaren, nach dem sich die Arbeitskräfte in erster Linie gemäß ihrer Qualifikation in die Warteschlange für die besten Positionen in der Berufsstruktur einreihen (vgl. Müller 1998: 92-3). Durch diesen Wettbewerb der Qualifikationen wird die „Überproduktion" höherer Bildung und damit auch ihre Inflation zusätzlich angeheizt. Als Resultat des Verdrängungsmechanismus sind Statusverluste in der Beschäftigung sämtlicher Qualifikationsgruppen anzunehmen, die in der Qualifikationsstruktur von oben nach unten »durchgereicht« werden. Die durchschnittlichen Erträge von höheren Bildungsabschlüssen im Beschäftigungssystem sollten gemäß der Verdrängungsthese grundsätzlich sinken, weil es ihren Besitzern seltener gelingt, eine „angemessene" Berufsposition einzunehmen. Bei einem generellen Arbeitskräfteüberhang sollte sich die Arbeitslosigkeit bei den niedrigsten Qualifikationsgruppen konzentrieren, die am Ende der Warteschlange stehen. Dass unqualifizierte Erwerbspersonen tatsächlich weit überproportional von Arbeitslosigkeit betroffen sind, fügt sich in die Argumentationslinie der Verdrängungsthese.[3]

Wenn Bildungsexpansion und Verdrängungsmechanismus in der beschriebenen Weise zusammenwirken, stellt sich die Frage, wie diese Zusammenhänge in Bezug auf das reale Arbeitsmarktgeschehen dargestellt werden können. Einer Entwertung von Bildungsabschlüssen nachzugehen, ist vergleichsweise einfach. Nehmen wir das Beispiel der monetären Bildungsrenditen. Wie die Humankapitalforschung gezeigt hat, sind die Effektkoeffizienten von Regressionsanalysen geeignete Indikatoren, deren Entwicklung im Zeitverlauf betrachtet werden kann. Dass die Ursache sinkender Bildungsrenditen in der Bildungsexpansion liegt, ist in diesem Zusammenhang jedoch schwieriger zu zeigen. Um dieses Argument zu verdeutlichen, müsste gezeigt werden, dass die Entwicklung der monetären Bildungsrenditen mit der Entwicklung der Arbeitsmarktsalden für die einzelnen Bildungsabschlüsse korreliert. Das Problem dabei ist die Bestimmung der qualifikationsspezifischen Arbeitsmarktsalden, weil keine wirklich unabhängige Messung der Nachfrage nach Bildungsabschlüssen vorliegt (vgl. Müller 2001: 57). Eine Alternative sehe ich jedoch in der Bestimmung von beruflichen Bildungsrenditen für Erwerbstätige auf der Basis ihrer Bildungsabschlüsse einerseits und den Qualifikationsanforderungen ihrer Arbeitsplätze andererseits. Hier kann zumindest für Erwerbstätige abgeschätzt werden, wieviele Erwerbstätige mit einem bestimmten Bildungsabschluss eine adäquate Position in der Berufsstruktur erreichen (vgl. Kraemer und Bittlingmayer 2001: 317; Weiß 2002: 188) und wie sich dieser Anteil verändert, wenn sich gleichzeitig Bildungs- und Berufsstruktur ver-

3 Allerdings lehrt die Alltagserfahrung, dass es personalwirtschaftliche Gründe gegen die Beschäftigung von überqualifizierten Arbeitskräften geben kann (vgl. Heflik und Philipp 2003), die gegen einen pauschalen Geltungsanspruch der Verdrängungshypothese sprechen.

schieben. Dabei können Indikatoren für berufliche Bildungsrenditen unterschieden werden, welche einerseits die Entwicklung unter den Bedingungen strukturellen Wandels abbilden, und andererseits vom Strukturwandel abstrahieren (siehe Abschnitt 2.2.1). Aus dem Vergleich der Ergebnisse sind wichtige Anhaltspunkte zu den Auswirkungen der Bildungsexpansion auf die Entwicklung der beruflichen Bildungsrenditen zu gewinnen.

Entkopplung von Bildungs- und Berufsstruktur

Von den Vertretern der Individualisierungsthese werden Prozesse der Bildungsinflation und der Entkopplung von Bildungs- und Berufsstruktur häufig in einem Atemzug genannt, wenn es darum geht, die Folgen des sozialen Wandels für die Mechanismen der Statuszuweisung zu beschreiben (vgl. Beck 1985: 317-20; Beck 1986: 242-8). Bei der „deutend diagnostischen Interpretation" (Müller 1998: 94) der Ergebnisse von empirischen Studien wird jedoch nicht genügend auf die Unterscheidung von Inflations- und Entkopplungsprozessen geachtet und ihrem komplexen Verhältnis wird zuwenig Aufmerksamkeit geschenkt. Auf diese Weise gerät eine Entwicklung zum scheinbaren Paradox (vgl. Kraemer und Bittlingmayer 2001: 315; Mertens 1984), die sich bei einer konsequenten begrifflichen Trennung von Entwertungs- und Entkopplungsprozessen plausibler machen ließe. Eine solche Trennung ermöglicht außerdem ein klare Zuordnung verschiedener statistischer Maßzahlen als Indikatoren für Entwertungsprozesse auf der einen Seite und Entkopplungsprozesse auf der anderen Seite.

Die Diagnose einer Entkopplung von Bildungs- und Berufsstruktur setzt ebenso wie die Diagnose der Bildungsinflation bei einem Überangebot von hoch qualifizierten Arbeitskräften an (vgl. Müller 1998: 93). Sie geht jedoch in einem entscheidenden Punkt über letztere hinaus. Aus den Hinweisen empirischer Studien auf eine (mäßige) Verringerung von beruflichen Bildungsrenditen in den 1970er Jahren (vgl. Blossfeld 1985; Handl 1986) wird geschlossen, dass das Bildungssystem seine statusverteilende Funktion aufgrund der langfristigen Überproduktion höherer Bildungsabschlüsse im nämlichen Zeitraum eingebüßt habe (vgl. Beck 1986: 243-4). Der Zusammenhang zwischen Bildungsabschlüssen und Berufspositionen lässt nach! Gleichzeitig wird aber darauf hingewiesen, dass qualifizierende Ausbildungsabschlüsse in Zukunft „*immer notwendiger* werden, um die erstrebten, knappen Beschäftigungspositionen zu erreichen" (Beck 1986: 244). Der Zusammenhang zwischen Bildungsabschlüssen und Berufspositionen nimmt zu!

Wie lassen sich diese widersprüchlichen Aussagen erklären? Abgesehen davon, dass hier wohl empirische Befunde überinterpretiert werden (vgl. Müller 1998), wird meines Erachtens in unzulässiger Weise von sinkenden Bildungsrenditen auf eine ebenfalls nachlassende *Vorhersagbarkeit* von Berufspositionen auf der Basis von Bildungsabschlüssen geschlossen. Dabei werden zwei unterschiedliche Dimensionen der Entwicklung im Verhältnis zwischen Bildung und Beschäftigung miteinander verwechselt. In Bezug auf die lineare Regressionsanalyse, die als Standardverfahren zur Untersuchung von Bildungsrenditen angesehen werden kann, lässt sich die Unterscheidung verdeutlichen. In der linearen Regressionsanalyse werden statistische Zusammenhänge anhand von zwei unterschiedlichen Maßzahlen beschrieben, den Regressions- oder Effektkoeffizienten einerseits und dem Determinationskoeffizienten andererseits. Zur Messung von Bildungsrenditen (Entwertung) können die Effektkoeffizienten herangezogen werden. Der Determinationskoeffizient misst dagegen die Vorhersagbarkeit von Berufspositionen auf der Basis von Bildungsabschlüssen (Entkopplung). Deshalb konzentrieren sich die empirischen Untersuchungen, welche die Individualisierungsthese in Bezug auf die Kopplung von Bildungsabschlüssen und Berufspositionen prüfen, auf den Determinationskoeffizienten für die Berufspositionen (vgl. Mayer und Blossfeld 1990; Mayer 1991a, b). Nun sind Regressionskoeffizienten und Determinationskoeffizient nicht unabhängig voneinander (vgl. die Darstellung bei Benninghaus 1991: 336), aber gleichbedeutend sind sie deshalb nicht. Anhand von linearen Regressionsanalysen hat Müller (2001) die Entwicklung des Zusammenhangs zwischen dem Berufsprestige beim Eintritt ins Erwerbsleben und den absolvierten Bildungsabschlüssen untersucht, die durch eine Reihe von Dummy-Variablen berücksichtigt wurden. In Bezug auf dieses Design hat er die unterschiedlichen Mechanismen herausgearbeitet, die für eine Zunahme des Determinationskoeffizienten über die Zeit verantwortlich sein können (vgl. Müller 2001: 44). Erstens können die Unterschiede in den Bildungsrenditen zwischen den Bildungsabschlussgruppen zunehmen, zweitens kann die Streuung der Bildungsrenditen innerhalb der Abschlussgruppen zurückgehen, und drittens können Randverteilungseffekte zu einer Zunahme der Determinationskoeffizienten führen. Theoretisch kann die Vorhersagbarkeit des Berufsprestiges sogar zunehmen, obwohl die Bildungsrenditen der einzelnen Bildungsabschlussgruppen zurückgehen, wenn nur die Streuung der Bildungsrenditen innerhalb der Bildungsabschlussgruppen entsprechend abnimmt oder entsprechende Veränderungen in den Randverteilungen der Variablen auftreten. Deshalb verbietet es sich, von einer Entwertung der Bildungsabschlüsse auf die Entkopplung von Bildung und Beruf zu schließen.

Zum weiteren Vorgehen

In den folgenden Analysen geht es um die Entwicklung der beruflichen Bildungsrenditen von westdeutschen Frauen und Männern im Zeitraum zwischen 1984 und 2000. Im Mittelpunkt des Interesses steht die Frage nach der Entwertung von Bildungsabschlüssen und nicht nach der Entkopplung von Bildungs- und Berufsstruktur. Weil es sich bei den hier verwendeten Skalen für die Bildungsabschlüsse und die Berufspositionen um kategoriale Variablen handelt, werden die Bildungsrenditen nicht auf der Basis von linearen Regressionsanalysen bestimmt. Bevorzugt wird stattdessen die Analyse von Prozentsätzen und von log-linearen bzw. log-multiplikativen Modellen. Diese Techniken sind zur Analyse von kategorialen Daten generell geeignet und stehen im Hinblick auf die Analyse von beruflichen Bildungsrenditen in einem ganz besonderen Spannungsverhältnis zueinander. Im folgenden Abschnitt werden die verwendeten Konzepte und Verfahren dargestellt und die Forschungsergebnisse diskutiert, die bisher auf der Basis von log-multiplikativen Modellen gewonnen wurden. Anschließend wird der Wandel der Bildungs- und Berufsstruktur auf der Basis des sozio-ökonomischen Panels beschrieben, und die Entwicklung der Bildungsrenditen mit Prozentsätzen einerseits und log-multiplikativen Modellen andererseits bestimmt. Abschließend werden die Ergebnisse zusammengefasst, mit älteren Forschungsergebnissen verglichen und mit einem Ausblick auf zukünftige Forschungsanforderungen abgerundet.

2.2 Zum Stand der Forschung

Erträge oder Renditen von Bildungsabschlüssen können in Bezug auf unterschiedliche Dimensionen von Erwerbschancen untersucht werden (vgl. Butz 2001: 95; Müller 2001: 38). Die Forschungslandschaft ist entsprechend vielfältig. Deshalb soll hier auch nicht versucht werden, die bisherigen Forschungsergebnisse zusammenzufassen oder gar sämtliche unternommenen Forschungsanstrengungen zur Bestimmung von Bildungserträgen zu beschreiben. Es werden lediglich die Konzepte, Modelle und Forschungsergebnisse besprochen, die den vorliegenden Beitrag in einen angemessenen Rahmen stellen.

2.2.1 Konzepte

In der Bildungsökonomie oder Humankapitalforschung werden Bildungsrenditen in der Regel anhand des monetären Einkommens bestimmt (vgl. Becker 1983; Mincer 1974). In der Arbeitsmarktforschung nehmen darüber hinaus auch die nach Bildungsabschlüssen unterschiedlichen Arbeitslosigkeitsrisiken einen zentralen Stellenwert ein. In der soziologischen Ungleichheitsforschung stehen dagegen Klassifikationen und Skalen beruflicher Positionen im Vordergrund (vgl. Müller et al. 1998). Kategoriale Klassifikationen geben Auskunft über die Klassenposition oder die Schichtzugehörigkeit von Erwerbstätigen. Metrische, quasikontinuierliche Skalen bilden ihr berufliches Prestige bzw. ihren beruflichen Status ab. Das Ziel ist es, »berufliche Bildungsrenditen« auf der Basis von soziologischen Berufskonzepten direkt zu erschließen, ohne den Umweg über die monetäre Vergütung beruflicher Tätigkeiten zu nehmen. Dahinter steht die Vorstellung, dass die Qualität beruflicher Positionen in unterschiedlichen Dimensionen durch die strukturelle Einbindung der Positionen in das System der Erwerbsarbeit geprägt ist. Diese Dimensionen dürften zwar mehr oder minder stark mit dem monetären Einkommen korrelieren, sind aber nicht gleichbedeutend. Die monetären Bildungsrenditen erscheinen in dieser Perspektive nur als eine – wenngleich wichtige – Form von beruflichen Bildungserträgen unter mehreren.[4]

Metrische Skalen des beruflichen Status oder Prestiges wurden bisher vor allem in den Pfadmodellen der Statuszuweisungsforschung verwendet (vgl. Becker 1993; Handl 1988; Mayer 1991b), wo entsprechende Renditen anhand von ebenfalls metrisch skalierten Bildungsindikatoren – üblicherweise der Bildung gemessen in Jahren – bestimmt werden. Der Vorteil dieser Vorgehensweise ist, dass sich Bildungsrenditen jeweils durch einen einzigen Koeffizienten darstellen lassen. Aber auch die Probleme des Ansatzes werden seit längerem diskutiert. So ist mit der Operationalisierung von Bildung in Jahren im linearen Regressionsmodell die stark vereinfachende Annahme verbunden, dass jedes zusätzliche Bildungsjahr die gleiche Rendite in Bezug auf den beruflichen Status abwirft (vgl. Handl 1986: 22-3). In neueren Regressionsanalysen des beruflichen Prestiges werden deshalb die einzelnen Bildungsabschlüsse in Form von binär kodierten Dummy-Variablen berücksichtigt (vgl. Müller 2001; Müller et al. 1998). Diese Form der Operationalisierung entspricht einer Vorstellung von Bildungsabschlüssen als Schwellen unterschiedlicher Höhe, die zunächst einmal überschritten werden müssen, um Zugang zu Berufspositionen einer bestimmten Qualität zu erhalten. Das ausgeprägte Berechtigungswesen in der Bundesrepublik (vgl. Müller 1998: 92) und die im internationalen Vergleich enge Kopplung von Bildungsabschlüssen und Berufspositionen (vgl. Müller 2000; Müller und Shavit 1998) unterstreicht den Sinn dieser Vorstellung.

Seit den 1980er Jahren werden in der Ungleichheitsforschung auch wieder verstärkt kategoriale Klassifikationen beruflicher Positionen verwendet. Während sie zuvor als mehr oder minder mangelhafte Messungen der Statusdimension von Berufspositionen angesehen wurden, werden nunmehr ihre Vorzüge hervorgeho-

---

4 In dieser Hinsicht ist auch der Hinweis von Gary S. Becker (vgl. 1983: 9) zu interpretieren, dass neben dem monetären Einkommen (konsumptive) Formen des »psychischen Einkommens« existieren, die ebenfalls Gegenstand der Humankapitalforschung sein können. Das soziale Prestige, das Erwerbstätige aufgrund ihrer beruflichen Position genießen, ließe sich umstandslos als eine solche Form des psychischen Einkommens interpretieren. In seiner Nobelpreis-Vorlesung von 1992 zählt Becker „kulturelle und andere nicht-pekuniäre Vorteile sowie die Verbesserung der Einkommens- und Berufssituation" (1996: 29) zu den potenziellen Nutzen von Humankapitalinvestitionen.

ben. Die Reformulierung der Klassenanalyse in der soziologischen Mobilitätsforschung hat beispielsweise anhand des EGP-Schemas gezeigt, dass kategoriale Klassifikationen, die unterschiedliche Eigenschaften von Berufspositionen in mehreren Dimensionen abbilden können, den eindimensionalen Skalen des beruflichen Status in mancherlei Hinsicht überlegen sein können (vgl. Erikson und Goldthorpe 1992; Goldthorpe 1987). Berufliche Bildungsrenditen auf der Basis von kontinuierlichen Indikatoren (Prestige, Status, Einkommen) enthalten keine Informationen darüber, wie sich die Erwerbstätigen über die Berufsstruktur (Hierarchieebenen und Berufsfelder) verteilen (Handl 1996: 252). Die Einkommenserträge von Bildung können variieren, ohne dass sich die Verteilung der Erwerbstätigen über die Berufsstruktur verändert. Mit einigen Einschränkungen – weil es sich dabei um positionale Güter handelt – gilt gleiches für den beruflichen Status oder das Berufsprestige. Ein Anstieg des durchschnittlichen beruflichen Status kann durch hohe Statusgewinne weniger Erwerbstätiger hervorgerufen werden, während sich die Verteilung der Erwerbstätigen über die Berufsstruktur nur geringfügig verändert. Wenn Analysen beruflicher Bildungsrenditen auf den sozialen Wandel im Verhältnis von Bildungs- und Berufsstruktur abzielen und sich für die Veränderungen im Zusammenhang von Bildungsabschlüssen und den traditionell als bildungsadäquat angesehenen Berufspositionen interessieren, dann müssen sie sich nicht nur kategorialer Bildungsklassifikationen, sondern auch kategorialer Klassifikationen von Berufspositionen bedienen (vgl. Handl 1996: 252-3). Grundlage solcher Analysen sind im einfachsten Fall bivariate Kreuztabellen von Bildungsabschlüssen einerseits und Berufspositionen andererseits, anhand derer die bildungsspezifischen Zugangschancen in bestimmte Berufspositionen zu unterschiedlichen Zeitpunkten verglichen werden (vgl. Blossfeld 1985: 83-91; Handl 1986, 1996; Wolbers et al. 2001). Berufliche Bildungsrenditen werden in diesem Fall nicht als Durchschnittswerte beruflichen Prestiges oder Status operationalisiert, sondern als Zugangschancen zu beruflichen Positionen.

Mit der Unterscheidung von absoluten und relativen Mobilitätsraten wurde in der soziologischen Mobilitätsforschung besonders konsequent herausgearbeitet, dass sich Zusammenhänge zwischen kategorialen Variablen aus unterschiedlichen Perspektiven betrachten lassen (vgl. Goldthorpe 1987; Herz 1986; Luijkx 1994; Müller und Noll 1997). Absolute Mobilitätsraten, z. B. Prozentwerte oder χ^2-basierte Maßzahlen (vgl. Bishop et al. 1975), sind von den Randverteilungen einer Mobilitätstabelle abhängig. Relative Mobilitätsraten sind es nicht. In vergleichenden Untersuchungen zur Chancengleichheit oder -ungleichheit anhand von unterschiedlichen Mobilitätstabellen hat die Verwendung von absoluten Mobilitätsraten immer wieder zu Unsicherheiten geführt. Dabei ging es um die Frage, ob die beobachteten Unterschiede auf die – im Regelfall gegebenen – Differenzen in den Berufsstrukturen zurückzuführen sind oder ob sich darüber hinaus auch die

Allokationskriterien für Arbeitskräfte im Sinne von mehr oder weniger Chancengleichheit unterscheiden.

Bei der Analyse des Wandels von beruflichen Bildungserträgen auf der Basis von kategorialen Variablen ist es ebenfalls wichtig, absolute und relative Raten zu unterscheiden, weil sie unterschiedliche Fragen an die Daten stellen (vgl. Handl 1996; Müller et al. 2002; Wolbers et al. 2001). In den absoluten beruflichen Bildungsrenditen, die sich als Prozentwerte bestimmen lassen, kommen die Effekte von »Structure« und »Association« gleichzeitig zum Ausdruck.[5] Sie messen die »Total Returns to Education«. Deshalb sind sie geeignet, eine Entwertung von Bildungsabschlüssen aufgrund der ungleichmäßigen Entwicklung von Bildungs- und Berufsstruktur zu untersuchen, wie sie die Verdrängungsthese unterstellt (vgl. die Vorgehensweise bei Blossfeld 1985: 83-91). Relative berufliche Bildungsrenditen blenden dagegen Struktureffekte aus und konzentrieren sich auf die Assoziation von Bildungsabschlüssen und Berufspositionen. Im Vergleich zu den absoluten Bildungsrenditen sind sie besser geeignet, Veränderungen in den Allokationsmechanismen von Bildungsabschlüssen und Berufspositionen zu untersuchen, die sich unterhalb der „phänotypischen" Ebene abspielen. Durch die Analyse von relativen Bildungsrenditen lässt sich stattdessen in Bezug auf die „genotypische" Ebene die Frage beantworten, wie sich die beruflichen Bildungsrenditen entwickelt hätten, wenn keine Veränderungen in der Bildungs- und Berufsstruktur aufgetreten wären. Veränderungen in den relativen Bildungsrenditen sind daher nicht auf Struktureffekte im Sinne von Mengeneffekten zurückzuführen, sondern zeigen Veränderungen in den Allokationsmechanismen bzw. den Verhaltensmustern auf dem Arbeitsmarkt an. Allerdings können Veränderungen in den Verhaltensmustern mittelbar durch Struktureffekte hervorgerufen werden, z. B. wenn Arbeitskräfte auf Jobsuche in der Wahrnehmung einer Krise ihr Suchverhalten umstellen und rascher Arbeitsplätze akzeptieren, für die sie eigentlich überqualifiziert sind.

---

5 Was das für die Analyse von Veränderungsprozessen bedeutet, lässt sich an einem einfachen Beispiel für Prozentwerte verdeutlichen. Nehmen wir einmal an, für eine Kreuztabelle von Bildungsabschlüssen und Berufspositionen beträgt der Anteil der akademischen Berufspositionen in der Randverteilung zehn Prozent. Gehen wir der Einfachheit halber davon aus, dass Bildungsabschlüsse und Berufspositionen statistisch unabhängig voneinander sind. In diesem Fall ergreifen jeweils zehn Prozent der Absolventen von sämtlichen Bildungsabschlüssen einen akademischen Beruf. Wenn der berufsstrukturelle Wandel zehn Jahre später den Anteil der akademischen Berufspositionen unter sonst gleichen Bedingungen auf 20 Prozent erhöht hat, werden 20 Prozent von jeder Bildungsgruppe einen akademischen Beruf ergreifen. In diesem Fall ist es leicht, die Steigerung um zehn Prozentpunkte auf den berufsstrukturellen Wandel zurückzuführen, weil wir die Assoziation zwischen den beiden Variablen konstant gehalten haben. In der Regel sind Prozentwerte jedoch Ausdruck eines komplizierten Zusammenwirkens von Struktur- und Assoziationseffekten und es ist schwierig zu entscheiden, in welchem Verhältnis die beiden Effekte zueinander stehen.

2.2.2 Modelle

Relative Bildungsrenditen können anhand von Chancenverhältnissen (den so genannten »Odds-Ratios«) gemessen werden, weil sie in einer bestimmten Hinsicht unabhängig von den Randverteilungen einer Kreuztabelle sind (vgl. Luijkx 1994: 6). Die Chancenverhältnisse in einer Tabelle verändern sich nicht, wenn die Häufigkeiten in den Zeilen und/oder Spalten der Tabelle mit beliebigen Konstanten multipliziert werden (vgl. Sobel 1995: 259-61). Die Chancenverhältnisse der Absolventen verschiedener Bildungsabschlüsse beim Zugang zu bestimmten Berufspositionen sind daher invariant gegenüber bloßen Verschiebungen in der Bildungs- oder Berufsstruktur. Mit log-linearen, log-multiplikativen und Logitmodellen lassen sich Chancenverhältnisse inferenzstatistischen Tests zugänglich machen und flexibel modellieren (vgl. z. B. Agresti 1990; Alba 1988; Andreß et al. 1997; Hagenaars 1990; Wickens 1989).

Die Bestimmung der relativen Bildungsrenditen erfolgt in der vorliegenden Arbeit anhand von skalierten Assoziationsmodellen für ordinalskalierte Variablen (vgl. Clogg und Shihadeh 1994; Hout 1983), wie sie auch in den Beiträgen von Däumer (1993), Handl (1986, 1996) und Wolbers et al. (2001) verwendet werden.[6] Die spezifische Formulierung und Anwendung dieser Modelle geht hier jedoch in verschiedener Hinsicht über die Vorgehensweise in den genannten Beiträgen hinaus. Im Vordergrund steht dabei die Anwendung und Interpretation des log-multiplikativen »RC-Model« von Goodman (1979), das auch unter dem Namen »Row+Column-Model II« bekannt ist und sowohl bei Däumer und Wolbers et al. als auch in dem neueren Beitrag von Handl Verwendung findet. In einem methodisch orientierten Artikel systematisiert Raymond Wong (1995a) die Formulierung und Interpretation von konditionalen RC-Modellen für mehrdimensionale Tabellen am Beispiel des Zusammenhangs von Bildungsabschlüssen und Berufspositionen, ohne sich jedoch explizit auf das Konzept der relativen Bildungsrenditen zu beziehen. Die Modellbildung im vorliegenden Beitrag ist an der Arbeit von Wong orientiert (vgl. auch Luijkx 1994).

Skalierte Assoziationsmodelle lassen sich in ihrer allgemeinsten Form durch das »Linear-by-Linear Interaction Model« darstellen (vgl. Clogg und Shihadeh 1994; Powers und Xie 2000: 119-20). Weil sich Spezialfälle von skalierten Assoziationsmodellen aus diesem Modell ableiten lassen, soll seine Interpretation in Bezug auf zweidimensionale Tabellen mit I Zeilen und J Spalten hier erläutert

6 Wenn Bildungsabschlüsse oder Berufspositionen – z. B. mit dem EGP-Schema – auf Nominalskalenniveau gemessen wurden, bietet es sich eher an, log-lineare Stufenmodelle (»Levels-Models«) zu verwenden (vgl. z. B. Gerber 2003). Das log-multiplikative RC-Modell (siehe unten) kann allerdings unter bestimmten Umständen auch bei nominalskalierten Variablen zur Skalierung ihrer Kategorien eingesetzt werden. Einzige Bedingung ist hier die Annahme der Existenz einer latenten Intervallskala, die der nominalskalierten Variablen zugrunde liegt.

werden. Anwendungsbeispiele finden sich bei Hout (1984) und Kalmijn (1994). Im Linear-by-Linear-Modell

$$\ln(F_{ij}) = \lambda + \lambda_i + \lambda_j + \beta X_i Y_j \tag{2.1}$$

werden die logarithmierten erwarteten Häufigkeiten $\ln(F_{ij})$ als Kombination aus verschiedenen, linear verknüpften Parametern dargestellt. Der λ-Parameter steht für die Stichprobengröße. Die λ_i- und die λ_j-Parameter, die mit $\sum_i \lambda_i = \sum_j \lambda_j = 0$ identifiziert sind, kontrollieren die Randverteilungen. Der Term $\beta X_i Y_j$ mit dem Parameter β modelliert die Assoziation bzw. die Interaktion zwischen der Zeilen- und der Spaltenvariable. Bei den Variablen X_i und Y_j handelt es sich beim Linear-by-Linear-Modell nicht um Parameter, sondern um a priori gesetzte Skalenwerte für die Kategorien der Zeilen- und der Spaltenvariable. Es wird im Grunde angenommen, dass die ordinalskalierten Zeilen- und Spaltenvariablen unvollkommenen Messungen metrischer Merkmale entsprechen und die Skalenwerte für die jeweiligen Kategorien die Abstände der Kategorien auf der metrischen Skala wiedergeben. Wenn die Skalenwerte X_i und Y_j um den Wert Null zentriert sind, kann $X_i Y_j$ als Maß für die Abweichung der logarithmierten erwarteten Häufigkeiten vom Unabhängigkeitsmodell angesehen werden (Agresti 1990: 264). Der Parameter β kann als ein Assoziationskoeffizient für die Variablen X und Y angesehen werden, dessen Größe allerdings von der Definition ihrer Skaleneinheiten abhängig ist. In welcher Weise dieser Assoziationskoeffizient interpretiert werden kann, zeigt eine Formulierung des Linear-by-Linear-Modells, die sich mit

$$\ln(\theta) = \beta(X_i - X_{i'})(Y_j - Y_{j'}) \tag{2.2}$$

auf die logarithmierten Chancenverhältnisse $\ln(\theta)$ zwischen beliebigen Paaren von Zeilen und Spalten in der Tabelle bezieht. Diese Formulierung vereinfacht sich in Bezug auf zwei imaginäre Zeilen- und Spaltenpaare mit Einheitsdistanzen in den Skalenwerten ($X_i - X_{i'} = Y_j - Y_{j'} = 1$) zu

$$\ln(\theta) = \beta \qquad \text{bzw.} \qquad \theta = e^{\beta}. \tag{2.3}$$

Der Parameter β lässt sich demnach als logarithmiertes Chancenverhältnis interpretieren und sich auf einfache Weise in ein Chancenverhältnis umrechnen. Diese Eigenschaft machen sich Wolbers et al. (2001) zunutze, die ihre Analyse beruflicher Bildungsrenditen vor allem auf das Linear-by-Linear-Modell stützen. Darüber hinaus verwenden sie mit dem »Uniform Association Model« und dem RC-Modell noch zwei Spezialfälle von skalierten Assoziationsmodellen (vgl. auch Wong 1995a). Diese beiden Spezialfälle werden im Folgenden näher erläutert, weil sie in den hier relevanten Forschungsarbeiten verwendet werden.

Im Uniform Association-Modell wird angenommen, dass die Kategorien der Zeilen- und der Spaltenvariable jeweils eine Ordinalskala bilden, korrekt geordnet sind und einen einheitlichen Abstand voneinander haben ($X_iY_j = IJ$). Diese Annahmen implizieren, dass $\ln(\theta) = \beta$ und $\theta = e^{\beta}$ für alle lokalen Chancenverhältnisse gilt, die sich auf der Basis von benachbarten Zeilen und Spalten bilden lassen.

Das RC-Modell kann insofern als Spezialfall des Linear-by-Linear-Modells interpretiert werden, als die Skalenwerte X_i und Y_j nicht a priori gesetzt werden, sondern als Parameter aus den Daten geschätzt werden (vgl. auch die ausführliche Darstellung bei Däumer 1993 und Wong 1995a). Es wird im Unterschied zu den log-linearen Modellen als log-multiplikatives Modell bezeichnet, weil die Parameter hier zum Teil multiplikativ verknüpft sind und nicht linear. Für das RC-Modell hat sich die Schreibweise

$$\ln(F_{ij}) = \lambda + \lambda_i + \lambda_j + \phi \mu_i \nu_j \tag{2.4}$$

eingebürgert. Die Skalenwerte μ_i und ν_j für die Kategorien der Zeilen- und der Spaltenvariable werden unter Maximierung des Assoziationskoeffizienten ϕ aus den Daten geschätzt. Die Interpretation von ϕ im RC-Modell erfolgt analog zur Interpretation von β im Linear-by-Linear-Modell. Auch die Größe von ϕ hängt davon ab, wie die Einheiten der Skalenwerte definiert sind. In der Regel werden sie mit $\sum \mu_i = \sum \nu_j = 0$ und $\sum \mu_i^2 = \sum \nu_j^2 = 1$ standardisiert. Es sind jedoch auch andere Indentifikationen möglich. Im Hinblick auf die Interpretation von ϕ ist es für manche Fragestellungen sinnvoll, den höchsten und den niedrigsten Skalenwert zu fixieren, um die restlichen Skalenwerte dazwischen zu positionieren. Am Beispiel der vergleichenden Analyse von Mobilitätstabellen hat Xie (1992) eine Interpretation des RC-Modells entwickelt, die sich auf das Konzept der beruflichen Bildungsrenditen übertragen lässt. Demnach misst ϕ das Niveau der relativen Bildungsrenditen für eine Kreuztabelle von Bildungsabschlüssen und Berufspositionen insgesamt. Die Skalenwerte μ_i und ν_j erschließen dagegen das Muster von relativen Bildungsrenditen im Vergleich verschiedener Bildungsabschlüsse beim Zugang zu verschiedenen Berufspositionen. Das Muster der relativen Bildungsrenditen variiert ihr Niveau in unterschiedlichen Bereichen der Tabelle.

Die Anpassung dieser Modelle wird sowohl in der vorliegenden Arbeit als auch in den hier diskutierten, substanziell orientierten Beiträgen anhand der üblichen Maßzahlen beurteilt (vgl. Clogg und Shihadeh 1994: 8-11). Dazu zählen die Likelihood-Ratio-Statistik L^2, die proportionale Reduktion der Likelihood-Ratio-Statistik in Bezug auf ein Referenzmodell rL^2 und der Dissimilaritätskoeffizient Δ für die Verteilung der erwarteten und der beobachteten Häufigkeiten. In der vorliegenden Arbeit kommt darüber hinaus die BIC-Statistik

$$BIC = L^2 - df \times ln(N)$$

zur Anwendung (vgl. Raftery 1986, 1995; Wong 1994a). Die *BIC*-Statistik wurde für große Stichproben entwickelt und beurteilt Modelle nicht allein nach dem Kriterium der Anpassung, sondern stellt zugleich die Anzahl der Freiheitsgrade in Rechnung, die das Modell verbraucht. Die *BIC*-Statistik ist für sich genommen schwierig zu interpretieren und wird deshalb vor allem zum Modellvergleich verwendet. Das Modell mit dem kleineren *BIC*-Wert ist dem Modell mit dem größeren *BIC*-Wert im Hinblick auf die Anpassung bei gegebenen Freiheitsgraden vorzuziehen. Das saturierte Modell ist Modellen mit positiven *BIC*-Werten vorzuziehen.

2.2.3 Ergebnisse

Im Folgenden werden die Ergebnisse zur Entwicklung der relativen beruflichen Bildungsrenditen von Däumer (1993) und Handl (1996) für Westdeutschland und von Wolbers et al. (2001) für die Niederlande vor dem Hintergrund der verwendeten Verfahren ausführlich diskutiert. Darüber hinaus ist ein Beitrag zur Entwicklung der relativen beruflichen Bildungsrenditen in den USA zu erwähnen (vgl. Wong 1995a), der weniger substanziell orientierte Ziele verfolgt, als vielmehr in die zugrunde gelegten Modelle einführen will. Weil Wong auf eine inhaltliche Interpretation seiner Ergebnisse weitgehend verzichtet, werden sie auch hier nicht ausführlich diskutiert, sondern nur an einigen Stellen zu Vergleichszwecken zitiert. Aufgrund der Daten, die bei Däumer (1993: 57) und in dem älteren Beitrag von Handl (1986: 43-4) veröffentlicht sind, habe ich ergänzende Reanalysen durchgeführt. Besondere Aufmerksamkeit habe ich dabei den geschlechtsspezifischen Unterschieden in den relativen beruflichen Bildungsrenditen und ihrer Entwicklung gewidmet. Das Kriterium zur Auswahl der hier diskutierten Beiträge ist die Anwendung von log-multiplikativen RC-Modellen in Bezug auf den Zusammenhang von Bildungsabschlüssen und Berufspositionen. Für die Situation in der Bundesrepublik sind mir diesbezüglich nur die Arbeiten von Däumer und Handl bekannt. Daneben wurden die Arbeiten von Wolbers et al. und Wong ausgewählt, weil sie sich dem Thema in methodisch innovativer Weise nähern.

Zum Beitrag von Däumer (1993)

Auf der Basis des sozio-ökonomischen Panels untersucht Däumer (1993) die relativen beruflichen Bildungsrenditen im Hinblick auf die Klassenposition (EGP-Schema) zu Beginn der Erwerbslaufbahn. Zu diesem Zweck wird eine vierdimensionale Tabelle für Männer und Frauen in vier Berufseinstiegskohorten zwischen

1947 und 1986 anhand von konditionalen RC-Modellen analysiert. In verschiedenen Modellen lässt Däumer sowohl die Skalenparameter als auch den Assoziationsparameter über die Geschlechtervariable einerseits, über die Kohortenvariable andererseits und schließlich über die Geschlechter- und Kohortenvariable gemeinsam variieren. Als Ergebnis der Modellanpassung ist zunächst festzuhalten, dass die geschlechtsspezifischen Unterschiede in den Bildungsrenditen stärker sind als die kohortenspezifischen. Dennoch ist eine zufriedenstellende Modellanpassung – gemessen an den rL^2- und Δ-Werten – erst zu erreichen, wenn die geschlechtsspezifischen Unterschiede auch über die Kohortenvariable variieren dürfen (vgl. Däumer 1993: 65). Die Betrachtung der Modellparameter unterstreicht die Ergebnisse der Modellanpassung. Bei den Männern liegt das Niveau der relativen beruflichen Bildungsrenditen – gemessen am ϕ-Koeffizienten – deutlich höher als bei den Frauen. Innerhalb der geschlechtsspezifischen Gelegenheitsstrukturen zahlen sich Bildungsinvestitionen für Frauen demnach viel weniger aus als für Männer. Sowohl für Männer als auch für Frauen sind nur geringe und unregelmäßige Schwankungen im Niveau der Bildungsrenditen über die Kohorten festzustellen. Das spricht dafür, dass „seit der unmittelbaren Nachkriegszeit eine sehr enge Anbindung beruflicher Chancen an den Nachweis von Ausbildungszertifikaten [besteht], die nur sehr wenig variiert" (Däumer 1993: 71). Dagegen lassen die Veränderungen der Skalenparameter über die Berufseinstiegskohorten – Däumer (1993: 67-70) zufolge – auf bedeutsame Verschiebungen im *Muster* der relativen Bildungsrenditen schließen. Das Ausmaß der Bildungsungleichheiten im Zugang zu vorteilhaften Berufspositionen bleibt zwar insgesamt stabil, aber innerhalb dieses Rahmens verschiebt sich das Ertragsverhältnis zwischen einzelnen Bildungsabschlüssen.

In einer von mir vorgenommenen Reanalyse von Däumers (1993: 57) Daten, wurden seine Ergebnisse bezüglich des sozialen Wandels in den relativen Bildungsrenditen anhand der *BIC*-Statistik überprüft und um einige, stärker restringierte Modelle ergänzt. Die Resultate dieser Reanalyse werden hier aus Platzgründen nicht ausführlich dokumentiert. Sie bestätigen die Ergebnisse von Däumer im Großen und Ganzen, weichen jedoch in Bezug auf die Veränderungen in den Skalenparametern davon ab.[7] Die Werte der *BIC*-Statistik zeigen, dass die Verbesserung der Modellanpassung durch die Schätzung von kohortenspezifischen Parametern in keinem günstigen Verhältnis zur Anzahl der verbrauchten Freiheits-

7 Die Reanalyse wurde nicht mit Däumers (1993: 73-4) GLIM-Makro durchgeführt, sondern mit LEM (vgl. Vermunt 1997). Die Unterschiede in den Anpassungsmaßen sind unwesentlich. Der Algorithmus von LEM konvergiert jedoch sehr langsam. Angemessene Werte für die Parameterschätzer, die für Männer etwas unterhalb der Werte von Däumer liegen, aber einem ähnlichen Muster folgen, sind erst durch eine Anpassung des voreingestellten Konvergenzkriteriums von LEM zu erreichen.

grade steht. Anhand der *BIC*-Statistik wäre das Modell mit den geschlechtsspezifischen Parametern zu akzeptieren und auf die Einführung von kohortenspezifischen Parametern zu verzichten. Damit wäre es auch obsolet, die Verschiebungen im Ertragsverhältnis von einzelnen Bildungsabschlüssen zu interpretieren. In der Reanalyse von Däumers Daten wurde diese Perspektive eingenommen, weil sich interessante Unterschiede in den geschlechtsspezifischen Mustern der Bildungsrenditen auf diese Weise deutlicher zeigen lassen.[8] Die größten Unterschiede in den relativen beruflichen Bildungsrenditen sind bei den Frauen am oberen Rand der Qualifikationsstruktur festzustellen und bei den Männern am unteren. Bei den Frauen ist die Rendite eines Hochschulabschlusses im Vergleich zu der eines Abiturs sehr viel größer als bei den Männern. Bei den Männern ist dagegen die Rendite eines Hauptschulabschlusses im Vergleich zu den anderen Bildungsabschlüssen sehr gering. Die männlichen Hauptschulabsolventen sind hinsichtlich ihrer Berufschancen von den Absolventen der anderen Bildungsabschlüsse förmlich abgekoppelt, während die Hochschulabsolventinnen von den Absolventinnen der anderen Bildungsabschlüsse losgelöst erscheinen. Die Unterschiede im Niveau der relativen Bildungsrenditen von Männern und Frauen sind im Zusammenhang mit ihren geschlechtsspezifischen Mustern zu sehen. Bei der Reanalyse von Däumers Daten wurde ein Modell geschätzt, das die geschlechtsspezifischen Muster der Bildungsrenditen ignoriert und die entsprechenden Parameter gleichsetzt. Dieses Modell ist im Hinblick auf die *BIC*-Statistik nur wenig schlechter als das bisher favorisierte Modell und besser als die anderen Modelle bei Däumer. Dennoch reduzieren sich die Unterschiede im geschlechtsspezifischen Niveau der Bildungsrenditen im Vergleich zu dem bisher favorisierten Modell beträchtlich. Das bedeutet, sie sind zumindest z. T. auf die geschlechtsspezifischen Unterschiede im Muster der relativen Bildungsrenditen zurückzuführen.

Zum Beitrag von Handl (1996)

Auf der Basis von Mikrozensusdaten nimmt Handl eine Kohortenanalyse der relativen beruflichen Bildungsrenditen von Männern und Frauen zu Beginn ihrer Erwerbslaufbahn vor. Zu diesem Zweck werden zweidimensionale Kreuztabellen von Bildungsabschlüssen und Berufspositionen (aus der Stellung im Beruf) für verschiedene Geburtskohorten zwischen 1920 und 1961 gebildet. Die Kreuzta-

8 Damit soll kein Streit um das „richtige“ Modell begonnen werden. Für beide Perspektiven lassen sich anhand der verschiedenen Anpassungsmaße Argumente finden. Da diese Maße jedoch unterschiedlichen „Philosophien“ verpflichtet sind, können sie auch zu unterschiedlichen Entscheidungen führen. Däumer wirft in der Zusammenfassung seiner Ergebnisse selbst die Frage auf, ob „überhaupt Umstrukturierungen [in der Beziehung zwischen Bildungsabschlüssen und Klassenpositionen] zu beobachten sind“ (1993: 71).

bellen beziehen sich jeweils auf den Zeitpunkt, zu dem die Befragten zwischen 28 und 30 Jahre alt waren. Auf eine simultane Analyse der geschlechts- und kohortenspezifischen Tabellen wird verzichtet. Die Ergebnisse für die einzelnen Tabellen werden einander in tabellarischer und graphischer Form gegenübergestellt. Dass die statistische Signifikanz von Veränderungen in den beruflichen Bildungsrenditen nicht durch eine simultane Analyse der einzelnen Tabellen überprüft wird, ist m. E. als gewichtiger Nachteil der Studie anzusehen.

Relative Bildungsrenditen operationalisiert Handl anhand von verschiedenen log-linearen, log-multiplikativen und Logitmodellen, um die Ergebnisse unterschiedlicher Verfahren miteinander zu vergleichen. Seine Interpretation der Ergebnisse stützt sich im Wesentlichen auf binäre Logitmodelle des Zugangs zu verschiedenen Qualifikationsebenen der Angestelltenschaft. Log-lineare und log-multiplikative Modelle werden nur für Männer geschätzt und ihre Interpretation steht nicht im Zentrum der Analyse. Das ist bedauerlich, weil sie im Gegensatz zu den Logitmodellen auch unter Einschluss der Arbeiterpositionen bestimmt werden. Außerdem zeigt sich hier, dass die spezifische Formulierung der verwendeten Logitmodelle den Daten nicht optimal entspricht, auch wenn sie ihre Vorteile in einer vergleichsweise einfachen Interpretation haben mögen. Wie Handl selbst anführt, ist „die Erklärungsleistung des ‚Column'-Modells, das im wesentlichen die vorhin besprochenen Linearitätsmodelle kombiniert, [...] deutlich niedriger als die Erklärungsleistung des ‚Row'-Modells" (1996: 268).

Die Resultate des RC-Modells, welches – gemessen an L^2 und Δ – ebenfalls eine bessere Erklärungsleistung als das Column-Modell aufweist, diskutiert Handl nur am Rande, weil sich der Assoziationskoeffizient ϕ nach seiner Auffassung schwerlich im Sinne von Bildungsrenditen interpretieren lässt (vgl. 1996: 271). Es wird angezweifelt, ob sich ϕ „überhaupt zur Bestimmung der ‚Steigung' einer Regressionsgeraden eignet, wie dies inhaltlich für das diskutierte Problem erforderlich ist" (Handl 1996: 269-70). Dabei wird übersehen, dass sich ϕ als logarithmiertes Chancenverhältnis interpretieren lässt (siehe oben). Es handelt sich also um das gleiche Konzept, das Handl (vgl. 1996: 259-67) bei der Interpretation seiner Logitmodelle verwendet. Wenn sich relative Bildungsrenditen aus den Differenzen der »Logits« – das heißt, der logarithmierten Chancen – bestimmen lassen, so eignen sich zweifellos auch die ϕ-Koeffizienten dazu.

Was die Entwicklung der relativen beruflichen Bildungsrenditen von Männern angeht, liefern die RC-Modelle in den Studien von Handl und Däumer widersprüchliche Ergebnisse. Während das Niveau der Bildungsrenditen Däumer zufolge in der Nachkriegszeit praktisch gleich geblieben ist (ϕ-Koeffizienten), findet Handl beträchtliche Unterschiede in den einzelnen Kohorten. Demnach „steigt der Phi-Koeffizient in den ersten drei Berufseintrittskohorten deutlich an und erreicht in den beiden letzten Kohorten nur deutlich niedrigere Werte" (Handl 1996:

270). Dies bedeutet, dass die Bildungsungleichheiten im Zugang zu vorteilhaften Berufspositionen in den letzten beiden Berufseintrittskohorten deutlich gesunken sind.

Es ist schwer zu beurteilen, worauf die Diskrepanzen in den beiden Studien zurückzuführen sind. Sie beziehen sich (größtenteils) auf den gleichen Zeitraum, sie stützen sich auf die gleichen statistischen Modelle und verfolgen beide einen Kohortenansatz. Sie unterscheiden sich jedoch auch im Hinblick auf mehrere Aspekte. Zu nennen wären hier die Datenbasis, die Operationalisierung der zentralen Konzepte und ein statistischer Unterschied, der sich aus der Formulierung der verwendeten RC-Modelle ergibt. Zunächst einmal eröffnen das sozio-ökonomische Panel (Däumer) und der Mikrozensus (Handl) unterschiedliche Möglichkeiten, sich dem Forschungsproblem zu nähern. Däumer stehen konkrete Informationen zur beruflichen Stellung der Erwerbstätigen bei ihrem Eintritt ins Erwerbsleben zur Verfügung. Handl ist dagegen auf die Konstruktion von synthetischen „Berufseinstiegskohorten“ angewiesen. Er betrachtet die Erwerbstätigen, die zum Referenzzeitpunkt zwischen 28 und 30 Jahre alt sind, ohne die Differenzen im Erwerbseinstiegsalter unterschiedlicher Bildungsabschlussgruppen zu berücksichtigen (vgl. 1996: 253-4). Infolgedessen sind die Untersuchungskohorten bei Handl weniger breit angelegt als bei Däumer, der die Informationen zum Erwerbseinstieg sämtlicher Untersuchungspersonen im SOEP nutzen kann (und wegen der geringeren Fallzahlen auch nutzen muss).

Zur Operationalisierung der Berufspositionen wird in beiden Studien das Kategorienschema der »Stellung im Beruf« herangezogen. Die Aggregation (bei Däumer zu sieben und bei Handl zu sechs Berufsgruppen) folgt in beiden Studien einem ähnlichen Muster. Das zugrunde liegende Erhebungsschema ist bei Däumer für alle Erwerbseintrittskohorten identisch. In der Analyse von Handl muss es dagegen für die beiden späteren Mikrozensuserhebungen durch andere Variablen ergänzt werden, weil es nur in stark reduzierter Form erhoben wurde. Dieser Bruch in der Operationalisierung der Berufspositionen zwingt Handl fortwährend, seine Ergebnisse zu relativieren. Darüber hinaus muss die Gruppe der Beamten ausgeschlossen werden, weil ihre Stellung im Beruf nicht in der notwendigen Feinheit rekonstruiert werden kann. In der Analyse von Handl stehen demnach die Berufspositionen der Beamten als Ziel von Bildungsanstrengungen gar nicht zur Verfügung. Die Selbstständigen werden in beiden Studien ausgeschlossen. Die Operationalisierung der Bildungsabschlüsse stützt sich in beiden Studien auf eine Kombination von beruflichen und allgemeinen Bildungsabschlüssen. Bei Däumer ergibt sich eine Skala von fünf und bei Handl von sieben Kategorien.

Die unterschiedliche Anzahl von Berufspositionen und Bildungsabschlüssen in den beiden Studien macht einen direkten Vergleich der ϕ-Koeffizienten unmöglich. Dafür ist die Standardisierung der Skalenwerte mit $\sum \mu_i = \sum \nu_j = 0$ und

$\sum \mu_i^2 = \sum v_j^2 = 1$ verantwortlich, die in beiden Studien verwendet wird. Diese Standardisierung ähnelt der z-Transformation (vgl. Benninghaus 1991: 157-61). Geteilt wird hier aber nicht durch die Standardabweichung, sondern durch die Quadratwurzel der Variation (vgl. Benninghaus 1991: 316 zur Unterscheidung von Variation und Varianz). Zur Standardisierung der Skalenwerte wird demnach ein Streuungsmaß verwendet, das sensibel auf ihre Anzahl reagiert. Mit der Anzahl der Kategorien wächst die Einheit der transformierten Skalenwerte und der ϕ-Koeffizient wird tendenziell größer.[9] Vor diesem Hintergrund fällt auf, dass die ϕ-Koeffizienten bei Handl (1996: 269) durchweg kleiner sind als bei Däumer (1993: 66), obwohl die Tabellen bei Handl (7×6) sogar etwas größer sind als bei Däumer (5×7). Daraus lässt sich zum einen ableiten, dass die Bildungsrenditen für Männer in der Studie von Handl tatsächlich geringer ausfallen als bei Däumer. Wenn ein statistisches Artefakt aufgrund der unterschiedlichen Tabellengröße vorläge, müssten die ϕ-Koeffizienten bei Handl größer sein. Zum anderen bestätigen diese Überlegungen, dass die Bildungsrenditen in der Analyse von Handl tatsächlich stärkeren Schwankungen unterliegen als bei Däumer. Die Ursachen für diese Unterschiede dürften einerseits in der Operationalisierung von Bildungsabschlüssen und Berufspositionen zu suchen sein. Andererseits dürfte auch der Ausschluss der Beamten in der Studie von Handl eine wesentliche Rolle spielen, weil die Kopplung von Beamtenkarrieren und Bildungsabschlüssen besonders eng ist.

Auf Basis der Daten, die in Handls älterem Beitrag veröffentlicht sind (1986: 43-4), habe ich ebenfalls eine Reanalyse durchgeführt, deren Resultate hier aus Platzgründen nicht ausführlich dokumentiert wurden. In Handls älterem Beitrag fehlen zwar die Daten für die jüngste Kohorte der Erwerbstätigen, die 1989 zwischen 28 und 30 Jahre alt waren. Dafür ermöglichen diese Daten auch die Analyse der Bildungsrenditen von Frauen, die bei der Bestimmung der RC-Modelle in Handls neuerem Beitrag (1996) nicht berücksichtigt wurden. Zu diesem Zweck wird eine vierdimensionale Tabelle erstellt, die eine simultane Analyse des Zusammenhangs von Bildungsabschlüssen und Berufspositionen nach Kohorte und Geschlecht mit konditionalen RC-Modellen ermöglicht.[10] In Bezug auf die männ-

9 Für einen Vergleich von Tabellen unterschiedlicher Größe wäre beispielsweise eine Standardisierung mit $\sum \mu_i = \sum v_j = 0$, $\sum \mu_i^2 = I$ und $\sum v_j^2 = J$ geeigneter (vgl. Clogg und Shihadeh 1994: 52-3; Luijkx 1994: 56).

10 Zunächst ist festzuhalten, dass sich RC-Modelle zwar besser zur Beschreibung der Daten eignen als Column-Modelle. Aber auch hier ist die Anpassung nicht optimal. Positive Werte der *BIC*-Statistik verweisen darauf, dass RC-Modelle die Daten im Vergleich zum saturierten Modell nicht genau genug beschreiben. Eine Analyse der standardisierten Residuen zeigt, dass systematische Abweichungen vorliegen, die sich aber vergleichsweise einfach anpassen lassen. Für männliche Hauptschulabsolventen ohne Lehre z. B. unterschätzen die RC-Modelle den Zugang zur Angestelltenschaft, während sie den Zugang zu den Facharbeiterpositionen überschätzen. Negative *BIC*-Werte sind durch die Schätzung einiger zusätzlicher (log-linearer) Parameter zu erzie-

lichen Erwerbstätigen bestätigt die Reanalyse die Ergebnisse von Handl. Das Niveau der Bildungsrenditen bei den Männern steigt in der Kohortenfolge zunächst an und fällt danach wieder ab. Die Reanalyse der Mikrozensusdaten erschließt zusätzlich auch die Bildungsrenditen der Frauen. Auch hier verändert sich das Niveau der Bildungsrenditen, und zwar nach dem gleichen Muster wie bei den Männern. Ein weiterer Unterschied zu den Analysen von Däumer ist darin zu sehen, dass das Niveau der Bildungsrenditen für Männer und Frauen praktisch gleich ist. Es gibt zwar geschlechtsspezifische Unterschiede, die bei der Modellbildung berücksichtigt werden müssen, aber sie sind gering und variieren über die einzelnen Kohorten. Zum Teil liegen die Bildungsrenditen der Frauen sogar leicht über denen der Männer. Insgesamt lässt sich für die Mikrozensusdaten von Handl anhand der *BIC*-Statistik zeigen, dass die kohortenspezifischen Unterschiede in den Bildungsrenditen für die Modellanpassung wichtiger sind als die geschlechtsspezifischen Unterschiede. Auch im Muster der Bildungsrenditen zeigen sich für Männer und Frauen nur vergleichsweise geringe Abweichungen.

Zum Beitrag von Wolbers et al. (2001)

Auf der Basis von Daten aus einer Volkszählung und verschiedenen Arbeitskräfteerhebungen untersuchen Wolbers et al. die Entwicklung der beruflichen Bildungsrenditen für Männer und Frauen in den Niederlanden zwischen 1960 und 1991. Die Arbeit unterscheidet sich in zwei wesentlichen Punkten von den bisher diskutierten Beiträgen. Zum einen werden nicht nur die Erwerbseinsteiger untersucht, sondern die Erwerbstätigen (abhängig Beschäftigte) insgesamt (vgl. auch Wong 1995a). Zum anderen werden sowohl absolute als auch relative berufliche Bildungsrenditen analysiert, um die Verschiebungen von »Structure« und »Association« aufeinander beziehen zu können. Die absoluten Bildungsrenditen in den Niederlanden haben sich im Untersuchungszeitraum sowohl für Männer als auch für Frauen verringert (vgl. Wolbers et al. 2001: 9-12). Diese Resultate stehen im Einklang mit einer Reihe von Untersuchungen, die für die Niederlande eine Entwertung von Bildungsabschlüssen beim Zugang zu beruflichen Positionen feststellen, weil die Aufwertung der Berufsstruktur nicht mit der Bildungsexpansion Schritt gehalten hat (vgl. Wolbers et al. 2001: 5).

Die relativen beruflichen Bildungsrenditen werden von Wolbers et al. mit einer fünfdimensionalen Tabelle bestimmt, die neben den Bildungsabschlüssen, den Berufspositionen und den Untersuchungsperioden auch das Geschlecht und die Erwerbserfahrung kontrolliert. Weil im Datenbestand keine direkten Messungen für die Erwerbserfahrung enthalten sind, wird ein Indikator auf der Basis

len. Hier werden allerdings nur die Parameter der RC-Modelle interpretiert, um die Darstellung zu vereinfachen.

des Alters beim Befragungszeitpunkt und des ungefähren Alters beim Verlassen des (Aus-) Bildungssystems konstruiert, der die Kategorien »null bis zehn Jahre Erwerbserfahrung« und »mehr als zehn Jahre Erwerbserfahrung« unterscheidet. Mit dem Uniform Association-Modell und dem RC-Modell werden zunächst konstante Bildungsrenditen über die Kategorien sämtlicher Kontrollvariablen hinweg geschätzt. Insbesondere das RC-Modell, dessen Anpassung mit $rL^2 = 0,931$ gegenüber dem Unabhängigkeitsmodell und $\Delta = 0,058$ recht gut ist (vgl. Wolbers et al. 2001: 13), empfiehlt sich m. E. zur weiteren Modellierung von Trends und Unterschieden über die Kategorien der Kontrollvariablen hinweg. Die Autoren entscheiden sich jedoch dafür, mit einem Linear-by-Linear-Modell fortzufahren, das die Anteilswerte aus den Randverteilungen von Bildungsabschlüssen und Berufspositionen als Skalenwerte verwendet (vgl. Wolbers et al. 2001: 12). Damit sollen die »Warteschlangen« von Arbeitskräften und Arbeitsplätzen aus der Arbeitsplatz-Wettbewerbstheorie von Thurow (1975) modelliert werden. Sowohl die Begründung als auch der Erfolg dieser Maßnahme erscheinen mir jedoch zweifelhaft. Zunächst einmal betonen Wolbers et al. (vgl. 2001: 44) bereits in der Erläuterung ihres theoretischen Hintergrunds, dass die Arbeitsplatz-Wettbewerbstheorie einen rein strukturellen Erklärungsansatz für die Entwertung von Bildungsabschlüssen darstellt. Insofern bezieht sie sich eher auf die absoluten Bildungsrenditen als auf die relativen. Bei der Bestimmung von relativen Bildungsrenditen werden log-lineare Modelle zu dem Zweck verwendet, die Effekte der Randverteilungen zu kontrollieren. Deshalb erscheint es paradox, die Randverteilungen bei der Schätzung der Assoziationskoeffizienten als Skalenwerte wieder einzuführen (vgl. Clogg und Shihadeh 1994: 52). Dieser Strategie ist darüber hinaus auch bei der Modellanpassung wenig Erfolg beschieden. Das Modell mit geschlechts- und periodenspezifisch unterschiedlichen Anteilswerten, das den weiteren Analysen zugrunde gelegt wird, ist mit $rL^2 = 0,744$ gegenüber dem Unabhängigkeitsmodell und $\Delta = 0,104$ sogar deutlich schlechter angepasst als das Uniform-Association-Modell (vgl. Wolbers et al. 2001: 13). Bei der Interpretation der Modellparameter ist deshalb im Hinterkopf zu behalten, dass sie etwa ein Viertel der Assoziation ignorieren, die in der gesamten Tabelle vorliegt. Unter diesem Vorbehalt lassen sich jedoch eine Reihe von Anregungen aus der innovativen Definition der Modellparameter bei Wolbers et al. (2001) ziehen.

Bei der Interpretation der Modellparameter (vgl. Wolbers et al. 2001: 16) zeigt sich, dass das Niveau der relativen Bildungsrenditen in den Niederlanden im Untersuchungszeitraum signifikanten Schwankungen unterliegt. Diese Schwankungen lassen sich durch einen Vektor der Arbeitslosenquoten in den einzelnen Untersuchungsperioden anpassen. Demnach sind die relativen beruflichen Bildungsrenditen mit den Arbeitslosenquoten positiv korreliert. Die Assoziation zwischen Bildungsabschlüssen und Berufspositionen wird mit steigender Arbeitslosigkeit stärker und mit sinkender Arbeitslosigkeit lockert sie sich wieder. Offenbar kommt den Bildungsabschlüssen bei der Allokation von Berufspositionen eine höhere Bedeutung zu, wenn ein Überangebot an Arbeitskräften besteht. Weitere Analysen zeigen, dass die relativen Bildungsrenditen in den Niederlanden für Frauen höher sind als für Männer. Außerdem sind sie abhängig von der Erwerbserfahrung. Der Zusammenhang zwischen Bildungsabschlüssen und Berufspositionen ist in einer frühen Phase der Erwerbslaufbahn ausgeprägter als in einer späteren. Offenbar sorgen individuelle Karriereprozesse dafür, dass sich die durchschnittlichen Erträge verschiedener Bildungsabschlüsse im Laufe des Erwerbslebens ein wenig aufeinander zu bewegen. Darüber hinaus zeigt sich, dass der Zusammenhang zwischen den Arbeitslosenquoten und den relativen Bildungsrenditen in den frühen Phasen des Erwerbslebens stärker ist als in den späteren. Bei den Arbeitskräften mit der größeren Erwerbserfahrung scheint die Bedeutung der Bildungsabschlüsse für die Allokation von Berufspositionen auch bei einem Überangebot an Arbeitskräften nicht zuzunehmen. Als Begründung wäre hier einerseits anzunehmen, dass mit zunehmender Berufserfahrung andere Allokationskriterien in den Vordergrund rücken. Andererseits werden Arbeitsplatzwechsel, bei denen eine „Neubewertung" der potenziellen Produktivität anhand von Bildungsabschlüssen stattfindet, mit zunehmender Erwerbserfahrung insgesamt seltener.

Folgerungen aus den vorgestellten Ergebnissen

Der Bestand gesicherten Wissens zur Größenordnung, Struktur und Entwicklung der relativen beruflichen Bildungsrenditen in der Bundesrepublik Deutschland ist recht gering (vgl. Handl 1996: 271). Dies zeigt ein Versuch, die bisher diskutierten Forschungsergebnisse zusammenzufassen. Als gesichert kann lediglich gelten, dass der Zugang zu den verschiedenen Positionen der Berufsstruktur eng mit den im Bildungssystem erworbenen Abschlüssen verknüpft ist. Die relativen beruflichen Erträge verschiedener Bildungsabschlüsse unterscheiden sich erheblich. Das belegen die vorliegenden Analysen anhand von unterschiedlichen Datensätzen und verschiedenen Operationalisierungen der zentralen Untersuchungskonzepte. Unklar ist jedoch bisher, ob sich das Niveau und/oder das Muster der relativen Bildungsrenditen in den vergangenen Jahrzehnten in nennenswerter Art und Weise verändert haben und in welcher Form sich die relativen Bildungsrenditen von Männern und Frauen unterscheiden.

Im Hinblick auf die Entwicklung der relativen Bildungsrenditen kommen die hier diskutierten Beiträge zu unterschiedlichen Resultaten. Der Beitrag von Däumer lässt auf konstante Bildungsrenditen schließen. Handl identifiziert dagegen signifikante Schwankungen mit einem Hochpunkt um das Jahr 1970. Eine Gemeinsamkeit beider Untersuchungen ist allenfalls darin zu sehen, dass sie zumindest keinen ausgeprägten Trend in den relativen Bildungsrenditen erkennen lassen. Für die USA finden sich dagegen Hinweise auf linear schwach abnehmende Bildungsrenditen (vgl. Wong 1995a: 518-9) und für die Niederlande auf eine Korrelation der Bildungsrenditen mit den Arbeitslosenquoten (vgl. Wolbers et al. 2001: 14-5). Für die Bundesrepublik Deutschland bleibt deshalb auf der Basis einer ausreichend großen Anzahl von Messzeitpunkten zu prüfen, ob sich etwaige Schwankungen in den relativen Bildungsrenditen durch entsprechende Trendrestriktionen anpassen lassen.

In welcher Weise sich das Niveau der geschlechtsspezifischen Bildungsrenditen unterscheidet, kann auf der Basis der hier diskutierten Beiträge ebenfalls nicht entschieden werden. Während die Resultate von Däumer deutlich höhere Bildungsrenditen für die bundesdeutschen Männer ausweisen, spricht eine Reanalyse von Handls Daten dafür, dass sich die Bildungsrenditen von Männern und Frauen praktisch nicht unterscheiden. Auch hier ist es interessant, die Beiträge von Wong und Wolbers et al. vergleichend zu Rate zu ziehen. In beiden Fällen liegen die Bildungsrenditen der Frauen über denen der Männer, wobei die Unterschiede in den USA besonders ausgeprägt zu sein scheinen (vgl. Wong 1995a: 525).

Auffällig ist dabei, dass sich beide Studien auf die Erwerbstätigen bzw. die abhängig Beschäftigten insgesamt beziehen und nicht nur auf die Erwerbsanfänger, die am Beginn ihrer beruflichen Karrieren stehen. Die Untersuchungspersonen haben demnach durchschnittlich schon relativ lange im Erwerbsleben gestanden. Aufgrund der spezifischen Operationalisierung des Berufseinstiegs bei Handl (siehe oben) haben die Erwerbstätigen auch in dieser Studie zum jeweiligen Beobachtungszeitpunkt bereits eine mehr oder minder lange Zeit im Erwerbsleben zugebracht, die sich systematisch nach ihren Bildungsabschlüssen unterscheidet. Die einzige Studie, die sich auf die Berufsposition direkt beim Einstieg ins Erwerbsleben bezieht, ist die von Däumer. Deshalb liegt der Gedanke nahe, dass die geschlechtsspezifischen Unterschiede in den relativen Bildungsrenditen auf den unterschiedlichen Zuschnitt der Untersuchungsgruppen bzw. ihre unterschiedliche Zusammensetzung zurückzuführen sind. Möglicherweise ist ein so genannter »Creaming-Effekt« im Erwerbsverlauf der Frauen dafür verantwortlich. Die Erwerbsbeteiligung der Frauen in Westdeutschland liegt – trotz nachhaltiger Steigerungen in den letzten Jahrzehnten – immer noch niedriger als die der Männer. Nach wie vor sind familienbezogene Unterbrechungen in den weiblichen Erwerbsverläufen erheblich häufiger und wesentlich dauerhafter als in den männlichen. Ein Creaming-Effekt läge nun vor, wenn sich nach und nach besonders diejenigen Frauen vom Arbeitsmarkt zurückzögen, die – gemessen an ihrem formalen Bildungsabschluss – nur unterdurchschnittliche berufliche Bildungserträge erzielen. Ein solcher Effekt könnte als Erklärung angesehen werden, wenn die weiblichen Bildungsrenditen im Vergleich zu den männlichen mit der durchschnittlichen Erwerbserfahrung in der Untersuchungsgruppe wachsen. Dagegen sprechen allerdings empirische Ergebnisse, die eine Dequalifizierung von Frauen bei der Rückkehr auf den Arbeitsmarkt nach einer familienbezogenen Erwerbsunterbrechung feststellen (vgl. z. B. Engelbrech 1991, 1997). Wenn man diese Überlegung in Rechnung stellt, müssten die weiblichen Bildungsrenditen im Vergleich zu den männlichen ab einem bestimmten Durchschnittsalter der Untersuchungsgruppe wieder sinken. Aus dem Beitrag von Wolbers et al. (2001), in dem sowohl das Geschlecht der Untersuchungspersonen als auch ihre Erwerbserfahrung berücksichtigt wird, geht leider nicht hervor, ob eine Interaktion zwischen Bildungsrenditen, Erwerbserfahrung und Geschlecht geprüft wurde. Für die Bundesrepublik Deutschland wäre deshalb in Zukunft zu untersuchen, ob Geschlecht und Erwerbserfahrung additiv oder interaktiv mit den relativen beruflichen Bildungsrenditen zusammenhängen (vgl. Wong 1995a). Dies kann im vorliegenden Beitrag jedoch nicht geschehen, weil die Fallzahlen im sozio-ökonomischen Panel für eine weitere Differenzierung der Tabellen nicht ausreichen.

2.3 Daten und Klassifikationen

Datenbasis und -aufbereitung

Die empirischen Analysen werden mithilfe der Teilstichprobe A des sozio-ökonomischen Panels (SOEP) durchgeführt (vgl. SOEP Group 2001; Wagner et al. 1994). Die Entwicklung der beruflichen Bildungsrenditen wird anhand von Querschnittdaten aus den Erhebungswellen 1984 bis 2000 abgebildet. Für die einzelnen Erhebungswellen werden die Untersuchungsgruppen weiter eingeschränkt auf Erwerbstätige mit deutscher Staatsangehörigkeit und einer tatsächlichen wöchentlichen Arbeitszeit von 20 Stunden und mehr. Getrennt nach Geschlecht werden für jede Erhebungswelle Kreuztabellen von Bildungsabschlüssen und Berufspositionen gebildet. Dabei werden die Daten in den einzelnen Erhebungswellen mit dem Gewichtungsfaktor $G_w = Q_w \times (n_{wu}/n_{wh})$ gewichtet, um die Effekte der Panelmortalität so weit als möglich zu kompensieren. Dabei entspricht Q_w einem Querschnittgewicht zur Hochrechnung der einzelnen Erhebungswellen, das durch die SOEP-Projektgruppe bereitgestellt wird. Mit dem Faktor (n_{wu}/n_{wh}) werden die hochgerechneten Fallzahlen n_{wh} wieder an die tatsächlich erhobenen, ungewichteten Fallzahlen n_{wu} angepasst. Auf diese Weise entsteht letztlich eine vierdimensionale Kreuztabelle von Erhebungswellen, Geschlecht, Bildungsabschlüssen und Berufspositionen, die $17 \times 2 \times 7 \times 5 = 1190$ Zellen umfasst und $n = 52856$ Fälle enthält. Das entspricht einer durchschnittlichen Anzahl von 3109 Fällen pro Erhebungswelle und 44 Fällen pro Zelle.

Die CASMIN-Bildungsklassifikation

Die Skala der Bildungsabschlüsse wird im vorliegenden Kapitel über die CASMIN-Bildungsklassifikation operationalisiert. Im Forschungsprojekt »Comparative Analysis of Social Mobility in Industrial Nations« (vgl. Erikson und Goldthorpe 1992) wurde sie als historisch und international weitgehend vergleichbares Schema zur Unterscheidung und Einordnung verschiedener Bildungsabschlüsse auf der nationalen Ebene entwickelt (vgl. Brauns und Steinmann 1997). Bildungsabschlüsse werden hier nicht nur nach ihrer hierarchischen Abstufung unterschieden, sondern auch nach ihrer Verankerung im allgemeinen oder im beruflichen Bildungswesen. Die CASMIN-Klassifikation ist deshalb gut geeignet, die Selektionsfunktion von Bildung und Ausbildung für berufliche Karriereverläufe nicht nur in der hierarchischen Dimension, sondern auch im Hinblick auf verschiedene Klassenpositionen, Arbeitsmarkt- oder Beschäftigungssegmente zu untersuchen. Sie hat sich mittlerweile in einer ganzen Reihe von international vergleichenden Untersuchungen zum Verhältnis von Bildungssystem und Sozialstruktur bewährt (vgl. Müller und Shavit 1998). Die CASMIN-Klassifikation ist in Tabelle 2.1 in der Version mit sieben Ausprägungen wiedergegeben, die auch in der vorliegenden Arbeit verwendet wird.

Tabelle 2.1: Die CASMIN-Bildungsklassifikation[a]

1a/b	Bildungsabschluss unter (1a) oder auf dem Niveau (1b), das der allgemeinen Schulpflicht auf dem am wenigsten anspruchsvollen Bildungsweg entspricht (kein Abschluss / Hauptschulabschluss ohne berufliche Ausbildung)
1c	Berufliche Grundausbildung im Anschluss an oder in Erweiterung der allgemeinen Schulpflicht (Hauptschulabschluss mit beruflicher Ausbildung)
2a	Über die Schulpflicht hinausgehende, weiterführende Sekundarbildung und berufliche Grundausbildung oder mittlerer berufsbezogener Abschluss, z. B. Fachschule (mittlere Reife mit beruflicher Ausbildung oder Meister- / Technikerabschluss)
2b	Über die Schulpflicht hinausgehende, allgemein bildende weiterführende Sekundarbildung (mittlere Reife ohne berufliche Ausbildung)
2c	Volle Sekundarbildung einschließlich Abitur (Fachhochschul- oder Hochschulreife mit oder ohne berufliche Ausbildung)
3a	Abschluss auf unterem Tertiärniveau: z. B. Kurzstudiengänge, Fachhochschulen, technical colleges (Fachhochschulabschluss)
3b	Abschluss auf höherem Tertiärniveau nach akademisch-wissenschaftlich orientiertem Hochschulstudium (Hochschulabschluss)

a Quellen: Brauns und Steinmann 1999: 43; Müller und Shavit 1998: 513; Scherer 2003: 160, vom Verfasser angepasst.

In der hierarchischen Dimension werden mit dem Elementar-, dem Sekundar- und dem Tertiärniveau drei breite Qualifikationsebenen unterschieden,[11] die nach verschiedenen Kombinationen allgemeiner oder beruflicher Bildungsabschlüsse weiter differenziert sind. Die Abschlussgruppe 1a/b hat im allgemein bildenden Schulwesen höchstens einen Hauptschulabschluss erreicht und verfügt nicht über eine berufliche Ausbildung. Die Abschlussgruppe 1c hat darüber hinaus eine einfache Berufsausbildung (z. B. Lehre oder berufliche Schule) absolviert. Auf dem Sekundarniveau löst sich die alphanumerische Kennzeichnung von der hierarchischen Ordnung. Die Abschlussgruppe 2b verfügt höchstens über die mittlere Reife als allgemein bildenden Schulabschluss und hat keine berufliche Ausbildung absolviert. Die Abschlussgruppe 2a hat sowohl die mittlere Reife als auch eine einfache Berufsausbildung absolviert oder verfügt über einen mittleren berufsbezogenen Abschluss sowie eine allgemeine Schulbildung, die das Niveau der mittleren Reife nicht übersteigt. Die Abschlussgruppe 2c verfügt über die Hoch- oder Fachhochschulreife und zu einem überwiegenden Teil auch über einen einfachen oder mittleren beruflichen Abschluss. Die Abschlussgruppen 3a und 3b können einen tertiären Abschluss auf Fachhoch- bzw. Hochschulniveau vorweisen.

Weil die CASMIN-Klassifikation nicht metrisch sondern nominalskaliert ist, kann sie in Regressionsanalysen nur als Serie von binär kodierten Dummy-Variablen berücksichtigt werden. Obwohl die Verwendung solcher Dummies die Modellanpassung im Vergleich zu metrischen Indikatoren z. T. verbessern kann (vgl. Müller und Shavit 1998: 513), erschwert sie die Interpretation der Koeffizienten im Sinne von Bildungserträgen. Zur Bestimmung von beruflichen Bildungsrenditen anhand der CASMIN-Klassifikation eignen sich die oben beschriebenen log-multiplikativen RC-Modelle besonders gut, weil sie die Kategorien der Klassifikation im Zuge der statistischen Analyse skalieren. Dabei werden die Rangfolge der Bildungsabschlüsse und ihre Distanzen zueinander im Hinblick auf die Zugangschancen bzw. -risiken zu den verschiedenen Berufspositionen bestimmt.

Die erforderliche Ausbildung im Beruf

Bildungsrenditen werden im vorliegenden Beitrag über die unterschiedlichen Zugangschancen von Bildungsabschlussgruppen zu vorteilhaften bzw. nachteiligen Berufspositionen bestimmt. Die Vielzahl unterschiedlicher Berufspositionen, die

11 Die Bezeichnungen bei Müller und Shavit (1998) weichen von der üblichen Terminologie für die Ebenen des Bildungssystems ab (vgl. Gukenbiehl 1998). Normalerweise bezeichnet der Sekundarbereich den Bereich sämtlicher, im Anschluss an die Grundschule weiterführender Schulen, einschließlich des Bereichs der einfachen Berufsausbildung (Lehre und berufliche Schulen ohne Fachschule). Der Elementarbereich steht dagegen normalerweise für die institutionalisierte vorschulische Erziehung. Hier ist der Elementarbereich als Bereich einer Grundbildung zu verstehen.

als Ziele von individuellen Bildungsanstrengungen angesehen werden können, wird anhand einer Skala der erforderlichen Ausbildung im Beruf strukturiert. Sie wird im SOEP mit einer direkten Frage nach dem Niveau der Qualifikationsanforderungen am Arbeitsplatz erhoben. Die Vorgehensweise entspricht dem »subjektiven« Ansatz zur Messung des Arbeitsplatz-Anforderungsniveaus, der als vergleichsweise robust gilt (vgl. Pollmann-Schult und Büchel 2002: 79-80). Auf die Frage, welche Art von Ausbildung für ihre Tätigkeit in der Regel erforderlich ist, können die Erwerbstätigen im SOEP angeben, dass keine besondere Ausbildung, nur eine kurze Einweisung, eine längere Einarbeitung, der Besuch besonderer Lehrgänge oder Kurse, eine abgeschlossene Berufsausbildung oder ein abgeschlossenes Hochschulstudium notwendig sei. Dabei sind Mehrfachangaben möglich. Die Einzelinformationen werden durch die SOEP-Projektgruppe in jahresbezogene Statusvariablen integriert. Weil dabei nur die jeweils höchste Angabe zur erforderlichen Ausbildung im Beruf berücksichtigt wird, entsteht eine Ordinalskala des sozialen Status der beruflichen Tätigkeit. Sie ist einfach zu interpretieren, weil ihre Kategorien für sich stehen und intuitiv verständliche Bezeichnungen tragen. In Tabelle 2.2 ist die Skala der erforderlichen Ausbildung im Beruf in der Version mit fünf Kategorien wiedergegeben, wie sie im aktuellen Kapitel verwendet wird.[12]

Tabelle 2.2: Die Skala der erforderlichen Ausbildung im Beruf

Für die derzeit ausgeübte berufliche Tätigkeit ist in der Regel erforderlich:	
1.	keine besondere Ausbildung oder eine kurze Einweisung am Arbeitsplatz,
2.	eine längere Einarbeitung im Betrieb,
3.	der Besuch von besonderen Lehrgängen / Kursen,
4.	eine abgeschlossene Berufsausbildung oder
5.	ein abgeschlossenes Hochschulstudium.

Die Skala der erforderlichen Ausbildung im Beruf wird zwar bei den Erwerbstätigen bzw. Arbeitskräften erhoben, sie misst aber letztlich Eigenschaften ihrer Arbeitsplätze. Insofern ist die Skala der erforderlichen Ausbildung im Beruf als Indikator für die qualifikatorische Struktur der realisierten Arbeitskräftenachfrage anzusehen. Weil es bei den hier vorgelegten Analysen um die Passung der Qualifikationsstruktur von Angebot und Nachfrage auf dem Arbeitsmarkt geht, ist diese Eigenschaft als Vorteil einzustufen. Eine alternative Klas-

12 Im dritten Kapitel der vorliegenden Arbeit wird eine Version der Skala mit sechs Kategorien verwendet, um die Prozesse der Karrieremobilität zu untersuchen. Die empirischen Ergebnisse weisen darauf hin, dass eine Zusammenfassung der Kategorien „keine besondere Ausbildung" und „nur eine kurze Einweisung erforderlich" gerechtfertigt ist.

sifikation zur Messung der hierarchischen Ordnung beruflicher Positionen, die sich auf das Erhebungsschema der »Stellung im Beruf« bezieht (vgl. Hoffmeyer-Zlotnik 1993, 1998, 2003), ist m. E. weniger eindeutig als Indikator der Arbeitskräftenachfrage anzusehen. Hier werden beispielsweise die Arbeiter entsprechend ihrer Ausbildung in die Gruppen der ungelernten, der angelernten sowie der gelernten und Facharbeiter aufgeteilt. Die Zuordnungskriterien dieser Klassifikation beziehen sich nicht nur auf Eigenschaften der Arbeitskräftenachfrage, sondern teilweise auch auf Eigenschaften des Arbeitskräfteangebots.

2.4 Empirische Analysen

Im Folgenden werden die Ergebnisse der empirischen Analysen zum Verhältnis von Bildungs- und Berufsstruktur in Westdeutschland zwischen 1984 und 2000 beschrieben. Dabei geht es zunächst um die separaten Entwicklungsprozesse in Bildungs- und Berufsstruktur. Sie lassen sich einerseits als Bildungsexpansion und andererseits als Aufwertung der Berufsstruktur (»Occupational Upgrading«) kennzeichnen. Im Anschluss daran wird die Entwicklung der absoluten beruflichen Bildungsrenditen auf der Basis von Prozentsätzen untersucht. Abschließend werden die relativen beruflichen Bildungsrenditen von Männern und Frauen mit log-multiplikativen RC-Modellen analysiert.

2.4.1 Der Wandel von Bildungs- und Berufsstruktur

Bildungsexpansion

Wenn wir unter Bildungsexpansion die zunehmende Beteiligung aufeinander folgender Geburtskohorten an höheren Bildungslaufbahnen verstehen, so lassen sich ihre Auswirkungen mittlerweile in eindrucksvoller Weise an der Verteilung von Bildungsabschlüssen in der erwerbstätigen Bevölkerung aufzeigen. Zu diesem Zweck wurde in Tabelle A.1 auf Seite 262 die Verteilung von Bildungsabschlüssen in den Untersuchungsgruppen für den Zeitraum zwischen 1984 und 2000 nach der CASMIN-Klassifikation und getrennt nach Geschlecht ausgewiesen. Obwohl sich eine Verteilung mit wenigen Kategorien normalerweise recht anschaulich durch Prozentsätze darstellen lässt, fällt es vergleichsweise schwer, ihre Entwicklung mit bloßem Auge über insgesamt 17 Erhebungswellen zu verfolgen. Um bei dieser Fülle von Einzelergebnissen nicht den Blick für das Wesentliche zu verlieren, wird die Entwicklung der einzelnen Bildungsabschlüsse auf der Grundlage der Daten aus Tabelle A.1 noch einmal zusammengefasst. Die prozentualen Anteile der einzelnen Bildungsabschlüsse wurden jeweils einer linearen Regression auf einen linearen Trendindikator über die Erhebungswellen unterzogen.

Tabelle 2.3 zeigt die Ergebnisse dieses Verfahrens. Im Folgenden wird die Entwicklung der Bildungsabschlüsse kommentiert, für die sich signifikante lineare Trends ($p \leq 0,01$) erkennen lassen. Die Regressionskonstanten (b_0) und die -koeffizienten (b_1) sind in der Einheit von Prozentpunkten zu interpretieren.

Tabelle 2.3: Die Entwicklung der Bildungsstruktur (Regressionsanalysen)[a]

	Bildungsabschlüsse (Männer)[b]						
	1a/b	1c	2a	2b	2c	3a	3b
b_0	8,861	46,816	23,575	0,861	4,808	4,867	10,263
b_1	-0,069	-0,912	0,129	0,027	0,341	0,200	0,277
R^2	0,068	0,922	0,273	0,126	0,795	0,696	0,740
p	0,311	0,000	0,031	0,162	0,000	0,000	0,000
	Bildungsabschlüsse (Frauen)[b]						
	1a/b	1c	2a	2b	2c	3a	3b
b_0	20,761	33,402	28,182	3,798	5,696	2,518	5,653
b_1	-0,755	-0,485	0,185	0,040	0,599	0,049	0,365
R^2	0,963	0,927	0,501	0,053	0,962	0,217	0,810
p	0,000	0,000	0,001	0,374	0,000	0,059	0,000

a Geschätzt wurden Regressionen der Prozentwerte für die einzelnen Bildungsabschlüsse auf einen linearen Trendindikator über die Erhebungswellen. b_0 ist die Konstante und b_1 ist der Regressionskoeffizient des linearen Trendindikators. R^2 ist der Determinationskoeffizient und p ist der empirische Signifikanzwert für den F-Test des jeweiligen Regressionsmodells. Datenbasis sind die Prozentwerte in Tabelle A.1 auf Seite 262.

b Zur Legende der Bildungsabschlüsse siehe Tabelle 2.1 auf Seite 50.
Quelle: SOEP, eigene Berechnungen.

Auf dem Elementarniveau verringern sich bei den Männern die Anteile der Bildungsabschlussgruppe 1c, deren Angehörige neben einer einfachen Berufsausbildung nur die minimale Schulbildung absolviert haben. Bei den Frauen gehen dagegen nicht nur die Anteile der Bildungsabschlussgruppe 1c zurück, sondern auch die der Abschlussgruppe 1a/b, deren Angehörige ebenfalls nur die minimale Schulbildung absolviert haben, aber keinerlei Berufsausbildung vorweisen können. Dieser Rückgang ist für die Bildungsentwicklung der Frauen besonders bedeutsam, weil der Anteil der niedrigsten Bildungsabschlussgruppe 1a/b hier zu Beginn der Untersuchungsperiode wesentlich höher war als bei den Männern. Auf dem Sekundarniveau steigt bei den Männern der Anteil der Bildungsabschlussgruppe 2c, die über die Hochschul- oder Fachhochschulreife verfügt. Bei den Frauen nimmt darüber hinaus auch der Anteil der Bildungsabschlussgruppe 2a zu, bei der sich eine mittlere Schulbildung mit einer einfachen Berufsausbildung verbindet oder eine mittlere Berufsausbildung (auf Fachschulniveau) vorliegt.[13] Auf dem Tertiärniveau sind bei den Männern wachsende Anteile sowohl für die Bildungsabschlussgruppe 3a mit Fachhochschulabschluss als auch für die Bildungsabschlussgruppe 3b mit Hochschulabschluss zu verzeichnen. Bei den Frauen stagniert dagegen der Anteil der Bildungsabschlussgruppe 3a auf niedrigem Niveau, während für die Bildungsabschlussgruppe 3b ebenfalls ein steigender Anteil auszumachen ist.

Insgesamt gesehen zeigt sich hier „das bekannte Muster der Bildungsexpansion“, das Müller (2001: 40-1) – ebenfalls anhand der CASMIN-Klassifikation – für verschiedene Kohorten von Erwerbseinsteigern beschreibt. Darüber hinaus stehen diese Ergebnisse zur Entwicklung der Bildungsabschlüsse von Erwerbstätigen auf der Basis des SOEP im Großen und Ganzen in Einklang mit den Resultaten aus der Bildungsgesamtrechnung des IAB zur Qualifikationsentwicklung der Bevölkerung im erwerbsfähigen Alter (vgl. Reinberg und Hummel 2001: 29-31). Hier sind seit 1984 für beide Geschlechter steigende Anteile mit Hochschul- und Fachhochschulabschluss ausgewiesen, während die Anteile ohne beruflichen Bildungsabschluss zurückgehen. Bei den Frauen sind darüber hinaus wachsende Anteile mit Lehr- oder Fachschulabschluss zu verzeichnen, während die entsprechenden Anteile bei den Männern auf hohem Niveau stagnieren. Gemessen an den Bildungsabschlüssen der Schulabgänger, den Zugangsquoten in die Hoch- und Fachhochschulen und in die betriebliche Ausbildung scheint die Bildungsexpansion in den 1990er Jahren zwar ins Stocken geraten zu sein (vgl. Hradil 2002: 234; Reinberg und Hummel 2001: 2-3). Dennoch ist in der Bildungsentwicklung der Erwerbstätigen insgesamt bis zum Ende der 1990er Jahre noch keine Stagnation festzustellen. In dieser Hinsicht lässt sich die Entwicklung auch für die 1990er Jahre noch als Bildungsexpansion kennzeichnen.

Darüber hinaus ist die Bildungsexpansion im Untersuchungszeitraum mit einer Angleichung der geschlechtsspezifischen Bildungsverteilungen einhergegangen. Eine Regression der Dissimilaritätskoeffizienten, die sich anhand von männlicher und weiblicher Bildungsverteilung bestimmen lassen (siehe Abbildung 2.1 auf Seite 57), zeigt einen abnehmenden linearen Trend, nach dem sich die bei-

13 Ob der Anteil der Erwerbstätigen mit einer abgeschlossenen Berufsausbildung im Untersuchungszeitraum zu- oder abgenommen hat, ist anhand der CASMIN-Klassifikation schwer zu beurteilen, weil sich die Erwerbstätigen mit einer abgeschlossenen Berufsausbildung über die unterschiedlichen Abschlüsse der allgemeinen Schulbildung verteilen und in Kombination mit der (Fach-) Hochschulreife nicht getrennt ausgewiesen sind. Zudem ist aus anderen Studien bekannt, dass auch ein beträchtlicher Anteil der Erwerbstätigen mit tertiären Bildungsabschlüssen über eine Berufsausbildung verfügt (vgl. Büchel und Helberger 1995; Hillmert und Jacob 2003). Die Ergebnisse aus der Bildungsgesamtrechnung des IAB zeigen, dass der Anteil der Personen mit Lehr- oder Fachschulabschluss an der Bevölkerung im erwerbsfähigen Alter in Westdeutschland bis 1991 gewachsen ist und danach stagniert (vgl. Reinberg und Hummel 2001: 30).

den Verteilungen alle drei Jahre um einen Prozentpunkt ähnlicher werden. Allerdings ist die Entwicklung in den einzelnen Bildungsabschlussgruppen recht unterschiedlich. Während sich die Anteile der Bildungsabschlussgruppen 1a/b, 1c und 3b annähern, geht die Schere für die Bildungsabschlussgruppe 3a auseinander.

Aufwertung der Berufsstruktur

Die Entwicklung der Berufsstruktur lässt sich analog zu der Vorgehensweise im vorausgegangenen Abschnitt untersuchen. Tabelle A.2 auf Seite 263 erschließt die Verteilung der erforderlichen Ausbildung im Beruf unter den erwerbstätigen Männern und Frauen für den Zeitraum zwischen 1984 und 2000. Tabelle 2.4 gibt die Ergebnisse von Regressionsanalysen der prozentualen Anteile auf den linearen Trendindikator wieder. Auch bei den Qualifikationsanforderungen am Arbeitsplatz haben im Untersuchungszeitraum Verschiebungen stattgefunden. Sie lassen sich als Aufwertung der Berufsstruktur (»Occupational Upgrading«) kennzeichnen.

Im Detail macht sich die Aufwertung der Berufsstruktur allerdings bei Männern und Frauen unterschiedlich bemerkbar. Für die Männer haben sich die Anteile der Arbeitsplätze verringert, die eine längere Einarbeitung oder den Besuch von

Tabelle 2.4: Die Entwicklung der Berufsstruktur (Regressionsanalysen)[a]

	Berufspositionen (Männer)[b]				
	1.	2.	3.	4.	5.
b_0	10,694	12,598	9,602	52,959	14,173
b_1	-0,149	-0,291	-0,208	0,081	0,567
R^2	0,266	0,685	0,599	0,149	0,860
p	0,034	0,000	0,000	0,126	0,000
	Berufspositionen (Frauen)[b]				
	1.	2.	3.	4.	5.
b_0	24,080	16,012	5,375	48,853	5,669
b_1	-0,834	-0,535	-0,056	0,818	0,609
R^2	0,942	0,853	0,086	0,848	0,863
p	0,000	0,000	0,254	0,000	0,000

a Geschätzt wurden Regressionen der Prozentwerte für die einzelnen Berufspositionen auf einen linearen Trendindikator über die Erhebungswellen. b_0 ist die Konstante und b_1 ist der Regressionskoeffizient des linearen Trendindikators. R^2 ist der Determinationskoeffizient und p ist der empirische Signifikanzwert für den F-Test des jeweiligen Regressionsmodells. Datenbasis sind die Prozentwerte in Tabelle A.2 auf Seite 263.

b Zur Legende der Berufspositionen siehe Tabelle 2.2 auf Seite 52.
Quelle: SOEP, eigene Berechnungen.

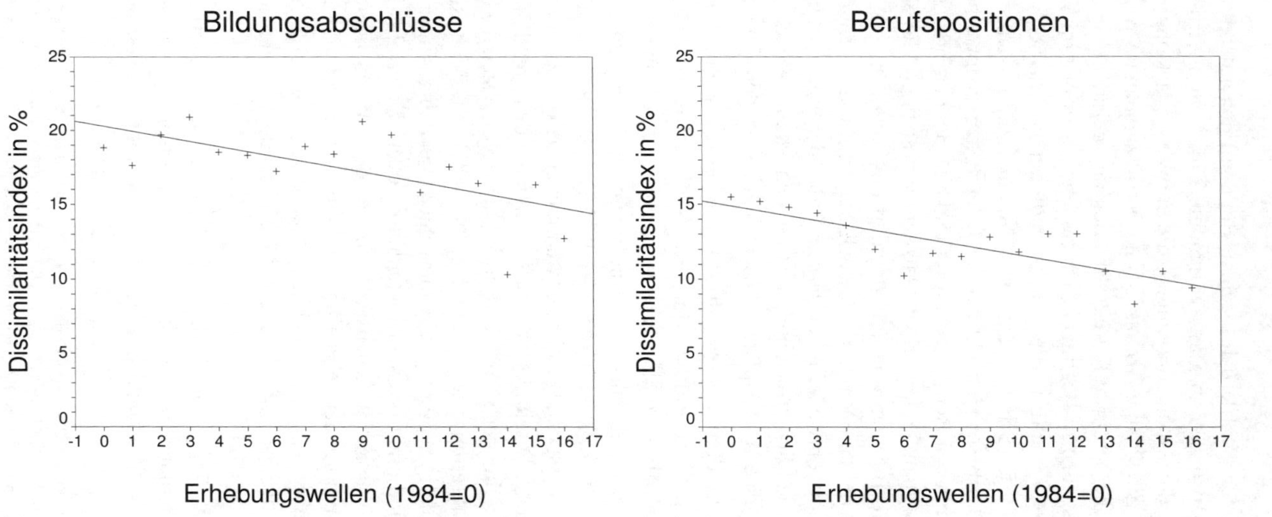

Abbildung 2.1: Unterschiede in der Bildungs- und Berufsstruktur von Männern und Frauen

Kursen und Lehrgängen erforderlich machen. Bei den Frauen nehmen ebenfalls die Anteile der Arbeitsplätze ab, die eine längere Einarbeitung erfordern, aber darüber hinaus auch die Anteile derjenigen, die entweder gar keine Ausbildung oder nur eine kurze Einweisung voraussetzen. Der letztgenannte Aspekt ist besonders wichtig für die berufsstrukturelle Entwicklung bei den Frauen, weil der Anteil dieser Arbeitsplätze zu Beginn der Untersuchungsperiode im Vergleich zu den Männern noch sehr hoch ist. Hier korrespondieren die Entwicklungsprozesse in der Berufs- und der Bildungsstruktur (Abschlussgruppe 1a/b, siehe oben) besonders deutlich. In dieser Hinsicht hat die Bildungsexpansion eine deutliche Aufwertung der weiblichen Berufsstruktur ermöglicht. Bei den Frauen ist außerdem eine deutliche Zunahme der Arbeitsplätze zu verzeichnen, die eine Berufsausbildung erfordern. Bei den Männern stagniert der Anteil dieser Arbeitsplätze dagegen. Sowohl bei den Männern als auch bei den Frauen steigt der Anteil von Arbeitsplätzen, die entweder einen Hochschul- oder einen Fachhochschulabschluss erfordern, deutlich an. Dennoch ist bei den Männern nach wie vor ein höherer Anteil auf diesen Arbeitsplätzen beschäftigt als bei den Frauen.

Im Untersuchungszeitraum ist sowohl für Männer als auch für Frauen eine deutliche Aufwertung der Berufsstruktur festzustellen. Die Veränderungen bei den Frauen waren jedoch wesentlich intensiver als bei den Männern. Aus einer schlechteren Ausgangslage heraus haben die Frauen in Bezug auf die erforderliche Ausbildung im Beruf deutlich aufgeholt.[14] Die beiden Verteilungen sind sich am Ende des Untersuchungszeitraums ähnlicher geworden als zu Beginn. Mit einer Regression der Dissimilaritätskoeffizienten auf den Trendindikator lässt sich hier ebenfalls ein linearer Trend bestimmen, demzufolge sich die beiden Verteilungen alle drei Jahre um einen Prozentpunkt ähnlicher werden (siehe Abbildung 2.1 auf der vorherigen Seite). Die Unterschiede bei den geringer qualifizierten Arbeitsplätzen sind praktisch verschwunden. Größere Unterschiede bestehen dagegen bei den qualifizierten Arbeitsplätzen. Bei den Frauen liegt der Anteil der Arbeitsplätze, die normalerweise eine Berufsausbildung erfordern, sogar höher als bei den Männern. Aber der Anteil der Männer, die auf Arbeitsplätzen mit akademischen Qualifikationsanforderungen tätig sind, liegt immer noch um ein Drittel höher als der Anteil der Frauen.

Insgesamt gesehen liefert ein Vergleich der Verteilungen von formalen Qualifikationen und Arbeitsplatzanforderungen wenig Anhaltspunkte, die auf Prozesse der Entwertung und Verdrängung infolge eines Überangebots von höheren Bil-

---

14 Allerdings ist damit nicht ausgeschlossen, dass Frauen in anderen Berufsfeldern, Branchen oder Wirtschaftssektoren als Männer tätig sind (vgl. Lehner 1997), und von daher ihre Erwerbschancen in Bezug auf Einkommen oder Arbeitsplatzsicherheit auch unabhängig von der erforderlichen Ausbildung im Beruf schlechter sein können als die der Männer.

dungsabschlüssen schließen lassen.[15] Die Anteile von Erwerbstätigen, die über einen Hochschul- oder Fachhochschulabschluss verfügen (3a, 3b), unterscheiden sich bei beiden Geschlechtern kaum von den Anteilen der Arbeitsplätze, auf denen diese Abschlüsse normalerweise vorausgesetzt werden (5). Die Anteile der Bildungsabschlussgruppen, die über einfache oder mittlere berufliche Abschlüsse verfügen (1c, 2a und größtenteils auch 2c), liegen zwar sowohl bei den Männern als auch bei den Frauen um ca. 10 Prozentpunkte über dem Anteil der Arbeitsplätze, die normalerweise eine Berufsausbildung erfordern. Dabei handelt es sich jedoch nicht um die Bildungsabschlussgruppen, auf die sich Überlegungen zur Bildungsinflation normalerweise beziehen. Für die Situation der Qualifikationsgruppe 2b, die über eine mittlere schulische Bildung aber nicht über eine berufliche Ausbildung verfügt, sind aus einem einfachen Vergleich der Verteilungen keine Aussagen im Sinne von Entwertungs- oder Verdrängungshypothese abzuleiten, weil die Skala der erforderlichen Ausbildung im Beruf keine diesbezüglich zugeschnittenen Kategorien umfasst.

Zumindest in Bezug auf die höheren beruflichen Bildungsabschlüsse hat die Aufnahmekapazität des Arbeitsmarkts bisher mit der Bildungsexpansion Schritt gehalten. Ob sich jedoch das wachsende Angebot an einfachen und mittleren beruflichen Abschlüssen verstärkt in Prozessen der Entwertung und Verdrängung niederschlägt, lässt sich nur durch eine Betrachtung der bivariaten Verteilung von Bildungsabschlüssen und Berufspositionen klären.

2.4.2 Die Entwicklung der absoluten Bildungsrenditen

In dem Begriff der Bildungsinflation kommt die These zum Ausdruck, dass die Bildungsexpansion in den vergangenen Jahrzehnten zu einer Entwertung von Bildungsabschlüssen geführt habe, weil die Aufwertung der Berufsstruktur hinter der Expansion höherer Bildung zurückgeblieben sei. Im Zusammentreffen von Angebot und Nachfrage auf dem Arbeitsmarkt zeigt sich in dieser Situation ein Überangebot an hoch qualifizierten Arbeitskräften. Dieses Überangebot führt letztlich zu einer durchschnittlichen Entwertung von Bildungsabschlüssen, weil die Absolventen höherer Bildung teilweise gezwungen sind, Arbeitsplätze mit geringeren Qualifikationsanforderungen anzunehmen. Dabei werden die Absolventen niedrigerer Bildungsabschlüsse von ihren angestammten Arbeitsplätzen verdrängt. Zur Beschreibung solcher Entwertungs- und Verdrängungsprozesse, die aufgrund von Verschiebungen in den Randverteilungen von Arbeitskräften und -plätzen zustande kommen, eignen sich absolute berufliche Bildungsrenditen, die sensibel auf

15 Dies gilt zumindest im Hinblick auf Verdrängungsprozesse innerhalb der Gruppe der Erwerbstätigen. Für eine Analyse von Verdrängungsprozessen aus der Erwerbstätigkeit heraus müsste auch die Gruppe der Arbeitslosen einbezogen werden.

solche Verschiebungen reagieren. Ob es in Westdeutschland zwischen 1984 und 2000 zu einer Bildungsinflation gekommen ist, kann anhand von prozentualen Übergangsraten zwischen Bildungsabschlüssen und Berufspositionen überprüft werden. Zu diesem Zweck werden die Abstromprozente von ausgewählten Bildungsabschlüssen in ausgewählte Berufspositionen – analog zur Vorgehensweise im vorausgegangenen Abschnitt – einer Regression auf einen linearen Trendindikator unterzogen. Die Abstromprozente aus bestimmten Bildungsabschlussgruppen in bestimmte Berufspositionen sind in Tabelle A.3 auf Seite 264 wiedergegeben. Sie dienen als Rohdaten für die Regressionsanalysen, deren Ergebnisse in Tabelle 2.5 dargestellt sind.

Betrachten wir zunächst die Chancen für die beiden Bildungsabschlussgruppen 3b (Hochschulabschluss) und 3a (Fachhochschulabschluss), eine Berufsposition zu erreichen, die normalerweise einen Hochschulabschluss erfordert (5). Für die These einer Bildungsinflation spricht zunächst, dass sich die Chancen der männlichen Hochschulabsolventen zwischen 1984 und 2000 signifikant verschlechtern. Ausgehend von einem ausgesprochen hohen Niveau sinken sie jährlich etwa um einen halben Prozentpunkt. Dabei handelt es sich aber nicht um einen durchgängig zu beobachtenden Effekt. Gleichzeitig können die weiblichen Hochschulabsolventen ihre Chancen auf eine angemessene Berufsposition signifikant ausbauen. Gleiches gilt für die Fachhochschulabsolventen beiderlei Geschlechts. Eine durchgängige Entwertung akademischer Bildungsabschlüsse lässt sich anhand dieser Ergebnisse nicht belegen. Insgesamt gesehen, sprechen sie sogar eher für eine Aufwertung akademischer Bildung im Hinblick auf die absoluten beruflichen Bildungsrenditen.

Welche Folgen hat diese Entwicklung für die Angehörigen niedrigerer Bildungsabschlussgruppen? In der Vergangenheit hatten beispielsweise die männlichen Angehörigen der Bildungsabschlussgruppe 2c, die im Bereich der schulischen Bildung die Hochschulreife erworben haben und in den meisten Fällen auch über einen beruflichen Abschluss verfügen, begrenzte Chancen, im Laufe ihres Erwerbslebens einen Arbeitsplatz zu erreichen, für den normalerweise ein akademischer Abschluss erforderlich ist. Es zeigt sich, dass diese Chancen für die männlichen Angehörigen der Gruppe 2c zumindest gleich geblieben sind und für die weiblichen Angehörigen dieser Gruppe sogar beträchtlich zugenommen haben. Darüber hinaus sind auch die entsprechenden Chancen für die männlichen Angehörigen der Abschlussgruppe 2a, die eine mittlere berufliche Ausbildung absolviert haben oder mittlere Schulbildung und einfache Ausbildung kombinieren, signifikant gestiegen.

Bisher zeigen die Ergebnisse, dass die Zunahme von Arbeitsplätzen mit hohen Qualifikationsanforderungen die Entwertung akademischer Bildung weitgehend verhindern konnte. Die Chancenverluste für die männlichen Hochschulabsolven-

Tabelle 2.5: Die Entwicklung der absoluten Bildungsrenditen (Regressionsanalysen ausgewählter Indikatoren)[a]

	Absolute Bildungsrenditen (Männer)[b]									
	3b → 5	3a → 5	2c → 5	2a → 5	3b → 4	3a → 4	2c → 4	2a → 4	1c → 4	1a/b → 4
b_0	93,216	68,465	10,827	2,798	4,251	25,016	68,129	72,959	63,335	12,341
b_1	-0,507	0,583	0,541	0,303	0,244	-0,445	-0,589	0,235	0,210	1,590
R^2	0,597	0,435	0,290	0,819	0,236	0,425	0,210	0,110	0,346	0,583
p	0,000	0,004	0,026	0,000	0,048	0,005	0,064	0,194	0,013	0,000
	Absolute Bildungsrenditen (Frauen)[b]									
	3b → 5	3a → 5	2c → 5	2a → 5	3b → 4	3a → 4	2c → 4	2a → 4	1c → 4	1a/b → 4
b_0	80,257	44,590	3,027	0,784	13,231	39,724	74,620	73,720	58,110	5,643
b_1	0,698	1,325	0,755	0,056	-0,561	-0,425	-0,178	0,675	0,399	1,491
R^2	0,389	0,371	0,642	0,093	0,341	0,086	0,054	0,611	0,212	0,554
p	0,007	0,009	0,000	0,234	0,014	0,253	0,368	0,000	0,063	0,001

a Bei den absoluten Bildungsrenditen handelt es sich um die Abstromraten von ausgewählten Bildungsabschlüssen zu ausgewählten Berufspositionen, die in Tabelle A.3 auf Seite 264 wiedergegeben sind. Die Legende für die beteiligten Bildungsabschlüsse und Berufspositionen ist Tabelle 2.1 auf Seite 50 bzw. Tabelle 2.2 auf Seite 52 zu entnehmen.

b Geschätzt wurden Regressionen der absoluten Bildungsrenditen auf einen linearen Trendindikator über die Erhebungswellen. b_0 ist die Konstante und b_1 ist der Regressionskoeffizient des linearen Trendindikators. R^2 ist der Determinationskoeffizient und p ist der empirische Signifikanzwert für den F-Test des jeweiligen Regressionsmodells.

Quelle: SOEP, eigene Berechnungen.

ten werden durch die Gewinne der weiblichen Hochschulabsolventen kompensiert. Besonders die Fachhochschulabsolventen und -absolventinnen konnten ihre Chancen auf eine angemessene Berufsposition verbessern. Darüber hinaus finden sich Hinweise, dass die Expansion hoch qualifizierter Arbeitsplätze auch die beruflichen Chancen von geringer qualifizierten Arbeitskräften verbessert hat.

Kommen wir zu der Frage, inwiefern die Bildungsexpansion durch ein Überangebot an hoch qualifizierten Arbeitskräften zu einer Verdrängung der Angehörigen niedrigerer Bildungsabschlussgruppen von ihren angestammten Arbeitsplätzen geführt hat. Betrachten wir zunächst die Risiken für die Angehörigen der Bildungsabschlussgruppen 3b und 3a, auf Arbeitsplätzen beschäftigt zu sein, die in der Regel nur eine Berufsausbildung erfordern. Es finden sich keine Anhaltspunkte dafür, dass die Angehörigen dieser Abschlussgruppen verstärkt auf Arbeitsplätze drängen, für die sie formal überqualifiziert sind. Für die männlichen Fachhochschulabsolventen und tendenziell auch für die weiblichen Hochschulabsolventinnen ist eher das Gegenteil der Fall. Folgerichtig lassen sich auch keine Anzeichen für eine Verdrängung niedrigerer Bildungsgruppen von den Arbeitsplätzen erkennen, die normalerweise eine Berufsausbildung erfordern.

Der Begriff der Bildungsinflation suggeriert das Bild einer durchgängigen Entwertung von höheren Bildungsabschlüssen aufgrund eines Überangebots von hoch qualifizierten Arbeitskräften. Die hier vorgestellten Analysen zur Entwicklung der absoluten beruflichen Bildungsrenditen von westdeutschen Erwerbstätigen zwischen 1984 und 2000 zeigen, dass dieses Bild mit Vorsicht zu betrachten ist. Ein deutlicher Rückgang der beruflichen Chancen ist im Untersuchungszeitraum nur für die männlichen Hochschulabsolventen zu beobachten. Dagegen sind die beruflichen Erträge eines Hochschulabschlusses für Frauen und eines Fachhochschulabschlusses für beide Geschlechter deutlich gestiegen. Anhaltspunkte für die Verdrängung niedrigerer Bildungsgruppen aufgrund eines Überangebots akademisch gebildeter Arbeitskräfte haben sich nicht gefunden. Insgesamt hat die berufsstrukturelle Entwicklung in Westdeutschland die Bildungsexpansion bisher kompensiert. Inwieweit umgekehrt die Bildungsexpansion den Bedarf der berufsstrukturellen Entwicklung decken konnte, oder eine zu geringe Ausweitung der höheren Bildung die Innovationskraft und damit die wirtschaftliche Entwicklung gehemmt hat, sei an dieser Stelle dahingestellt. Die Ergebnisse weisen jedoch darauf hin, dass in Zukunft entsprechende Untersuchungen angestrengt werden müssen.

Allerdings ist daran zu erinnern, dass die Untersuchungsgruppen hier auf Erwerbstätige beschränkt sind. Diese Einschränkung ist besonders wichtig im Hinblick auf die Analyse von Verdrängungsprozessen. Verdrängungsprozesse in die Arbeitslosigkeit oder in die Stille Reserve können hier nicht untersucht werden. So wird angesichts der Unterschiede in den Arbeitslosigkeitsrisiken der verschiedenen Bildungsabschlussgruppen (vgl. Müller et al. 1998: 162-3) deutlich, dass die Verbesserung der absoluten beruflichen Bildungsrenditen für die Bildungsabschlussgruppe 1a/b nur einen besonders positiven Aspekt der Entwicklung beschreibt. Denn der fortschreitende Abbau gering qualifizierter Arbeitsplätze (siehe Tabelle 2.4 auf Seite 56) ist mit einer „Verdrängung" von Angehörigen der niedrigen Bildungsabschlussgruppen in die Arbeitslosigkeit einhergegangen. Verdrängung bedeutet hier allerdings nicht „Verdrängung von oben", sondern Verdrängung durch andere Angehörige der niedrigen Bildungsabschlussgruppen, die in immer stärkerer Konkurrenz um immer weniger gering qualifizierte Arbeitsplätze stehen. In Bezug auf das Überangebot gering qualifizierter Arbeitskräfte sprechen die qualifikationsspezifischen Arbeitslosenquoten der Bundesagentur für Arbeit eine deutliche Sprache (vgl. Hradil 2001b: 198-9).

2.4.3 Die Entwicklung der relativen Bildungsrenditen

Die Entwicklung der relativen beruflichen Bildungsrenditen wird im Folgenden in zwei Schritten dargestellt. Zunächst wird die Anpassung eines geeigneten Modells beschrieben. Im Anschluss werden die Parameter des favorisierten Modells tabellarisch und graphisch aufbereitet und interpretiert.

Modellanpassung

Die geschlechtsspezifischen Ungleichheiten der relativen beruflichen Bildungsrenditen und ihre Entwicklung werden anhand der in Abschnitt 2.3 beschriebenen, vierdimensionalen Tabelle (Bildungsabschlüsse $\times$ Berufspositionen $\times$ Geschlecht $\times$ Erhebungswellen) untersucht. Die Anpassungsstatistiken von konditionalen RC-Modellen für die Assoziation von Bildungsabschlüssen und Berufspositionen sind Tabelle 2.6 auf Seite 66 zu entnehmen. In der zweiten Spalte von Tabelle 2.6 ist die Formulierung der Modelle für die Assoziation zwischen den $I = 7$ Kategorien der CASMIN-Klassifikation und den $J = 5$ Kategorien der erforderlichen Ausbildung im Beruf angegeben. Im Rahmen der einzelnen Modelle variiert die Assoziation zwischen Bildungsabschlüssen und Berufspositionen in spezifischer Art und Weise über die $K = 2$ Kategorien der Geschlechtervariablen und über $L = 17$ Erhebungswellen von 1984 bis 2000.[16] Die Randverteilungen von Bildungsabschlüssen und Berufspositionen wurden jeweils nach Geschlecht und Erhebungswelle perfekt angepasst, um die strukturellen Unterschiede zwischen den Geschlechtern und den Erhebungszeitpunkten zu kontrollieren. Die re-

16 Die Besonderheiten der einzelnen Modelle werden im Folgenden erläutert und sollten insbesondere durch den Vergleich mit Gleichung 2.4 auf Seite 38 deutlich werden, die sich auf eine zweidimensionale Tabelle bezieht.

lativen beruflichen Bildungsrenditen werden auf der Basis von $K \times L = 34$ konditionalen Subtabellen für den Zusammenhang zwischen Bildungsabschlüssen und Berufspositionen bestimmt.

Zunächst wird das konditionale Unabhängigkeitsmodell (Modell 1) geschätzt, um einen Anhaltspunkt für die Größenordnung der Assoziation zwischen Bildungsabschlüssen und Berufspositionen zu erhalten. Weil das Modell unterstellt, dass Bildungsabschlüsse und Berufspositionen unter Kontrolle der Randverteilungen unabhängig voneinander sind, ist es den Daten erwartungsgemäß schlecht angepasst. In Bezug auf die Likelihood-Ratio-Statistik L^2 kann das konditionale Unabhängigkeitsmodell als Referenzmodell für die folgenden Modelle herangezogen werden, die spezifische Hypothesen über die Art der Assoziation zwischen Bildungsabschlüssen und Berufspositionen formulieren. rL^2 ist ein deskriptives Maß für den Anteil der Assoziation, den die folgenden Modelle gemessen am L^2-Wert des konditionalen Unabhängigkeitsmodells „erklären". Modell 2 unterstellt beispielsweise eine konstante Assoziation zwischen Bildungsabschlüssen und Berufspositionen sowohl für Männer und Frauen als auch über sämtliche Erhebungswellen. Ein Wert von $rL^2 = 0,925$ in Bezug auf das konditionale Unabhängigkeitsmodell lässt darauf schließen, dass zwar geschlechts- oder wellenspezifische Unterschiede in den relativen beruflichen Bildungsrenditen vorhanden sind, aber dass sie im Vergleich zur starken Basisassoziation zwischen Bildung und Beruf eine untergeordnete Rolle spielen.

Die folgenden Modelle 3 bis 5 lassen Assoziationskoeffizienten und Skalenwerte analog zur Vorgehensweise im Beitrag von Däumer (1993) über die Geschlechtervariable (Modell 3), über die Erhebungswellen (Modell 4) sowie über die Geschlechtervariable und die Erhebungswellen gemeinsam (Modell 5) variieren. Die Veränderungsstatistiken zeigen, dass geschlechts- und wellenspezifische Unterschiede in den Parametern für sich genommen statistisch signifikant sind und dass auch die geschlechtsspezifischen Unterschiede in statistisch signifikanter Weise über die Erhebungswellen variieren.[17] Allerdings ist statistische Signifikanz bei der gegebenen Fallzahl $n = 52856$ nicht unbedingt mit substanzieller Relevanz gleichzusetzen, weil bei großen Stichproben auch substanziell unbedeutende Verbesserungen der Modellanpassung statistisch signifikant ausfallen können. In dieser Situation empfiehlt sich ein Modellvergleich anhand der *BIC*-Statistik, die neben der Anpassung der jeweiligen Modelle auch ihre Sparsamkeit und die zugrunde liegende Stichprobengröße berücksichtigt. Hier zeigt sich, dass die Verbesserung der Modellanpassung und der Verbrauch an Freiheitsgraden in einem ungünstigen Verhältnis zueinander stehen, wenn die Modellparameter frei

17 Letzteres ist mit einem Vorbehalt zu versehen, weil der Schätzalgorithmus von LEM bei Modell 5 auch nach 5000 Iterationen noch nicht konvergiert ist.

über die Erhebungswellen variieren können. Gemessen an der *BIC*-Statistik führt die Anpassung geschlechtsspezifischer Parameter zu einer besseren Modellanpassung, nicht jedoch die Anpassung von wellenspezifischen Parametern.

Die Modelle 6 bis 8 halten im Unterschied zu den Modellen 3 bis 5 die Skalenwerte über die geschlechts- und wellenspezifischen Subtabellen konstant. Gemessen an der Likelihood-Ratio-Statistik L^2 ist mit dieser Restriktion zwar eine statistisch signifikante Verschlechterung der Modellanpassung verbunden, die *BIC*-Statistik honoriert jedoch die sparsamere Formulierung der Modelle 6 bis 8 im Vergleich zu den schwächer restringierten Modellen 3 bis 5 in jedem einzelnen Fall. Aber auch hier zeigt sich die Überlegenheit des Modells, das geschlechtsspezifische Parameter schätzt, im Vergleich zu den Modellen, die wellenspezifische Parameter anpassen. Der Wert der *BIC*-Statistik liegt bei Modell 6 deutlich niedriger als bei den Modellen 7 und 8.

Die bisher gewonnenen Ergebnisse weisen darauf hin, dass Modelle mit wellenspezifischen Parametern zu viele Freiheitsgrade für eine zu geringe Verbesserung der Modellanpassung verbrauchen. Wenn es überhaupt zu nennenswerten Veränderungen der relativen beruflichen Bildungsrenditen zwischen 1984 und 2000 gekommen ist, so müssten diese Veränderungen vergleichsweise regelmäßiger Natur sein, so dass es nicht notwendig ist, für jede Erhebungswelle einen singulären Assoziationskoeffizienten anzupassen. Die folgenden Modelle 9 bis 11 stellen deshalb Versuche dar, solche Regelmäßigkeiten durch intervallskalierte Restriktionen über die Assoziationskoeffizienten für die einzelnen Erhebungswellen anzupassen. Ihre Definition folgt den Anregungen von Luijkx (1994), Wolbers et al. (2001), Wong (1995a) sowie Wong und Hauser (1992). Bei der Design-Variablen A in Modell 9 handelt es sich um den Vektor der Arbeitslosenquoten von 1984 bis 2000. Die Design-Variable T in den Modellen 10 und 11 entspricht dem linearen Trendindikator, mit dem bereits die Entwicklung der absoluten beruflichen Bildungsrenditen untersucht wurde (siehe oben). Mit der Kombination von T und T^2 in Modell 11 wird ein quadratischer anstelle eines linearen Trends geschätzt.

Bei einem Vergleich von Modell 9 und Modell 2 weist die Veränderungsstatistik darauf hin, dass in Westdeutschland kein Zusammenhang zwischen der Entwicklung der relativen beruflichen Bildungsrenditen und der Entwicklung der Arbeitslosenquoten besteht. Mit einer Restriktion der Assoziationskoeffizienten durch die Arbeitslosenquoten der jeweiligen Jahre ist keine signifikante Verbesserung der Modellanpassung verbunden. Mit Modell 10, das einen linearen Trend in den relativen beruflichen Bildungsrenditen unterstellt, ist dagegen eine höchst signifikante Verbesserung der Modellanpassung zu erzielen. Ein *BIC*-Wert, der mit dem bisher favorisierten Modell 6 konkurrieren kann, unterstreicht außerdem, dass es sich hierbei nicht um einen Effekt der hohen Fallzahl handeln dürfte. Mit

Tabelle 2.6: Relative berufliche Bildungsrenditen (log-multiplikative Modelle, Spezifikation, Anpassung)[a]

Modellspezifikation		L^2	df	p	rL^2	Δ	BIC
1.	–	37512,57	816	0,000	0,000	0,291	28638,31
2.	$\phi \mu_i \nu_j$	2828,76	807	0,000	0,925	0,056	-5947,63
3.	$\phi_k \mu_{ik} \nu_{jk}$	2610,04	798	0,000	0,930	0,053	-6068,47
4.	$\phi_l \mu_{il} \nu_{jl}$	2139,16	663	0,000	0,943	0,047	-5071,18
5.	$\phi_{kl} \mu_{ikl} \nu_{jkl}$	1587,21	510	0,000	0,958	0,037	-3959,20
6.	$\phi_k \mu_i \nu_j$	2688,35	806	0,000	0,928	0,054	-6077,16
7.	$\phi_l \mu_i \nu_j$	2638,89	791	0,000	0,930	0,054	-5963,49
8.	$\phi_{kl} \mu_i \nu_j$	2462,61	774	0,000	0,934	0,051	-5954,89
9.	$(\beta_0 + \beta_1 A)\mu_i \nu_j$	2828,05	806	0,000	0,925	0,056	-5937,47
10.	$(\beta_0 + \beta_1 T)\mu_i \nu_j$	2685,38	806	0,000	0,928	0,054	-6080,13
11.	$(\beta_0 + \beta_1 T + \beta_2 T^2)\mu_i \nu_j$	2664,78	805	0,000	0,929	0,054	-6089,86
12.	$(\beta_0 + \beta_1 S + \beta_2 T)\mu_i \nu_j$	2535,61	805	0,000	0,932	0,052	-6219,03
13.	$(\beta_0 + \beta_1 S + \beta_2 T + \beta_3 T^2)\mu_i \nu_j$	2515,37	804	0,000	0,933	0,052	-6228,40
14.	$(\beta_0 + \beta_1 S + \beta_2 T + \beta_3 ST)\mu_i \nu_j$	2531,90	804	0,000	0,933	0,052	-6211,86
15.	$(\beta_0 + \beta_1 S + \beta_2 T + \beta_3 T^2 + \beta_4 ST)\mu_i \nu_j$	2511,63	803	0,000	0,933	0,052	-6221,25
16.	$(\beta_0 + \beta_1 S + \beta_2 T + \beta_3 T^2 + \beta_4 ST + \beta_5 ST^2)\mu_i \nu_j$	2509,57	802	0,000	0,933	0,052	-6212,45

Fortsetzung auf der nächsten Seite.

Tabelle 2.6 (Fortsetzung): Relative berufliche Bildungsrenditen (Modelldifferenzen, Signifikanztests)

Modelldifferenzen	L^2	df	p	rL^2	Δ	BIC
1.-2.	34683,81	9	0,000			
2.-3.	218,72	9	0,000			
2.-4.	689,60	144	0,000			
3.-5.	1022,82	288	0,000			
6.-3.	78,32	8	0,000			
7.-4.	499,73	128	0,000			
8.-5.	875,40	264	0,000			
2.-9.	0,71	1	0,398			
2.-10.	143,38	1	0,000			
10.-11.	20,61	1	0,000			
6.-12.	152,74	1	0,000			
12.-13.	20,25	1	0,000			
12.-14.	3,71	1	0,054			
13.-15.	3,73	1	0,053			
13.-16.	5,80	2	0,055			

a Zur Spezifikation der Modelle und zur Erläuterung der verwendeten Anpassungsmaße siehe Text.
Quelle: SOEP, eigene Berechnungen.

Modell 11 ist sowohl in Bezug auf die *BIC*-Statistik als auch in Bezug auf den Likelihood-Ratio-Test eine weitere Verbesserung der Modellanpassung im Vergleich zu Modell 10 zu erzielen. Die Ergebnisse deuten darauf hin, dass die relativen beruflichen Bildungsrenditen im Untersuchungszeitraum einem quadratischen Trend folgen.

Die Modelle 12 und 13 bringen die bisher gewonnenen Ergebnisse bezüglich der geschlechtsspezifischen Unterschiede in den relativen Bildungsrenditen und die Ergebnisse zur Entwicklung der relativen Bildungsrenditen miteinander in Zusammenhang. Die Design-Variable *S* entspricht einer binären Variable, die die Abweichung der weiblichen relativen Bildungsrenditen von den männlichen misst. Damit können geschlechtsspezifische Bildungsrenditen gemeinsam mit den intervallskalierten Restriktionen über die Erhebungswellen berücksichtigt werden.

Modell 13 ist das Modell mit der bisher besten Anpassung. Es unterstellt eine quadratische Entwicklung der relativen beruflichen Bildungsrenditen einerseits und geschlechtsspezifische Bildungsrenditen andererseits. Es berücksichtigt jedoch keine Interaktion zwischen Geschlecht und historischem Trend in Bezug auf die relativen beruflichen Bildungsrenditen. Modell 13 geht einerseits davon aus, dass die geschlechtsspezifischen Unterschiede über die Erhebungswellen konstant bleiben, und es geht andererseits davon aus, dass die Unterschiede zwischen den einzelnen Erhebungswellen für beide Geschlechter gleich sind.

Mit den Modellen 14 bis 16 wird geprüft, ob geschlechtsspezifische und wellenspezifische Bildungsrenditen tatsächlich in einem additiven Verhältnis zueinander stehen, so wie es Modell 13 unterstellt, oder eher in einem multiplikativen Verhältnis (vgl. Wong 1995a). Zu diesem Zweck werden verschiedene Interaktionseffekte zwischen der Geschlechtervariablen und den Trendindikatoren berücksichtigt. Eine niedrigere *BIC*-Statistik als Modell 13 erreicht keines der drei Interaktionsmodelle. Die L^2-Veränderungsstatistiken zeigen darüber hinaus, dass die Verbesserung in der Modellanpassung im Vergleich zu den entsprechenden Modellen ohne Interaktionseffekte allenfalls schwach signifikant ausfällt. Angesichts der hohen Fallzahl spricht dieses Ergebnis nachdrücklich gegen die Berücksichtigung von Interaktionseffekten. Modell 13, das ein additives Verhältnis von Geschlecht und historischem Trend unterstellt, wird daher als angemessenes Modell zur Beschreibung von Entwicklungsprozessen in den geschlechtsspezifischen relativen Bildungsrenditen zwischen 1984 und 2000 in Westdeutschland akzeptiert.

Interpretation der Modellparameter

Die Parameterschätzungen des bevorzugten Modells 13 sind in Tabelle 2.7 auf der nächsten Seite ausgewiesen. Fragen wir zunächst nach dem Niveau der relativen beruflichen Bildungsrenditen. Wie unterscheidet sich das Niveau der relativen

Tabelle 2.7: Relative berufliche Bildungsrenditen (Modellparameter)[a]

	Skalenwerte[b]			
	CASMIN-Klassifikation		Erforderliche Ausbildung im Beruf	
Rangplätze	Kategorien	Skalenwerte	Kategorien	Skalenwerte
1.	3b	3,0000	Hochschule	2,0000
2.	3a	2,5548	Ausbildung	-1,1607
3.	2c	1,5724	Kurse	-1,5073
4.	2a	1,1412	Einarbeitung	-1,7837
5.	1c	0,1629	Keine	-2,0000
6.	2b	-0,1220		
7.	1a/b	-3,0000		
ϕ-Koeffizienten	Konstante	Frauen[c]	Trend	Trend^2
	β_0	β_1	β_2	β_3
	0,9942	0,1817	-0,0408	0,0014

a Es handelt sich um die Parameter von Modell 13 aus Tabelle 2.6 auf Seite 66. Siehe Text zur Erläuterung.

b Die Einheit der Skalenwerte entspricht dem durchschnittlichen Abstand zwischen zwei benachbarten Rangplätzen.

c Referenzkategorie: Männer.

Quelle: SOEP, eigene Berechnungen.

Bildungsrenditen von Männern und Frauen? Wie verändert es sich zwischen 1984 und 2000? Aufschluss geben die β-Koeffizienten im unteren Teil von Tabelle 2.7. Sie sind als Koeffizienten einer Regression der relativen beruflichen Bildungsrenditen auf verschiedene Design-Variablen zu interpretieren. Die einzelnen Design-Variablen modellieren einerseits geschlechtsspezifische Ungleichheiten und andererseits einen quadratischen Trend im Niveau der relativen beruflichen Bildungsrenditen ($\phi_{kl} = \beta_0 + \beta_1 S + \beta_2 T + \beta_3 T^2$). Die geschätzten ϕ-Koeffizienten sind in Bezug auf die Einheit der Skalenwerte zu verstehen, die in diesem Fall als durchschnittlicher Abstand zwischen zwei benachbarten Rangplätzen definiert wurde.

Die Ergebnisse sind in Abbildung 2.2 auf Seite 71 anhand der ϕ-Koeffizienten dargestellt. Um die Anpassung von Modell 13 zu veranschaulichen, wurde zusätzlich die Entwicklung der ϕ-Koeffizienten nach Modell 8 ausgewiesen, die keiner Restriktion unterliegt. Es zeigt sich, dass die relativen beruflichen Bildungsrenditen zwischen 1984 und 2000 für beide Geschlechter gesunken sind. Der Rückgang folgt einem konvexen Verlaufsmuster; in den 1980er Jahren ist er stärker, später schwächer und gegen Ende der 1990er Jahre kommt er zum Stillstand. Das Absinken der relativen Bildungsrenditen steht im Gegensatz zur Entwicklung bei den absoluten Bildungsrenditen, für die in Abschnitt 2.4.2 überwiegend Steigerungen festgestellt wurden. Diese Steigerungen sind demnach als Resultat zweier gegenläufiger Prozesse in den Struktureffekten und den Assoziationseffekten anzusehen (siehe Abschnitt 2.2.1). Die absoluten Bildungsrenditen steigen nicht *aufgrund* der Entwicklung bei den relativen Erträgen sondern *trotz* dieser Entwicklung. Der Zuwachs bei den hoch qualifizierten Berufspositionen hat nicht nur die Expansion von höheren Bildungsabschlüssen kompensiert, sondern darüber hinaus auch den Rückgang in der Assoziation zwischen Bildungsabschlüssen und Berufspositionen. Zwischen 1984 und 2000 haben in Westdeutschland Struktureffekte verhindert, dass sich die Reduktion in den relativen Bildungsrenditen auf die absoluten Bildungsrenditen auswirkt.

Nun stellt sich die Frage, in welcher Weise sich die substanzielle Relevanz des Rückgangs in den relativen Bildungsrenditen verdeutlichen lässt. Das Diagramm im oberen Teil von Abbildung 2.2 auf der nächsten Seite ist zwar bereits anschaulicher als die Darstellung in Tabelle 2.7, weil sie die Schätzgleichung für die ϕ-Koeffizienten in eine graphische Darstellung umsetzt. Dennoch ist es schwierig, sich die Bedeutung von Chancenverhältnissen in logarithmierter Form klarzumachen. Deshalb wurde der Verlauf der ϕ-Koeffizienten im unteren Teil von Abbildung 2.2 auf der nächsten Seite noch einmal in entlogarithmierter Form dargestellt. Im Gegensatz zur additiven Logik im oberen Teil von Abbildung 2.2 gilt hier nun eine multiplikative Logik. Für jeweils zwei Bildungsabschlüsse und Berufspositionen mit durchschnittlichem Rangabstand geben die entlogarithmierten Werte zu erkennen, um welchen Faktor sich die Chancen für die Absolventen der beiden Bildungsabschlüsse unterscheiden, in die höhere, anstatt in die niedrigere Berufsposition zu gelangen. Beispielsweise liegt die Chance von Absolventinnen des höheren Bildungsabschlusses, 1984 in die höhere Berufsposition zu gelangen, 3,24-mal höher als die Chance der Absolventinnen des niedrigeren Bildungsabschlusses. Im Jahr 2000 liegt dieses Chancenverhältnis nur noch bei 2,43. Im Vergleich zum Jahr 1984 ist das Niveau der relativen beruflichen Bildungsrenditen im Jahr 2000 demnach mit dem Faktor 0,75 um ein Viertel gesunken. Weil Modell 13 keine Interaktionseffekte zwischen dem Geschlecht und der Entwicklung der relativen Bildungsrenditen schätzt, gilt dieser Wert sowohl für Frauen als auch für Männer.

Wenden wir uns nun der geschlechtsspezifischen Ungleichheit in den relativen Bildungsrenditen zu. Abbildung 2.2 zeigt, dass die Bildungsrenditen der Frauen im Rahmen der geschlechtsspezifischen Bildungs- und Berufsstruktur höher sind als die Bildungsrenditen der Männer. Darüber hinaus zeigt der parallele Kurvenverlauf für die Bildungsrenditen von Frauen und Männern, dass sich an dieser Differenz im Untersuchungszeitraum nichts ändert. Die substanzielle Bedeutung dieser Unterschiede ist auch in diesem Fall leichter anhand der Darstellung im unteren Teil von Abbildung 2.2 abzuschätzen. Entsprechend der multiplikativen

Logik verlaufen die Kurven in der entlogarithmierten Darstellung nicht mehr parallel. Hier bleiben nicht die Differenzen zwischen Männern und Frauen über die Erhebungswellen konstant, sondern die Chancenverhältnisse. Die relativen beruf-

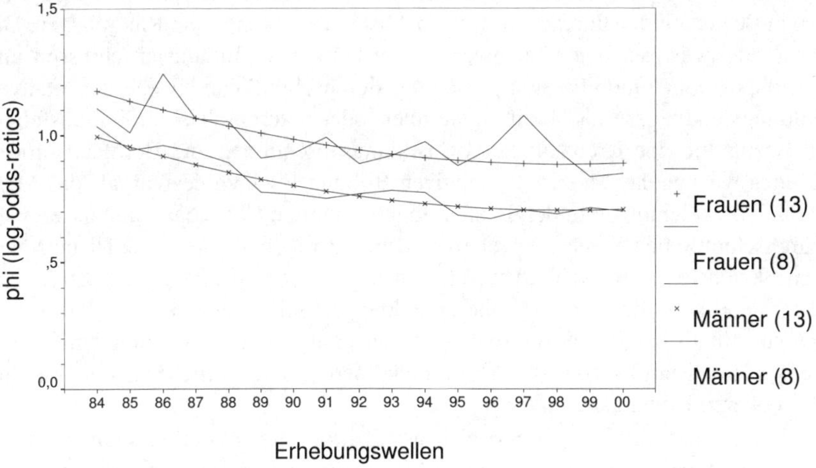

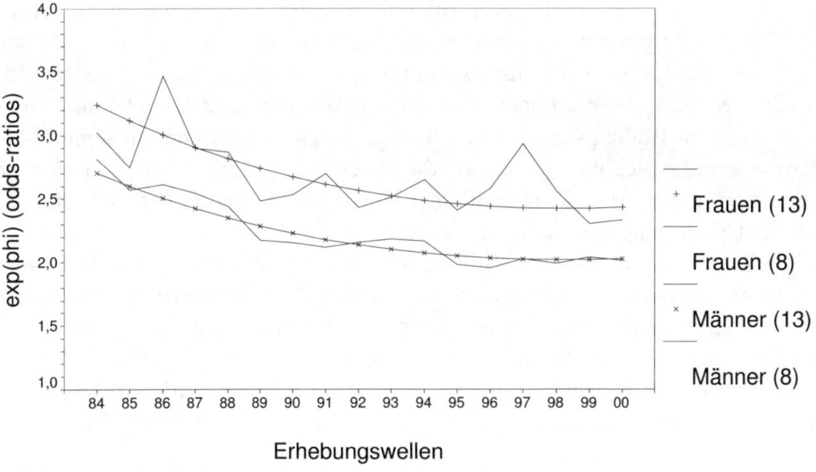

Abbildung 2.2: Die Entwicklung der relativen beruflichen Bildungsrenditen (Log-Odds-Ratios und Odds-Ratios)

lichen Bildungsrenditen der Frauen liegen mit dem Faktor 1,2 jeweils um ein Fünftel über den relativen Bildungsrenditen der Männer.

Neben den Informationen zum Niveau der relativen beruflichen Bildungsrenditen enthält Tabelle 2.7 auf Seite 69 auch Angaben über ihr Muster, das in den Skalenwerten der Bildungsabschlüsse und Berufspositionen zum Ausdruck kommt. Die ϕ-Koeffizienten bestimmen das Niveau der relativen Bildungsrenditen in Bezug auf den durchschnittlichen Abstand zwischen zwei Rangplätzen. Die Abstände zwischen den Skalenwerten von konkreten Bildungsabschlüssen und Berufspositionen modifizieren jedoch das durchschnittliche Niveau der relativen Bildungsrenditen, je nachdem ob sie über- oder unterdurchschnittlich ausfallen. In Bezug auf eine Kreuztabelle von Bildungsabschlüssen und Berufspositionen können wir uns das Muster der relativen Bildungsrenditen deshalb als das Muster der Abweichungen in den lokalen logarithmierten Chancenverhältnissen vom durchschnittlichen Niveau der relativen Bildungsrenditen vorstellen. Distanzen in den Skalenwerten benachbarter Kategorien von $\Delta\mu = \mu_{i+1} - \mu_i < 1$ zeigen an, dass die relative Rendite des höheren Bildungsabschlusses in diesem Fall geringer ausfällt als bei durchschnittlichen Distanzen in den Skalenwerten. Umgekehrt verweisen Distanzen von $\Delta\mu > 1$ auf eine überdurchschnittliche relative Rendite des höheren Bildungsabschlusses.

Die Skalenwerte der CASMIN-Klassifikation lassen deutliche Unterschiede in den relativen beruflichen Renditen der einzelnen Bildungsabschlüsse erkennen. Angefangen bei den höheren Bildungsabschlüssen sind Paarungen von benachbarten Abschlüssen mit unterdurchschnittlichen Distanzen ($\Delta\mu < 1$) zu identifizieren, die ihrerseits mit durchschnittlichen Distanzen ($\Delta\mu \approx 1$) voneinander geschieden sind. An Paarungen sind auf dem Tertiärniveau zunächst die beiden akademischen Bildungsabschlüsse (3b und 3a) zu nennen und auf dem Sekundarniveau die Abschlüsse 2a und 2c, die höhere allgemeine Bildung, mittlere berufliche Bildung sowie Kombinationen von mittlerer schulischer und einfacher beruflicher Bildung umfassen. Die dritte Paarung überschreitet die Grenze zwischen Sekundar- und Elementarniveau. Mit den Abschlüssen 2b und 1c fasst sie die Kombinationen von mittleren Schulabschlüssen ohne berufliche Ausbildung und von einfachen Schulabschlüssen mit einfacher Berufsausbildung zusammen. Auffällig ist dabei, dass den mittleren Schulabschlüssen (mittlere Reife) ohne Berufsausbildung die bisher geringsten relativen beruflichen Renditen zukommen.[18] Keiner Paarung zuzuordnen ist die Bildungsabschlussgruppe 1a/b, deren Ange-

18 In manchen Studien werden die Bildungsabschlussgruppen 2a und 2b aufgrund der geringen Fallzahlen in der letztgenannten zusammengefasst (vgl. Müller et al. 1998). Die Ergebnisse zur Skalierung der CASMIN-Klassifikation nach der erforderlichen Ausbildung im Beruf geben zu bedenken, dass die Zusammenfassung der Kategorien 2b und 1c bei Fragestellungen aus der Ungleichheitsforschung die bessere Wahl sein könnte.

hörige höchstens über einen einfachen Schulabschluss, nicht aber über eine berufliche Ausbildung verfügen. Hinsichtlich ihrer Zugangschancen zu vorteilhaften, qualifizierten Berufspositionen ist diese Gruppe weitgehend abgekoppelt vom Feld der anderen CASMIN-Kategorien. Die Distanz zur benachbarten Abschlussgruppe 2b beträgt beinahe das Dreifache des durchschnittlichen Abstands zwischen den CASMIN-Kategorien.[19]

Gegen die beschriebene Skalierung von Bildungsabschlüssen ließe sich einwenden, dass sie auf der Annahme konstanter Skalenwerte über die Geschlechter und Erhebungswellen beruht, obwohl die Variation in den Skalenwerten statistisch signifikant ausfällt (siehe Tabelle 2.6 auf Seite 66). In Abbildung 2.3 auf Seite 75 sind deshalb die Skalenwerte der Bildungsabschlüsse aus den Modellen 3 und 4 nach dem Geschlecht und den Erhebungswellen dargestellt. Dabei wurden die Skalenwerte der jeweils niedrigsten und der jeweils höchsten Bildungsabschlussgruppe konstant gehalten. Sie erscheinen deshalb als waagrechte, parallele Linien am unteren und oberen Rand der Abbildung. Dazwischen können die Skalenwerte der übrigen Bildungsabschlussgruppen frei variieren. Die Darstellung der Skalenwerte nach dem Geschlecht zeigt, dass die Distanzen zwischen den Bildungsabschlüssen für Männer und Frauen unterschiedlich sind. Die relativen Erträge der Bildungsabschlüsse 2c und 2a sind bei den Frauen größer als bei den Männern. Die Rangfolge der Bildungsabschlüsse bleibt davon jedoch unberührt und insofern scheint es vertretbar, die Skalenwerte der Bildungsabschlüsse über das Geschlecht konstant zu halten. Stärkere Schwankungen machen sich beim Vergleich der Skalenwerte über die Erhebungswellen bemerkbar. Doch mit Ausnahme der Bildungsabschlussgruppen 2b und 1c, die im Untersuchungszeitraum zweimal den Rangplatz tauschen, bleibt das Muster der relativen beruflichen Bildungsrenditen zwischen 1984 und 2000 grundsätzlich erhalten.[20] Vor diesem Hintergrund erscheint es auch insgesamt vertretbar, die Skalenwerte über die Geschlechtervariable und die Erhebungswellen konstant zu halten, so wie es auch die *BIC*-Statistik bei einem formalen Modellvergleich nahe legt. Abbildung 2.3 auf Seite 75 vermittelt jedoch einige visuelle Eindrücke zu scheinbar regelmäßigen Entwicklungsprozessen im Muster der relativen beruflichen Bildungsrenditen, de-

19 An dieser Stelle wird auf eine ausführliche Diskussion der Skalenwerte für die erforderliche Ausbildung im Beruf verzichtet, weil hier die Bildungsrenditen im Vordergrund stehen. Es sei jedoch darauf hingewiesen, dass die mangelnde Differenzierung zwischen den Qualifikationsstufen »Hochschule« und »Berufsausbildung« einen Nachteil dieser Skala darstellt. Mittlerweile werden im Erhebungsschema Fachhochschulqualifikationen berücksichtigt. Eine Integration von Fachschulqualifikationen wäre ebenfalls wünschenswert.

20 Die Parameterschätzungen für die CASMIN-Kategorie 2b scheinen aufgrund der geringen Fallzahlen in dieser Kategorie vergleichsweise instabil auszufallen. Um die Inkonsistenzen in den Rangplätzen über die Erhebungswellen auszugleichen, würde sich die Zusammenfassung der Kategorien 2b und 1c anbieten.

nen in künftigen Forschungsarbeiten nachzugehen wäre. Aus diesem Grund sollen sie hier kurz angesprochen werden. Zum Ersten scheint die Abkopplung der niedrigsten Bildungsabschlussgruppe, die höchstens einen Hauptschulabschluss vorweisen kann, vom Feld der anderen Bildungsabschlüsse im Untersuchungszeitraum voranzuschreiten. Dafür spricht, dass die – ohnehin große – Distanz zwischen der unteren, waagrechten Linie und dem Feld der übrigen Linien tendenziell zunimmt. Zum Zweiten scheint dieser Abkopplungsprozess konjunkturabhängig zu sein. Darauf lassen die Kontraktion des Felds im Vereinigungsboom 1992 und die Gegenbewegung im darauf folgenden Abschwung schließen. Zum Dritten scheint sich mit einer Angleichung der relativen Renditen von Hochschul- und Fachhochschulabschlüssen auch der Abstand zwischen den beiden akademischen Abschlüssen und dem Mittelfeld zu vergrößern.

2.5 Zusammenfassung und Ausblick

Auch wenn die Bildungsexpansion in den 1990er Jahren nach verschiedenen Indikatoren zu einem vorläufigen Ende gekommen ist (vgl. Reinberg und Hummel 2001), so sind ihre Auswirkungen auf die Verteilung von Bildungsabschlüssen in der erwerbstätigen Bevölkerung noch über den gesamten Untersuchungszeitraum festzustellen. Sowohl bei den Frauen als auch bei den Männern sinken oder stagnieren die Anteile der Erwerbstätigen, die gemessen an der CASMIN-Klassifikation ausschließlich über Bildungsabschlüsse auf dem Elementarniveau verfügen. Dagegen nehmen bei beiden Geschlechtern die Anteile der Erwerbstätigen mit Hochschul- oder Fachhochschulreife zu. Zusätzlich ist bei den erwerbstätigen Frauen der Anteil gestiegen, der neben der mittleren Reife noch eine Berufsausbildung vorweisen kann. Bei den Erwerbstätigen beiderlei Geschlechts ist insgesamt gesehen der Anteil von Bildungsabschlüssen auf dem Tertiärniveau gestiegen, auch wenn der Anteil der Fachhochschulabschlüsse bei den Frauen auf niedrigem Niveau stagniert. Darüber hinaus sind sich die Verteilungen der Bildungsabschlüsse von Männern und Frauen im Untersuchungszeitraum ähnlicher geworden. Hier macht sich bemerkbar, dass Frauen beim Verlassen des allgemein bildenden Schulsystems mittlerweile zu größeren Anteilen mittlere und höhere Abschlüsse erreichen als Männer (vgl. Klemm 2000: 155-6). Allerdings ist die Stagnation bei den Fachhochschulabschlüssen von Frauen symptomatisch für die andauernden geschlechtsspezifischen Unterschiede im System der beruflichen Bildung.

Die Aufwertung der Berufsstruktur für beide Geschlechter zeichnet sich ebenfalls sehr deutlich in den SOEP-Daten ab. Die Anteile der Arbeitsplätze, die nicht mindestens eine Berufsausbildung erfordern, stagnieren oder sinken ausnahms-

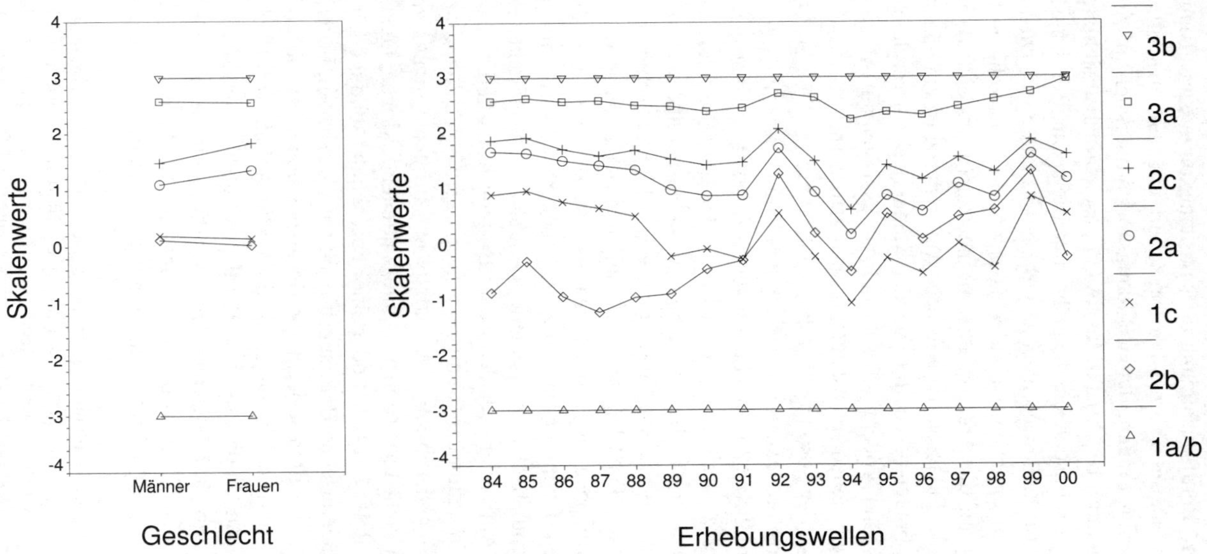

Abbildung 2.3: Skalenwerte der erforderlichen Ausbildung im Beruf (Modelle 3 und 4)

los.[21] Bei den Frauen geht vor allem der Anteil an Arbeitsplätzen zurück, die keine besondere Berufsausbildung oder nur eine kurze Einweisung am Arbeitsplatz erfordern. Dieser Prozess korrespondiert mit dem ebenfalls deutlich sinkenden Anteil von Frauen, deren Bildungsausstattung sich maximal auf einen Hauptschulabschluss beschränkt. Insgesamt gesehen haben sich auf diese Weise die Anteile von Arbeitsplätzen, die nicht mindestens eine Berufsausbildung erfordern, nicht nur für beide Geschlechter reduziert, sondern sich auch zwischen den Geschlechtern angeglichen. Geschlechtsspezifische Unterschiede bestehen aber noch in Bezug auf die Arbeitsplätze, die normalerweise eine Berufsausbildung oder einen Hochschulabschluss erforden. Auf Ersteren ist ein höherer Anteil von erwerbstätigen Frauen beschäftigt. Bei den Männern ist im Vergleich zu den Frauen ein entsprechend größerer Anteil von Erwerbstätigen auf Arbeitsplätzen tätig, die normalerweise einen Hochschulabschluss erfordern.

Die Analyse der absoluten beruflichen Bildungsrenditen ermöglicht es, die These einer fortschreitenden Entwertung von Bildungsabschlüssen zu prüfen, die durch ein Überangebot an hoch qualifizierten Arbeitskräften ausgelöst und durch Verdrängungsprozesse in die unteren Ränge der Berufsstruktur vermittelt wird. Insgesamt finden sich in Bezug auf die absoluten beruflichen Bildungsrenditen nur wenig Hinweise auf eine Entwertung von Bildungsabschlüssen und auf Verdrängungsprozesse. Die Chancen der männlichen Hochschulabsolventen, eine angemessene Berufsposition einzunehmen, werden zwar geringer, aber dafür steigen die Chancen sowohl für die weiblichen Hochschulabsolventinnen als auch für die Fachhochschulabsolventen beiderlei Geschlechts. Insgesamt gesehen ist hier also eher eine Aufwertung akademischer Bildung festzustellen als eine Entwertung. Eine Verdrängung der (wenigen) Angehörigen von Bildungsabschlussgruppen auf dem Sekundarniveau, die akademische Berufspositionen einnehmen, ist dabei trotzdem nicht festzustellen. Abiturientinnen und männliche Absolventen einer mittleren Reife mit Lehre oder einer Fachschulausbildung können ihre Anteile an den akademischen Berufspositionen sogar ausbauen. Unterhalb der akademischen Berufspositionen liegen die Berufspositionen, die normalerweise eine abgeschlossene Berufsausbildung erfordern. Die Anteile von Hoch- oder Fachhochschulabsolventen, die auf diese Berufspositionen angewiesen sind, stagnieren oder gehen zurück. Ein leichter Anstieg, von ca. einem Prozentpunkt alle vier Jahre, zeichnet sich allenfalls bei den männlichen Hochschulabsolventen ab. Ein spürbarer Verdrängungseffekt ist davon nicht zu erwarten. Entsprechend stagnie-

21 Diese Entwicklung ist allerdings im Hinblick auf die Arbeitsplätze ambivalent, die in der Regel den Besuch von besonderen Kursen und Lehrgängen erfordern. Sie deutet auf einen Bedeutungsverlust von betriebsinternen Arbeitsmärkten hin, wo die qualifizierten Arbeitsplätze den Theorien der Arbeitsmarktsegmentation zufolge (vgl. Sengenberger 1978b; Sesselmeier und Blauermel 1997) bei konjunkturellen Krisen vergleichsweise sicher sind.

ren die Anteile von Abiturienten in Berufspositionen, die eine Berufsausbildung erfordern, oder gehen allenfalls leicht zurück. Die Anteile von Absolventen einer Berufsausbildung mit Hauptschulabschluss oder mittlerer Reife, die auf Berufspositionen mit Ausbildungsanforderung beschäftigt sind, stagnieren oder steigen für die Absolventinnen einer mittleren Reife mit Berufsausbildung (oder einer Fachschulausbildung) sogar deutlich an. Die höchsten Steigerungsraten im Zugang zu den Berufspositionen mit Ausbildungsanforderung sind bei den Hauptschulabsolventen ohne Berufsausbildung festzustellen. Hier ist allerdings zu beachten, dass die niedrigeren Bildungsabschlussgruppen den größten und im Zeitverlauf steigenden Arbeitslosigkeitsrisiken ausgesetzt sind. Deshalb sind die Steigerungsraten in der qualifizierten Beschäftigung für die niedrigste Bildungsabschlussgruppe sicher größtenteils auf das Wegfallen gering qualifizierter Arbeitsplätze und eine Verdrängung in die Arbeitslosigkeit oder Nichterwerbstätigkeit zurückzuführen.

Im Gegensatz zu den absoluten beruflichen Bildungsrenditen wurde im Niveau der relativen beruflichen Bildungsrenditen ein Rückgang festgestellt. Er folgt einem konvexen Verlaufsmuster, d. h. er geht zu Beginn des Untersuchungszeitraums schneller vonstatten und ebbt gegen Ende des Untersuchungszeitraums ab. Der Rückgang betrifft beide Geschlechter gleichermaßen, das Niveau der relativen beruflichen Bildungsrenditen der Frauen liegt jedoch im gesamten Untersuchungszeitraum konstant über dem der Männer. Das Muster der relativen beruflichen Bildungsrenditen lässt drei größere Abstufungen in der Wertigkeit der einzelnen Abschlüsse erkennen. Sie trennen erstens die akademischen Abschlüsse von den Abschlüssen auf Sekundarniveau, zweitens die höheren allgemein bildenden und die mittleren beruflichen Abschlüsse von den mittleren allgemein bildenden und den einfachen beruflichen Abschlüssen, sowie drittens die Letztgenannten von den einfachen Formen der allgemeinen Schulbildung. Im Hinblick auf die Zugangschancen zu vorteilhaften Berufspositionen sind die Erwerbstätigen, die nur über eine einfache Schulbildung verfügen, vom Rest der Erwerbstätigen förmlich abgekoppelt. So gering sind ihre relativen Bildungsrenditen im Vergleich zur nächsthöheren Bildungsabschlussgruppe. Das Muster der relativen beruflichen Bildungsrenditen unterliegt im Untersuchungszeitraum nur relativ geringen Variationen. Bei den hier vorgestellten Analysen zur Entwicklung im Niveau der relativen Bildungsrenditen mussten sie nicht berücksichtigt werden, weil eine zufriedenstellende Modellanpassung auch ohne sie gelungen ist. Aus explorativen Analysen lassen sich jedoch Hypothesen zur weiteren Entwicklung im Muster der relativen Bildungsrenditen ableiten, die in zukünftigen Analysen mit den sukzessive fortgeschriebenen Daten des SOEP zu prüfen wären. Dazu gehört erstens ein zunehmender Abstand zwischen den Bildungsabschlussgruppen auf Tertiär- und Sekundarniveau, der einerseits auf steigende Bildungsrenditen der Fachhochschulabsolventen und andererseits auf sinkende Bildungsrenditen der Abiturienten zurückzuführen ist (vgl. Müller 2001: 47). Dazu gehört zweitens die Abkopplung der niedrigsten Bildungsabschlussgruppe, die bei der allgemeinen Schulbildung höchstens einen Hauptschulabschluss erreicht hat und keine Berufsausbildung vorweisen kann.

Bei einem Vergleich der hier vorgestellten Resultate mit den Forschungsergebnissen aus der Literatur ist Vorsicht geboten, weil sich das Untersuchungsdesign der einzelnen Studien zum Teil deutlich unterscheidet. Das gilt vor allem für Studien, die sich zumindest zum Teil auf Regressionsanalysen des beruflichen Prestiges stützen (vgl. Müller 2001; Müller et al. 1998). Deshalb steht hier der Vergleich mit den Beiträgen im Vordergrund, die relative berufliche Bildungsrenditen mit log-multiplikativen RC-Modellen bestimmen (siehe Abschnitt 2.2.3). Im Anschluss an die Verfahrensweise von Wong (1995a) und Wolbers et al. (2001) konnte gezeigt werden, dass die Entwicklung im Niveau der relativen beruflichen Bildungsrenditen von Erwerbstätigen einem einfachen Muster folgt. Allerdings ist weder eine lineare Abnahme festzustellen, noch eine Kopplung an die Arbeitslosenquoten, sondern eine zunächst stärkere Abnahme, die im Untersuchungszeitraum an Dynamik verliert. Dass die relativen beruflichen Bildungsrenditen in den hier vorgelegten Analysen nicht mit den Arbeitslosenquoten korrelieren, kann dahingehend interpretiert werden, dass der bundesdeutsche Arbeitsmarkt weniger flexibel ist als der niederländische, für den sich eine solche Korrelation feststellen lässt. Weil sich die Maßzahlen für das Niveau der relativen beruflichen Bildungsrenditen in der ausgewiesenen Form nicht zwischen den Studien von Wong (1995a) und Wolbers et al. (2001) und den hier vorgelegten Ergebnissen vergleichen lassen, muss an dieser Stelle offenbleiben, ob sich die Bildungsrenditen in der Bundesrepublik nach unten von den US-amerikanischen entfernen oder sich von oben an sie anpassen. Hier liegt eine Herausforderung für die international vergleichende Forschung. Studien, welche die Entwicklung von relativen beruflichen Bildungsrenditen in unterschiedlichen Nationen über einen längeren Zeitraum mit log-multiplikativen RC-Modellen vergleichen, sind mir bisher nicht bekannt.

Wenden wir uns dem Vergleich mit den beiden bundesdeutschen Studien zu. Obwohl sich die Analyse von Däumer (1993) ebenfalls auf Daten aus dem SOEP bezieht, lassen sich die hier vorgestellten Ergebnisse eher mit den Analysen der Mikrozensusdaten von Handl (1986, 1996) vereinbaren, der eine Reduktion im Niveau der relativen beruflichen Bildungsrenditen beim Erwerbseinstieg zwischen 1970 und 1982 festgestellt hat. Offenbar macht sich diese Reduktion – vermittelt durch die sukzessive aufeinander folgenden Erwerbseinstiegskohorten – nun auch in den Daten für die Erwerbstätigen insgesamt bemerkbar. Das würde dafür sprechen, dass die Reduktion im Niveau der relativen beruflichen Bildungsrenditen beim Erwerbseinstieg auch in den 1990er Jahren nicht rückgängig gemacht wurde, was in zukünftigen Analysen zu belegen wäre. Darüber hinaus ist zu vermuten, dass es für die späteren Erwerbseinstiegskohorten nicht leicht ist, die beim Erwerbseinstieg erlittenen Statusverluste im weiteren Erwerbsverlauf zu kompensieren. Die Ergebnisse von Blossfeld (1986, 1989) und von Scherer (2003) lassen darauf schließen, dass kohortenspezifische Ungleichheiten beim Berufseinstieg in den Karriereverläufen der Betroffenen über lange Zeiträume zu verfolgen sind. Selbst wenn es in Zukunft wieder zu ansteigenden Bildungsrenditen beim Erwerbseinstieg kommt, sollten die Folgen der Reduktion in den 1970er Jahren in der Gruppe der Erwerbstätigen insgesamt noch eine ganze Weile zu beobachten sein.

Im Hinblick auf die geschlechtsspezifischen Ungleichheiten in den relativen beruflichen Bildungsrenditen sind die hier vorgestellten Ergebnisse mit den Resultaten der beiden ausländischen Studien zu vereinbaren. Die relativen Bildungsrenditen der Frauen liegen über denen der Männer. Dieses Ergebnis ist möglicherweise darauf zurückzuführen, dass hier ebenso wie in den beiden ausländischen Studien die Gruppe der Erwerbstätigen insgesamt betrachtet wird. Demgegenüber untersuchen die beiden bundesdeutschen Studien die Gruppen der Erwerbseinsteiger, wobei diese in der Studie von Handl (1996) aufgrund seiner speziellen Abgrenzung der Untersuchungsgruppen bereits nach Bildungsabschlüssen unterschiedliche Zeiträume im Beschäftigungssystem zugebracht haben. Oben wurden Überlegungen angestellt, dass sich die unterschiedlichen Ergebnisse insgesamt durch einen Sample-Selection-Bias oder einen Creaming-Effekt erklären lassen: Je länger die Erwerbserfahrung in der Untersuchungsgruppe, desto besser sollten die relativen Bildungsrenditen von Frauen im Vergleich zu denen von Männern ausfallen, weil Frauen mit geringeren relativen Bildungsrenditen mit immer größerer Wahrscheinlichkeit bereits aus dem Erwerbssystem ausgestiegen sind. Die Ergebnisse lassen auf ein Muster schließen, nach dem Frauen ihre Erwerbslaufbahn mit geringeren Bildungsrenditen beginnen als Männer (vgl. Däumer 1993), nach ungefähr zehn Jahren gleich gezogen haben (vgl. Handl 1996) und die Männer im weiteren Erwerbsleben sogar überholen. Wohlgemerkt, es geht hier um *relative* Bildungsrenditen von Männern und Frauen. Das heißt, die Bildungsrenditen von Frauen und Männern werden gesondert betrachtet. Unterschiede in den absoluten Bildungsrenditen müssen durch diese Effekte nicht wesentlich betroffen sein. In Zukunft wäre anhand einer ausreichend großen Fallzahl zu prüfen, ob diese Unterschiede beim geschlechtsspezifischen Vergleich von Gruppen ähnlicher Erwerbserfahrung nachzuweisen sind. Zu diesem Zweck kämen die BIBB/IAB-Erhebungen zum „Qualifikations- und Berufsverlauf" (vgl. Steinmann 2000) in Frage, oder auch die Ergänzungsstichprobe des SOEP aus dem Jahr 2000.

Wie lassen sich nun die beiden scheinbar widersprüchlichen Ergebnisse zur Entwicklung der absoluten und der relativen beruflichen Bildungsrenditen interpretieren? Dass sich die absoluten beruflichen Bildungsrenditen zwischen 1984 und 2000 eher verbessert als verschlechtert haben und kaum Hinweise auf Verdrängungsprozesse *innerhalb* der Berufsstruktur zu finden sind, spricht stark dafür, dass im Untersuchungszeitraum keine Bildungsinflation im Sinne der Individualisierungsthese stattgefunden hat.[22] Das in der Literatur vorfindbare Bild, dass die Bildungsexpansion zu einem Überangebot höherer Bildungsabschlüsse geführt habe und dieses Überangebot aufgrund von Verdrängungsprozessen zu einer durchgehenden Entwertung von Bildungsabschlüssen geführt habe, ist unzutreffend. Die Ergebnisse legen die Interpretation nahe, dass die Bildungsexpansion in der Bundesrepublik vergleichsweise moderat ausgefallen ist und der Arbeitsmarkt das gestiegene Angebot von hoch qualifizierten Arbeitskräften ohne größere Friktionen absorbieren konnte (vgl. auch Steinmann 2000: 214, allerdings in Bezug auf relative Bildungsrenditen).

Dennoch lassen sich im Untersuchungszeitraum sinkende relative berufliche Bildungsrenditen beobachten. Die Diskrepanz lässt sich folgendermaßen auf den Begriff bringen: Im Untersuchungszeitraum hat zwar keine manifeste Bildungsinflation stattgefunden, aber eine latente. Der Begriff der »latenten Bildungsinflation« besagt, dass die Assoziation zwischen Bildungsabschlüssen und Berufspositionen auf der genotypischen Ebene der relativen beruflichen Bildungsrenditen abgenommen hat. Allerdings hat diese Entwicklung auf der phänotypischen Ebene der absoluten beruflichen Bildungsrenditen nicht zu einer manifesten Bildungsinflation geführt, weil der soziale Wandel in der Berufsstruktur die latente Bildungsinflation nicht nur kompensiert sondern sogar überkompensiert hat. Die Identifikation dieser gegenläufigen Entwicklungen warnt allerdings davor, dass die latente Bildungsinflation bei einer Stagnation in der Aufwertung der bundesdeutschen Berufsstruktur zukünftig leicht in eine manifeste Bildungsinflation umschlagen könnte.

In methodischer Hinsicht scheint mir das wichtigste Ergebnis der vorgelegten Analysen zu sein, dass die Unterscheidung von absoluten und relativen Raten bei der Bestimmung von beruflichen Bildungsrenditen anhand von Tabellenanalysen unabdingbar ist. Die Resultate zur Entwicklung von absoluten und relativen beruflichen Bildungsrenditen können sich grundlegend unterscheiden. So wären in empirischen Analysen künftig grundsätzlich beide Formen zu berücksichtigen. Der Verwendung von relativen Bildungsrenditen steht jedoch entgegen, dass ihre Bestimmung und Interpretation um einiges komplizierter ist als die der absoluten Bildungsrenditen. Die Schwierigkeiten, ihre Bedeutung einem nicht fachkundigen Publikum zu vermitteln, lassen sich absehen. Johann Handl (1984, 1985, 1988)

22 Eine genauere Betrachtung der Ergebnisse von Blossfeld (1985) spricht außerdem dafür, dass die Prozesse der Entwertung und Verdrängung auch vor 1984 nicht so extrem waren, wie sie in der Sekundärliteratur (vgl. Beck 1986) dargestellt wurden.

hat mit seinen Arbeiten entscheidend zur Verbreitung entsprechender Modelle in der Bildungs- und Ungleichheitsforschung beigetragen. Dennoch – oder gerade deswegen – weist er darauf hin, dass die Bestimmung von relativen Renditen auch den „Teilnehmern an der Diskussion ein breites Feld von Mißverständnissen" (1996: 271) eröffnet. Umso wichtiger erscheint es mir, die verwendeten Methoden in entsprechenden Forschungsarbeiten angemessen zu erläutern.

Abschließend noch ein Wort zum Verhältnis der Entwertung von Bildungsabschlüssen und der Entkopplung von Bildungs- und Berufsstruktur. In der Einführung zu diesem Kapitel wurde in Bezug auf die lineare Regressionsanalyse dafür plädiert, Ersteres durch die Effektkoeffizienten zu messen und Letzteres durch den Determinationskoeffizienten. Nun stellt sich die Frage, ob bei der Analyse von log-multiplikativen RC-Modellen eine dem Determinationskoeffizienten vergleichbare Maßzahl für die Entkopplung von Bildungs- und Berufsstruktur existiert. Im Rahmen des ursprünglichen log-linearen Modellansatzes ist mir keine entsprechende Maßzahl bekannt. In Rahmen der logistischen Regressionsanalyse gibt es jedoch eine Reihe von Pseudo-R^2-Maßen, die in Analogie zum Determinationskoeffizienten der linearen Regressionsanalyse verwendet werden. Da sich log-lineare Modelle prinzipiell auch als Logitmodelle formulieren lassen, sollten die entsprechenden Maßzahlen auch in Bezug auf die hier vorgestellten RC-Modelle interpretierbar sein. In explorativen Analysen wurde ein Linear-by-Linear-Modell auf der Basis der hier festgestellten, konstanten Skalenwerte für die Bildungsabschlüsse und Berufspositionen für mehrere Einzeltabellen von Männern geschätzt. Betrachtet wurde der Pseudo-R^2-Wert von McFadden. Er beträgt 0,28 im Jahr 1984 und 0,29 im Jahr 2000. Die Ergebnisse lassen darauf schließen, dass sich im Untersuchungszeitraum an der Vorhersagbarkeit der Berufspositionen aufgrund von Informationen über die Bildungsabschlüsse nichts geändert hat. Trotz einer latenten Bildungsinflation, die sich im Niveau der relativen beruflichen Bildungsrenditen äußert, sind aufgrund der hier verwendeten Daten keine Anzeichen für eine Entkopplung von Bildungs- und Berufsstruktur festzustellen.

3 Individualisierung der Karrieremobilität?

3.1 Einführung

IM internationalen Vergleich ist das westdeutsche Muster der Karrieremobilität immer wieder als besonders starr und geschlossen aufgefallen (vgl. z. B. Allmendinger 1989; Allmendinger und Hinz 1997; Kappelhoff und Teckenberg 1987; König 1990; Mach et al. 1994; Mayer et al. 1989). Die Ursachen dafür werden in der starken Standardisierung und Stratifizierung des bundesdeutschen Bildungssystems sowie in seiner engen Verknüpfung mit dem Erwerbs- und Beschäftigungssystem gesehen. Im Gegensatz zu einem organisationalen Mobilitätsregime, welches beispielsweise in Frankreich zu finden ist, herrscht in der Bundesrepublik ein qualifikatorisches Mobilitätsregime (vgl. König und Müller 1986). Die soziale Platzierung zu Beginn der Erwerbslaufbahn und der weitere Karriereverlauf sind hier in besonders hohem Maße von der formalen Ausbildung der Erwerbspersonen abhängig (vgl. Müller 1994; Müller und Noll 1997).

Über die langfristige Entwicklung des westdeutschen Mobilitätsmusters in den vergangenen Dekaden herrscht keine Übereinstimmung. Empirische Evidenz findet sich sowohl für die These einer zunehmenden Öffnung als auch für die These einer weiteren Schließung (vgl. Berger 1995, 1996; Mayer 1991a, b; Mayer und Blossfeld 1990). Worin diese Diskrepanzen in der Einschätzung der Entwicklung begründet liegen, ist schwer zu beurteilen. Die Studien unterscheiden sich nicht nur in zentralen Messkonzepten, sondern auch im Untersuchungsdesign und den verwendeten statistischen Verfahren.

Das Bild der neueren Entwicklung – in den 1980er und den 1990er Jahren – ist in den vorliegenden empirischen Untersuchungen ebenfalls noch unterbelichtet, weil die zugrunde liegenden Daten den betreffenden Zeitraum entweder überhaupt nicht oder nicht vollständig einschließen. Allerdings ist zu betonen, dass es für diese Beschränkung jeweils gute Gründe gibt. Es handelt sich in der Regel um vergleichende Studien (z. B. zur Karrieremobilität in den alten und den neuen Bundesländern), die einen anderen Zeitrahmen erforderlich machen.

Weiter zurückreichende Untersuchungen der Karrieremobilität beziehen sich in der Regel auf Daten, die spätestens zum Ende der 1980er Jahre erhoben wurden (vgl. Hall 2001; Windzio 2000; Zühlke und Goedicke 2000). Als Datenquelle ist hier vor allem die Lebensverlaufsstudie am Max-Planck-Institut für Bildungsforschung zu nennen, die besondere Möglichkeiten zur Analyse langfristiger Prozesse der Karrieremobilität eröffnet (vgl. Blossfeld 1987, 1989). Außerdem existiert eine Reihe von Untersuchungen, die kurzfristige Mobilitätsprozesse zu Beginn der 1990er Jahre auf der Basis des sozio-ökonomischen Panels analysieren (vgl. Bulmahn 1996; Diewald und Solga 1997; Mathwig und Habich 1997). Sie verwenden das westdeutsche Mobilitätsmuster als Vergleichsfolie für die Entwicklung in der ostdeutschen Transformationsphase und brechen Mitte der 1990er Jahre mit der Feststellung ab, dass sich das ostdeutsche Mobilitätsmuster im Wesentlichen an das westdeutsche angeglichen habe. Empirische Untersuchungen kurzfristiger Mobilitätsprozesse bis zum Ende der 1990er Jahre sind mir bisher nicht bekannt, und entsprechend finden sich auch in einem Überblicksartikel zur „Sozialstrukturentwicklung in den neunziger Jahren" (Hradil 2002) keine systematischen Angaben zur Entwicklung der Karrieremobilität.

Die Analysen des vorliegenden Beitrags betrachten kurzfristige Prozesse der Karrieremobilität von Frauen und Männern in Westdeutschland zwischen 1986 und 2000 anhand des sozio-ökonomischen Panels. Als Kriterium der Karrieremobilität wird eine ordinale Skala der erforderlichen Ausbildung im Beruf herangezogen, die aus Untersuchungen zum qualifikatorischen Matching von Arbeitskräfteangebot und -nachfrage bekannt ist (vgl. Büchel 2000; Büchel und Mertens 2000; Pollmann-Schult und Büchel 2002; Szydlik 1996a, b). Anhand dieser Skala werden zwölf Mobilitätstabellen gebildet, die jeweils einen Zeitraum von drei Jahren umfassen. In einem ersten Schritt wird die Entwicklung der Karrieremobilität anhand von Tabellen für erwerbstätige Untersuchungspersonen analysiert.

Ein wesentlicher Kritikpunkt an der konventionellen Mobilitätsforschung ist ihre Konzentration auf erwerbstätige Untersuchungspersonen und die Vernachlässigung von Arbeitslosen (vgl. Miller 1998). Bei der Untersuchung von kurzfristigen Prozessen der Karrieremobilität auf der Basis von Mobilitätstabellen fällt das Problem besonders ins Gewicht: Es werden sämtliche Personen ausgeschlossen, die zum Anfang oder zum Ende des Beobachtungszeitraums arbeitslos sind. Auf diese Weise wird der Umfang sozialer Mobilität unterschätzt und das Ausmaß sozialstruktureller Stabilität überbewertet. Außerdem kommt es zu einer Verzerrung der Untersuchungsgruppe, weil die verschiedenen Statusgruppen in unterschiedlichem Ausmaß von Arbeitslosigkeit betroffen sind. Aufgrund des langfristigen Anstiegs der Arbeitslosigkeit in den vergangenen Jahrzehnten erscheint die Vergleichbarkeit von Ergebnissen über die Zeit stark eingeschränkt.

In einem zweiten Schritt wird die Entwicklung der Karrieremobilität deshalb auf der Basis von Tabellen für erwerbstätige *und* arbeitslose Untersuchungspersonen betrachtet. Zu diesem Zweck wird die Skala der erforderlichen Ausbildung im Beruf um eine Kategorie für die arbeitslos gemeldeten Untersuchungspersonen erweitert und es entstehen Mobilitätstabellen für die Gruppe der Erwerbspersonen insgesamt. Entsprechende Analysen sind weder durch gruppenspezifisch unterschiedliche Arbeitslosenquoten verzerrt, noch unterschätzen sie den Umfang der Karrieremobilität. Ein Vergleich der beiden Analyseschritte kann Hinweise darauf geben, inwiefern der Verlauf der Arbeitslosigkeit zwischen 1986 und 2000 die Entwicklung der Karrieremobilität beeinflusst.

3.2 Hypothesen zur Entwicklung der Karrieremobilität

3.2.1 Karrieremobilität im Individualisierungsprozess

Den Anstoß zur vorliegenden Analyse von Entwicklungsprozessen der Karrieremobilität gab die Individualisierungsthese von Ulrich Beck (1983, 1986). Ihr zufolge ist die fortschreitende Modernisierung der westlichen Gegenwartsgesellschaften durch einen Individualisierungsprozess gekennzeichnet, in dem die typische Strukturierung des modernen Lebensverlaufs nachlässt. Die industriegesellschaftlich geprägten Muster sozialer Ungleichheit schwächen sich ab oder lösen sich sogar auf (vgl. dazu die kritische Einschätzung von Geißler 1996 und Müller 2001). An ihre Stelle treten eine größere Vielfalt von Lebensverläufen und ein stärker marktgesteuertes, meritokratisches Muster sozialer Ungleichheit, welches Erfolg oder Misserfolg nicht mehr der Zugehörigkeit zu Kollektiven, sondern den Leistungen der Individuen selbst zuschreibt (vgl. Beck und Sopp 1997).

Dabei ist zwischen der sozialstrukturell-objektiven Ebene der Individualisierung und ihrer kulturell-subjektiven Ebene zu unterscheiden (vgl. Berger 1997). Im Kontext sozialer Ungleichheit meint Erstere die Differenzierung von Lebenslagen und -verläufen. Letztere meint die Veränderung des gesellschaftlichen Zurechnungsmodus, die Entwicklung eines kulturellen Deutungsmusters, das die Folgen sozialer Handlungen und damit auch die erreichte Position in der Struktur sozialer Ungleichheit in die alleinige Verantwortung der Individuen überstellt (vgl. Wohlrab-Sahr 1997). Die vorliegende Studie befasst sich ausschließlich mit der sozialstrukturellen Ebene von Individualisierungsprozessen.

In einer Reihe von Veröffentlichungen hat Peter A. Berger (1995, 1996, 1997) herausgearbeitet, dass sich mit den Methoden der soziologischen Mobilitätsforschung Anhaltspunkte für eine voranschreitende Individualisierung von Berufsverläufen in der Bundesrepublik finden lassen. Zu diesem Zweck werden die intragenerationalen Bewegungen von Personen zwischen beruflich definierten Positionen untersucht, denen – zumindest partiell – eine hierarchische Ordnung hinsichtlich der damit verknüpften Lebensbedingungen und -chancen unterstellt werden kann. Wenn die industriegesellschaftlich geprägten, berufszentrierten Klassen- und Schichtstrukturen in Auflösung begriffen sind, so wie es die Individualisierungsthese behauptet, dann sollte sich diese Entwicklung in den quantitativen und qualitativen Aspekten des intragenerationalen Mobilitätsmusters wiederfinden lassen.

Die Grundformel der Individualisierung lautet: Herauslösung, Stabilitätsverlust und Wiedereinbindung (vgl. Beck 1986: 206-7). Sie lässt erwarten, dass die Auflösung der alten, berufszentrierten Ungleichheiten (Herauslösung) die Pfadabhängigkeit beruflicher Karrieren verringert (Stabilitätsverlust). Der Umfang sozialer Mobilität sollte insgesamt zunehmen (quantitativer Aspekt), weil sich die exklusiven Kräfte in der Sozialstruktur abschwächen und Mobilitätsbarrieren abgebaut werden. Darüber hinaus sollten auch die inklusiven Kräfte in der Sozialstruktur nachlassen. Es ist mit einer Lockerung spezifischer Rekrutierungs- und Austauschbeziehungen zwischen einzelnen Berufspositionen zu rechnen, weil sich die Stetigkeit in der Positionenfolge von institutionalisierten Laufbahnen und Karrierewegen reduziert (qualitativer Aspekt). Als Vergesellschaftungsmoment beruflicher Karrieren treten die Mechanismen eines flexibleren Arbeitsmarkts gegenüber ihrer Statusgebundenheit in den Vordergrund (Wiedereinbindung).

Von der Individualisierung der Karrieremobilität ist demnach eine Öffnung beruflicher Laufbahnen und eine Zunahme sozialer Mobilität zu erwarten. Allerdings lassen diese Hypothesen noch nicht erkennen, in welcher Weise sich das Muster der Karrieremobilität dabei konkret verändern soll. Empirisch gehaltvolle Aussagen zur sozialen Mobilität beziehen sich in der Regel auf ganz bestimmte Messkonzepte, theoretische und/oder statistische Modelle. Deshalb erscheint es zunächst ratsam, verschiedene Strukturkomponenten sozialer Mobilität herauszuarbeiten, mit denen sich die wesentlichen Eigenschaften des westdeutschen Mobilitätsmusters sinnvoll beschreiben lassen. Die Definition dieser Strukturkomponenten bezieht sich auf die statistischen Modelle zur Analyse von Mobilitätstabellen, die in Abschnitt 3.3.2 beschrieben sind. Auf diese Weise wird die Formulierung empirisch gehaltvoller Hypothesen zur Entwicklung der Karrieremobilität erleichtert.

Wenn den Berufspositionen in einer Mobilitätstabelle eine hierarchische, vertikale Ordnung bezüglich ihres sozialen Status unterstellt werden kann, sind Statuspersistenz, -distanz und -assoziation als zentrale Strukturkomponenten sozialer Mobilität anzusehen. Statuspersistenz meint die Stabilität einer Statuslage bzw. die Immobilität ihrer Angehörigen. In der kurzfristigen Betrachtung von Karrieremobilität ist ein hohes Maß an Statuspersistenz schon deshalb zu erwarten, weil der Wechsel einer Statuslage in der Regel den Wechsel des Arbeitsplatzes oder einer anderweitig definierten beruflichen Tätigkeit voraussetzt. Verschiedenen Arbeitsmarkttheorien zufolge kann solch ein Wechsel – vor allem für höher qualifizierte Tätigkeiten – mit Such- oder Transaktionskosten verbunden sein (vgl. z. B. Sesselmeier und Blauermel 1997). Deshalb werden Arbeitsverhältnisse in der Regel mit einer längerfristigeren Perspektive begründet. Je nach Höhe und Aufteilung der bei einem Wechsel anfallenden Kosten sollte die Bedeutung von Persistenz in verschiedenen Statuslagen unterschiedlich sein. Statuspersistenz ist für sich genommen kein vertikaler Aspekt sozialer Mobilität. Empirisch hat sich jedoch häufig gezeigt, dass sie am oberen und am unteren Rand der Sozialstruktur besonders stark ausgeprägt und insofern mittelbar als Kriterium sozialer Ungleichheit zu werten ist.

Statusdistanz und -assoziation beziehen sich im Unterschied zur Statuspersistenz unmittelbar auf vertikale Aspekte sozialer Mobilität. Statusdistanz bezeichnet den Abstand zwischen den Berufspositionen in einer Mobilitätstabelle in Bezug auf eine Skala sozialer Ungleichheit. Weil die zugrunde liegenden Berufsklassifikationen in Tabellenanalysen vertikaler Mobilität in der Regel nur ordinales Skalenniveau erreichen, sind die exakten Distanzen zwischen den einzelnen Statuslagen zunächst unbekannt. Sie lassen sich jedoch aufgrund der Austauschbeziehungen zwischen den einzelnen Statuslagen skalieren. Dabei wird davon ausgegangen, dass der Umfang sozialer Mobilität zwischen zwei Statuslagen von ihrer sozialen Distanz abhängig ist. Je größer die soziale Distanz zwischen zwei Statuslagen, desto weniger Mobilität sollte zwischen ihnen herrschen. Theoretische Erklärungsansätze verweisen einerseits auf den geringen Umfang an Ressourcen, die den Angehörigen der niedrigeren Statuslagen zur Verfügung stehen, und andererseits auf die umfassenden Mittel zum Statuserhalt und zur sozialen Schließung, welche die Angehörigen der höheren Statuslagen mobilisieren können.

Statusassoziation meint den Zusammenhang zwischen der ordinalskalierten Ausgangs- und Zielverteilung einer Mobilitätstabelle. Es handelt sich um ein zusammenfassendes Maß für die Ungleichheit der Mobilitätsmuster in der gesamten Tabelle. Die Statusassoziation gibt – vereinfacht gesagt – an, wie stark sich die Mobilitätschancen von jeweils benachbarten Statuslagen unterscheiden. Je größer die Statusassoziation, desto besser sind die Mobilitätschancen der jeweils höheren Statuslagen im Vergleich zu den niedrigeren Statuslagen. Die Statusassoziation ist ein zusammenfassendes Maß für die gesamte Tabelle, weil die Ungleichheit der Mobilitätschancen im Durchschnitt über sämtliche Ausgangs- und Ziellagen bestimmt wird. Unterschiedliche Statusdistanzen zwischen den einzelnen Statuslagen werden dabei als gegeben angesehen. Das zusammenfassende Maß der Statusassoziation wird im Hinblick auf die Übergänge zwischen bestimmten Ausgangs- und Zielkategorien durch die Distanzen zwischen denselben modifiziert.

Im Hinblick auf die Strukturkomponenten der Statuspersistenz, -distanz und -assoziation lassen sich die oben angeführten Erwartungen bezüglich der Zunahme sozialer Mobilität und der Lockerung beruflicher Karrieren spezifizieren. Individualisierungsprozesse im Muster der Karrieremobilität sollten sich zunächst in einer Reduktion der Statuspersistenz niederschlagen. In besonderem Maße sollten davon die hohen und die niedrigen Statuslagen betroffen sein. Dies würde einer Angleichung von Persistenzrisiken einerseits und -chancen andererseits entsprechen. Bei den Strukturkomponenten von Statusassoziation und -distanz sind die Auswirkungen von Individualisierungsprozessen gemeinsam zu betrachten. Wenn sich die Statusassoziation verringert und die Statusdistanzen konstant bleiben, ist von einer proportionalen Reduktion sämtlicher Statusdistanzen auszugehen. Wenn sich die Statusdistanzen ungleichmäßig entwickeln und sich die Statusassoziation reduziert, so ist zwar von einer durchschnittlichen Reduktion der Statusdistanzen auszugehen, aber im Einzelfall können sich die Distanzen in diesem Fall sogar vergrößern. In jedem Fall aber sollte die Individualisierung der Karrieremobilität mit einer Reduktion der Statusassoziation einhergehen. Nur eine Verringerung der Statusassoziation weist auf eine Angleichung von Mobilitätsrisiken und -chancen der unterschiedlichen Statuslagen hin.

3.2.2 Arbeitslosigkeit und Karrieremobilität

Ein Zusammenhang zwischen Arbeitslosigkeit und Karrieremobilität kann aus unterschiedlichen Perspektiven begründet werden (vgl. Sackmann et al. 2001). In erster Linie ist die Mikroebene der individuellen Erwerbsverläufe von der Makroebene der aggregierten Kennzahlen zu unterscheiden. Die folgenden Überlegungen beziehen sich auf den Verdacht einer artifiziellen Verzerrung der Ergebnisse von Tabellenanalysen zur Karrieremobilität von Erwerbstätigen unter der Bedingung hoher Arbeitslosigkeit. Dabei geht es um Parallelen in der Entwicklung von aggregierten Kennzahlen der Arbeitslosigkeit und der Karrieremobilität.

Zunächst ist zu klären, auf welches Konzept von Arbeitslosigkeit sich diese Überlegungen beziehen sollen. Die Arbeitslosenquote ist die prominenteste Kennzahl zur Beschreibung von Arbeitslosigkeit. Tabelle 3.1 gibt einen Überblick zur Entwicklung der Arbeitslosenquoten (bezogen auf abhängige zivile Erwerbspersonen) im Untersuchungszeitraum. Es sind starke Schwankungen mit einer Breite von beinahe fünf Prozentpunkten zu verzeichnen. Mit neun Prozent liegt die Arbeitslosenquote zu Beginn des Untersuchungszeitraums 1986 bereits auf hohem Niveau. Danach sinkt sie kontinuierlich auf 6,3 Prozent 1991 und klettert anschließend wieder bis 1997 auf einen Höchststand von elf Prozent. Am Ende des Untersuchungszeitraums im Jahr 2000 erreicht die Arbeitslosenquote mit 8,7 Prozent wieder ihr Ausgangsniveau. Der Verlauf der Arbeitslosenquoten weist im Untersuchungszeitraum genügend Varianz auf, um den Zusammenhang zwischen Arbeitslosigkeit und Karrieremobilität zu untersuchen. Die Arbeitslosenquoten scheinen eine geeignete Bezugsgröße für die Analyse der Karrieremobilität darzustellen.

Tabelle 3.1: Arbeitslose und Arbeitslosenquoten im früheren Bundesgebiet

	Jahresdurchschnitte	
Jahre	Arbeitslose in Tsd.	Arbeitslosenquoten[a]
1984	2.265,6	9,1
1985	2.304,0	9,3
1986	2.228,0	9,0
1987	2.228,8	8,9
1988	2.241,6	8,7
1989	2.037,8	7,9
1990	1.883,1	7,2
1991	1.689,4	6,3
1992	1.808,3	6,6
1993	2.270,3	8,2
1994	2.556,0	9,2
1995	2.564,9	9,3
1996	2.796,2	10,1
1997	3.020,9	11,0
1998	2.904,3	10,5
1999	2.755,5	9,9
2000	2.529,4	8,7

a Bezogen auf abhängige, zivile Erwerbspersonen.
Quelle: Bundesanstalt für Arbeit, zit. n. Statistisches Bundesamt (2000: 95; 2002: 97).

Dabei stellt sich weiter die Frage, in welcher Weise die Arbeitslosenquoten auf die einzelnen Untersuchungsperioden zu beziehen sind. Hier werden insgesamt vier Indikatoren unterschieden: Es handelt sich im Einzelnen um die Arbeitslosenquoten zu Beginn (1) und zum Ende der Untersuchungsperiode (2), um den Durchschnitt der Arbeitslosenquoten zu Beginn und zum Ende der Untersuchungsperiode (3) sowie um die Differenz derselben (4). Letztere beschreibt die Entwicklung der Arbeitslosenquoten im Verlauf der Untersuchungsperiode und wird deshalb als Trendindikator der Arbeitslosigkeit bezeichnet. Im Folgenden werden die methodischen Argumente für den Zusammenhang zwischen der Arbeitslosigkeit und den Kennzahlen der Karrieremobilität auf diese vier Indikatoren bezogen.

Die Argumente stützen sich auf die Kritik an der konventionellen Mobilitätsforschung (siehe oben). Derzufolge führt die Konzentration auf erwerbstätige Untersuchungspersonen zu einer Überschätzung der sozialstrukturellen Stabilität, weil Erwerbspersonen mit tendenziell instabilen Erwerbsverläufen vernachlässigt werden. Bei der Bildung von Mobilitätstabellen für Erwerbstätige werden systematisch alle Erwerbspersonen aus der Untersuchungsgruppe ausgeschlossen, die zu Beginn *oder* zum Ende der Untersuchungsperiode arbeitslos sind, auch wenn sie zu einem der beiden Zeitpunkte erwerbstätig waren. Nach dieser Überlegung ist prinzipiell ein positiver Zusammenhang zwischen der Höhe der Arbeitslosigkeit und dem Ausmaß sozialstruktureller Stabilität zu erwarten. Die Arbeitslosenquoten zu Beginn und zum Ende der Untersuchungsperioden sollten positiv mit den Stabilitätsraten der erwerbstätigen Untersuchungspersonen korrelieren. Für den Durchschnitt aus beiden Quoten sollte die Korrelation noch etwas höher ausfallen. Dagegen dürfte die Korrelation zwischen den Stabilitätsraten und dem Trendindikator der Arbeitslosigkeit allenfalls gering sein, weil der Effekt der Arbeitslosigkeit eher von ihrem Niveau ausgehen sollte als von ihrem Trend. Der Trendindikator nimmt Werte mit einem hohen Betrag an, wenn die Arbeitslosenquoten zu Beginn und zum Ende der Untersuchungsperioden weit auseinander fallen. Werte mit geringem Betrag kann er dagegen unabhängig vom Niveau der Arbeitslosigkeit annehmen, wenn die Quoten zu Beginn und zum Ende der Untersuchungsperioden nahe beieinander liegen. Ein linearer Zusammenhang, der mit der absoluten Höhe der Arbeitslosigkeit zu begründen wäre, ist demnach nicht zu erwarten.

Die Ergebnisse von Hans-Peter Blossfeld (1986, 1987, 1989) zum Zusammenhang von Arbeitsmarktlage und individuellen Karriereprozessen bekräftigen die Erwartungen zur Auswirkung hoher Arbeitslosigkeit auf der aggregierten Ebene. Blossfeld verwendet einen Indikator der Arbeitsmarktlage, der mit der Arbeitslosenquote hoch ($r = 0,94$) korreliert ist, um Periodeneffekte in Ereignisanalysen der intragenerationalen Statusmobilität zu kontrollieren. Zunächst wird zwar ein positiver Effekt der Arbeitsmarktlage auf die Aufstiegsrate und ein negativer Effekt auf die Abstiegsrate vermutet (1987: 78). Die Ergebnisse zeigen jedoch, dass eine gute Arbeitsmarktlage nicht nur die Wahrscheinlichkeit von Aufstiegen und von horizontaler Mobilität erhöht, sondern auch die Wahrscheinlichkeit von Abstiegen (1987: 84). Im Umkehrschluss sollten hohe Arbeitslosenquoten mit höheren Stabilitätsraten einhergehen (vgl. Sackmann et al. 2001: 96).

3.3 Daten und Methoden

3.3.1 Datengrundlage und Klassifikation

Datengrundlage der empirischen Analysen ist das sozio-ökonomische Panel (SOEP). Es handelt sich um eine Wiederholungsbefragung, die in Westdeutschland bereits seit 1984 in jährlichen Abständen durchgeführt wird (vgl. SOEP Group 2001; Wagner et al. 1994). Das SOEP wird am Deutschen Institut für Wirtschaftsforschung von einer Projektgruppe betreut, die nicht nur für die Weitergabe der anonymisierten Mikrodaten an die Fachöffentlichkeit sorgt, sondern auch für ihre Aufbereitung und Dokumentation. Besonders hervorzuheben ist dabei im Hinblick auf die folgenden Analysen die Integration zentraler, wellenübergreifender Informationen in jahresbezogene Statusvariablen.

Das SOEP besteht mittlerweile aus einer Reihe von Teilstichproben, welche die demographischen Veränderungen in Deutschland aufgrund der Wiedervereinigung und der Wanderungen seit 1984 erfassen. Die folgenden Analysen beschränken sich jedoch auf die westdeutsche Teilstichprobe von 1984, weil sie als kohärenter Datenbestand am weitesten zurückreicht und die Erstellung von Zeitreihen am ehesten ermöglicht. Untersuchungseinheiten sind Personen mit deutscher Staatsangehörigkeit, die zum Zeitpunkt der Befragung entweder arbeitslos gemeldet oder mit einem Zeitaufwand von 20 Wochenstunden oder mehr erwerbstätig sind.[1]

Karrieremobilität wird anhand der Qualifikationsanforderungen gemessen, denen sich die Untersuchungspersonen am Arbeitsplatz gegenübergestellt sehen. Auf die Frage, welche Art von Ausbildung für ihre Tätigkeit in der Regel erforderlich ist, können die Erwerbstätigen im SOEP angeben, dass keine besondere Ausbildung, nur eine kurze Einweisung, eine längere Einarbeitung, der Besuch besonderer Lehrgänge oder Kurse, eine abgeschlossene Berufsausbildung oder ein abgeschlossenes Hochschulstudium notwendig ist. Dabei sind Mehrfachangaben möglich.

Nach der erforderlichen Ausbildung im Beruf wurden in ca. der Hälfte aller Erhebungswellen nur die Erwerbstätigen mit einem beruflichen Wechsel seit der letzten Welle gefragt. Deshalb werden die Einzelinformationen durch die SOEP-Projektgruppe für alle Erwerbstätigen über mehrere Befragungswellen hinweg in jahresbezogene Statusvariablen integriert. Weil dabei nur die jeweils höchste Angabe zur erforderlichen Ausbildung im Beruf berücksicht wird, entsteht eine Ordinalskala des sozialen Status der beruflichen Tätigkeit. Sie ist einfach zu interpretieren, weil ihre Kategorien für sich stehen und intuitiv verständliche Bezeichnungen tragen. Für die derzeit ausgeübte berufliche Tätigkeit ist in der Regel erforderlich:

1. ein abgeschlossenes Hochschulstudium,
2. eine abgeschlossene Berufsausbildung,
3. der Besuch von besonderen Lehrgängen/Kursen,

1 Auf die Teilstichprobe der Ausländer in Westdeutschland, die ebenfalls seit 1984 verfolgt wird und die Angehörige der fünf großen »Gastarbeiter«-Nationen umfasst, wird nicht zurückgegriffen, weil es sich um eine heterogene Gruppe handelt, deren Lebenslagen und Erwerbsbedingungen differenzierter zu untersuchen wären.

4. eine längere Einarbeitung im Betrieb,
5. eine kurze Einweisung am Arbeitsplatz oder
6. keine besondere Ausbildung.

Die Skala der erforderlichen Ausbildung im Beruf erscheint besonders gut geeignet, Karrieremobilität unter den Bedingungen von hoher Arbeitslosigkeit und fortschreitenden Individualisierungsprozessen zu messen. Sie wird zwar an Erwerbstätigen erhoben, aber letztlich misst sie die Qualifikationsanforderungen von Arbeitsplätzen. Insofern beschreibt die Skala der erforderlichen Ausbildung im Beruf die Qualifikationsstruktur der realisierten Arbeitskräftenachfrage. Auf neuere Entwicklungen im Bereich der Erwerbsarbeit reagiert sie im Vergleich zu angebotsorientierten Erhebungsinstrumenten sensibler. Hier ist beispielsweise an eine Ausweitung unterwertiger Beschäftigung aufgrund von Verdrängungsprozessen und des Abbaus betrieblicher Hierarchien zu denken. Es ist fraglich, ob solche Entwicklungsprozesse z. B. durch die Erhebung der »Stellung im Beruf« angemessen erfasst werden, weil sich dieses Instrument stark auf die formale Qualifikation der Erwerbstätigen bezieht.

Um die Entwicklung der Karrieremobilität zu erschließen, werden zwei Serien von jeweils zwölf Mobilitätstabellen erstellt. Die Tabellen kreuzen die erforderliche Ausbildung im Beruf zum Anfang und zum Ende einer Untersuchungsperiode von drei Jahren. Während in der ersten Serie nur erwerbstätige Untersuchungspersonen berücksichtigt werden, wird der Status der Arbeitslosigkeit in der zweiten Serie als zusätzliche Kategorie zur erforderlichen Ausbildung im Beruf aufgenommen. Die erste Serie besteht aus 6×6-Tabellen mit $N = 29961$ Erwerbstätigen und die zweite Serie besteht aus 7×7-Tabellen mit $N = 32668$ Erwerbstätigen *und* Arbeitslosen. Dabei reicht die jeweils erste Tabelle von 1986 bis 1989, die zweite von 1987 bis 1990, usw. bis hin zur zwölften Tabelle, die den Zeitraum von 1997 bis 2000 umfasst.[2] Sämtliche Mobilitätstabellen werden anhand von gewichteten Daten bestimmt, um die Effekte differenzieller Panelmortalität so weit als möglich auszugleichen. Der Gewichtungsfaktor für eine Untersuchungsperiode G_P ist durch

2 Die Tabellen von 1984 bis 1987 und von 1985 bis 1988 werden nicht berücksichtigt, weil hier der Verdacht auf eine artifizielle Überschätzung der beruflichen Stabilität besteht. In den 1980er Jahren wurde die erforderliche Ausbildung im Beruf nur in der 1984er und der 1989er Erhebungswelle für alle Erwerbstätigen erhoben. Zwischenzeitlich wurde die erforderliche Ausbildung im Beruf für Erwerbstätige ohne beruflichen Wechsel über einen vergleichsweise langen Zeitraum fortgeschrieben. Explorative Analysen haben gezeigt, dass die berufliche Stabilität zwischen der zweiten und der dritten Mobilitätstabelle, deren Beobachtungszeitraum 1989 mit der erneuten Erhebung der erforderlichen Ausbildung im Beruf bei allen Erwerbstätigen endet, in beispielloser Weise sinkt. Offensichtlich registriert die Erhebung der erforderlichen Ausbildung im Beruf mehr Mobilität als ihre Fortschreibung.

$$G_P = Q_0 \times L_1 \times L_2 \times L_3 \times (f_u/f_h)$$

gegeben. Bei dem Faktor Q_0 handelt es sich um ein Querschnittgewicht für die Ausgangswelle, und L_1 bis L_3 entsprechen den Längsschnittgewichten für die drei Folgewellen. Querschnitt- und Längsschnittgewichte werden von der SOEP-Projektgruppe bestimmt und bereitgestellt. Da mit dem Faktor Q_0 eine Hochrechnung verbunden ist, werden die Tabellen mit dem Faktor (f_u/f_h) wieder an die tatsächlich erhobenen Fallzahlen angepasst, wobei f_u der ungewichteten Häufigkeit der befragten Untersuchungspersonen in der Ausgangswelle entspricht und f_h der hochgerechneten Häufigkeit.

3.3.2 Modelle zur Messung sozialer Mobilität

Um Trends in den absoluten und relativen Mobilitätsraten zu entdecken, werden zum einen deskriptive Kennzahlen für Mobilitätstabellen verwendet und zum anderen log-lineare und log-multiplikative Modelle herangezogen.[3] Mit den deskriptiven Kennzahlen wird die Entwicklung der absoluten Mobilitätsraten beschrieben. Sie erschließen die tatsächlich beobachtbaren Mobilitätsvorgänge und gehen als Prozentwerte unmittelbar aus den untersuchten Tabellen hervor. Hier werden zusammenfassende Kennzahlen verwendet, die im Unterschied zu den absoluten Abstrom- und Zustromraten die gesamte Tabelle betreffen und nicht nur einzelne Start- oder Zielkategorien. Absolute Mobilitätsraten sind generell von den Randverteilungen der zugrunde liegenden Tabellen abhängig. Da sich die Verteilung der erforderlichen Ausbildung im Beruf zwischen 1986 und 2000 verschoben hat, kommen in der Entwicklung der absoluten Mobilitätsraten nicht nur zwischenzeitliche Veränderungen in den Determinanten von Berufsverläufen zum Ausdruck, sondern auch der berufsstrukturelle Wandel im Untersuchungszeitraum.

3 Berger (1996) stützt seine Analyse von Individualisierungsprozessen im Muster der Karrieremobilität ausschließlich auf absolute Mobilitätsraten. Er verzichtet auf die Verwendung von relativen Mobilitätsraten, weil er über den Umfang der unmittelbar erlebten Aufstiege und Abstiege und die Verbreitung von Mobilitätserfahrungen Rückschlüsse auf die kulturell-subjektive Ebene der Individualisierung ziehen möchte. Bei einer intertemporalen Analyse der sozialstrukturellen Ebene von Individualisierung geht ein Verzicht auf relative Mobilitätsraten meines Erachtens an der Problemstellung vorbei. Relative Mobilitätsraten entsprechen absoluten Mobilitätsraten, die um die zwischenzeitlichen Verschiebungen in der Berufsstruktur bereinigt sind. Ließen sich nun anhand von absoluten Mobilitätsraten Individualisierungsprozesse feststellen und anhand von relativen nicht, so wäre die Individualisierung der Karrieremobilität allein auf Verschiebungen in der Berufsstruktur zurückzuführen. Dies wäre nicht mit dem theoretischen Anspruch der Individualisierungsthese zu vereinbaren, die eine Veränderung im Vergesellschaftungsmodus, d. h. im »Strukturgenerator« beruflicher Karrieren unterstellt und nicht nur Verschiebungen in der Berufsstruktur.

Relative Mobilitätsraten sind dagegen unabhängig von den Randverteilungen der zugrunde liegenden Tabellen. Deshalb sind sie besser geeignet, um Fragen nach der Entwicklung von Mobilitätschancen, nach der Öffnung oder Schließung einer Sozialstruktur und dem Fortwirken der entsprechenden sozialen Kräfte zu beantworten (vgl. Erikson und Goldthorpe 1992; Goldthorpe 1987). Relative Mobilitätsraten werden durch Chancenverhältnisse (»Odds-Ratios«) gemessen, die sich in log-linearen und log-multiplikativen Modellen verallgemeinern lassen. Insbesondere die log-multiplikativen Modelle wurden im deutschsprachigen Raum bisher selten auf mehrdimensionale Tabellen angewandt (vgl. jedoch Däumer 1993). Ausgehend von den bekannteren log-linearen Modellen wird ihre Formulierung und Interpretation für dreidimensionale Tabellen deshalb im Folgenden erläutert.

Für eine dreidimensionale Tabelle mit I Zeilen (R) und J Spalten (C) über K Untersuchungsperioden (P) lassen sich die logarithmierten beobachteten Häufigkeiten durch das (log-) lineare Modell

$$\ln(f_{ijk}^{RCP}) = \lambda + \lambda_i^R + \lambda_j^C + \lambda_k^P + \lambda_{ik}^{RP} + \lambda_{jk}^{CP} + \lambda_{ij}^{RC} + \lambda_{ijk}^{RCP} \qquad (3.1)$$

darstellen (vgl. Allerbeck und Stork 1980; Xie 1992).[4] Den Konventionen der Mobilitätsforschung entsprechend, sind die Zeilen durch den Ausgangsstatus und die Spalten durch den Zielstatus eines Mobilitätsprozesses definiert. Gleichung 3.1 ist geeignet, einen Satz von Mobilitätstabellen über mehrere Untersuchungsperioden ($R \times C \times P$) simultan zu beschreiben. Die einzelnen λ-Parameter kontrollieren die gesamte Stichprobengröße (λ), die Zeilenverteilung (λ_i), die Spaltenverteilung (λ_j), die Periodenverteilung (λ_k), die partiellen Assoziationen zwischen Zeilen-, Spalten- und Periodenvariable (λ_{ik}, λ_{jk}, λ_{ij}) sowie die Interaktion zwischen Zeilen-, Spalten- und Periodenvariable (λ_{ijk}).[5] Das Modell in Gleichung 3.1 ist nicht identifiziert, weil es mehr Parameter enthält als Tabellenzellen vorhanden sind. Deshalb werden die Parameter normalisiert, so dass ihre Summe über alle in Frage kommenden Dimensionen gleich null ist.[6]

Das Modell in Gleichung 3.1 wird als saturiertes Modell bezeichnet, weil die Anzahl seiner Parameter (aufgrund der beschriebenen Normalisierung) genau der Anzahl der Tabellenzellen entspricht und sämtliche Freiheitsgrade in der Tabelle aufgebraucht werden ($df = 0$). Da im saturierten Modell die erwarteten Häufigkeiten (F_{ijk}) gleich den beobachteten Häufigkeiten (f_{ijk}) sind, lässt es sich nicht

4 Um die Darstellung zu vereinfachen, wird im Folgenden auf die Superskripte für die beteiligten Variablen verzichtet.

5 Hier wird deutlich, dass die partielle Assoziation zwischen zwei Variablen unter Kontrolle ihrer Randverteilungen bestimmt wird, d. h. im Sinne von relativen Mobilitätsraten unabhängig von ihren Randverteilungen.

6 Diese Normalisierung gilt entsprechend auch für die folgenden Modelle.

statistisch testen. Um spezifische Hypothesen zu den Zusammenhängen in der zugrunde liegenden Tabelle zu prüfen, werden inhaltlich begründete Restriktionen für die λ-Parameter formuliert. Für die gegebene Fragestellung sind nur die λ_{ij}- und die λ_{ijk}-Parameter relevant, welche die Assoziation zwischen Ausgangs- und Zielstatus beschreiben (vgl. Allerbeck und Stork 1980: 100). Dabei sind zwei Komponenten der Assoziation zu unterscheiden. Zum einen die durchschnittliche bzw. über die Untersuchungsperioden konstante Assoziation zwischen Start- und Zielstatus (λ_{ij}). Zum anderen die Abweichungen von der konstanten Assoziation in den einzelnen Untersuchungsperioden (λ_{ijk}). Die übrigen Parameter werden in den folgenden Modellen jeweils exakt angepasst. Solche Modelle werden als konditionale Assoziationsmodelle bezeichnet, weil die Variation des Zusammenhangs zwischen zwei Variablen über die Kategorien einer dritten Variablen im Mittelpunkt des Interesses steht (vgl. Xie 1992).

Das konditionale Unabhängigkeitsmodell

$$\ln(F_{ijk}) = \lambda + \lambda_i + \lambda_j + \lambda_k + \lambda_{ik} + \lambda_{jk} \tag{3.2}$$

nimmt an, dass Ausgangs- und Zielstatus unter Kontrolle der Untersuchungsperioden unabhängig voneinander sind ($\lambda_{ij} = \lambda_{ijk} = 0$).[7] Es unterstellt perfekte Mobilität (vgl. Hout 1983). Das bedeutet, dass die Bewegungen in den Mobilitätstabellen rein zufällig sind und unter Kontrolle der Randverteilungen keinerlei Beschränkungen unterliegen. Substanziell ist das Unabhängigkeitsmodell für Prozesse der Karrieremobilität von geringerem Interesse, da Karrieren in der Regel nicht zufällig verlaufen. Es kann aber als Maßstab für die Leistungsfähigkeit anderer Modelle herangezogen werden, weil es die gesamte Assoziation zwischen Ausgangs- und Zielstatus quantifiziert. Es gilt nun, zwischen dem saturierten und dem Unabhängigkeitsmodell ein möglichst sparsam formuliertes Modell zu finden, das einen möglichst großen Anteil der Assoziation zwischen Ausgangs- und Zielstatus erklärt und sich sinnvoll interpretieren lässt.

In der Mobilitätsforschung wurden in den 1990er Jahren verstärkt Komponenten aus topologischen bzw. Levels-Modellen für nominalskalierte Variablen (vgl. Gilbert 1993; Hout 1983) und aus skalierten Assoziationsmodellen für ordinalskalierte Variablen (vgl. Clogg und Shihadeh 1994; Hout 1983; Ishii-Kuntz 1994) kombiniert. Beispiele finden sich bei Aschaffenburg (1995), Luijkx (1994) und Wong (1990, 1992, 1994b). Dabei hat sich das Modell

$$\ln(F_{ijk}) = \lambda + \lambda_i + \lambda_j + \lambda_k + \lambda_{ik} + \lambda_{jk} + \delta_{ik} + \phi_k \mu_{ik} \nu_{jk} \tag{3.3}$$

7 In einer zweidimensionalen Tabelle entspricht das Unabhängigkeitsmodell dem konventionellen χ^2-Test.

besonders geeignet gezeigt, um Entwicklungen der sozialen Mobilität über mehrere Untersuchungsperioden zu erkennen. Die Assoziation zwischen Ausgangs- und Zielstatus wird in Gleichung 3.3 durch den Term $\delta_{ik} + \phi_k \mu_{ik} \nu_{jk}$ modelliert. Die Parameter δ_{ik} kontrollieren die Effekte der Statuspersistenz auf den Hauptdiagonalen der Mobilitätstabellen. Der multiplikative Term setzt sich aus den Koeffizienten für die Statusassoziation ϕ_k sowie Vektoren von Skalenwerten für die Zeilen μ_{ik} und für die Spalten ν_{jk} in den einzelnen Mobilitätstabellen zusammen. Es handelt sich um die zentrale Komponente des log-multiplikativen RC-Modells, einem skalierten Assoziationsmodell mit besonderen Eigenschaften (vgl. Clogg und Shihadeh 1994: 46-53; Wickens 1989: 279-85), das von Leo A. Goodman (1979) entwickelt wurde.

Skalierte Assoziationsmodelle sind Modelle für ordinalskalierte Daten (vgl. Agresti 1990: Kap. 8; Ishii-Kuntz 1994; Powers und Xie 2000: 119-28). Theoretische Annahmen über die Rangordnung der Daten werden gewöhnlich als Skalenwerte für die Kategorien der beteiligten Variablen in die Modelle eingebracht und können damit statistisch geprüft werden.[8] Die Besonderheit des RC-Modells liegt darin, dass die Skalenwerte nicht a priori gesetzt, sondern als Parameter aus den Daten geschätzt werden. Das RC-Modell benötigt keinerlei Informationen zur Rangordnung oder zu den Distanzen der Kategorien in der zugrunde liegenden Kreuztabelle. Gegenüber Veränderungen in der Reihenfolge der Kategorien ist es invariant. Es kann dazu verwendet werden, die Kategorien von ganz oder teilweise ungeordneten Variablen zu skalieren. In dieser Hinsicht erscheint es auch als geeignet, eine Kategorie für die arbeitslosen Untersuchungspersonen in die Rangordnung der erforderlichen Ausbildung im Beruf einzupassen (siehe unten).

Der Parameter ϕ ist ein Assoziationskoeffizient für den ordinalen Zusammenhang zwischen der Zeilen- und der Spaltenvariablen.[9] ϕ wird auch als »intrinsischer Assoziationskoeffizient« bezeichnet, weil die Skalenparameter μ_i und ν_j unter Maximierung von ϕ geschätzt werden und die Stärke des Assoziationskoeffizienten in den einzelnen Regionen der Kreuztabelle variieren (vgl. Goodman 1991: 1090). Das Vorzeichen von ϕ gibt die Richtung des Zusammenhangs zwischen der Zeilen- und Spaltenvariablen an. Die Größe von ϕ ist von den Skalenwerten der Zeilen und Spalten abhängig. Um einen vergleichbaren Maßstab zu

---

8 Obwohl die skalierten Assoziationsmodelle in den Lehrbüchern meist als Modelle für ordinalskalierte Variablen beschrieben werden, impliziert die Vergabe von Skalenwerten Annahmen, die streng genommen erst ab Intervallskalenniveau sinnvoll sind.

9 Hier liegt ein anderes Konzept der Assoziation zugrunde als bei den konventionellen Zusammenhangsmaßen für ordinalskalierte Variablen (vgl. Benninghaus 1998: 137-84). Während bei Letzteren der Vergleich der Rangpositionen von Untersuchungsobjekten in zwei ordinalen Verteilungen im Vordergrund steht, wird hier von den $(I-1) \times (J-1)$ lokalen Chancenverhältnissen ausgegangen, die sich mit den jeweils benachbarten Zeilen und Spalten der Ausgangstabelle bestimmen lassen (Goodman 1979: 537-8).

erhalten, werden die Zeilen- und Spaltenparameter des RC-Modells in der Regel mit $\sum_i \mu_i = \sum_j \nu_j = 0$ lokalisiert und mit $\sum_i \mu_i^2 = \sum_j \nu_j^2 = 1$ standardisiert.[10] Es sind jedoch auch andere Standardisierungen denkbar, wenn sie die Interpretation von ϕ erleichtern (siehe unten).

Die ordinalen Eigenschaften des RC-Modells lassen sich in Bezug auf das Chancenverhältnis θ zwischen einem beliebigen Zeilenpaar (i und i') und einem beliebigen Spaltenpaar (j und j') mit

$$\theta = \frac{F_{ij}/F_{ij'}}{F_{i'j}/F_{i'j'}} = \frac{F_{ij}F_{i'j'}}{F_{ij'}F_{i'j}} \tag{3.4}$$

verdeutlichen (vgl. Powers und Xie 2000: 119-20). Für das logarithmierte Chancenverhältnis gilt

$$\ln(\theta) = \phi(\mu_i - \mu_{i'})(\nu_j - \nu_{j'}). \tag{3.5}$$

Für zwei imaginäre Zeilen- und Spaltenpaare mit Einheitsdistanzen in den Skalenwerten ($\mu_i - \mu_{i'} = \nu_j - \nu_{j'} = 1$) vereinfacht sich Gleichung 3.5 zu

$$\ln(\theta) = \phi \qquad \text{bzw.} \qquad \theta = e^{\phi}. \tag{3.6}$$

In Bezug auf die Chancenverhältnisse sind die ϕ-Parameter demnach einfach zu interpretieren, wenn die Einheitsabstände in den Skalenwerten sinnvoll standardisiert sind (vgl. Clogg und Shihadeh 1994: 50). Darüber hinaus lassen sich Chancenverhältnisse in Zusammenhangsmaße transformieren, deren Wertebereich zwischen $+1$ und -1 liegt. Yules Koeffizient $Q = (\theta - 1)/(\theta + 1)$ für eine 2×2-Felder-Matrix lässt sich beispielsweise als Funktion ihres Chancenverhältnisses darstellen (vgl. Wickens 1989: 223).

Für die Zeilen- und Spaltenparameter μ_i und ν_j des RC-Modells in Bezug auf eine Mobilitätstabelle geben Goodman und Clogg folgende Interpretation:

> „The row scores and the column scores in the RC model can be interpreted as scores that measure, in some sense, the stochastic ordering of the destination distributions corresponding to the different row origins and the stochastic ordering of the origin distributions corresponding to the different column destinations, respectively.“ (1992: 616)

Demnach werden im RC-Modell einer Mobilitätstabelle die Herkunftskategorien nach der Ähnlichkeit ihrer relativen Abstromraten geordnet und die Zielkategorien nach der Ähnlichkeit ihrer relativen Zustromraten.

---

10 Gegenüber unterschiedlichen Lokalisierungen ist ϕ zwar invariant, aber eine Zentrierung um null eröffnet eine anschauliche Möglichkeit, $\phi\mu_i\nu_j$ im Verhältnis zum Unabhängigkeitsmodell zu interpretieren (vgl. Agresti 1990: 264).

Wenn die Zeilen- und Spaltenparameter μ_i und ν_j des RC-Modells bzw. die relativen Abstrom- und Zustromraten symmetrisch sind ($\mu_i = \nu_j | I = J$), dann lässt sich das Zusammenspiel der Persistenzparameter δ_i und der Mobilitätsparameter $\phi \mu_i \mu_j$ in der Terminologie des »Mover-Stayer«-Modells veranschaulichen (vgl. Becker 1990: 374-5; Goodman 1961; Lawal 2004: 265-6). Nach dieser Vorstellung werden die Daten für eine Mobilitätstabelle aus einer Grundgesamtheit gezogen, die aus zwei verschiedenen Gruppen (latenten Klassen) besteht: die »Mover« und die »Stayer«. Für die Stayer ist die Wahrscheinlichkeit, ihre Berufsposition im Untersuchungszeitraum zu wechseln, gleich null. Deshalb finden sich die Stayer in der Stichprobe ausnahmslos auf der Hauptdiagonalen der Mobilitätstabelle. Für die Mover liegt die Wahrscheinlichkeit, im Untersuchungszeitraum ihre Berufsposition zu wechseln, zwischen null und eins. Anders als die Stayer verteilen sie sich über sämtliche Zellen der Mobilitätstabelle. Sie *können* ihre berufliche Position wechseln, sie *müssen* es aber nicht. Auf der Hauptdiagonalen finden sich deshalb nicht nur Stayer, sondern auch Mover, die im Untersuchungszeitraum „zufällig" keinen beruflichen Wechsel erlebt haben. Die Mobilitätsparameter $\phi \mu_i \mu_j$ sind als Maße für die Statusassoziation und -distanz der Mover zu interpretieren. Die Persistenzparameter δ_i geben Auskunft über den Anteil der Stayer an der jeweiligen Zellbesetzung auf der Hauptdiagonalen der Tabelle (vgl. Becker 1990: 374-6).[11]

Luijkx (1994) und Wong (1994b, 1995a) zeigen, wie sich das Modell in Gleichung 3.3 bei der Analyse des sozialen Wandels im Mobilitätsmuster einer Gesellschaft einsetzen lässt. Zu diesem Zweck werden den Assoziationsparametern, die in Gleichung 3.3 frei variieren können, Restriktionen auferlegt. Diese Restriktionen können einerseits Konstanz, andererseits lineare oder kurvilineare Trends in den einzelnen Komponenten von Gleichung 3.3 unterstellen. Eine weitere Restriktion unterstellt mit der Gleichheit von Zeilen- und Spaltenparametern, dass Rekrutierungs- und Bereitstellungsmuster der einzelnen Kategorien der erforderlichen Ausbildung im Beruf identisch sind. Beispielsweise nimmt das folgende Modell

$$\ln(F_{ijk}) = \lambda + \lambda_i + \lambda_j + \lambda_k + \lambda_{ik} + \lambda_{jk} + \delta_i^a(1 + \delta_i^b T) + \phi^a(1 + \phi^b T)\mu_i\mu_j \quad (3.7)$$

mit der Trend-Kovariate $T = 0, 1, 2, \ldots, K-1$ an, dass die Persistenzeffekte unterschiedlichen, linearen Entwicklungstrends folgen und dass die Assoziationskoeffizienten ebenfalls einem linearen Entwicklungstrend folgen.[12] Darüber hinaus werden in diesem Beispiel die Parameter für die Zeilen und Spalten gleichgesetzt

11 Der Anteil der Stayer p_i an der Zellbesetzung f_{ii} ist durch $p_i = (e^{\delta_i} - 1)/e^{\delta_i}$ gegeben.

12 Die Superskripte a, b und c stellen hier und im Folgenden keine Potenzen dar, sondern sollen verdeutlichen, dass sich unterschiedliche Parameter auf den gleichen Effekt beziehen.

und über die Untersuchungsperioden konstant gehalten. Zusätzlich ist es möglich, die Persistenzeffekte bei jeweils gegebenem Ausgangsniveau mit

$$\ln(F_{ijk}) = \lambda + \lambda_i + \lambda_j + \lambda_k + \lambda_{ik} + \lambda_{jk} + \delta_i^a \delta_k^b + \phi^a (1 + \phi^b T) \mu_i \mu_j \tag{3.8}$$

um einen gemeinsamen Faktor über die Untersuchungsperioden variieren zu lassen (vgl. Erikson und Goldthorpe 1992; Xie 1992) oder den gemeinsamen Faktor mit

$$\begin{aligned} \ln(F_{ijk}) = \lambda + \lambda_i + \lambda_j + \lambda_k + \lambda_{ik} + \lambda_{jk} + \delta_i^a (1 + \delta^b T + \delta^c T^2) \\ + \phi^a (1 + \phi^b T) \mu_i \mu_j \end{aligned} \tag{3.9}$$

einer (diesmal quadratischen) Trendrestriktion folgen zu lassen. Diese Beispiele mögen genügen, die grundsätzliche Vorgehensweise bei der Schätzung der relativen Mobilitätsraten zu verdeutlichen.[13]

Bei den gegebenen Fallzahlen von $N \approx 30.000$ ist es nicht sinnvoll, die Beurteilung der Modellanpassung allein auf den Likelihood-Ratio-Test (L^2) zu stützen, weil χ^2-Statistiken von der Stichprobengröße abhängig sind (vgl. Powers und Xie 2000). Bei großen Stichproben kommt es hier zu einem Ungleichgewicht zwischen der statistischen Signifikanz und der inhaltlichen Relevanz der Ergebnisse, weil jede noch so geringe Modellabweichung große und hochsignifikante Teststatistiken erzeugt (vgl. Wong und Hauser 1992: 426-7). Deshalb werden hier zusätzlich rL^2 und Δ als deskriptive Maße der Modellanpassung herangezogen. rL^2 gibt den Anteil der durch ein Modell »reduzierten« bzw. »erklärten« Abweichung in Bezug auf ein Referenzmodell (in diesem Fall das Modell der konditionalen Unabhängigkeit) wieder. Δ entspricht dem Dissimilaritätskoeffizienten für die Verteilungen der erwarteten und der beobachteten Häufigkeiten. Δ misst den Anteil der erwarteten Häufigkeiten, der umzuverteilen wäre, um die beiden Verteilungen anzugleichen. Oberste Priorität bei der Modellselektion wird jedoch dem »Bayesian Information Criterion« (*BIC*-Statistik)

$$BIC = L^2 - df \times ln(N)$$

eingeräumt, das ausdrücklich für große Stichproben entwickelt wurde (vgl. Raftery 1986, 1995; Wong 1994a). Vereinfacht ausgedrückt werden die jeweiligen

13 Die Modelle im empirischen Teil dieser Arbeit wurden mit dem Statistikprogramm *ℓEM* von Jeroen K. Vermunt (1997) geschätzt. Ihm gilt mein herzliches Dankeschön dafür, dass er sein Programm der Allgemeinheit zugänglich gemacht hat. Etwaige Fehler und Unzulänglichkeiten bei der Handhabung dieses Instruments stehen selbstverständlich in meiner Verantwortung.

Modelle anhand der *BIC*-Statistik nicht nur nach dem Kriterium der Anpassung, sondern gleichzeitig nach dem Kriterium der Sparsamkeit beurteilt. Die Anwendung der *BIC*-Statistik lässt sich in zwei Faustregeln zusammenfassen: Modelle mit $BIC \leq 0$ sind dem saturierten Modell in Bezug auf Anpassung *und* Sparsamkeit vorzuziehen. Bei einem Vergleich zweier nicht-saturierter Modelle ist dasjenige mit dem kleineren *BIC*-Wert vorzuziehen.

3.4 Empirische Befunde zur Karrieremobilität

Die empirische Analyse erfolgt in zwei Schritten. Der erste Schritt konzentriert sich – in der engeren Tradition der Mobilitätsforschung – auf das Muster der Karrieremobilität von Erwerbstätigen. Im zweiten Schritt wird das Mobilitätsmuster von Erwerbstätigen und Arbeitslosen simultan analysiert, um den im Untersuchungszeitraum schwankenden Anteil der Arbeitslosen an den Erwerbspersonen zu berücksichtigen. Die Entwicklung der Karrieremobilität zwischen 1986 und 2000 wird jeweils anhand von absoluten und relativen Mobilitätsraten untersucht.

3.4.1 Erwerbstätige

Absolute Mobilitätsraten

Für die erwerbstätigen Untersuchungspersonen zeigt Tabelle 3.2 eine Reihe von globalen Kennzahlen zur Karrieremobilität zwischen 1986 und 2000. Die Stabilitätsraten liegen im Untersuchungszeitraum durchschnittlich bei 73 Prozent und streuen zwischen einem Minimum von 67 Prozent und einem Maximum von 77 Prozent. Beim Übergang von den 1980er zu den 1990er Jahren steigt die sozialstrukturelle Stabilität in Westdeutschland etwas an. In den ersten drei Untersuchungsperioden betragen die Stabilitätsraten durchschnittlich 68 Prozent und steigen danach unvermittelt auf ein Niveau von durchschnittlich 74 Prozent in den Folgeperioden an. Im Umkehrschluss ist demnach von einem leichten Rückgang der Karrieremobilität zwischen den 1980er und den 1990er Jahren auszugehen.

Parallelen zur Entwicklung der Arbeitslosigkeit sind bei den Stabilitätsraten durchaus zu erkennen, wenn auch nicht für alle vier Indikatoren (siehe Abschnitt 3.2.2). Mit einem Wert von Pearsons $r = 0,70$ ($p = 0,012$) ist die Korrelation mit der Arbeitslosenquote am Ende der Untersuchungsperiode am höchsten, gefolgt von der Korrelation mit dem Trend der Arbeitslosenquote in den Untersuchungsperioden ($r = 0,54$; $p = 0,072$) und der Korrelation mit der durchschnittlichen Arbeitslosenquote zwischen Beginn und Ende der Untersuchungsperiode ($r = 0,50$; $p = 0,100$). Die Korrelation der Stabilitätsraten mit den Arbeitslosenquoten zu Beginn der Untersuchungsperioden ist mit $r = 0,02$ ($p = 0,956$) zu vernachlässi-

Tabelle 3.2: Absolute Mobilitätsraten von Erwerbstätigen (zusammenfassende Kennzahlen)

	Mobilitätsraten in Prozent											
	86/89	87/90	88/91	89/92	90/93	91/94	92/95	93/96	94/97	95/98	96/99	97/00
Stabilität	67,9	68,0	67,8	75,0	71,9	75,0	71,4	74,6	75,5	76,6	76,5	72,1
Mobilität	32,1	32,0	32,3	25,0	28,1	25,0	28,6	25,4	24,5	23,4	23,5	27,9
Strukturmobilität	2,7	3,5	2,5	2,0	3,5	1,7	2,5	2,4	2,2	2,2	3,2	7,5
Zirkulationsmobilität	29,4	28,5	29,8	23,1	24,6	23,3	26,1	23,1	22,3	21,3	20,3	20,4
Aufstiegsmobilität	18,1	18,4	18,6	13,9	16,4	13,7	15,8	13,7	13,6	12,3	12,8	19,7
Abstiegsmobilität	14,0	13,6	13,7	11,1	11,7	11,3	12,8	11,7	10,9	11,1	10,7	8,2
χ^2 $(df = 1)$[a]	13,84	19,01	19,46	7,93	20,26	5,95	8,09	3,98	6,90	1,52	4,50	115,95
p	0,000	0,000	0,000	0,005	0,000	0,015	0,004	0,046	0,009	0,218	0,034	0,000
Kurzstreckenmobilität	17,7	16,9	18,2	13,3	15,4	13,5	15,0	14,9	15,1	14,5	12,8	17,3
Aufstiege	10,6	10,3	10,5	7,2	8,6	7,9	8,3	8,3	8,6	8,0	7,2	13,4
Abstiege	7,1	6,6	7,8	6,1	6,8	5,6	6,8	6,5	6,5	6,6	5,6	3,9
Langstreckenmobilität	14,4	15,1	14,0	11,7	12,7	11,5	13,6	10,5	9,4	8,9	10,7	10,6
Aufstiege	7,5	8,1	8,1	6,7	7,8	5,8	7,6	5,4	5,0	4,3	5,6	6,3
Abstiege	6,9	7,0	5,9	5,1	4,9	5,7	6,0	5,1	4,4	4,5	5,1	4,3
Fallzahl	2722	2694	2611	2612	2490	2501	2431	2373	2351	2372	2365	2439

a Es handelt sich um einen Test auf Gleichheit von Aufstiegs- und Abstiegsmobilität (vgl. Bishop et al. 1975: 284-5), der den McNemar-Test für Anteilswerte aus zwei verbundenen Stichproben approximiert (vgl. Tiede und Voß 2000: 158).
Quelle: SOEP, eigene Berechnungen.

gen. Die Ergebnisse widersprechen den oben formulierten Hypothesen in mehrfacher Hinsicht. Zum einen fällt auf, dass ein Zusammenhang nur für die Arbeitslosenquoten zum Ende der Untersuchungsperioden festzustellen ist, nicht aber für die Arbeitslosenquoten zu Beginn der Untersuchungsperioden. Infolgedessen ist der stärkste Zusammenhang auch nicht für die durchschnittlichen Arbeitslosenquoten festzustellen. Zum anderen ist der Zusammenhang mit dem Trendindikator der Arbeitslosigkeit unerwartet hoch. Diese Ergebnisse sind durch eine bloße Verzerrung der Stabilitätsraten durch die Höhe der Arbeitslosigkeit in der Untersuchungsperiode schwerlich zu erklären.

Ein Vergleich von Struktur- und Zirkulationsmobilität zeigt, dass nur ein geringer Anteil der Karrieremobilität in den einzelnen Untersuchungsperioden auf den Wandel der Berufsstruktur zurückzuführen ist.[14] Die Entwicklung der beiden Indikatoren über den Untersuchungszeitraum hinweg lässt erkennen, dass der Rückgang der Karrieremobilität in den 1990er Jahren nicht durch eine Verlangsamung des berufsstrukturellen Wandels hervorgerufen wird, sondern durch einen Rückgang der Zirkulationsmobilität. Während die Strukturmobilität weitgehend konstant bleibt, verringern sich die Raten der Zirkulationsmobilität beim Übergang zwischen den 1980er und den 1990er Jahren analog zu den Stabilitätsraten.[15] Angesichts der Interpretationsprobleme, die mit den Indikatoren der Struktur- und Zirkulationsmobilität verbunden sind, können diese Ergebnisse allerdings nur als ein gewisses Indiz für eine zunehmende Schließung der Sozialstruktur angesehen werden.

Im gesamten Untersuchungszeitraum sind soziale Aufstiege häufiger als soziale Abstiege. Allerdings verringern sich die Differenzen zwischen Aufstiegs- und Abstiegsraten im Verlauf der 1990er Jahre etwas.[16] Sie liegen am Ende der 1980er Jahre zwischen vier und fünf Prozent. In den 1990er Jahren bewegen sie sich zwischen zwei und drei Prozent. Ein χ^2-Test auf Gleichheit von Aufstiegs- und Abstiegsmobilität zeigt, dass der Umfang von Aufstiegs- und Abstiegsmobilität für einige Untersuchungsperioden in den 1990er Jahren auf einem Niveau

14 Die Raten der Struktur- und Zirkulationsmobilität ergeben sich durch eine Zerlegung der Mobilitätsrate mit Hilfe des Dissimilaritätsindex Δ (vgl. Herz 1986). Es handelt sich um eine konventionelle Technik der Mobilitätsforschung, die in der Vergangenheit viel Kritik auf sich gezogen hat. Zum einen wird kritisiert, dass die Rate der Zirkulationsmobilität auf der gesellschaftlichen Ebene bestimmt, aber auf der individuellen Ebene als »freiwillige« Mobilität interpretiert wird (vgl. Goldthorpe 1987; Herz 1986). Zum anderen wird bemängelt, dass Δ den Umfang der Strukturmobilität unterschätzt, wenn Herkunfts- und Zielverteilung in der zugrunde liegenden Mobilitätstabelle nicht unabhängig voneinander sind (vgl. Hout 1989; Sobel et al. 1985). Δ ist deshalb nur als Untergrenze der Strukturmobilität anzusehen.

15 Die letzte Untersuchungsperiode weicht zwar von dem Muster konstanter Strukturmobilität ab, aber die Zirkulationsmobilität verbleibt auf dem vergleichsweise niedrigen Niveau der Vorjahre.

16 Dabei weicht die letzte Untersuchungsperiode wiederum deutlich von diesem Muster ab.

von $\alpha = 0,01$ nicht signifikant verschieden ist. Allerdings ist zu bedenken, dass die Karrieremobilität insgesamt leicht zurückgegangen ist. Die Prozentsatzdifferenzen müssten sich selbst dann verringern, wenn Aufstiegs- und Abstiegsmobilität proportional gesunken wären. Die Prozentsatzverhältnisse, die gegenüber dem allgemeinen Rückgang der Karrieremobilität unempfindlich sind, lassen jedoch ebenfalls ein leichtes Absinken des Anteils der Aufstiegsmobilität erkennen.

Als Indikator sozialstruktureller Offenheit kann neben der Mobilitätsrate auch das Verhältnis von Langstrecken- und Kurzstreckenmobilität herangezogen werden.[17] Während sich erstere allein auf den quantitativen Aspekt sozialer Mobilität konzentriert, kommt im Verhältnis von Langstrecken- und Kurzstreckenmobilität mit der zurückgelegten Entfernung auch ein qualitativer Aspekt zum Ausdruck. Das Verhältnis der Langstrecken- zur Kurzstreckenmobilität schwankt im Untersuchungszeitraum auf alle Mobilitätsvorgänge bezogen zwischen dem 0,6- und 0,9fachen, ohne einen klaren Trend erkennen zu lassen. Gleiches gilt, wenn das Verhältnis von Langstrecken- und Kurzstreckenmobilität jeweils für Aufstiege und Abstiege getrennt bestimmt wird.

Ein anhaltender Trend zur Steigerung sozialer Mobilität und zum Rückgang sozialstruktureller Stabilität – wie ihn die Individualisierungsthese erwarten ließe – ist in Bezug auf die absoluten Mobilitätsraten erwerbstätiger Untersuchungspersonen nicht festzustellen. Die Ergebnisse sprechen eher für einen leichten Rückgang der Karrieremobilität und der sozialstrukturellen Offenheit beim Übergang von den 1980er zu den 1990er Jahren. Im Vergleich zu den späten 1980er Jahren ist die Karrieremobilität leicht zurückgegangen, und soziale Aufstiege haben gegenüber den Abstiegen etwas an Bedeutung verloren. Doch die Veränderungen sind schwach und nicht monoton. Gemessen an den absoluten Mobilitätsraten, sind Umfang und Muster der Karrieremobilität in Westdeutschland zwischen 1986 und 2000 als ausgesprochen stabil zu bezeichnen.

Relative Mobilitätsraten: Modellanpassung

Wenden wir uns nun der Analyse der relativen Mobilitätsraten zu. In Tabelle 3.3 auf Seite 106 sind die Anpassungsstatistiken für eine Reihe von Modellen zur Ent-

17 Die Raten der Kurzstrecken- und der Langstreckenmobilität sind nur als grobe Indikatoren für die Distanzen zu verstehen, die beim sozialen Auf- oder Abstieg überwunden werden. Kurzstreckenmobilität führt in die nächsthöhere oder in die nächstniedrigere Kategorie der erforderlichen Ausbildung im Beruf. Langstreckenmobilität führt über mindestens eine Kategorie hinweg. Dabei ist die Anzahl der Kategorien, die bei Langstreckenmobilität überwunden werden müssen, arbiträr gewählt. Zudem unterscheiden die Indikatoren nicht zwischen Mobilitätsvorgängen auf höheren und niedrigeren Stufen der erforderlichen Ausbildung im Beruf. Der Aufstieg von der Ausbildungs- zur Hochschulstufe wird ebenso als Kurzstreckenaufstieg gewertet, wie der Aufstieg von der Einweisungs- zur Einarbeitungsstufe.

wicklung der Karrieremobilität von Erwerbstätigen zwischen 1986 und 2000 wiedergegeben. Diesen Modellen liegt die dreidimensionale Kreuztabelle von Ausgangsstatus, Zielstatus und Untersuchungsperioden ($R \times C \times P$) mit einer Stichprobengröße von $N = 29961$ über alle zwölf Untersuchungsperioden zugrunde. In der zweiten Spalte von Tabelle 3.3 ist angegeben, wie die Assoziation zwischen Ausgang- und Zielstatus in den einzelnen Modellen spezifiziert ist. Einzelne Modellkomponenten wurden zur besseren Übersicht durch eckige Klammern voneinander getrennt.

Das erste Modell unterstellt konditionale Unabhängigkeit zwischen Ausgangs- und Zielstatus in den einzelnen Untersuchungsperioden. Die Anpassungsstatistiken machen große Abweichungen zwischen Modell und Daten sichtbar, die auf eine starke Assoziation zwischen Ausgangs- und Zielstatus schließen lassen. Mit den folgenden Modellen wird zunächst versucht, ein Basismuster der partiellen Assoziation zwischen Ausgangs- und Zielstatus zu finden, um es anschließend über die Untersuchungsperioden variieren zu lassen. Das zweite Modell passt die partielle Assoziation zwischen Start- und Zielstatus vollständig an, um einen Anhaltspunkt dafür zu erhalten, welcher Anteil der gesamten Assoziation maximal als konstant angesehen werden kann. Den Anpassungsstatistiken ist zu entnehmen, dass dies nahezu für die gesamte Assoziation zwischen Start- und Zielstatus gilt. Nach der *BIC*-Statistik ist das vollständige Modell der partiellen Assoziation dem saturierten Modell deutlich vorzuziehen.

Offenbar ist auch das Muster der relativen Raten der Karrieremobilität seit Mitte der 1980er Jahre außerordentlich stabil und bestätigt damit die Ergebnisse, die aufgrund der absoluten Mobilitätsraten gewonnen wurden. Dennoch wäre es verfrüht, die Suche nach einem Modell des sozialen Wandels im Muster der Karrieremobilität abzubrechen. Das vollständige Modell der partiellen Assoziation benötigt vergleichsweise viele Parameter, von denen nur ein Teil mit spezifischen Hypothesen der Mobilitätsforschung verknüpft ist und deren Interpretation schwierig ist. Möglicherweise lässt sich ein sparsameres Modell des sozialen Wandels mit einer höheren Teststärke finden, das den Daten ebenfalls gut angepasst ist. Ein solches Modell könnte spezifische Tendenzen des Wandels im Mobilitätsmuster aufdecken, auch wenn sie im Vergleich zur konstanten Assoziation zwischen Ausgangs- und Zielverteilung von geringer Bedeutung sind.

Die folgenden vier Modelle (3.–6.) überprüfen, inwieweit sich die konstante Assoziation zwischen Ausgangs- und Zielstatus mit den oben erläuterten Modellkomponenten anpassen lässt. Die Anpassungsstatistiken zeigen, dass das fünfte Modell mit der Kombination von Persistenz- und RC-Parametern dem vollständigen Modell der partiellen Assoziation vorzuziehen ist. Im Gegensatz zum fünften Modell unterstellt das sechste Modell symmetrische Assoziation zwischen Ausgangs- und Zielstatus. Demnach sollten die Distanzen zwischen den Kategorien der erforderlichen Ausbildung im Beruf, die sich aufgrund der relativen Zustromraten einerseits und aufgrund der relativen Abstromraten andererseits ergeben, gleich sein. Die Veränderungsstatistik signalisiert zwar eine signifikante Verschlechterung der Modellanpassung zwischen dem fünften und dem sechsten Modell. Aber die deskriptiven Anpassungsmaße (rL^2 und Δ) verdeutlichen, dass es sich dabei nicht um eine inhaltlich relevante Verschlechterung handeln kann. Da das sechste Modell gegenüber dem fünften vier Freiheitsgrade gewinnt, ist die *BIC*-Statistik des sechsten Modells niedriger. Mit den folgenden Modellen wird geprüft, ob sich bei den Komponenten dieses vergleichsweise sparsamen, sechsten Modells im Untersuchungszeitraum relevante Veränderungen feststellen lassen.

Die nächsten drei Modelle (7.–9.) lassen die intrinsische Assoziation zwischen den Start- und Zielkategorien über den Untersuchungszeitraum in unterschiedlicher Weise variieren. Dabei wird von symmetrischen und über den Untersuchungszeitraum konstanten Zeilen- und Spaltenwerten ausgegangen. Das siebte Modell lässt die intrinsische Assoziation frei variieren, das achte Modell unterstellt einen linearen Trend und das neunte einen quadratischen. Die beiden Trendmodelle, die vergleichsweise wenige Freiheitsgrade in Anspruch nehmen, verbessern die Anpassung gegenüber dem sechsten Modell nur minimal und obendrein nur schwach signifikant, wie die Veränderungsstatistiken zeigen. Das Modell der trendlosen Variation führt zu einer etwas besseren Anpassung, benötigt aber so viele zusätzliche Parameter, dass sich der trade-off zwischen Anpassung und Sparsamkeit verschlechtert, was sich in einer im Vergleich zum sechsten Modell schlechteren *BIC*-Statistik niederschlägt. Aufgrund dieser Ergebnisse ist davon auszugehen, dass die Statusassoziation der erforderlichen Ausbildung im Beruf über den Untersuchungszeitraum konstant bleibt. Modelle mit variierenden Zeilen- und Spaltenwerten bestätigen den Befund.

Hypothesen zur Entwicklung der Statuspersistenz werden mit den folgenden drei Modellen (10.–12.) überprüft. Die Modelle gehen davon aus, dass das Muster der Statuspersistenz bzw. das Verhältnis der Persistenzeffekte über die Untersuchungsperiode gleich bleibt und sich lediglich die Größenordnung der Statuspersistenz verändert. Dazu wird die Größenordnung der Statuspersistenz durch einen gemeinsamen Faktor für die Persistenzparameter angepasst. Das zehnte Modell lässt diesen Faktor frei variieren. Das elfte Modell unterstellt einen linearen Trend und das zwölfte einen quadratischen. Dabei erreichen das zehnte und das zwölfte Modell eine signifikant bessere Anpassung als das sechste, konstante Modell. Aufgrund seiner sparsamen Formulierung erreicht das zwölfte Modell auch einen niedrigeren *BIC*-Wert als das sechste Modell. Damit ist ein erstes Modell gefunden, das einen Wandel im Muster der Karrieremobilität unterstellt, einfach interpretierbar ist, und bessere Anpassungsmaße erzielt als das Modell der konstanten Assoziation.

Tabelle 3.3: Relative Mobilitätsraten von Erwerbstätigen (log-multiplikative Modelle, Spezifikation und Anpassung)[a]

	Modellspezifikation	L^2	df	p	rL^2	Δ	BIC
1.	[–]	31193,46	300	0,000	0,000	0,409	28101,17
2.	$[\lambda_{ij}]$	758,15	275	0,000	0,976	0,038	-2076,46
3.	$[\phi \mu_i \nu_j]$	4042,97	291	0,000	0,870	0,094	1043,44
4.	$[\delta_i]$	2954,44	294	0,000	0,905	0,071	-76,01
5.	$[\delta_i][\phi \mu_i \nu_j]$	814,36	285	0,000	0,974	0,039	-2123,32
6.	$[\delta_i][\phi \mu_i \mu_j]$	846,90	289	0,000	0,973	0,040	-2132,01
7.	$[\delta_i][\phi_k \mu_i \mu_j]$	813,23	278	0,000	0,974	0,036	-2052,30
8.	$[\delta_i][\phi^a(1+\phi^b T)\mu_i \mu_j]$	842,31	288	0,000	0,973	0,039	-2126,29
9.	$[\delta_i][\phi^a(1+\phi^b T+\phi^c T^2)\mu_i \mu_j]$	836,26	287	0,000	0,973	0,038	-2122,04
10.	$[\delta_i^a \delta_k^b][\phi \mu_i \mu_j]$	783,65	278	0,000	0,975	0,034	-2081,88
11.	$[\delta_i^a(1+\delta^b T)][\phi \mu_i \mu_j]$	846,13	288	0,000	0,973	0,039	-2122,48
12.	$[\delta_i^a(1+\delta^b T+\delta^c T^2)][\phi \mu_i \mu_j]$	819,95	287	0,000	0,974	0,037	-2138,35
13.	$[\delta_i^a(1+\delta_i^b T)][\phi \mu_i \mu_j]$	804,57	283	0,000	0,974	0,036	-2112,50
14.	$[\delta_1^a(1+\delta_1^b T)][\delta_{i\neq 1}^a(1+\delta^b T)][\phi \mu_i \mu_j]$	813,34	287	0,000	0,974	0,036	-2144,95
15.	$[\delta_1^a(1+\delta_1^b T)][\delta_{i\neq 1}^a(1+\delta^b T+\delta^c T^2)][\phi \mu_i \mu_j]$	793,20	286	0,000	0,975	0,035	-2154,79
16.	$[\delta_1^a+\delta_1^b T][\delta_{i\neq 1}^a(1+\delta^b AQ)][\phi \mu_i \mu_j]$	801,32	287	0,000	0,974	0,036	-2156,98

Fortsetzung auf der nächsten Seite.

Tabelle 3.3 (Fortsetzung): Relative Mobilitätsraten von Erwerbstätigen (Modelldifferenzen, Signifikanztests)

Modelldifferenzen	L^2	df	p	rL^2	Δ	BIC
6.-5.	32,54	4	0,000			
6.-7.	33,67	11	0,000			
6.-8.	4,59	1	0,032			
6.-9.	10,65	2	0,005			
6.-10.	63,26	11	0,000			
6.-11.	0,78	1	0,377			
6.-12.	26,96	2	0,000			
6.-13.	42,34	6	0,000			
6.-14.	33,56	2	0,000			
6.-15.	53,70	3	0,000			
6.-16.	45,58	2	0,000			

a Zur Spezifikation der Modelle und zur Erläuterung der verwendeten Anpassungsmaße siehe Text.
Quelle: SOEP, eigene Berechnungen.

Eine weitere Serie von Modellen (13.–15.) untersucht, worauf die vergleichsweise schlechte Anpassung des elften Modells zurückzuführen ist. Modell 13 gibt die Hypothese auf, dass die Statuspersistenz auf sämtlichen Stufen der erforderlichen Ausbildung im Beruf einem gemeinsamen linearen Trend folgt. Stattdessen erlaubt es den einzelnen Persistenzeffekten jeweils spezifische lineare Trends einzunehmen. Die Anpassung dieses Modells ist zwar unter dem Gesichtspunkt der Sparsamkeit nicht überwältigend, aber seine – hier nicht dokumentierten – Parameter legen die Vermutung nahe, dass die Persistenz auf der Hochschulstufe einer anderen Entwicklung folgt als die Persistenz auf den restlichen Qualifikationsstufen. Dieser Hypothese tragen die Modelle 14 und 15 Rechnung, die jeweils einen eigenen linearen Trend für die Persistenz auf der Hochschulstufe unterstellen und einen gemeinsamen Trend für die anderen Qualifikationsstufen.

Von den bisher untersuchten Modellen zur Entwicklung der Karrieremobilität erreicht Modell 15 den besten *BIC*-Wert. Für die Statuspersistenz wird dabei ein linearer Trend auf der Hochschulstufe und ein quadratischer Trend auf den anderen Qualifikationsstufen angenommen. Für die Statusmobilität werden über die Untersuchungsperioden gleiche und symmetrische Distanzen für die Start- und Zielkategorien der erforderlichen Ausbildung im Beruf sowie konstante intrinsische Assoziation zwischen Ausgangs- und Zielstatus unterstellt. Die Interpretation der relativen Mobilitätsraten im nächsten Abschnitt wird sich auf die Parameter von Modell 15 beziehen.

Modell 16 ist das Resultat verschiedener Versuche, die Entwicklung der relativen Mobilitätsraten nicht durch lineare oder quadratische Trendrestriktionen anzupassen, sondern durch die Entwicklung der Arbeitslosenquoten im Untersuchungszeitraum. Restriktionen der intrinsischen Assoziation durch die verschiedenen Indikatoren der Arbeitslosigkeit verbessern die Modellanpassung nicht. Es ist demnach kein Zusammenhang zwischen der Höhe der Arbeitslosigkeit und der Ungleichheit der Mobilitätschancen in den Untersuchungsperioden festzustellen. Im Hinblick auf die Persistenzeffekte erzielt die Restriktion mit dem Trendindikator der Arbeitslosigkeit (*AQ* in Modell 16) Anpassungswerte, die mit den Resultaten von Modell 15 vergleichbar sind. Je stärker der Anstieg der Arbeitslosigkeit in einer Untersuchungsperiode, desto höher ist die Statuspersistenz auf den Qualifikationsstufen unterhalb der Hochschulstufe.

Relative Mobilitätsraten: Statuspersistenz, -distanz und -assoziation

In Tabelle 3.4 auf der nächsten Seite sind die Parameter von Modell 15 wiedergegeben, die über die Assoziation zwischen Ausgangs- und Zielstatus informieren. Die Skalenwerte μ_i bilden die sozialen Distanzen ab, die im Prozess der Karrieremobilität zwischen den einzelnen Kategorien der erforderlichen Ausbildung im Beruf zurückgelegt werden.[18] Modell 15 zufolge sind die Distanzen zwischen den Qualifikationsstufen im gesamten Untersuchungszeitraum konstant geblieben. Beispielsweise sind die Chancen, beim Verlassen der Ausbildungsstufe die Hochschulstufe zu erreichen, im Jahr 2000 nicht besser und nicht schlechter als 1989.

Tabelle 3.4: Relative Mobilitätsraten von Erwerbstätigen (Modellparameter[a])

Qualifikationsstufen	μ_i	δ_i^a	δ_i^b	δ_i^c
1. Hochschulstudium	2,5000	4,5047	-0,0148	–
2. Berufsausbildung	1,1419	0,8601	0,1180	-0,0084
3. Lehrgänge/Kurse	0,1883	1,2017	0,1180	-0,0084
4. Längere Einarbeitung	-1,1577	0,8725	0,1180	-0,0084
5. Keine besondere Ausbildung	-2,5000	1,1806	0,1180	-0,0084
6. Kurze Einweisung	-3,0263	-0,0174	0,1180	-0,0084
Intrinsische Assoziation (ϕ)	0,2141			

a Es handelt sich um ausgewählte Parameter von Modell 15 aus Tabelle 3.3 auf Seite 106. Erläuterungen zu den Parametern siehe Text.
Quelle: SOEP, eigene Berechnungen.

Im Wesentlichen bestätigen die geschätzten Skalenwerte die vermutete Rangfolge des beruflichen Status. Eine Abweichung ergibt sich lediglich für die Kategorien »Kurze Einweisung« und »Keine besondere Ausbildung« am unteren Ende der Statushierarchie. In Bezug auf die relativen Mobilitätsraten wären die Rangplätze der beiden Kategorien auszutauschen. Da sich die relativen Mobilitätsraten dieser beiden Kategorien bei einer Distanz von 0,53 Punkten jedoch vergleichsweise ähnlich sind, bietet es sich an, sie künftig zusammenzufassen.[19]

18 Kriterium der Skalierung ist die Ähnlichkeit der relativen Mobilitätsraten. Modell 15 unterstellt Symmetrie in den Zeilen- und Spaltenwerten, weil die Unterschiede zwischen Zu- und Abstromraten zu vernachlässigen sind (siehe Tabelle 3.3). Die Distanzen zwischen den Qualifikationsstufen »Hochschulstudium« und »keine besondere Ausbildung« wurden auf den Wert fünf standardisiert, weil dies der Anzahl der vermuteten Rangabstufungen zwischen den beiden Kategorien entspricht. Der Einheitsabstand in den Skalenwerten, der zur Interpretation der intrinsischen Assoziation ϕ herangezogen werden kann, entspricht also einem Rang auf der ursprünglich zugrunde gelegten Ordinalskala der erforderlichen Ausbildung im Beruf. Die Skalenwerte sind nur in Bezug auf die mobilen Untersuchungspersonen zu interpretieren, weil in den zugrunde liegenden Tabellen die Zellen auf der Hauptdiagonalen getrennt angepasst werden.

19 Es erscheint problematisch, den sozialen Status dieser Kategorien anhand der Skala der erforderlichen Ausbildung im Beruf zu unterscheiden. Als Indikatoren für den sozialen Status einer beruflichen Tätigkeit können theoretisch sowohl ihr Qualifikationsniveau als auch die damit verbundenen Mobilitätschancen angesehen werden. Die Diskrepanz in diesen Indikatoren deutet darauf hin, dass hier unterschiedliche Dimensionen des sozialen Status angesprochen sind. So können Tätigkeiten, für die keine besondere Ausbildung notwendig ist, möglicherweise mehr Selbststän-

Die Distanzen der erforderlichen Ausbildung im Beruf sind mit etwa einem halben Punkt zwischen der fünften und der sechsten Kategorie am geringsten. Ansonsten verweisen die Distanzen insgesamt auf deutliche Unterschiede zwischen den relativen Mobilitätsraten der einzelnen Qualifikationsstufen. Die Distanzen zwischen den Kategorienpaaren 1 und 2, 3 und 4 sowie 4 und 5 betragen jeweils ca. 1,35 Punkte. Die Distanz zwischen den Kategorien 2 und 3 beträgt ebenfalls beinahe einen Punkt. In Anbetracht der qualifikatorischen Unterschiede zwischen einem formalen Hochschulabschluss und einem Berufsabschluss erscheint es zunächst überraschend, dass die Distanz zwischen Hochschulstufe und Ausbildungsstufe nicht deutlich größer ausfällt als die Distanzen zwischen den anderen Qualifikationsstufen. In dieser Hinsicht ist zu bedenken, dass die Statusdistanzen hier auf der Basis der mobilen Untersuchungspersonen geschätzt werden. Auf der Hochschulstufe handelt es sich dabei per definitionem um Absteiger. Sie erreicht dennoch den höchsten Skalenwert, weil Langstreckenabstiege von der Hochschulstufe ausgesprochen selten sind.

Die intrinsische Assoziation ϕ bleibt mit einem Wert von 0,21 über den gesamten Untersuchungszeitraum hinweg konstant. Das Chancenverhältnis zur Karrieremobilität zwischen »benachbarten« Kategorien der erforderlichen Ausbildung im Beruf liegt bei 1,24.[20] Die Chancen, in die höhere anstatt in die niedrigere Zielkategorie zu gelangen, sind für die Angehörigen der höheren Startkategorie um ein Viertel besser als für die Angehörigen der niedrigeren Startkategorie. Der entsprechende Wert von Yules Q beträgt 0,11 für die Karrieremobilität zwischen benachbarten Kategorien der erforderlichen Ausbildung im Beruf.

In Abbildung 3.1 auf der nächsten Seite ist die intrinsische Assoziation der Karrieremobilität im Verlauf des Untersuchungszeitraums anhand von Yules Q dargestellt. Die Gerade beschreibt den konstanten Verlauf anhand von Modell 15. Die Einzelpunkte beschreiben die geschätzte Entwicklung anhand eines Modells, das die Assoziationskoeffizienten über den Untersuchungszeitraum frei variieren lässt. Dabei ist zu beachten, dass der Wertebereich von Yules Q ($-1 \leq Q \leq +1$) in der Abbildung nur zu einem Bruchteil ausgeschöpft wird. Demnach sind im Untersuchungszeitraum allenfalls geringe und trendlose Schwankungen der intrinsischen Assoziation festzustellen und die Annahme konstanter Assoziation erscheint gerechtfertigt.

---

digkeit und Verantwortungsbereitschaft erfordern oder mit stärkerer Autorität ausgestattet sein als Tätigkeiten, die nur eine kurze Einweisung erfordern. Es kann aber auch ein semantisches Problem in den Antwortvorgaben des Erhebungsinstruments vorliegen. Möglicherweise erfordern manche Tätigkeiten, für die es keine besondere Ausbildung gibt, bestimmte Fertigkeiten, die sich weder durch eine kurze Einweisung, noch durch eine längere Einarbeitung erwerben lassen.

20 Mit benachbarten Kategorien sind hier Kategorien gemeint, die sich auf der Ordinalskala der erforderlichen Ausbildung im Beruf um einen Rang voneinander unterscheiden (siehe oben).

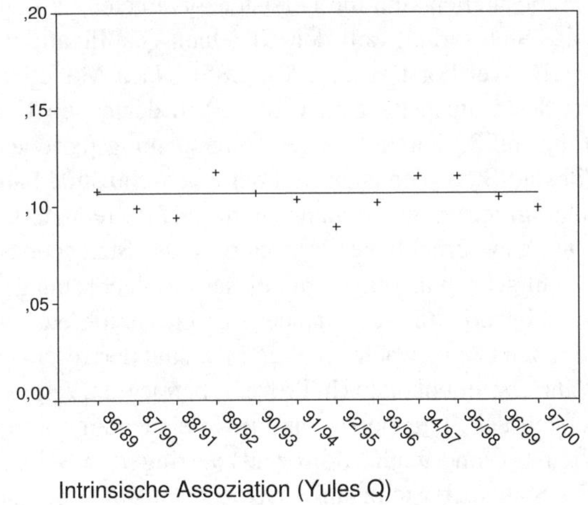

Abbildung 3.1: Intrinsische Assoziation der erforderlichen Ausbildung im Beruf (Modell 15)

Tabelle 3.4 informiert nicht nur über die Distanz- und Assoziationswerte für die mobilen, sondern auch über die Persistenzwerte für die immobilen Untersuchungspersonen. Für die einzelnen Untersuchungsperioden müssen Letztere allerdings erst aus den Parametern in Tabelle 3.4 bestimmt werden. In Abbildung 3.2 auf Seite 113 wurde die Entwicklung der Persistenzwerte graphisch dargestellt, um die Plausibilität der geschätzten Trends zu veranschaulichen. In den einzelnen Diagrammen wurden die nach Modell 15 geschätzten Funktionen für die Entwicklung der Persistenzwerte als Linien eingetragen, während die Persistenzwerte eines Modells ohne Trendrestriktionen als Einzelpunkte wiedergegeben sind. Da die Größenordnung der Persistenzwerte für die einzelnen Kategorien der erforderlichen Ausbildung im Beruf unterschiedlich ist, werden in den einzelnen Diagrammen verschiedene Ausschnitte der Skalenachse verwendet. Ihr Maßstab wird dagegen konstant gehalten. Damit sind die Stärke der Entwicklungstrends und die Anpassung der Funktionen zwischen den einzelnen Diagrammen in Bezug auf die Logits der Statuspersistenz visuell vergleichbar.

Die Persistenzwerte für die Hochschulstufe sind im Vergleich aller Qualifikationsstufen am höchsten. Dies gilt für den gesamten Untersuchungszeitraum, obwohl für die Statuspersistenz auf der Hochschulstufe ein linear sinkender Trend über die Untersuchungsperioden hinweg geschätzt wird. In Anbetracht der absoluten Größe der Persistenzwerte auf der Hochschulstufe stellt sich allerdings die Frage, wie ihre Reduktion über den gesamten Untersuchungszeitraum hinweg zu bewerten ist. Grundsätzlich sind die Persistenzparameter als Logits (logarithmierte Chancen) des Statuserhalts auf den einzelnen Qualifikationsstufen zu interpretieren (vgl. z. B. Werfhorst et al. 2001: 285). Nach Modell 15 sinken die geschätzten Logits der Statuspersistenz von 4,50 in der ersten Untersuchungsperiode (1986/89) bis auf 3,77 in der letzten Untersuchungsperiode (1997/2000). Die Chancen (Odds) zur Statuspersistenz auf der Hochschulstufe haben sich demnach im Untersuchungszeitraum um mehr als die Hälfte reduziert, was auf den ersten Blick für eine ganz erhebliche Verringerung der Statuspersistenz spricht. Allerdings ist es nicht sehr sinnvoll, Logits dieser Größenordnung in Bezug auf die Wahrscheinlichkeitsverhältnisse (Chancen) zu interpretieren, weil die Chancen exponentiell mit den Logits wachsen. Wenn wir statt der geschätzten Chancen die geschätzten Wahrscheinlichkeiten (in Prozent) betrachten, zeigt sich, dass sich die Wahrscheinlichkeit der Statuspersistenz im Untersuchungszeitraum lediglich um einen Prozentpunkt (von 99 auf 98 Prozent) verringert.[21] Substanziell ist die Verringerung in der Statuspersistenz auf der Hochschulstufe demnach irrelevant, auch wenn sie statistisch signifikant ausfällt.

Im Gegensatz zur Entwicklung auf der Hochschulstufe folgt die Statuspersistenz auf den anderen Qualifikationsstufen keinem linearen, sondern einem quadratischen Trend. Ausgehend von der ersten Untersuchungsperiode 1986/89 ist zunächst ein Anstieg der Persistenzkurven mit immer geringeren Zuwachsraten zu verzeichnen. In der achten Untersuchungsperiode 1993/96 erreichen sie ihren Hochpunkt und fallen danach wieder ab, ohne jedoch das Ausgangsniveau von 1986/89 im Untersuchungszeitraum wieder zu erreichen oder zu unterschreiten.

Ungeachtet der gemeinsamen funktionalen Form der Persistenzkurven unterscheiden sie sich im Hinblick auf Niveau und Steigung, weil die Persistenzparameter in der Ausgangsperiode 1986/89 multiplikativ in die Bestimmung der weiteren Persistenzwerte eingehen. Es lassen sich drei Abstufungen im Niveau der Persistenzkurven unterscheiden, obwohl diese Unterscheidungen im Vergleich zu ihrem Abstand zur Hochschulstufe zweitrangig sind. Auf den Qualifikationsstufen »Lehrgänge/Kurse« und »Keine besondere Ausbildung« ist die Statuspersistenz etwas stärker ausgeprägt als auf den Qualifikationsstufen »Berufsausbildung« und »Längere Einarbeitung« und hier wiederum stärker als auf der Qualifikationsstufe »Kurze Einweisung«.

21 Die Beziehung zwischen Logits und Wahrscheinlichkeiten folgt definitionsgemäß keinem linearen, sondern einem logistischen Verlauf (siehe Abbildung A.1 auf Seite 265). Wenn die Logits bereits extrem hohe oder niedrige Werte annehmen, sind nur noch geringe marginale Veränderungen in den Wahrscheinlichkeiten festzustellen. Als Daumenregel ist festzuhalten, dass Logitmodelle nur in Bezug auf die Chancenverhältnisse (Odds-Ratios) interpretiert werden sollten, wenn sich die Logits im Bereich zwischen -2 und +2 bewegen, wo die Beziehung zwischen Logits und Wahrscheinlichkeiten annähernd linear ist.

Auf der Qualifikationsstufe »Kurze Einweisung« liegt die Statuspersistenz nach Anpassung der Mobilitätsparameter auf dem Niveau der statistischen Unabhängigkeit. Es handelt sich hier um Übergangsarbeitsplätze, die im Vergleich

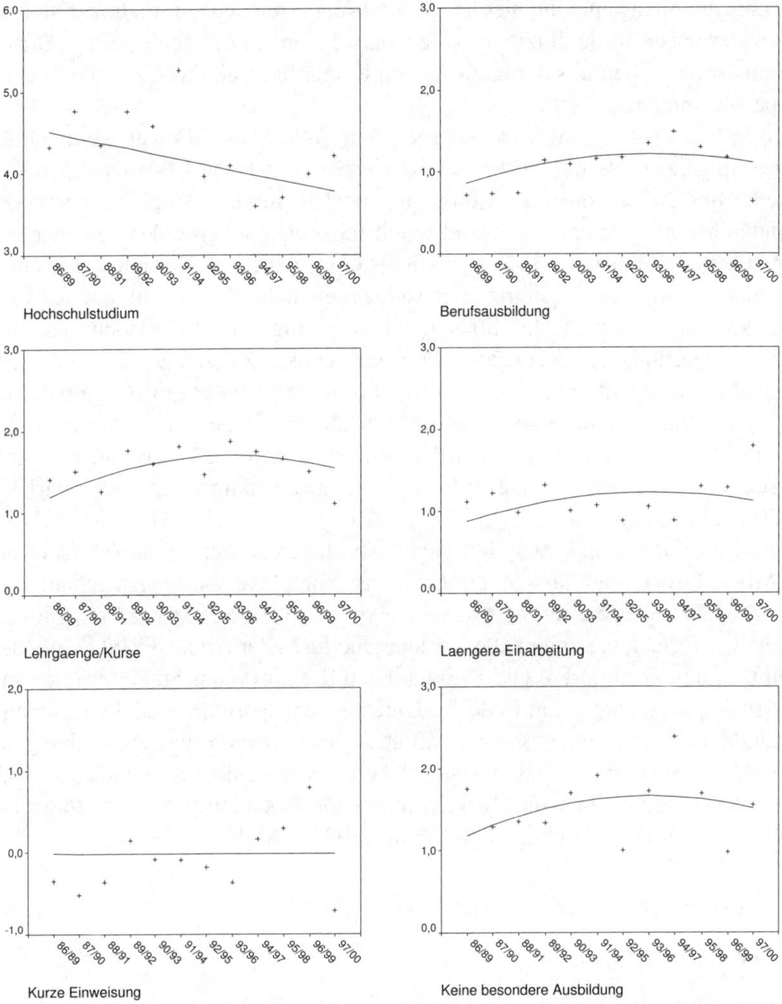

Abbildung 3.2: Persistenz der erforderlichen Ausbildung im Beruf (Modell 15)

zu den Arbeitsplätzen der anderen Qualifikationsstufen schnell wieder verlassen werden. Doch die Lokalisierung am unteren Ende der Statushierarchie und die vergleichsweise geringe Distanz zur Qualifikationsstufe »Keine besondere Ausbildung« zeigen, dass damit keine besonderen Aufstiegschancen verbunden sind. Ein Wechsel auf einen Arbeitsplatz, der keine besondere Ausbildung erfordert, ist am wahrscheinlichsten. Und hier ist die Statuspersistenz wiederum höher und die Aufstiegschancen in qualifizierte Arbeitsplätze sind immer noch gering. Dieses Ergebnis spricht ebenfalls dafür, die beiden Kategorien zukünftig zu einer Statusgruppe zusammenzufassen.

Insgesamt lassen sich zwischen 1986 und 2000 kaum Hinweise auf Individualisierungsprozesse im Muster der Karrieremobilität von Erwerbstätigen entdecken. Dies gilt sowohl für absolute als auch für relative Mobilitätsraten. Die absoluten Mobilitätsraten lassen tendenziell sogar eher auf eine Zunahme der Statuspersistenz schließen. Diese Entwicklung könnte auf die wachsende quantitative Bedeutung stabiler, hoch qualifizierter Tätigkeiten in der Berufsstruktur zurückzuführen sein. Die relativen Mobilitätsraten lassen lediglich auf der Hochschulstufe einen – geringfügigen – Rückgang der Statuspersistenz erkennen. Für die anderen Qualifikationsstufen ist eher von trendlosen Schwankungen der Persistenzwerte auszugehen. Statusassoziation und -distanzen bleiben im Unterschied zur Statuspersistenz über den gesamten Untersuchungszeitraum konstant. Die Aufstiegschancen und Abstiegsrisiken für mobile Erwerbstätige sind zwischen 1986 und 2000 gleich geblieben.

Die Zusammenhänge zwischen den Stabilitätsraten der Erwerbstätigen und den Arbeitslosenquoten lassen vermuten, dass komplexe Wirkungsmechanismen dahinter stehen. Gegen die methodische Hypothese zur Selektivität von Mobilitätstabellen spricht, dass nicht alle Niveauindikatoren der Arbeitslosigkeit mit den Stabilitätsraten korrelieren. Die Korrelationen der absoluten Stabilitätsraten mit den Arbeitslosenquoten zum Ende der Untersuchungsperioden und dem Trendindikator der Arbeitslosigkeit, sowie der Beitrag des Letzteren zur Beschreibung der relativen Stabilitätsraten, lassen kontrakttheoretisch fundierte Hypothesen sinnvoller erscheinen, weil sie die Risikoaversion von Beschäftigten bei ansteigender Arbeitslosigkeit berücksichtigen (vgl. Franz 2003: 310-3).

3.4.2 Erwerbspersonen (Erwerbstätige und Arbeitslose)

Absolute Mobilitätsraten

Die globalen Kennzahlen der Karrieremobilität für Erwerbspersonen sind in Tabelle 3.5 auf der nächsten Seite dokumentiert. Im Unterschied zu Tabelle 3.2 für die Erwerbstätigen wurde hier auf Kennzahlen verzichtet, die eine Rangordnung

Tabelle 3.5: Absolute Mobilitätsraten von Erwerbspersonen (zusammenfassende Kennzahlen)

	Mobilitätsraten in Prozent											
	86/89	87/90	88/91	89/92	90/93	91/94	92/95	93/96	94/97	95/98	96/99	97/00
Stabilität	65,3	64,8	64,5	71,8	68,1	70,6	67,9	70,0	71,0	71,5	71,8	68,2
Mobilität	34,7	35,3	35,5	28,2	31,9	29,4	32,2	30,0	29,0	28,5	28,2	31,8
Strukturmobilität	2,4	3,6	2,8	2,2	5,0	5,3	6,0	5,0	3,2	3,5	3,3	8,5
Zirkulationsmobilität	32,3	31,7	32,7	26,0	26,9	24,1	26,2	25,0	25,8	25,0	24,9	23,4
Fallzahl	2962	2922	2809	2807	2689	2711	2622	2606	2600	2635	2603	2702

Quelle: SOEP, eigene Berechnungen.

in den Kategorien der zugrunde liegenden Mobilitätstabellen voraussetzen. Die Stabilitätsraten der Erwerbspersonen bewegen sich im Untersuchungszeitraum etwa zwischen 65 und 72 Prozent und liegen im Durchschnitt unter den Stabilitätsraten der Erwerbstätigen. Dafür gibt es mehrere Gründe: Zum einen »produzieren« zusätzliche Kategorien in einer Mobilitätstabelle beinahe zwangsläufig mehr Mobilität, es sei denn, es bestehen extrem rigide Mobilitätsbarrieren zwischen den ursprünglichen und den zusätzlichen Kategorien. Zum anderen hat eine Analyse der kategorienspezifischen Abstromraten gezeigt, dass die Stabilitätsraten der Arbeitslosen deutlich geringer ausfallen als die Stabilitätsraten von Erwerbstätigen, deren Tätigkeit eine akademische oder berufsfachliche Ausbildung erfordert. Sie bewegen sich in etwa auf dem gleichen Niveau wie die Stabilitätsraten der übrigen Qualifikationsstufen und senken deshalb die globale Stabilitätsrate zusätzlich ab.

Was die Entwicklung der Stabilitätsraten angeht, so zeigt sich zwischen den ersten drei Untersuchungsperioden und den folgenden ein Anstieg, wie er auch bei den Stabilitätsraten der Erwerbstätigen zu beobachten ist. Auf Seiten der Mobilitätsraten macht sich dieser Anstieg vor allem als Reduktion der Zirkulationsmobilität zwischen den 1980er und den 1990er Jahren bemerkbar. Im Verlauf der 1990er Jahre sind demgegenüber nur noch schwache und trendlose Schwankungen in den Stabilitätsraten und den Raten der Zirkulationsmobilität zu verzeichnen. Für eine fortschreitende Individualisierung der Karrieremobilität im Sinne einer tendenziellen oder gar kontinuierlichen Zunahme der Karrieremobilität von Erwerbspersonen finden sich keine Hinweise. Auch hier sprechen die Ergebnisse eher für eine Verfestigung beruflicher Karrieren beim Übergang zwischen den 1980er und den 1990er Jahren.

Relative Mobilitätsraten: Modellanpassung

Die Anpassungsstatistiken für die Modelle zur Entwicklung der Karrieremobilität von Erwerbspersonen sind Tabelle 3.6 auf Seite 118 zu entnehmen. Die Modelle für die Erwerbspersonen sind aus Gründen der Vergleichbarkeit möglichst ähnlich zu den Modellen für die Erwerbstätigen in Tabelle 3.3 gehalten. Für die Statuspersistenz der Arbeitslosen in den Modellen 14 und 15 wird ein gemeinsamer linearer Trend mit den Erwerbstätigen auf der Hochschulstufe unterstellt. Für diese Gemeinsamkeit haben sich bei der Exploration der Daten empirische Hinweise gefunden. Neu hinzugekommen ist lediglich Modell 16. Es unterstellt für jedes Zeilen- und Spaltenpaar symmetrische und über die Untersuchungsperioden konstante Assoziationseffekte.

Zunächst ist auf die gute Anpassung des vollständigen Modells der partiellen Assoziation zwischen Ausgangs- und Zielstatus der Erwerbspersonen hinzuweisen (Modell 2). Gemessen an den deskriptiven Anpassungsmaßen erzielen zwar einige Modelle des sozialen Wandels ähnliche Werte, doch eine niedrigere *BIC*-Statistik erreicht keines von ihnen. Eine niedrigere *BIC*-Statistik liefert lediglich Modell 16, das den Parametern des vollständigen Modells der partiellen Assoziation symmetrische Restriktionen auferlegt (vgl. Sobel et al. 1985), aber ebenfalls keine Veränderungen über die Untersuchungsperioden unterstellt.

Zwischen 1986 und 2000 lassen sich demnach im Karrieremuster der westdeutschen Erwerbspersonen keine relevanten Veränderungen feststellen. Dieses Ergebnis steht nicht unbedingt im Widerspruch zu den Ergebnissen für die Erwerbstätigen, für die eine geringfügige Reduktion der Statuspersistenz auf der Hochschulstufe festgestellt werden konnte. Wie sind die Ergebnisse miteinander zu vereinbaren, wenn die Erwerbstätigen doch eine Teilgruppe der Erwerbspersonen sind? Hier ist darauf zu verweisen, dass mit diesen Anpassungsmaßen nicht die Signifikanz einzelner Effekte geprüft wird, sondern die Anpassung des gesamten Modells. Die Tabelle für die Erwerbspersonen ist größer als die Tabelle für die Erwerbstätigen. Offenbar sind die Austauschbeziehungen zwischen den Kategorien der erforderlichen Ausbildung im Beruf und der Arbeitslosigkeit im Untersuchungszeitraum so konstant, dass die Entwicklungsprozesse im Mobilitätsmuster der Erwerbstätigen überlagert werden. Veränderungen im Umfang der Arbeitslosigkeit, die sich im Untersuchungszeitraum in der Randverteilung der Tabelle bemerkbar machen, haben nichts am Muster der relativen Zu- und Abströme in und aus der Arbeitslosigkeit geändert. Mit anderen Worten: In einem sparsamen Modell für das Karrieremuster von Erwerbspersonen müssen spezifische Entwicklungsprozesse im Karrieremuster von Erwerbstätigen nicht berücksichtigt werden, weil in der erweiterten Tabelle Konstanz vorherrscht. Dies rückt auch die Relevanz der festgestellten Veränderung in der Statuspersistenz der Erwerbstätigen noch einmal in das richtige Licht. Sie ist relativ schwach und unbedeutend vor dem ausgeprägt stabilen Muster der Karrieremobilität.

Relative Mobilitätsraten: Statuspersistenz, -distanz und -assoziation

Trotz seiner guten Anpassung ist Modell 16 schlecht geeignet, das Muster von Statuspersistenz, -assoziation und -distanz zu beschreiben, weil seine symmetrischen Parameter in keinem substanziellen Verhältnis zu den Begriffen der Mobilitätsforschung stehen (vgl. Hout und Hauser 1992: 254). Aus diesem Grund wird auf Modell 6 zurückgegriffen, um die Implikationen von Modell 16 für das Muster der Karrieremobilität zu beschreiben. Zentrale Annahmen der beiden Modelle – Konstanz und Symmetrie – sind identisch, und die Anpassung von Modell 6 ist mit 0,2 Prozentpunkten Differenz im Dissimilaritätskoeffizienten nur unwesentlich schlechter.

Tabelle 3.6: Relative Mobilitätsraten von Erwerbspersonen (log-multiplikative Modelle, Spezifikation und Anpassung)[a]

	Modellspezifikation	L^2	df	p	rL^2	Δ	BIC
1.	[–]	34423,76	432	0,000	0,000	0,411	29933,48
2.	$[\lambda_{ij}]$	1026,15	396	0,000	0,970	0,044	-3089,94
3.	$[\phi \mu_i \nu_j]$	6752,83	421	0,000	0,804	0,121	2376,90
4.	$[\delta_i]$	3434,31	425	0,000	0,900	0,078	-983,20
5.	$[\delta_i][\phi \mu_i \nu_j]$	1261,00	414	0,000	0,963	0,048	-3042,18
6.	$[\delta_i][\phi \mu_i \mu_j]$	1317,19	419	0,000	0,962	0,048	-3037,96
7.	$[\delta_i][\phi_k \mu_i \mu_j]$	1286,26	408	0,000	0,963	0,045	-2954,55
8.	$[\delta_i][\phi^a(1+\phi^b T)\mu_i \mu_j]$	1313,45	418	0,000	0,962	0,048	-3031,30
9.	$[\delta_i][\phi^a(1+\phi^b T+\phi^c T^2)\mu_i \mu_j]$	1307,02	417	0,000	0,962	0,047	-3027,34
10.	$[\delta_i^a \delta_k^b][\phi \mu_i \mu_j]$	1266,32	408	0,000	0,963	0,044	-2974,50
11.	$[\delta_i^a(1+\delta^b T)][\phi \mu_i \mu_j]$	1315,97	418	0,000	0,962	0,048	-3028,79
12.	$[\delta_i^a(1+\delta^b T+\delta^c T^2)][\phi \mu_i \mu_j]$	1301,88	417	0,000	0,962	0,046	-3032,48
13.	$[\delta_i^a(1+\delta_i^b T)][\phi \mu_i \mu_j]$	1262,56	412	0,000	0,963	0,044	-3019,83
14.	$[\delta_{1,7}^a(1+\delta_{1,7}^b T)][\delta_{i\neq 1,7}^a(1+\delta^b T)][\phi \mu_i \mu_j]$	1276,66	417	0,000	0,963	0,045	-3057,70
15.	$[\delta_{1,7}^a(1+\delta_{1,7}^b T)][\delta_{i\neq 1,7}^a(1+\delta^b T+\delta^c T^2)][\phi \mu_i \mu_j]$	1259,95	416	0,000	0,963	0,044	-3064,02
16.	$[\lambda_{ij=ji}]$	1139,85	411	0,000	0,967	0,046	-3132,15

Fortsetzung auf der nächsten Seite.

Tabelle 3.6 (Fortsetzung): Relative Mobilitätsraten von Erwerbspersonen (Modelldifferenzen, Signifikanztests)

Modelldifferenzen	L^2	df	p	rL^2	Δ	BIC
6.-5.	56,19	5	0,000			
6.-7.	30,92	11	0,001			
6.-8.	3,74	1	0,053			
6.-9.	10,17	2	0,006			
6.-10.	50,87	11	0,000			
6.-11.	1,22	1	0,269			
6.-12.	15,31	2	0,001			
6.-13.	54,63	7	0,000			
6.-14.	40,53	2	0,000			
6.-15.	57,24	3	0,000			
16.-2.	113,70	15	0,000			

a Zur Spezifikation der Modelle und zur Erläuterung der verwendeten Anpassungsmaße siehe Text.
Quelle: SOEP, eigene Berechnungen.

In Tabelle 3.7 sind die Assoziationsparameter von Modell 6 ausgewiesen. Die Skalenwerte μ_i lassen erkennen, dass sich an der Rangordnung der erforderlichen Ausbildung im Beruf im Vergleich zu dem Modell für die erwerbstätigen Untersuchungspersonen allein nichts geändert hat. Es wurde lediglich eine Kategorie für die arbeitslosen Untersuchungspersonen an vierter Stelle eingefügt. Was bedeutet dieses Ergebnis? Rangordnung und Distanzen der Ausgangs- und Zielkategorien einer Mobilitätstabelle sind im RC-Modell das Resultat eines Skalierungsprozesses nach den Ähnlichkeiten ihrer relativen Abstrom- und Zustromraten (siehe oben). Demnach ist die Gruppe der arbeitslosen Untersuchungspersonen im Hinblick auf ihre relativen Mobilitätsraten zwischen den Qualifikationsstufen einzuordnen, die in der Regel formelle, fremdorganisierte Ausbildungsanstrengungen erforderlich machen, und denjenigen, die normalerweise höchstens informelle Qualifikationen beanspruchen. Ein mittlerer Rang auf dieser Skala macht deutlich, dass sich der Austausch zwischen Erwerbsarbeit und Arbeitslosigkeit nicht auf die un- und angelernten Ränge der erforderlichen Ausbildung im Beruf beschränkt, sondern auch die höher qualifizierten Positionen betrifft. Dass die Distanz zwischen der Arbeitslosigkeit und dem Segment der gering qualifizierten Arbeitsplätze geringer ist als die Distanz zum Segment der höher qualifizierten Arbeitsplätze, zeigt aber dennoch, dass der Austausch zwischen Arbeitslosigkeit und gering qualifizierten Arbeitsplätzen von größerer Bedeutung ist.

Tabelle 3.7: Relative Mobilitätsraten von Erwerbspersonen (Modellparameter[a])

Qualifikationsstufen	μ_i	δ_i
1. Hochschulstudium	3,0000	4,5013
2. Berufsausbildung	1,4966	0,9599
3. Lehrgänge/Kurse	-0,8671	1,6763
4. Arbeitslosigkeit	-3,0000	2,2673
5. Längere Einarbeitung	-3,8712	1,2375
6. Keine besondere Ausbildung	-6,6980	1,5290
7. Kurze Einweisung	-8,4433	-0,2441
Intrinsische Assoziation (ϕ)	0,0411	

a Es handelt sich um ausgewählte Parameter von Modell 6 aus Tabelle 3.6 auf Seite 118. Erläuterungen zu den Parametern siehe Text.
Quelle: SOEP, eigene Berechnungen.

Bei der Interpretation des Assoziationskoeffizienten ϕ ist zu beachten, dass die Einordnung der Arbeitslosigkeitskategorie in die Rangordnung der erforderlichen Ausbildung im Beruf aufgrund ihrer relativen Mobilitätsraten nur für die aggregierte Ebene gilt und nicht für die individuelle. Einzelne Abgänge aus der Arbeitslosigkeit in bestimmte Kategorien der erforderlichen Ausbildung im Beruf sind nicht sinnvoll als Auf- oder Abstiege zu bewerten. Die Interpretation des Assoziationskoeffizienten als Indikator von Aufstiegschancen ist ebenfalls nicht angebracht. Stattdessen kann der Koeffizient als Indikator für den Umfang der relativen Mobilität angesehen werden, ohne ihm eine vertikale Bedeutung im Sinne von sozialer Ungleichheit beizumessen. Je kleiner der intrinsische Assoziationskoeffizient ausfällt, desto weniger Mobilitätsbarrieren gibt es und desto größer ist der Umfang der relativen Mobilität.

In der ausgewiesenen Form lassen sich die Assoziationskoeffizienten für die Erwerbspersonen (Tabelle 3.7) und die Erwerbstätigen (Tabelle 3.4) nicht vergleichen, weil die Distanzen unterschiedlich skaliert sind. Auf der Basis von gewichteten Distanzen, für die gilt $\sum_i \mu_i = \sum_j \nu_j = 0$ und $\sum_i \mu_i^2 = \sum_j \nu_j^2 = 6$ (Erwerbstätige) bzw. $\sum_i \mu_i^2 = \sum_j \nu_j^2 = 7$ (Erwerbspersonen), ergeben sich Werte von $\phi = 0,61$ für die Erwerbspersonen und $\phi = 0,82$ für die Erwerbstätigen. Gemessen in Odds-Ratios ist der Umfang der relativen Mobilität für die Erwerbspersonen also um einiges größer als für die Erwerbstätigen. Die Arbeitslosigkeit spielt nicht nur im Muster der absoluten Mobilitätsraten eine wichtige Rolle, sondern auch im Muster der relativen Mobilitätsraten. Hier erweist sich Arbeitslosigkeit als vergleichsweise offene Kategorie für relative Ab- und Zuströme. Und daran ändert sich im Untersuchungszeitraum auch nichts Wesentliches. Die Schwankungen der Arbeitslosenquote berühren das Muster der relativen Austauschprozesse zwischen der Arbeitslosigkeit und den Kategorien der erforderlichen Ausbildung im Beruf nicht. Sie scheinen für reine Mengeneffekte zu sorgen, die durch die Kontrolle der Randverteilungen in den Mobilitätstabellen aufgefangen werden.

Die Rangfolge in den Persistenzwerten der erforderlichen Ausbildung im Beruf ist für Erwerbspersonen und Erwerbstätige identisch. Überraschend hoch fällt jedoch der Persistenzwert für die Kategorie der Arbeitslosen aus. Die Statuspersistenz in der Arbeitslosigkeit ist zwar nur halb so hoch wie auf der Hochschulstufe, aber sie liegt dennoch erkennbar über den Werten aller anderen Qualifikationsstufen. Dieser Wert verweist zum einen auf die durchschnittliche Dauer von Arbeitslosigkeitsphasen und den Anteil der Langzeitarbeitslosen am Gesamtbestand. Beide Größen sind in den 1980er Jahren gestiegen und bewegen sich seitdem auf vergleichsweise hohem Niveau. Zum anderen sollten aber auch durchbrochene Karrieren von Mehrfacharbeitslosigkeit eine Rolle spielen.

3.5 Zusammenfassung und Schlussfolgerungen

Dieser Beitrag verfolgte substanzielle und methodische Ziele. Zunächst ging es um die substanzielle Frage, ob sich in Westdeutschland seit den 1980er Jahren eine fortschreitende Individualisierung der Karrieremobilität feststellen lässt. Die

Individualisierungsthese lässt eine Zunahme vertikaler Mobilität und eine Nivellierung von Mobilitätschancen erwarten, weil sie von einer nachlassenden Strukturierung des modernen Lebensverlaufs durch die industriegesellschaftlich geprägten Muster sozialer Ungleichheit ausgeht. Zur Beantwortung dieser Frage wurden mithilfe des sozio-ökonomischen Panels für den Zeitraum von 1986 bis 2000 Serien von jeweils zwölf gestaffelten Mobilitätstabellen gebildet, die Untersuchungsperioden von jeweils drei Jahren Dauer umfassen. Veränderungen im Muster der Karrieremobilität wurden anhand von absoluten und relativen Mobilitätsraten untersucht. Die relativen Mobilitätsraten wurden mit log-multiplikativen Modellen für dreidimensionale Tabellen bestimmt.

In einem ersten Analyseschritt wurde eine Serie von Mobilitätstabellen für Personen untersucht, die zum Anfang und zum Ende der jeweiligen Untersuchungsperiode erwerbstätig waren. Als Kriterium der Karrieremobilität wurde die Skala der erforderlichen Ausbildung im Beruf herangezogen, die aus Forschungsarbeiten zum qualifikatorischen »Mismatch« von Arbeitskräfteangebot und -nachfrage bekannt ist. Ein methodisches Ziel des Beitrags war es, die Eignung dieser Skala für Tabellenanalysen beruflicher Karrieremobilität zu untersuchen. Dabei ging es vor allem um die Frage, ob die Skala der erforderlichen Ausbildung im Beruf in der Fassung der SOEP-Projektgruppe (siehe oben) als valides ordinales Maß für den sozialen Status beruflicher Tätigkeiten angesehen werden kann.

Ein weiteres methodisches Ziel des Beitrags war es, mögliche Effekte der im Untersuchungszeitraum schwankenden Arbeitslosigkeit auf die Kennzahlen der Karrieremobilität für erwerbstätige Untersuchungspersonen zu identifizieren. Die Kritik an der konventionellen Mobilitätsforschung vermutet eine Verzerrung ihrer Ergebnisse aufgrund der Vernachlässigung von arbeitslosen Untersuchungspersonen. Um diesem Verdacht nachzugehen, wurde der Zusammenhang verschiedener Indikatoren der Arbeitslosigkeit sowohl mit absoluten als auch mit relativen Mobilitätsraten von Erwerbstätigen untersucht.

In einem zweiten Analyseschritt wurde darüber hinaus eine Serie von Mobilitätstabellen für Erwerbstätige *und* Arbeitslose bestimmt, um die Ergebnisse zur Entwicklung der Karrieremobilität für Erwerbstätige allein und Erwerbspersonen insgesamt vergleichen zu können. Zu diesem Zweck wurde die Skala der erforderlichen Ausbildung im Beruf um eine Kategorie für die arbeitslosen Untersuchungspersonen erweitert, die anhand von log-multiplikativen RC-Modellen in die Skala der erforderlichen Ausbildung im Beruf eingepasst wurde.

Die absoluten Mobilitätsraten der Erwerbstätigen signalisieren einen leichten Rückgang sozialer Mobilität und sozialstruktureller Offenheit beim Übergang zwischen den 1980er und den 1990er Jahren. Bei den relativen Mobilitätsraten bleiben Statusassoziation und -distanzen der mobilen Untersuchungspersonen konstant. Die Ungleichheit in den Mobilitätschancen beim Wechsel der erforderlichen Ausbildung im Beruf ist nicht zurückgegangen, sondern in vollem Umfang erhalten geblieben. Für die Persistenz der erforderlichen Ausbildung im Beruf sind dagegen Veränderungen festzustellen. Es handelt sich aber vor allem um trendlose Schwankungen. Der Trend zur Verringerung der Statuspersistenz auf der Hochschulstufe, der sich im Zuge der Modellanpassung als statistisch signifikant erwiesen hat, ist substanziell nicht relevant. Der einmal erreichte berufliche Status auf der Hochschulstufe ist nach wie vor gut abgesichert.

Die Qualität einer beruflichen Tätigkeit wird nicht nur an dem damit verbundenen Prestige und erzielbaren Einkommen gemessen, sondern auch an den Möglichkeiten, die sie für das weitere berufliche Fortkommen eröffnet. Karrierechancen sind deshalb als eine wesentliche Dimension des sozialen Status beruflicher Tätigkeiten anzusehen. In dieser Hinsicht ist die Skala der erforderlichen Ausbildung im Beruf ein stabiler und valider Indikator des beruflichen Status. Die Skalierung nach den relativen Mobilitätsraten hat die Rangordnung nach der SOEP-Projektgruppe weitgehend bestätigt. Diskrepanzen in der Rangfolge haben sich lediglich für die beiden unteren Kategorien gezeigt. Die ausgeprägte Ähnlichkeit in den relativen Mobilitätsraten dieser beiden Kategorien legt in Zukunft jedoch ohnehin eine Zusammenfassung nahe. Die Distanzen zwischen den restlichen Kategorien lassen auf eine hinreichend klare Trennung von beruflichen Statusgruppen schließen. Für die Erfassung des beruflichen Status erscheint lediglich die geringe Differenzierung der formal qualifizierten beruflichen Tätigkeiten im Erhebungsschema der Skala problematisch. In den neueren Wellen wurde im SOEP zwar bereits zwischen Fachhochschulabschluss und Hochschulabschluss unterschieden, in Zukunft wäre die Skala jedoch zusätzlich um Fachschulabschlüsse auf Meister- und Technikerniveau zu erweitern.[22]

Die Arbeitslosenquoten korrelieren sowohl mit absoluten als auch mit relativen Mobilitäts- bzw. Stabilitätsraten. Die Ergebnisse von Tabellenanalysen zur Karrieremobilität von Erwerbstätigen scheinen tatsächlich durch die Höhe der Arbeitslosigkeit in den zugrunde liegenden Untersuchungsperioden beeinflusst zu werden. Die absoluten Stabilitätsraten korrelieren hoch mit den Indikatoren der Arbeitslosigkeit, die sich auf die Arbeitslosenquoten am Ende der Untersuchungsperioden beziehen. Die relativen Stabilitätsraten (Persistenzwerte) korrelieren mit dem Trendindikator der Arbeitslosigkeit, der den Anstieg der Arbeitslosenquote in den Untersuchungsperioden misst. Dagegen korrelieren die Arbeitslosenquoten zu *Beginn* der Untersuchungsperioden weder mit den absoluten noch mit den relativen Stabilitätsraten. Dieses Ergebnis spricht gegen den Verdacht eines artifi-

22 Der Fachhochschulabschluss konnte in den vorliegenden Analysen aus Gründen der Rückwärtskompatibilität nicht berücksichtigt werden.

ziellen Zusammenhangs zwischen Arbeitslosigkeit und Stabilitätsraten aufgrund der Vernachlässigung von Personen mit instabilem Erwerbsverlauf. Schließlich müssten sich hohe Arbeitslosenquoten zu Beginn einer Untersuchungsperiode in Bezug auf die Untersuchungsgruppe ebenso selektiv auswirken wie zum Ende hin.

Die Skala der erforderlichen Ausbildung im Beruf ist in der Umfrageforschung aufgrund ihres einfachen Erhebungsschemas leicht einzusetzen. Wenn die zur Verfügung stehenden Ressourcen knapp sind und nur ein diskretes, ordinales Maß für den beruflichen Status benötigt wird, kann die Skala der erforderlichen Ausbildung im Beruf im Einzelfall möglicherweise die aufwändigeren Erhebungsverfahren zur Stellung im Beruf und zur beruflichen Tätigkeit ersetzen. In den größeren Erhebungen der empirischen Sozialforschung wird die Skala bisher leider nur im SOEP und bei den jüngeren Kohorten der Lebensverlaufsstudie berücksichtigt. Darin ist sicher auch ein Grund dafür zu sehen, dass Forschungsergebnisse zur Über- oder Unterqualifikation in der Bundesrepublik Deutschland noch vergleichsweise rar sind. Eine Integration in die »demographischen Standards« des Statistischen Bundesamts, des ZUMA und des ADM könnte zu einer weiteren Verbreitung der Skala beitragen.

Die Zusammenhänge zwischen den Stabilitätsraten von Erwerbstätigen und der Höhe der Arbeitslosigkeit in den zwölf Untersuchungsperioden sind aufgrund der geringen Fallzahl vorsichtig zu bewerten. Hier ist unbedingt zu prüfen, ob sich die Ergebnisse mit anderen Daten und/oder einer anderen Berufsklassifikation nachvollziehen lassen. Im Hinblick auf zukünftige Analysen erscheint es dennoch angebracht, alternative, stärker theoretisch orientierte Erklärungsansätze für die Korrelationen von Stabilitätsraten mit den Arbeitslosenquoten zum Ende der Untersuchungsperioden einerseits und dem Trendindikator der Arbeitslosigkeit andererseits zu entwickeln. Anhaltspunkte finden sich etwa in kontrakttheoretischen Modellen des Arbeitsmarkts (vgl. Franz 2003: 310-3; Sesselmeier und Blauermel 1997: 145-51). Demnach werden die üblichen Arbeitsverträge, die vor allem Entlohnung und Arbeitszeit regeln, durch implizite Vereinbarungen zwischen Arbeitgebern und Arbeitnehmern ergänzt, die begrenzte Beschäftigungsgarantien für den Fall einer konjunkturellen Krise enthalten können. Im Austausch für eine gewisse Beschäftigungssicherheit akzeptieren die Arbeitnehmer – unter Verzicht auf arbeitnehmerseitige Kündigungen – Festlohnkontrakte, die in konjunkturellen Hochzeiten unterhalb des Produktivitätslohns liegen, weil sie aufgrund ihrer speziellen Arbeitsmarktsituation prinzipiell risikoavers sind und nach einer Verstetigung ihrer Einkommen streben. Arbeitnehmer sollten demnach in Antizipation einer drohenden Krise auf dem Arbeitsmarkt auf arbeitnehmerseitige Kündigungen verzichten, die häufig mit Statusveränderungen einhergehen, und verstärkt versuchen, ihre Beschäftigung durch implizite Vereinbarungen abzusichern. Auf diese Weise können die Kontrakttheorien des Arbeitsmarkts möglicherweise einen Beitrag dazu leisten, den Zusammenhang zwischen dem Trendindikator der Arbeitslosigkeit und den Stabilitätsraten von Erwerbstätigen zu erklären. Dagegen spricht aber beispielsweise die Tatsache, dass der Trendindikator der Arbeitslosigkeit zwar mit den relativen Stabilitätsraten der niedrigeren Qualifikationsstufen korreliert, aber nicht mit denen der Hochschulstufe, obwohl Franz (2003: 312) vermutet, dass Kontrakttheorien gerade für die Gruppe der hoch qualifizierten und -spezialisierten Arbeitskräfte gelten. Hier ist zukünftig nicht nur empirische sondern auch theoretische Arbeit zu leisten.

Als »Modernisierung im Zeitlupentempo« hat Stefan Hradil (2002: 248-9) die sozialstrukturelle Entwicklung der 1990er Jahre in Westdeutschland charakterisiert. Die Entwicklung der Karrieremobilität fügt sich nahtlos in dieses Bild. Was die Auflösung des industriegesellschaftlich geprägten, vertikalen Musters der Karrieremobilität angeht, scheint der Prozess der sozialstrukturellen Individualisierung spätestens in den späten 1980er Jahren zum Stillstand gekommen zu sein. Die Entwicklungshypothesen zu den Strukturkomponenten der Karrieremobilität, die aus der Individualisierungsthese von Ulrich Beck (1986) abgeleitet wurden, konnten für die 1990er Jahre nicht bestätigt werden. Statusdistanz und -assoziation sind für die mobilen Untersuchungspersonen im Untersuchungszeitraum nicht geringer geworden. Das Ziel von Mobilitätsprozessen hängt am Ende der 1990er Jahre genauso stark vom Ausgangsstatus ab wie am Ende der 1980er Jahre. Auch bei der Statuspersistenz sind keine nennenswerten Veränderungen festzustellen. Statistisch signifikante Veränderungen in den Persistenzparametern haben sich bei näherer Betrachtung der entsprechenden Parameter als trendlose Schwankungen entpuppt. Umfang und Muster der Karrieremobilität sind zwischen 1986 und 2000 in Westdeutschland ausgesprochen stabil.

Letzteres zeigt sich deutlich, wenn neben erwerbstätigen auch arbeitslose Untersuchungspersonen berücksichtigt werden. Das Mobilitätsmuster für Erwerbspersonen hat sich im Untersuchungszeitraum nicht verändert. Offenbar sind die Austauschprozesse zwischen den Arbeitslosen und den Erwerbstätigen in den 1990er Jahren trotz beträchtlicher Schwankungen in den Arbeitslosenquoten so gleichförmig, dass die schwachen Veränderungen im Mobilitätsmuster der Erwerbstätigen überlagert werden. Damit ist auch ein pauschaler Kritikpunkt an der konventionellen Analyse von Mobilitätstabellen zurückzuweisen. Wenn das Muster der Austauschprozesse zwischen Arbeitslosigkeit und Erwerbstätigkeit konstant ist, dann ist mit einem Anstieg von Arbeitslosigkeit nicht zwangsläufig eine Auflösung des Musters der Karrieremobilität verbunden. Dies gilt sowohl für relative als auch für absolute Mobilitätsraten.

4 Soziale Ungleichheit im Zugang zur beruflichen Weiterbildung

4.1 Einführung

UNTER den Bedingungen eines beschleunigten technologischen und organisatorischen Wandels in der Arbeitswelt nimmt die Bedeutung beruflicher Weiterbildung für die Erzeugung der notwendigen Kompetenzen und Qualifikationen zu. In dieser Situation erfreut sich berufliche Weiterbildung allgemeiner Wertschätzung. Dennoch ist das Feld durch eine Vielzahl von sozialen Ungleichheiten geprägt (vgl. Becker 1999; Lenz 1987). Mechanismen der Fremd- und der Selbstselektion beim Zugang zur beruflichen Weiterbildung führen zu Unterschieden in den beruflichen Weiterbildungsaktivitäten, die im Wesentlichen den altbekannten sozial- und organisationsstrukturellen Segmentationslinien der Industriegesellschaft folgen. Es kommt zu einer Kumulation von Kompetenzen und Qualifikationen bei bestimmten sozialen Gruppierungen, die sich mit der Metapher des »Matthäus-Effekts« treffend beschreiben lässt (vgl. Bellmann und Leber 2003; Bolder 2001). Das System der beruflichen Weiterbildung bekräftigt oder verstärkt bestehende Bildungsungleichheiten, anstatt sie zu reduzieren. Die gesellschaftspolitischen Erwartungen, die in den 1960er und 1970er Jahren in die Expansion der beruflichen Weiterbildung gesetzt wurden, haben sich diesbezüglich nicht erfüllt (vgl. Friebel 1996). In Anbetracht der aktuellen politischen und ökonomischen Bedingungen wird sogar eine fortschreitende Polarisierung der beruflichen Weiterbildung und eine Zunahme der Weiterbildungsungleichheit erwartet (vgl. Nuissl und Pehl 2000: 47-8).

Im vorliegenden Kapitel werden Strukturen und Entwicklungen sozialer Ungleichheit im Zugang zur beruflichen Weiterbildung für westdeutsche Erwerbstätige seit Mitte der 1980er Jahre einer multivariaten Analyse unterzogen. Die Datenbasis der Analysen ist das sozio-ökonomische Panel. Ausgewertet werden vor allem die Schwerpunkterhebungen zur beruflichen Weiterbildung aus den Jahren 1989, 1993 und 2000. Die Untersuchung kann sich auf eine ganze Reihe von empirischen Studien zur sozialen Ungleichheit in der Weiterbildungsbeteiligung stützen, die sich unterschiedliche Datenquellen der Weiterbildungsforschung zu

Nutze machen. Aus verschiedenen Gründen geben diese Studien jedoch nur unzureichend Auskunft über die Entwicklung der Strukturen sozialer Ungleichheit in der Weiterbildungsbeteiligung seit Mitte der 1980er Jahre. Ein kurzer Überblick über die wichtigsten Datenbestände und die dazugehörigen Publikationen zeigt, dass die *multivariate Trendanalyse* von sozialen Ungleichheiten in der Weiterbildungsbeteiligung als Desiderat der Weiterbildungsforschung angesehen werden kann:

- Das Berichtssystem Weiterbildung schließt zwar den hier betrachteten Untersuchungszeitraum seit Mitte der 1980er Jahre ein, wird aber im Regelfall nur bivariat ausgewertet (vgl. Kuwan 1997; Kuwan et al. 1996, 2000, 2003). Fragen zum wechselseitigen Einfluss von Faktoren der Weiterbildungsbeteiligung und zu ihrer Bedeutung für die Entwicklung der Weiterbildungsungleichheit bleiben dabei ausgeblendet. Außerdem kann die Stärke von bivariaten Zusammenhängen nur kursorisch über die konditionalen Teilnahmequoten erschlossen werden und nicht über zusammenfassende Assoziationskoeffizienten.

- Bei den BIBB/IAB-Erhebungen wurden die Strukturen der Weiterbildungsbeteiligung bisher nur vereinzelt mit multivariaten Analyseverfahren ausgewertet (vgl. Noll 1987; Ulrich 2000). In der jüngsten BIBB/IAB-Erhebung von 1998/99 wurde das Fragenprogramm zur beruflichen Weiterbildung aufgrund von inhaltlichen Überschneidungen mit dem Berichtssystem Weiterbildung stark gekürzt (vgl. Dostal und Jansen 2002: 237).

- Für die Schwerpunkterhebungen des sozio-ökonomischen Panels liegen bereits multivariate Analysen vor (vgl. Behringer 1999; Büchel und Pannenberg 1994; Wilkens und Leber 2003). Allerdings beziehen sie sich jeweils nur auf eine einzige Schwerpunkterhebung. Unterschiede in der Auswahl und der Spezifikation der statistischen Modelle ermöglichen allenfalls einen groben Vergleich von Effektstärken.

- Auf der Basis der Lebensverlaufsstudie des Max-Planck-Instituts für Bildungsforschung wurden bereits mehrere multivariate Analysen der Weiterbildungsbeteiligung vorgelegt (vgl. Becker 1991, 1993; Becker und Schömann 1996, 1999; Böhnke 1997; Schömann und Becker 1995, 1998). Leider reichen die zugrunde liegenden Daten in den bisherigen Veröffentlichungen aber nur bis in die 1980er Jahre hinein und die vorgelegten Analysen geben keine Auskunft über Veränderungen der Effektkoeffizienten über die Zeit.

- Auch beim Mikrozensus wurden die Strukturen der Ungleichheit im Zugang zur beruflichen Weiterbildung bisher nur vereinzelt mit multivariaten Verfahren untersucht (vgl. Pfeiffer und Brade 1995). Dies ist vor allem deshalb zu bedauern, weil der Mikrozensus auf der Basis von besonders großen Stichproben sehr genaue Schätzungen der Einflüsse auf die berufliche Weiterbildung ermöglicht (vgl. Hilzenbecher 1991).

Für Erwerbstätige ist der berufliche Status einer der wichtigsten Faktoren der Beteiligung an beruflicher Weiterbildung. Die Teilnahme wird um so wahrscheinlicher, je höher die Position der Erwerbstätigen in der Hierarchie der Berufe angesiedelt ist. Für die Bundesrepublik Deutschland wurde dieser Zusammenhang von Strzelewicz, Raapke und Schulenberg (1966: 125) bereits in der Anfangszeit der empirisch-quantitativen Weiterbildungsforschung auf der Basis von Umfragedaten nachgewiesen.[1] In einer langen Reihe von Untersuchungen konnte der Befund seitdem regelmäßig anhand der unterschiedlichsten Kriterien des beruflichen Status (z. B. nach dem Sozialprestige, der sozialen Schicht oder der beruflichen Stellung) bestätigt werden (vgl. etwa Behringer 1999; Bolder 1995; Bolder et al. 1994; Kuwan 1996; Kuwan et al. 2003; Noll 1987; Pischke 2000; Schulenberg et al. 1978).

Der vorliegende Beitrag konzentriert sich auf die Ungleichheit in der Weiterbildungsbeteiligung nach der erforderlichen Ausbildung im Beruf bzw. den Qualifikationsanforderungen am Arbeitsplatz. Entsprechende Informationen werden im sozio-ökonomischen Panel (SOEP) mit der Frage erhoben, welche Ausbildung/Einarbeitung für die berufliche Tätigkeit der Befragten normalerweise erforderlich ist. Die Antwortvorgaben werden zu einer Skala kombiniert, deren ordinaler Charakter im Hinblick auf den sozialen Status der beruflichen Tätigkeiten mittlerweile gut belegt ist. Dieser Fokus ist für die Weiterbildungsforschung in mehrfacher Hinsicht interessant. Zum Ersten stellt die Skala der erforderlichen Ausbildung im Beruf ein alternatives Maß für den sozialen Status beruflicher Tätigkeiten dar, das in den zentralen Analysen zur Beteiligung an beruflicher Weiterbildung bisher noch nicht verwendet wurde (vgl. Behringer 1999; Kuwan et al. 2003). Zum Zweiten handelt es sich um ein Maß, das in einzigartiger Weise auf die Nachfrageseite des Arbeitsmarkts ausgerichtet ist: Es wird zwar an den Er-

1 Der so genannten »Göttinger Studie« kommt eine allgemein anerkannte Leitbildfunktion für die erziehungswissenschaftliche Weiterbildungsforschung zu, die seinerzeit zunehmend durch die Soziologie und die quantitativ ausgerichtete empirische Sozialforschung beeinflusst wurde (vgl. Nuissl 2002: 335). Die Studie dokumentiert einerseits die realistische Wende in der Praxis der Erwachsenenbildung von den humanistisch-kulturellen zu den berufsbezogen-praktischen Bildungsangeboten (vgl. Siebert 1994: 61). Andererseits ist sie Ausdruck des Paradigmenwechsels hin zu einer sozialwissenschaftlichen Ausrichtung der Erwachsenenbildung bzw. der erziehungswissenschaftlichen Weiterbildungsforschung (Olbrich 2001: 354-7).

werbstätigen erhoben, gibt aber letztlich über die Qualifikationsanforderungen ihrer *Arbeitsplätze* Auskunft. Die Skala der erforderlichen Ausbildung im Beruf ist demnach gut geeignet, strukturelle Einflüsse von Arbeitsplätzen auf die Beteiligung an beruflicher Weiterbildung abzubilden, die über die Effekte von individuellen Eigenschaften der Stelleninhaber hinausgehen. Selbiges belegen auch empirische Ergebnisse aus der Arbeitsmarktsegmentations- und der Fehlqualifikationsforschung, die sich auf die Skala der erforderlichen Ausbildung im Beruf stützen (siehe unten).

Theorien der Arbeitsmarktsegmentation gehen davon aus, dass sich die Erwerbschancen von Arbeitskräften nach der institutionellen Einbindung ihrer Arbeitsplätze in verschiedene Arbeitsmarktsegmente unterscheiden (vgl. Doeringer und Piore 1971; Lutz 1987; Sengenberger 1978a, 1987). Im Unterschied zu den individuellen Effekten, die von den Eigenschaften der Arbeitskräfte selbst ausgehen, wird hier die Wirksamkeit von strukturellen Effekten betont, die von den Arbeitsplätzen und ihrer Einbindung in die jeweiligen Arbeitsmarktsegmente ausgehen. Die Plausibilität dieser Überlegungen wurde in empirischen Studien zur Arbeitsmarktsegmentation in der Bundesrepublik belegt (vgl. Blossfeld und Mayer 1988; Szydlik 1990). In den letzten Jahren wurde im Rahmen der Fehlqualifikationsforschung gezeigt, dass der vertikale »Mismatch« zwischen der formalen Ausbildung von Arbeitskräften und den Qualifikationsanforderungen ihrer Arbeitsplätze in Deutschland beträchtlich ist und eine qualifikatorisch inadäquate berufliche Tätigkeit die weiteren Erwerbschancen erheblich beeinträchtigen kann (vgl. Büchel 2000; Büchel und Mertens 2000; Szydlik 1996a, b, 1999).

Die Skala der erforderlichen Ausbildung im Beruf wird in den empirischen Studien sowohl zur Arbeitsmarktsegmentation (vgl. Szydlik 1990) als auch zur vertikalen Fehlqualifikation (vgl. z. B. Büchel und Mertens 2000) in Kombination mit unterschiedlichen anderen Variablen verwendet, um die zentralen Untersuchungskonzepte zu konstruieren. Für Indikatoren von über- bzw. unterqualifizierter Beschäftigung, die unter Verwendung von Informationen zur erforderlichen Ausbildung im Beruf gebildet wurden, finden Büchel und Mertens (2000: 13-4) negative bzw. positive Effekte auf die Beteiligung an beruflicher Weiterbildung. Daraus ist zu schließen, dass die erforderliche Ausbildung im Beruf auch unabhängig von der formalen Ausbildung der Arbeitskräfte eine bedeutende Rolle bei der Erklärung ihrer Weiterbildungsaktivitäten spielt.

Die begriffliche Abgrenzung von beruflicher Weiterbildung gestaltet sich in der Regel schwierig, weil sie mit einer Reihe von mehr oder minder trennscharfen Unterscheidungen verbunden ist (vgl. Kuwan 1996: 70). In der empirischen Forschung stellt sich darüber hinaus das Problem, geeignete Indikatoren für die berufliche Weiterbildung zu finden bzw. in Sekundäranalysen die verwendeten theoretischen Begriffe mit den vorhandenen empirischen Indikatoren in Einklang zu bringen. Im sozio-ökonomischen Panel – der Datenbasis meiner Sekundäranalysen – wird unter beruflicher Weiterbildung vor allem die Teilnahme an berufsbezogenen Lehrgängen oder Kursen verstanden. Diese Konzeption ist mit der weit verbreiteten Weiterbildungsdefinition des Deutschen Bildungsrats vereinbar (vgl. Behringer 1999: 107). Hier wird Weiterbildung als Wiederaufnahme (fremd-) organisierten Lernens nach dem Abschluss von beruflichen und / oder allgemein bildenden Ausbildungsgängen und nach dem Eintritt in die volle Erwerbstätigkeit definiert (vgl. Deutscher Bildungsrat 1972: 197).[2]

Im Anschluss an die begriffliche Abgrenzung von beruflicher Weiterbildung als Teilnahme an berufsbezogenen Lehrgängen oder Kursen stellt sich die Frage nach einer weiteren Differenzierung verschiedener Formen beruflicher Weiterbildung (vgl. Behringer 1999: 25-9). Die berufliche Weiterbildung ist ein äußerst heterogener Bildungsbereich, der sich durch eine Vielzahl von Weiterbildungsträgern und -angeboten auszeichnet (vgl. Alt et al. 1994; Lipsmeier 1990; Wittwer 2001). Theoretische Überlegungen und eine Reihe von empirischen Studien verweisen darauf, dass sich Formen oder Teilbereiche der beruflichen Weiterbildung identifizieren lassen, die durch unterschiedliche Zuweisungskriterien und Verwertungschancen geprägt sind (siehe unten). Eine prominente Typologie unterscheidet die AFG-geförderte Weiterbildung, die betriebliche Weiterbildung und die individuelle berufliche Weiterbildung (vgl. Sauter 1989).[3] Wesentliches Kriterium dieser Unterscheidung ist die Frage, wer die Kosten für die berufliche Weiterbildung der Arbeitskräfte trägt (vgl. Behringer 1999: 28-9): die Bundesanstalt bzw. -agentur für Arbeit, die Betriebe oder die Arbeitskräfte selbst. In der vorliegenden Arbeit konzentriere ich mich auf die betriebliche und die individuelle berufliche Weiterbildung, weil die AFG-geförderte Weiterbildung einen ganz eigenen Forschungsbereich darstellt, der sich überdies in den üblichen sozialwissenschaftlichen Stichprobenerhebungen nicht abbilden lässt.

Die folgenden Überlegungen beleuchten das Verhältnis zwischen der erforderlichen Ausbildung im Beruf und der Beteiligung an beruflicher Weiterbildung aus

2 In dieser Definition bleibt eine Reihe von selbst- oder fremdgesteuerten informellen und arbeitsplatznahen Formen der Weiterbildung unberücksichtigt (vgl. Markert 1999; Severing 1994), weil sie anderen Mechanismen gehorchen dürften, als die hier betrachteten Formen. Die Analysen von Pfeiffer und Reize (2000) lassen z. B. darauf schließen, dass sich sowohl die monetären Erträge als auch die Bestimmungsgründe von formellen oder informellen Aktivitäten der beruflichen Weiterbildung unterscheiden.

3 »AFG« steht für das Arbeitsförderungsgesetz, das 1969 in Kraft getreten und seither mehrfach novelliert worden ist (vgl. Diemer und Peters 1998; Linke 1994). Das AFG bildet die rechtliche Grundlage für die Förderung der Fortbildung, Umschulung und Einarbeitung von Arbeitslosen und von Arbeitslosigkeit bedrohten Arbeitskräften. Es wurde 1998 als SGB III in das Sozialgesetzbuch überführt (vgl. Deeke 1999). Damit waren Ergänzungen und Veränderungen in den Leistungen der Arbeitsförderung verbunden, deren Wirksamkeit noch sorgfältiger Beobachtung bedarf (vgl. Brinkmann 2000; Hirschenauer 2001).

der segmentationstheoretischen Perspektive. Die empirischen Analysen bestimmen die Bedeutung der erforderlichen Ausbildung im Beruf für die Weiterbildungsbeteiligung und gehen der Frage nach, ob sich diese Beziehung im Verlauf der 1990er Jahre verändert hat.

4.2 Arbeitsmarktsegmentation und berufliche Weiterbildung

Den prominentesten Ansatz zur Erklärung der Beteiligung an beruflicher Weiterbildung stellt sicher die Humankapitaltheorie dar (Becker 1983; vgl. Behringer 1999; Borjas 1996: 250-78). Dennoch wird in einer Reihe von empirischen Studien zusätzlich auf segmentationstheoretische Überlegungen zurückgegriffen (Becker 1991; Buchmann et al. 1999; Schömann und Becker 1995). In der Regel werden die segmentations- und humankapitaltheoretischen Hypothesen kombiniert, um die empirischen Prozesse der Weiterbildungsbeteiligung möglichst weitreichend erklären zu können. Seltener wird der Segmentationsansatz konsequent in den Vordergrund gerückt (Becker 1993). Leemann (1999) unternimmt einen direkten Vergleich der Erklärungskraft u. a. von Humankapitaltheorie und Segmentationsansatz für die Beteiligung an beruflicher Weiterbildung bei verschiedenen Gruppen von schweizerischen Erwerbstätigen. Demnach kommt den Segmentationstheorien die höchste Erklärungskraft von allen betrachteten Theorien zu (vgl. Leemann 1999: 250). Eine Ausnahme ist lediglich für die weiblichen Erwerbstätigen festzustellen. Aber auch hier schneidet der Segmentationsansatz besser ab als die Humankapitaltheorie.[4] Im vorliegenden Abschnitt werde ich mich auf segmentationstheoretische Konzepte konzentrieren, weil sie sich im Hinblick auf

4 Allerdings sollte man die Ergebnisse dieses Vergleichs nicht allzu wörtlich nehmen, denn es lassen sich substanzielle und methodische Vorbehalte formulieren. Zum einen ist zu bezweifeln, ob die relevanten Variablen für beide Theorien angemessen berücksichtigt wurden. Unter dem Dach des Segmentationsansatzes werden z. B. auch regionale Informationen verwendet, die nicht zum Kernbestand der Segmentationstheorien zählen. Für die Humankapitaltheorie wird dagegen nur ein sehr begrenzter Satz von Variablen eingeführt, obwohl sich durchaus eine größere Anzahl potenzieller Prädiktoren ableiten ließe (vgl. Behringer 1999: 56-8). Zum anderen könnte man es als „unfair" ansehen, die Erklärungskraft zweier Modelle zu vergleichen, wenn das eine Modell (Segmentation) mehr Prädiktoren enthält als das andere (Humankapital). Aus den Ergebnissen von Leemann (1999: 250) lassen sich das Pseudo-R^2 von McFadden und eine nach der Anzahl der verwendeten Prädiktoren korrigierte Version (vgl. Menard 2001: 103-4, En. 7) berechnen. Für alle Erwerbstätigen zusammengenommen liegt die Zunahme der Erklärungskraft unter Berücksichtigung der jeweils relevanten Variablen knapp über einem Prozentpunkt bei der Segmentationstheorie und etwas unter einem Prozentpunkt bei der Humankapitaltheorie. Ein Vergleich der beiden Pseudo-R^2-Versionen zeigt praktisch keine Unterschiede nach der Anzahl der verwendeten Prädiktoren. Aus dieser Perspektive kommt den beiden Theorien in der von Leemann verwendeten Operationalisierung nur wenig „Netto"-Erklärungskraft zu. Interessanter wäre es in diesem Falle, etwas über die „Brutto"-Erklärungskraft der Segmentations- und/oder der Humankapitaltheorie zu erfahren.

einzelne Arbeitsmarktsegmente vergleichsweise offen für die Integration von konkurrierenden Argumenten zeigen (siehe unten).

4.2.1 Grundlagen der Segmentationstheorien

Die Theorien der Arbeitsmarktsegmentation lassen sich kaum als einheitliches Theoriegebäude ansehen. Es handelt sich eher um eine Reihe von mehr oder minder unterschiedlichen Ansätzen, die sich durch eine gemeinsame Stoßrichtung auszeichnen (vgl. Sesselmeier und Blauermel 1997: 219-21; Szydlik 1990: 10). Sie wurden seit den 1960er Jahren in Auseinandersetzung mit den empirisch zu beobachtenden Unzulänglichkeiten der neoklassischen Arbeitsmarkttheorie – insbesondere des neoklassischen Standardmodells, aber auch der Humankapitaltheorie – entwickelt. Segmentationsansätze werden auch als sozialwissenschaftliche Arbeitsmarkttheorien bezeichnet, um anzudeuten, „dass sie die Erklärung wirtschaftlicher Phänomene zumindest teilweise mit Hilfe anderer Prinzipien als denen der ökonomischen Rationalität anstreben“ (Sesselmeier und Blauermel 1997: 219). Ihr Ziel ist es, Muster zur realistischeren Beschreibung von Arbeitsmarktprozessen zu gewinnen. Dementsprechend handelt es sich bei den einzelnen Ansätzen auch weniger um deduktiv geschlossene, sondern eher um induktiv gewonnene Theorien, die heterogene empirische Phänomene unter Zuhilfenahme unterschiedlicher theoretischer Konzepte erklären. So ist es grundsätzlich möglich, andere Arbeitsmarkttheorien (etwa die Humankapitaltheorie oder Diskriminierungstheorien) zur Erklärung von spezifischen Gegebenheiten in einzelnen Arbeitsmarktsegmenten heranzuziehen. Segmentationstheorien können deshalb als flexibler Rahmen für das Verständnis von realen Arbeitsmarktprozessen angesehen werden. Neben allen Unterschieden gibt es jedoch eine Reihe von gemeinsamen Annahmen, die sich mit dem Begriff der Arbeitsmarktsegmentation verbinden (vgl. Blossfeld und Mayer 1988: 262).

Im Gegensatz zum Standardmodell der neoklassischen Arbeitsmarkttheorie versuchen Segmentationstheorien, strukturelle Störungen des Lohnmechanismus auf dem Arbeitsmarkt, die sich empirisch als dauerhafte Ungleichgewichte – z. B. in Form von anhaltender Arbeitslosigkeit (vgl. Sengenberger 1978b) – bemerkbar machen, theorieimmanent zu erklären (vgl. Lutz und Sengenberger 1974: 40-2). Sie postulieren eine Aufspaltung der (nationalen) Gesamtarbeitsmärkte in mehrere Segmente oder Teilarbeitsmärkte, die durch unterschiedliche institutionelle Mechanismen der Allokation, Gratifikation und Promotion von Arbeitskräften geprägt und infolgedessen durch soziale Ungleichheiten im Bereich der Erwerbschancen und Arbeitsbedingungen unterschieden sind (vgl. Kreckel 1983). Zwischen den Arbeitsmarktsegmenten existieren Mobilitätsbarrieren, die einen Wechsel von Arbeitsplätzen über die Grenzen der Segmente hinweg erschweren. Solche Mobilitätsbarrieren können durch unterschiedliche Prozesse sozialer Schließung zustande kommen, die eine – im Sinne des Lohnmechanismus effektive – Konkurrenz von »Insidern« und »Outsidern« in den einzelnen Arbeitsmarktsegmenten verhindern (vgl. Kaufman und Hotchkiss 2000: 310). Bestimmte Gruppen von Arbeitskräften, die von solchen Schließungsmechanismen betroffen sind (z. B. Frauen, Ausländer, Jugendliche, Ältere oder Geringqualifizierte), konzentrieren sich in den Arbeitsmarktsegmenten, die im Hinblick auf Erwerbschancen und Arbeitsbedingungen schlechter ausgestattet sind. Ein erklärtes Ziel der Segmentationsansätze war es von Anfang an, eine Erklärung für die dauerhaften Ungleichheiten zwischen verschiedenen Bevölkerungsgruppen auf dem Arbeitsmarkt zu finden, die sich offensichtlich nicht einfach durch Ausbildungsprogramme im Sinne der Humankapitaltheorie abbauen ließen (vgl. Kaufman und Hotchkiss 2000: 310; Piore 1978).

4.2.2 Die Theorie des dualen Arbeitsmarkts

Die Theorie des dualen Arbeitsmarkts (Doeringer und Piore 1971; Piore 1978) kann als Prototyp der Segmentationstheorien verstanden werden. Sie wurde im Wesentlichen Ende der 1960er und zu Beginn der 1970er Jahre formuliert, um die unterschiedlichen Erwerbschancen von weißen und afroamerikanischen US-Bürgern zu erklären (vgl. Watson 1995: 185). Sie ist speziell auf die Verhältnisse in den Vereinigten Staaten zugeschnitten und daher nicht eins zu eins auf die Situation in der Bundesrepublik Deutschland übertragbar. An diesem Beispiel lassen sich jedoch bereits einige Grundideen der Segmentationstheorien verdeutlichen und wesentliche Hypothesen zur sozialen Ungleichheit in der Beteiligung an beruflicher Weiterbildung ableiten, die auch für die Bundesrepublik Geltung beanspruchen können.

Die duale Arbeitsmarktstruktur entsteht in Verbindung mit einer tief greifenden Spaltung der gesamten Volkswirtschaft in ein wohlhabendes und stabiles Zentrum sowie eine schlechter gestellte und krisenanfällige Peripherie von Unternehmen und Arbeitsplätzen. Dieser Spaltung der Volkswirtschaft entspricht eine Trennung des Arbeitsmarkts in ein primäres Segment vorteilhafter Arbeitsplätze und ein sekundäres Segment nachteiliger Arbeitsplätze, zwischen denen ein individueller Wechsel für die Arbeitskräfte nur selten möglich ist (vgl. Kreckel 1983: 147).

> „Labour markets, with their associated occupational groupings, are dichotomised into primary and secondary segments:
>
> - In the primary sector, the work is characterised by good working conditions and pay levels, opportunities for advancement and fair treatments at work and, especially, stability of employment.

- In the secondary sector, workers are worse off in all these respects and their employment is associated with considerable instability and a high turnover rate (Doeringer and Piore 1971). The members of this secondary labour force will tend to be people who are easily dispensed with, possess clearly visible social differences, are little interested in training or gaining high economic reward and tend not to organise themselves collectively.“ (Watson 1995: 186)

Das konstitutive Element der dualen Arbeitsmarktsegmentation liegt in der Unterscheidung von internen und externen Arbeitsmärkten, die an die Tradition der institutionalistischen Arbeitsmarkttheorie anknüpft (vgl. Kreckel 1983: 146-7; Szydlik 1990: 20). Das primäre Arbeitsmarktsegment setzt sich im Wesentlichen aus internen Arbeitsmärkten zusammen (vgl. Milgrom und Roberts 1992: 359). Der Mechanismus sozialer Schließung, der das primäre gegen das sekundäre Segment abschottet und für die Selektion spezifischer Gruppen von Arbeitskräften verantwortlich ist, liegt in der institutionellen Struktur der internen Arbeitsmärkte begründet (Kaufman und Hotchkiss 2000: 312). Interne Arbeitsmärkte sind betriebs- oder unternehmensspezifische Arbeitsmärkte, die sich u. a. durch die (bürokratische) Institutionalisierung von unternehmensinternen Laufbahnen oder Mobilitätsketten auszeichnen, deren Stationen von den Arbeitskräften nach bestimmten Regeln durchlaufen werden (siehe unten). Dabei handelt es sich um so genannte Karriereleitern, um vertikale Mobilitätsketten, welche die Arbeitskräfte sukzessive in höhere Positionen führen (vgl. Piore 1978: 73).

Der Zugang zu den internen Arbeitsmärkten ist auf die Einstiegsarbeitsplätze am unteren Ende der Mobilitätsketten beschränkt (vgl. Milgrom und Roberts 1992: 359). Seiten- oder Quereinstiege aus dem externen Arbeitsmarkt in höhere Positionen einer Mobilitätskette sind vor dem Hintergrund ihrer institutionellen Regulierung nicht legitim. In den internen Arbeitsmärkten ist der freie Wettbewerb um vorteilhafte Arbeitsplätze durch institutionalisierte Regeln außer Kraft gesetzt und an die Übergangsschwelle zwischen externem und internem Arbeitsmarkt verlagert (vgl. Kreckel 1983: 148). Die Selektion von bestimmten Arbeitskräftegruppen findet ebenfalls bereits beim Zugang zu den Einstiegspositionen in den internen Arbeitsmärkten statt. Für die Betroffenen führt sie zu dauerhaft schlechteren Erwerbschancen, weil sie auch vom Zugang zu den entsprechenden Aufstiegsketten ausgeschlossen sind. Die Mechanismen, die bei der sozialen Schließung der internen Arbeitsmärkte zum Tragen kommen, stehen in einem engem Zusammenhang zu den Qualifikationsanforderungen und der Institutionalisierung betrieblicher Qualifizierungsprozesse auf den internen Arbeitsmärkten (vgl. Kaufman und Hotchkiss 2000: 312).

Die Arbeitsplätze auf den internen Arbeitsmärkten sind durch betriebs- oder unternehmensspezifische Qualifikationsanforderungen geprägt, die nicht auf dem externen Markt befriedigt werden können. Unter betriebsspezifischen Qualifikationen sind Kenntnisse und Fertigkeiten zu verstehen, die die Produktivität von Arbeitskräften in einem bestimmten Betrieb oder Unternehmen steigern und in anderen nutzlos sind (vgl. Milgrom und Roberts 1992: 363). Die Gründe für die starke Ausrichtung interner Arbeitsmärkte auf spezifische Qualifikationsanforderungen sind unter anderem in der Einbindung der internen Arbeitsmärkte in den stabilen, monopolisierten Kernbereich der Volkswirtschaften zu suchen (Sesselmeier und Blauermel 1997: 225-7). Dort erlauben es die Wirtschaftskraft und die Wettbewerbsposition der Unternehmen, Arbeitsteilung und Produktivität durch eine unternehmensspezifische Schneidung von Qualifikationen zu optimieren. Eine optimale Schneidung von Qualifikationen setzt ihrerseits die Institutionalisierung von betrieblichen Qualifizierungsprozessen voraus, deren Existenz als konstitutives Element interner Arbeitsmärkte angesehen werden kann.

Die Bindung an betriebliche Qualifizierungsprozesse ist dementsprechend eine wesentliche Dimension der Institutionalisierung von innerbetrieblichen Mobilitätsketten. Dabei lassen sich mehrere Formen der Bindung zwischen Aufstiegs- und Qualifizierungsprozessen unterscheiden. Der Zugang zu höheren Positionen in der Mobilitätskette kann die Teilnahme an bestimmten Maßnahmen beruflicher Weiterbildung voraussetzen. Die Aufstiegspositionen können mit veränderlichen, mehr oder minder regelmäßig zu aktualisierenden Qualifikationsanforderungen verknüpft sein, die häufigere Weiterbildungsaktivitäten erforderlich machen. Die Teilnahme an einer Qualifizierungsmaßnahme kann als zusätzliche Gratifikation für bestimmte Leistungen gegenüber dem Unternehmen gewährt werden. Die Instrumente, mit denen die Unternehmen ihre Investitionen in die Qualifikation ihrer Mitarbeiter auf den internen Arbeitsmärkten absichern, lassen sich z. T. aus der Humankapitaltheorie ableiten (vgl. Backes-Gellner et al. 2001; Borjas 1996).[5] Diese Überlegungen machen plausibel, inwiefern die Regulierung von betrieblicher Weiterbildung und beruflichem Aufstieg auf internen Arbeitsmärkten aufeinander bezogen ist.

Auch die Selektion von bestimmten Arbeitskräftegruppen an der Schwelle zum primären Arbeitsmarktsegment kann als unternehmerische Strategie zur vorausschauenden Absicherung von Investitionen in betriebsspezifisches Humankapital interpretiert werden (vgl. Kaufman und Hotchkiss 2000: 312). Die Einstiegsarbeitsplätze in die internen Arbeitsmärkte werden vorzugsweise mit Arbeitskräften besetzt, die einerseits möglichst geringe betriebliche Ausbildungskosten verursachen und andererseits eine hohe Beschäftigungsstabilität zur Amortisation dieser Humankapitalinvestitionen aufweisen. Grundlage der Argumentation sind hier das Modell des Arbeitsplatzwettbewerbs (Thurow 1978; vgl. Sesselmeier und

5 Hier zeigt sich die Fähigkeit der Segmentationstheorien, unterschiedliche Ansätze bei der Erklärung von Arbeitsmarktprozessen in spezifischen Arbeitsmarktsegmenten zu integrieren.

Blauermel 1997: 241-4; Szydlik 1990: 26) sowie Filter-, Signal- und Diskriminierungskonzepte (vgl. Franz 2003: 215; Osterloh und Oberholzer 1994). Demnach ist das Arbeitskräfteangebot in Bezug auf die Einstiegsarbeitsplätze des primären Arbeitsmarktsegments, die eine sichere Beschäftigung und sozialen Aufstieg versprechen, größer als die Arbeitskräftenachfrage. Weil die internen Arbeitsmärkte durch unternehmensspezifische Qualifikationsanforderungen geprägt sind, konkurrieren die externen Arbeitskräfte „nicht mittels der Lohnhöhe, die sie bereit sind zu akzeptieren, sondern auf Basis des Vergleichs der Kosten, die aufgewandt werden müssen, um sie auszubilden für den jeweils in Frage stehenden Arbeitsplatz" (Thurow 1978: 118). Aus dieser Perspektive werden auf dem Arbeitsmarkt keine Qualifikationen bzw. qualifizierte Arbeitskräfte gehandelt, sondern Arbeitsplätze, die gleichzeitig Ausbildungsplätze darstellen.

Welche Arbeitskräfte Zugang zu welchen Arbeitsplätzen finden, bestimmt sich im Arbeitsplatzwettbewerbsmodell nach ihrer relativen Stellung in der »Arbeitskräfteschlange«. In diese Warteschlange werden die potenziellen Arbeitskräfte von den Arbeitgebern nach den Ausbildungskosten eingereiht, die im Falle ihrer Beschäftigung auf einem bestimmten Arbeitsplatz zu erwarten sind. Die vordersten Plätze der Arbeitskräfteschlange werden von den Arbeitskräften mit den geringsten erwarteten Ausbildungskosten eingenommen. Das Problem dabei ist, dass die Arbeitgeber keine gesicherten Informationen über die zu erwartenden Ausbildungskosten haben. Deshalb „sehen die Arbeitgeber Hintergrundmerkmale der Arbeitskräfte als einen Indikator für die zu erwartenden Ausbildungskosten und versuchen dann, ihre potentiellen Arbeitskräfte entsprechend ihrer Ausbildungskosten einzustufen und einzustellen" (Thurow 1978: 131). Ein wichtiger Indikator für die Ausbildungsfähigkeit von Arbeitskräften sind ihre formalen Qualifikationen, die aber ansonsten keine Rolle für die Produktivität der Arbeitskräfte spielen. Darüber hinaus finden beinahe zwangsläufig Diskriminierungsprozesse statt, die nur schwerlich mit der Ideologie der Leistungsgesellschaft zu vereinbaren sind (vgl. Kaufman und Hotchkiss 2000: 469-526). Bei den gegebenen Informationsdefiziten auf dem Arbeitsmarkt sind diese Formen der Diskriminierung aber z. T. ökonomisch rational oder unter bestimmten Bedingungen neutral (vgl. Thurow 1978: 128).

Nach der Theorie der dualen Arbeitsmarktsegmentation und der internen Arbeitsmärkte ist zu erwarten, dass die Beteiligung an beruflicher Weiterbildung im primären Arbeitsmarktsegment wesentlich höher liegt als im sekundären Arbeitsmarktsegment. Im Ersteren sind Qualifizierungs- und Karriereprozesse institutionell gekoppelt. Die Arbeitgeber tragen die Kosten für die berufliche Weiterbildung ihrer Arbeitskräfte. Im Letzteren werden dagegen allenfalls individuelle Weiterbildungsanstrengungen unternommen, um die Position der Arbeitskräfte in der Arbeitskräfteschlange aufgrund der Signalwirkung von Weiterbildungsaktivitäten zu verbessern. Darüber hinaus ist zu vermuten, dass die Arbeitskräftegruppen, denen hohe betriebliche Ausbildungskosten und eine geringe Beschäftigungsstabilität unterstellt werden, eine niedrigere Weiterbildungsbeteiligung aufweisen, weil sie keinen Zugang zu den Einstiegsarbeitsplätzen in den internen Arbeitsmärkten erhalten. In der Literatur werden Geringqualifizierte, Frauen, jüngere und ältere Arbeitskräfte, Schwerbehinderte, Arbeitskräfte mit lückenhaften Erwerbsverläufen, Ausländer, Angehörige von Unterschichten und anderweitig stigmatisierte Gruppen genannt (vgl. Kaufman und Hotchkiss 2000: 312; Milgrom und Roberts 1992: 360; Thurow 1978: 126).

4.2.3 Das ISF-Konzept des dreigeteilten Arbeitsmarkts

Am Münchener Institut für Sozialwissenschaftliche Forschung (ISF) haben Burkart Lutz und Werner Sengenberger zu Beginn der 1970er Jahre eine Theorie der Arbeitsmarktsegmentation entworfen, um die Besonderheiten des bundesdeutschen Arbeitsmarkts in angemessener Form zu berücksichtigen (Lutz und Sengenberger 1974; Sengenberger 1978a). Für die Abgrenzung der Arbeitsmarktsegmente war in der ursprünglichen Fassung des Konzepts vor allem eine Typologie von unterschiedlichen Qualifikationsformen ausschlaggebend, die jeweils auf den einzelnen Teilarbeitsmärkten vorherrschen (vgl. Sesselmeier und Blauermel 1997: 244). In weiterführenden Arbeiten (Lutz 1987; Sengenberger 1987) werden darüber hinaus Form und Ausmaß der *wechselseitigen* Bindung von Arbeitnehmern und Arbeitgebern als Strukturprinzipien der einzelnen Arbeitsmarktsegmente hervorgehoben (vgl. Sengenberger 1987: 117). An der Abgrenzung der Segmente hat sich durch diese Verschiebung der Perspektive jedoch nichts Grundsätzliches geändert. Die spezifische Form der Arbeitskräfteallokation bzw. der wechselseitigen Bindung von Arbeitnehmern und Arbeitgebern in den einzelnen Arbeitsmarktsegmenten ist durch die jeweils vorherrschende Form der Qualifikation bedingt. Der Zusammenhang zwischen Qualifikationsform und Arbeitskräfteallokation wird durch die Integration humankapitaltheoretischer Überlegungen in das Konzept der Arbeitsmarktsegmentation beleuchtet (Sengenberger 1978a: 2; vgl. Szydlik 1990: 32). Die spezifische Form der Arbeitsmarktsegmentation ergibt sich nach der ISF-Theorie aus den Bestrebungen der Arbeitsmarktakteure, die Rentabilität ihrer Humankapitalinvestitionen abzusichern und zu verbessern (vgl. Sengenberger 1978a: 4). Das ISF-Konzept unterscheidet jeweils einen Teilarbeitsmarkt für – erstens – unspezifische, – zweitens – betriebsspezifische und – drittens – fachspezifische Qualifikationen (vgl. Sengenberger 1978a: 58).[6]

---

6 Die drei Teilarbeitsmärkte werden aus analytischen Gründen als Idealtypen entwickelt (Sengenberger 1978a: 58-60). Dabei wird einerseits unterstellt, dass Qualifikation der einzige relevante Humankapitalfaktor auf dem Arbeitsmarkt ist. Andererseits wird angenommen, dass bei den Ar-

1. Der Teilarbeitsmarkt für unspezifische Qualifikationen wird auch als unstrukturiertes Arbeitsmarktsegment oder als »Jedermannsarbeitsmarkt« bezeichnet. Als Voraussetzungen für die Entstehung und Existenz von Jedermannsarbeitsmärkten werden eine hohe Variabilität von Arbeitskräfteangebot und -nachfrage, arbeitsintensive Produktionsformen und ein geringer Beschäftigungsgrad angesehen (Sengenberger 1978a: 61-2). Die Qualifikationen, die hier Bedeutung besitzen, sind genereller Natur. Es handelt „sich um zivilisatorische Grundbefähigungen (z. B. sprachliche Kenntnisse) und ein Mindestmaß physischer Leistungsfähigkeit und Arbeitsdisziplin" (Sengenberger 1978a: 65). Arbeitsplatzwechsel innerhalb des Jedermannsarbeitsmarkts sind deshalb nicht mit zusätzlichen Ausbildungskosten verbunden. Die Allokationsmechanismen auf dem Jedermannsarbeitsmarkt sind die gleichen wie im sekundären Segment bei der dualen Arbeitsmarktsegmentation bzw. wie im neoklassischen Standardmodell. Weil qualifikatorische Mobilitätsbarrieren fehlen, spielt der Lohnmechanismus bei der Arbeitskräfteallokation eine bedeutende Rolle (Sengenberger 1978a: 63). Es genügen bereits geringe Lohndifferenziale, um die Arbeitskräfte zu einem Wechsel zu bewegen. Deshalb ist von einer geringen Beschäftigungsstabilität auszugehen. Für die Arbeitgeber besteht kein Grund, in die berufliche Weiterbildung ihrer Mitarbeiter zu investieren, weil – erstens – keine spezifischen Qualifikationsanforderungen existieren, – zweitens – die geringe Beschäftigungsstabilität solche Investitionen gefährden würde und – drittens – bei einem niedrigen Beschäftigungsgrad kein Anlass besteht, Produktionsformen umzustellen und Arbeitskräfte durch spezifische Qualifizierung an das Unternehmen zu binden.

2. Die Teilarbeitsmärkte für betriebsspezifische Qualifikationen werden auch betriebsinterne, betriebszentrierte oder einfach betriebliche Arbeitsmärkte genannt (vgl. Blossfeld und Mayer 1988: 265; Szydlik 1990: 38-44). Betriebliche Arbeitsmärkte entsprechen im Wesentlichen den internen Arbeitsmärkten (siehe oben). Die Qualifikationen, die hier gehandelt werden, sind in dem Sinne spezifisch, als dass sie in anderen Betrieben bzw. Unternehmen nicht verwertbar sind (Sengenberger 1978a: 77). Sie müssen in betrieblichen Qualifizierungsprozessen erzeugt werden, weil sie auf dem externen Arbeitsmarkt nicht verfügbar sind (vgl. Sengenberger 1978a: 78). Die Strategien zur Absicherung der entsprechenden Humankapitalinvestitionen, die hier zur Anwendung kommen, sind prinzipiell aus der Humankapitaltheorie bekannt (vgl. Becker 1983: 26-37; Borjas 1996: 250-78): Die

beitskräften auf den verschiedenen Teilarbeitsmärkten jeweils ausschließlich betriebs-, fach- oder unspezifische Qualifikationen zählen.

Arbeitnehmer werden sowohl an den Kosten als auch an den langfristigen Erträgen beruflicher Weiterbildung beteiligt (Sengenberger 1978a: 85). Darüber hinaus werden die betrieblichen Humankapitalinvestitionen durch die Aussicht des sozialen Aufstiegs über die Mobilitätsketten des internen Arbeitsmarkts gesichert. Diese Strategien dienen dazu, die Opportunitätskosten eines Austritts betriebsspezifisch qualifizierter Arbeitnehmer zu erhöhen. Zusätzlich versuchen die Arbeitgeber, ihre Humankapitalinvestitionen durch die Auswahl geeigneter Arbeitskräfte für die Einstiegsarbeitsplätze in den betrieblichen Arbeitsmarkt zu sichern. Dabei kommen die Filter-, Signal- und Diskriminierungsmechanismen zum Tragen, die oben in Bezug auf den Zugang zum primären Arbeitsmarktsegment erläutert wurden. Demnach steht zu erwarten, dass die Angehörigen betrieblicher Arbeitsmärkte häufig an betrieblicher Weiterbildung teilnehmen, dass die Arbeitskräfte an den Kosten für die betriebliche Weiterbildung beteiligt werden und dass bestimmte Arbeitskräftegruppen (siehe oben) in den betrieblichen Arbeitsmärkten und damit auch in der betrieblichen Weiterbildung unterrepräsentiert sind.

3. Für den Teilarbeitsmarkt für fachspezifische Qualifikationen werden auch die Bezeichnungen fachlicher oder berufsfachlicher Arbeitsmarkt verwendet. In der Berücksichtigung eines berufsfachlichen Arbeitsmarktsegments ist der wesentliche Unterschied zwischen dem ISF-Konzept und dem der dualen Arbeitsmarktsegmentation zu sehen (vgl. Sengenberger 1978a: 77-92). Die Struktur dieses Segments und die dort herrschenden Prinzipien der Arbeitskräfteallokation sind auf das bundesdeutsche System der Berufsausbildung zugeschnitten. Dieses zeichnet sich durch einen hohen Grad an Standardisierung und beruflicher Spezifität aus (vgl. Allmendinger und Aisenbrey 2002: 56; Allmendinger und Hinz 1997: 253-4; Müller 2000: 67-8). Im Gegensatz zum betrieblichen Arbeitsmarktsegment erfolgt hier die Ausbildung überwiegend in formellen, überbetrieblich standardisierten und beruflich spezifizierten Ausbildungsgängen und nicht durch betriebliche Weiterbildung. Die Eignung für die Arbeitsplätze in einem bestimmten berufsfachlichen Arbeitsmarktsegment wird den Absolventen entsprechender Ausbildungsgänge mit einem Zertifikat verbrieft. Der Arbeitsplatzwechsel zwischen verschiedenen Betrieben im gleichen berufsfachlichen Arbeitsmarktsegment ist mit einem solchen Zertifikat ohne zusätzliche Ausbildungskosten möglich. Arbeitgeber in einem berufsfachlichen Arbeitsmarkt haben kein Interesse daran, in die berufliche Weiterbildung ihrer Arbeitskräfte zu investieren, denn die notwendigen Qualifikationen werden auf dem externen berufsfachlichen Arbeitsmarkt bereitgestellt. Die Investiti-

onskosten für berufsfachliches Humankapital liegen deshalb allein bei den Arbeitskräften. In den berufsfachlichen Arbeitsmärkten ist die Beteiligung an beruflicher Weiterbildung geringer als in den betrieblichen Arbeitsmärkten. Wenn die Angehörigen eines berufsfachlichen Arbeitsmarktsegments an beruflicher Weiterbildung teilnehmen, so wird es sich in dem Sinne um individuelle Weiterbildung handeln, als hier die Teilnehmer selbst für die Kosten der Weiterbildung aufkommen, und nicht um betriebliche Weiterbildung, bei der die Kosten zwischen Arbeitgebern und Arbeitnehmern aufgeteilt werden. Individuelle berufliche Weiterbildung wird für die einzelnen Arbeitskräfte auf dem berufsfachlichen Arbeitsmarkt dann notwendig, wenn beispielsweise die technologische Entwicklung zu einer Veränderung der berufsfachlichen Ausbildung geführt hat. In diesem Fall müssen ältere Arbeitskräfte ihre Qualifikation anpassen, um mit den jüngeren Arbeitskräften, die ihre Ausbildung gerade abgeschlossen haben, auf dem berufsfachlichen Arbeitsmarkt konkurrieren zu können.

Zusammenfassend lassen sich einige Hypothesen zur Weiterbildungsbeteiligung formulieren (vgl. Becker 1991: 354; Becker 1993: 65-68; Buchmann et al. 1999: 21-6): Auf das Feld der beruflichen Weiterbildung insgesamt bezogen, ist die Beteiligung im betrieblichen Arbeitsmarktsegment am höchsten und im unstrukturierten am niedrigsten. Im fachlichen Arbeitsmarktsegment liegt sie dazwischen (vgl. Leemann 1999: 222). Nach Weiterbildungsbereichen getrennt liegt die Beteiligung an betrieblicher Weiterbildung im betrieblichen Arbeitsmarktsegment höher als im berufsfachlichen. Dagegen ist anzunehmen, dass die Beteiligung an Maßnahmen individueller beruflicher Weiterbildung im berufsfachlichen Arbeitsmarktsegment weiter verbreitet ist. Die Beteiligung an beruflicher Weiterbildung steigt mit der Höhe der schulischen und beruflichen Ausbildung, die in der Regel vor dem Eintritt in das Erwerbsleben erworben wird, weil die Segmentzugehörigkeit von der erworbenen Ausbildung abhängig ist. Berufliche Bildungsabschlüsse sind einerseits die Voraussetzung für den Zugang zu den berufsfachlichen Arbeitsmärkten. Andererseits sind Bildungsabschlüsse generell eines der wichtigsten Signale für die weitere Ausbildungsfähigkeit von Arbeitskräften und damit ein wesentliches Kriterium für das weiterbildungsintensive betriebliche Arbeitsmarktsegment. Die Überlegungen zur Institutionalisierung interner bzw. betrieblicher Arbeitsmärkte weisen darauf hin, dass bestimmte Gruppen von Arbeitskräften aufgrund von Mechanismen statistischer Diskriminierung vom Zugang zu betrieblichen Arbeitsmärkten ausgeschlossen sind (siehe oben). Demnach werden die entsprechenden Gruppen auch durch eine geringere Beteiligung an beruflicher und insbesondere an betrieblicher Weiterbildung gekennzeichnet sein. Es handelt sich beispielsweise um Frauen, jüngere und ältere Arbeitskräfte oder solche mit instabilen Beschäftigungsverläufen.[7] Weil die Bedeutung von internen Arbeitsmärkten für die betriebliche Arbeitskräfteallokation mit der Betriebsgröße zunimmt, dürfte auch die Beteiligung an betrieblicher Weiterbildung mit der Betriebsgröße wachsen. Wenn man annimmt, dass die Produktion in größeren Betrieben kapital- und technologieintensiver ist als in kleinen Betrieben, lässt sich das Argument auch auf die individuelle berufliche Weiterbildung übertragen. Die Auswirkungen der allgemeinen und beruflichen Ausbildung und des Lebensalters auf die Beteiligung an beruflicher Weiterbildung lassen sich in Bezug auf die humankapitaltheoretischen Überlegungen abschätzen, die im ISF-Konzept des dreigeteilten Arbeitsmarkts integriert sind (vgl. Sengenberger 1978a: 41-7). Die Humankapitalinvestitionen nehmen mit der Höhe der bislang erzielten allgemeinen und beruflichen Bildungsabschlüsse zu, weil eine höhere Vorbildung einen größeren Ertrag der beruflichen Weiterbildung erwarten lässt und die bereits erworbenen Qualifikationen einer stärkeren Gefahr ausgesetzt sind, von technologischen Entwicklungen entwertet zu werden (vgl. Behringer 1999: 57). Die Beteiligung an beruflicher Weiterbildung wächst mit steigendem Lebensalter zunächst an, weil der Bedarf an beruflicher Weiterbildung mit einem größeren Zeitabstand zur allgemeinen und beruflichen Ausbildung größer wird. Im höheren Lebensalter geht die Beteiligung an beruflicher Weiterbildung dann allerdings wieder zurück, weil sich der Zeitraum verkürzt, über den sich die Investitionen in berufliche Weiterbildung amortisieren können (vgl. Behringer 1999: 56-7).

4.2.4 Arbeitsmarktsegmente in der empirischen Forschung

Empirische Studien zur Arbeitsmarktsegmentation in der Bundesrepublik greifen in der Regel auf das ISF-Konzept des dreigeteilten Arbeitsmarkts zurück (Blossfeld und Mayer 1988; Seifert 1996; Szydlik 1990). Besondere Beachtung hat dabei der Vorschlag von Blossfeld und Mayer gefunden, die entsprechenden Arbeitsmarktsegmente durch Informationen zu den Qualifikationsanforderungen am Arbeitsplatz einerseits und zur Betriebsgröße andererseits abzugrenzen (1988: 266). Beide Variablen werden dichotomisiert und miteinander gekreuzt, so dass eine Typologie von Arbeitsplätzen entsteht, die den Umfang und die Grenzen der einzelnen Teilarbeitsmärkte bestimmt. Zu unterscheiden sind Arbeitsplätze mit hohen Qualifikationsanforderungen in kleinen Betrieben (berufsfachlicher Arbeitsmarkt) sowie in großen Betrieben (betrieblicher Arbeitsmarkt). Die Arbeitsplätze mit niedrigen Qualifikationsanforderungen (Jedermannsarbeitsmarkt) werden ebenfalls nach der Betriebsgröße getrennt, um die Austauschbeziehungen

7 Ausländische Arbeitskräfte werden hier aus pragmatischen Gründen nicht behandelt, weil die empirischen Analysen auf eine Stichprobe von deutschen Staatsangehörigen bezogen sind.

zwischen dem betrieblichen Arbeitsmarktsegment und dem Jedermannsarbeitsmarkt in großen Betrieben genauer untersuchen zu können.[8] Weil die Qualifikationsanforderungen am Arbeitsplatz in der von Blossfeld und Mayer verwendeten Lebensverlaufsstudie nicht direkt erfragt wurden, folgen die Autoren dem so genannten »objektiven« Ansatz zur Messung von Qualifikationsanforderungen (vgl. Pollmann-Schult und Büchel 2002: 79-80).[9] Die neueren empirischen Studien zur Arbeitsmarktsegmentation folgen prinzipiell dem Vorschlag von Blossfeld und Mayer bei der Operationalisierung von Teilarbeitsmärkten (vgl. Seifert 1996; Szydlik 1990). Da sie allerdings den Datenbestand des sozio-ökonomischen Panels nutzen, können sie auf den »subjektiven« Ansatz zur Messung von Qualifikationsanforderungen zurückgreifen, der den Befragten selbst die Einschätzung des Anforderungsniveaus ihrer Arbeitsplätze überlässt. Im SOEP steht die Skala der erforderlichen Ausbildung im Beruf zur Verfügung, die durch eine direkte Frage nach dem Anforderungsniveau der beruflichen Tätigkeit der Befragten zustande kommt.

Das ISF-Konzept des dreigeteilten Arbeitsmarkts findet auch in einer ganzen Reihe von deutschen und schweizerischen Studien zur Beteiligung an beruflicher Weiterbildung Verwendung (siehe oben). Hier ist zwischen Studien zu unterscheiden, die das Konzept in der Operationalisierung nach Blossfeld und Mayer (1988) direkt in der statistischen Analyse einsetzen (Becker 1993; Becker und Schömann 1996, 1999; Leemann 1999; Schömann und Becker 1995, 1998), und solchen Studien, die das Konzept lediglich zur Ableitung von Hypothesen über potenzielle Determinanten beruflicher Weiterbildung nutzen (Becker 1991; Buchmann et al. 1999). Bei den folgenden Überlegungen gilt es, die Vor- und Nachteile abzuwiegen, die mit einer Verwendung des Segmentationsindikators von Blossfeld und Mayer (im Folgenden »BMI«) bzw. mit dem Verzicht darauf verbunden sind.

Ein Vorteil bei der Verwendung des BMI ist sicher die Kohärenz von theoretischer Darstellung und empirischer Analyse. Darüber hinaus lassen sich die Ergebnisse mit eingeführten Begriffen darstellen und auf einfache Weise mit Resultaten aus den oben angeführten Studien vergleichen. Auf einen in meinen Augen gewichtigen Nachteil hat jedoch bereits Szydlik (1990: 49-67) hingewiesen, der im Vorfeld seiner eigentlichen Analysen den subjektiven und den objektiven Ansatz zur Messung der Qualifikationsanforderungen miteinander verglichen hat. Die

8 Dahinter steht die Frage, ob die Beschäftigung auf dem Jedermannsarbeitsmarkt eines großen Betriebs bessere Chancen vermittelt, in die internen Arbeitsmärkte dieses Betriebs aufzusteigen, als die Beschäftigung in einem anderen, kleineren Betrieb. Es zeigt sich jedoch, „daß der Aufstieg vom Jedermannsarbeitsmarkt in großen Betrieben zum betriebsspezifischen Arbeitsmarkt viel seltener innerbetrieblich vermittelt ist" (Blossfeld und Mayer 1988: 273) als die Autoren erwartet hatten.

9 Dabei schätzen Blossfeld und Mayer das Qualifikationsniveau der Arbeitsplätze auf der Basis der ISCO-kodierten Angaben zu den beruflichen Tätigkeiten der Arbeitskräfte ein (1988: 268).

Größenverhältnisse der Arbeitsmarktsegmente unterscheiden sich beträchtlich, je nachdem welcher Ansatz gewählt wird. Außerdem finden sich in den theoretischen Arbeiten wenig Anhaltspunkte, bei welcher Betriebsgröße eine Trennung von großen und kleinen Betrieben vorzunehmen ist. Deshalb steht zu befürchten, dass die Ergebnisse von empirischen Segmentationsanalysen mit dem BMI von mehr oder minder willkürlichen Entscheidungen des jeweiligen Forschers bzw. von der Klassifikation der Betriebsgröße in den verwendeten Datensätzen abhängig sind. Ein weiterer Nachteil des BMI ist darin zu sehen, dass er die Dimension des beruflichen Status, die in der Skala der erforderlichen Ausbildung im Beruf ebenfalls zum Ausdruck kommt, in ein primäres und ein sekundäres Arbeitsmarktsegment dichotomisiert. Damit dürfte ein erheblicher Informationsverlust verbunden sein, wenn es beispielsweise darum geht, das Ausmaß sozialer Ungleichheiten in der Beteiligung an beruflicher Weiterbildung mit logistischen Regressionsmodellen abzuschätzen (vgl. Leemann 1999). Einen differenzierteren Indikator des beruflichen Status zusätzlich zum BMI zu verwenden, ist keine Lösung, weil sich die Statusdimensionen beider Konstrukte gegenseitig überlagern und die Ergebnisse auf der Ebene der Effektkoeffizienten nur noch schwer zu interpretieren sind.

Als Alternative zur Verwendung des BMI bietet sich eine getrennte und differenzierte Berücksichtigung der erforderlichen Ausbildung im Beruf und der Betriebsgröße an. Eine segmentationstheoretische Interpretation der Ergebnisse mag bei dieser Vorgehensweise etwas mühsamer sein, ist aber prinzipiell möglich. Der Vorteil liegt darin, dass auf die Erklärungsleistung der differenzierten Skalen nicht a priori verzichtet wird. Darüber hinaus ist es möglich, durch die Definition von Interaktionseffekten zwischen der Betriebsgröße und der erforderlichen Ausbildung im Beruf zu testen, ob eine Kombination der beiden Variablen überhaupt relevante Effekte auf die Beteiligung an beruflicher Weiterbildung ausübt. Ein weiterer Grund für die Verwendung einer differenzierten Version der Skala der erforderlichen Ausbildung im Beruf ist spezifisch für die vorliegende Arbeit. Sie ist ein zentrales Konzept der empirischen Analysen weiterer Aspekte der Karrieremobilität. Insofern erscheint die Verwendung einer differenzierten Version dieses Konstrukts schon aus Gründen der Stringenz geboten.

4.3 Daten und Konzepte

4.3.1 Datenbasis

Die Datenbasis meiner Sekundäranalysen zur Teilnahme an beruflicher Weiterbildung ist das sozio-ökonomische Panel (SOEP). Das SOEP ist eine Wiederholungsbefragung, die in den alten Bundesländern bereits seit 1984 durchgeführt wird und schon im Frühjahr 1990 – noch vor der Wirtschafts-, Währungs- und Sozialunion – auf das Gebiet der ehemaligen DDR ausgeweitet wurde (vgl. Rosenbladt und Schupp 1991; SOEP Group 2001). Neben dem jährlich wiederholten Kernbestand von Fragen, die sich vor allem auf die Erwerbs-, Berufs- und Einkommenssituation der Befragten beziehen, werden in den einzelnen Erhebungswellen besondere Themenbereiche vertieft, die z. T. in loser Folge wiederholt werden. In den Jahren 1989, 1993 und 2000 wurden jeweils Schwerpunktbefragungen zur beruflichen Weiterbildung mit weitgehend identischem oder zumindest sehr ähnlichem Fragenprogramm durchgeführt (siehe unten). Erhoben wurden Informationen zu den Aktivitäten, Motiven und Bewertungen beruflicher Weiterbildung (vgl. Behringer 1995, 1996, 1998, 1999; Pischke 2000). Dabei geht es beinahe ausschließlich um Formen der fremdorganisierten, formellen beruflichen Weiterbildung, wie sie durch die oben dargestellte Definition des Deutschen Bildungsrats abgedeckt werden (1972: 197).

In dieser Hinsicht ist das SOEP für die akademische Sozialforschung eine der wichtigsten Informationsquellen zum Thema berufliche Weiterbildung. Diese Tatsache ist einerseits auf die besonderen Stärken des SOEP – vor allem das Längsschnittdesign – und andererseits auf die Schwächen der öffentlichen Weiterbildungsstatistiken (vgl. Faulstich und Gnahs 2001; Gnahs 1999) zurückzuführen. Für die amtlichen Weiterbildungsstatistiken sind Strukturprobleme im Bereich der Verfügbarkeit und der föderalen Integration festzustellen. Die Trägerstatistiken (z. B. der Volkshochschulen und der Verbände) konzentrieren sich auf die Angebotsseite des Weiterbildungsmarkts und decken nur einen kleinen Teilbereich dieses Markts ab. Die Bevölkerungsumfragen zum »Berichtssystem Weiterbildung« (vgl. Kuwan 1997; Kuwan et al. 2003) werden regelmäßig in einem dreijährigen Turnus durchgeführt und bilden das Teilnahmeverhalten der Bevölkerung auf der Nachfrageseite des Weiterbildungsmarkts ab. Die Ergebnisse werden allerdings nur in Form von Berichten veröffentlicht und die Rohdaten sind der akademischen Sozialforschung nicht allgemein zugänglich.[10] Die Folge ist eine Unterauswertung des Datenbestands des Berichtssystems, vor allem, was die Verwendung von multivariaten Analyseverfahren angeht. Neben den genannten Informationsquellen existieren die so genannten Forschungsstatistiken, zu denen auch das SOEP gehört (vgl. Gnahs 1999). Im Hinblick auf das Teilnahmeverhalten der Bevölkerung sind hier vor allem die BIBB / IAB-Erhebungen relevant. Gegenüber den BIBB / IAB-Erhebungen hat das SOEP den Vorteil, dass die neuen Erhebungswellen der Sozialforschung zeitnah zur Verfügung gestellt werden, während die BIBB / IAB-Erhebungen zunächst einmal von den Primärforschungs-

10 Im Datenbestandskatalog des Zentralarchivs für empirische Sozialforschung in Köln ist nur das Berichtssystem Weiterbildung 1988 verzeichnet.

einrichtungen ausgewertet werden. Ein weiterer Vorteil des SOEP gegenüber den BIBB / IAB-Erhebungen liegt im Längsschnittdesign des SOEP, das besondere Möglichkeiten bietet, Informationen zum Weiterbildungsverhalten der Befragten mit anderen Informationen aus dem vorherigen und weiteren Erwerbsverlauf der Befragten zu verbinden.

4.3.2 Berufliche Weiterbildung im SOEP

Die Befragungsschwerpunkte zur beruflichen Weiterbildung im SOEP sind – unabhängig von ihrem Erwerbsstatus – an Personen gerichtet, die älter als 15 und jünger als 65 Jahre sind. Weil in der vorliegenden Arbeit auf verschiedene Detailinformationen der einzelnen Befragungsschwerpunkte zur beruflichen Weiterbildung zurückgegriffen wird, ist ein kurzer Überblick über das Fragenprogramm aus dem Jahr 2000 angebracht.[11] Zunächst werden zwei einführende Fragen zu potenziellen Motiven der Teilnahme und der Nichtteilnahme an beruflicher Weiterbildung gestellt. Danach beginnt der zentrale, retrospektive Fragenkomplex zu den Aktivitäten beruflicher Weiterbildung in den letzten drei Jahren:

> „Wenn man sich beruflich weiterbilden will, gibt es dafür verschiedene Möglichkeiten. Denken Sie einmal an die letzten drei Jahre. Haben Sie für Ihre eigene berufliche Weiterbildung in dieser Zeit …
>
> - regelmäßig Fachzeitschriften oder Fachbücher gelesen?
> - Fachmessen oder Kongresse besucht?
> - an berufsbezogenen Lehrgängen oder Kursen teilgenommen, einschließlich solchen, die derzeit noch laufen?“

Falls die Befragten angeben, in den letzten drei Jahren an berufsbezogenen Lehrgängen oder Kursen teilgenommen zu haben, wird zunächst nach der Anzahl der absolvierten Maßnahmen gefragt und im Anschluss werden eine Reihe von Detailinformationen zu den letzten, maximal drei Kursen erhoben.[12] Dabei geht es um Beginn, Dauer, Volumen, Zweck, Zertifizierung, Träger, Kosten der Kurse und um die Frage, ob sie während der Arbeitszeit stattgefunden haben. Abschließend werden die Befragten – nun wieder mit Bezug auf alle absolvierten Maßnahmen – um eine Bewertung des beruflichen Nutzens ihrer Weiterbildungsaktivitäten gebeten (vgl. Behringer 1996).

---

11 Der Überblick orientiert sich an der Darstellung des Fragenprogramms von 1989 bei Pischke (2000: 2-5). Der Fragebogen zum Erhebungsschwerpunkt 1993 ist bei Behringer (1999) abgedruckt. Die neueren Fragebögen des SOEP sind beim Deutschen Institut für Wirtschaftsforschung unter `www.diw.de` erhältlich.

12 In der vorliegenden Arbeit werden die Begriffe »Maßnahmen«, »Kurse« oder »Lehrgänge« in Bezug auf fremdorganisierte, formelle Aktivitäten beruflicher Weiterbildung synonym verwendet.

Die Diskussion der Segmentationsansätze im vorausgegangenen Kapitel hat gezeigt, dass unterschiedliche Formen beruflicher Weiterbildung in konstitutiver Weise mit der Abgrenzung und Reproduktion verschiedener Teilarbeitsmärkte verbunden sind. Deshalb dürfte die Beteiligung an beruflicher Weiterbildung in unterschiedlichen Arbeitsmarktsegmenten jeweils eigenen institutionellen Regeln folgen. Für die Bundesrepublik lassen sich die Verbindungslinien zwischen Arbeitsmarktsegmentation und den relevanten Teilbereichen der beruflichen Weiterbildung (vgl. Sauter 1989) am Konzept des dreigeteilten Arbeitsmarkts von Lutz und Sengenberger aufzeigen (vgl. Becker 1993: 65-8). Auf dem betriebsspezifischen Arbeitsmarkt sollte die betriebliche Weiterbildung vorherrschen, weil hier spezifische Qualifikationen benötigt werden, die in anderen Unternehmen nicht verwertbar sind. Die individuelle berufliche Weiterbildung dürfte im berufsspezifischen Arbeitsmarkt im Vordergrund stehen, weil hier die Arbeitskräfte für die notwendigen Anpassungen ihrer berufsfachlichen Qualifikationen selbst verantwortlich sind. Die AFG-geförderte berufliche Weiterbildung sollte sich dagegen auf den unspezifischen Arbeitsmarkt konzentrieren, weil vom Arbeitsamt finanzierte Fortbildungen und Umschulungen das Ziel verfolgen, Arbeitslose für den Einstieg in den berufsfachlichen Arbeitsmarkt zu qualifizieren.

Behringer (1998, 1999) hat einen Vorschlag ausgearbeitet, wie sich Aktivitäten der betrieblichen und der individuellen Weiterbildung, als spezielle Formen beruflicher Weiterbildung, mit den Schwerpunkterhebungen des SOEP zumindest ansatzweise unterscheiden lassen (zur Problematik dieser Unterscheidung siehe unten). Demnach lassen sich mit den SOEP-Daten die Teilbereiche der individuellen und der betrieblichen Weiterbildung abbilden. Der Teilbereich der AFG-geförderten Weiterbildung lässt sich allerdings nicht angemessen beschreiben, weil hierzu die Fallzahlen nicht ausreichen.[13] Wie einleitend bereits erwähnt, beschränken sich die folgenden Analysen deshalb auf die individuelle und die betriebliche sowie die berufliche Weiterbildung insgesamt.

Bei der Operationalisierung von betrieblicher und individueller Weiterbildung stellt sich folgendes Problem: Eine trennscharfe Abgrenzung der Teilnahme an der einen oder der anderen Form der beruflichen Weiterbildung ist weder auf der Ebene der einzelnen Maßnahmen noch auf der Ebene der Teilnehmer möglich (vgl. Behringer 1999: 109-10). Teilnehmer können an mehreren Maßnahmen teilnehmen, die verschiedenen Teilbereichen beruflicher Weiterbildung zuzurech-

13 Obwohl Maßnahmen der AFG-geförderten beruflichen Weiterbildung (Fortbildung und Umschulung) in der Regel relativ lange dauern und für die einzelnen Teilnehmer ein hohes Volumen beruflicher Weiterbildung mit sich bringen, sind sie im Hinblick auf die Anzahl der Teilnahmefälle von untergeordneter Bedeutung (vgl. Behringer 1999: 109, Fn. 84). In sozialwissenschaftlichen Umfragen mit Surveycharakter und den üblichen Stichprobengrößen sind sie in der Regel nicht mit einer Fallzahl vertreten, die spezifische Analysen ermöglicht.

nen sind. Sie sind dann sowohl Teilnehmer betrieblicher Weiterbildung als auch individueller Weiterbildung. Bei der Unterscheidung von individueller und betrieblicher Weiterbildung auf der Ebene der einzelnen Maßnahmen können unterschiedliche Kriterien angelegt werden. Relevante Informationen beschreiben, ob die Initiative zur Weiterbildung von den Arbeitskräften oder den Unternehmen ausgegangen ist, in welcher Weise die Weiterbildungskosten zwischen den Unternehmen und den Arbeitskräften aufgeteilt wurden oder ob und zu welchem Anteil die Maßnahme während der Arbeitszeit durchgeführt wurde. Es ist eher die Ausnahme als die Regel, dass alle diese Informationen eindeutig und konsistent auf individuelle oder betriebliche Weiterbildung schließen lassen. Jenseits der analytischen Unterscheidung von Arbeitsmarktsegmenten und Weiterbildungsbereichen ergeben sich Mischformen beruflicher Weiterbildung, deren Existenz auch für die soziale Wirklichkeit der Arbeitswelt plausibel anzunehmen ist.[14]

Die Möglichkeiten einer sinnvollen und für alle drei Untersuchungsperioden konsistenten Operationalisierung von individueller und betrieblicher Weiterbildung im SOEP sind mit den Veränderungen im Fragenprogramm der Schwerpunkterhebungen zur beruflichen Weiterbildung verknüpft. Im Vergleich zu den beiden älteren Erhebungsschwerpunkten wurden Veränderungen des Fragenprogramms vor allem im Jahr 2000 vorgenommen. Sie sind zwar prinzipiell positiv zu bewerten, weil sie die Informationen zu den im Einzelnen absolvierten Maßnahmen beruflicher Weiterbildung präzisieren. Für eine konsistente Unterscheidung von individueller und betrieblicher Weiterbildung werfen sie jedoch Probleme auf. Im Vergleich zu den älteren Schwerpunkterhebungen wurden im Jahr 2000 einige Fragen gestrichen und das Konzept zur Erhebung der Detailinformationen zu den einzelnen absolvierten Weiterbildungsmaßnahmen teilweise umgestellt. In den älteren Befragungswellen wurden die Informationen zum Träger und zur Finanzierung der einzelnen absolvierten Kurse nicht für alle angegebenen Maßnahmen erhoben, sondern nur für eine einzige. Zu diesem Zweck wurden die Untersuchungspersonen, die die Teilnahme an mehr als einem Kurs angegeben hatten, nach der beruflich wichtigsten Maßnahme gefragt. Daraufhin wurden die Informationen zur Trägerschaft, Finanzierung und zu einigen weiteren Sachverhalten nur noch für die beruflich wichtigste Maßnahme erhoben. Leider versäumte man im Erhebungsschwerpunkt 2000, nach dem beruflich wichtigsten Kurs zu fragen, so dass die Informationen zur Trägerschaft und Finanzierung der Weiterbildungsmaßnahmen insgesamt zwischen den einzelnen Schwerpunkterhebungen nur noch bedingt vergleichbar sind. Weil die Veränderungen im Fragen-

14 Die Inhalte einer spezifischen Weiterbildungsmaßnahme können sich beispielsweise aus allgemeinen und betriebsspezifischen Komponenten zusammensetzen, wenn die allgemeinen Qualifikationen Voraussetzung für den Erwerb der betriebsspezifischen Qualifikationen sind. In solchen Fällen sind viele Kombinationen von Initiative, Kosten- und Zeitaufteilung vorstellbar.

programm wesentliche Kriterien zur Unterscheidung von individueller und betrieblicher Weiterbildung betreffen, sind dadurch auch die Möglichkeiten einer konsistenten Operationalisierung dieser Formen beruflicher Weiterbildung über die einzelnen Schwerpunkterhebungen hinweg eingeschränkt.

Die bisherigen Forschungsarbeiten zur Weiterbildungsbeteiligung auf der Basis des SOEP, die zwischen betrieblicher und individueller Weiterbildung unterscheiden, stützen sich einerseits auf die Schwerpunktbefragung von 1989 (vgl. Pischke 2000) und andererseits auf die von 1993 (vgl. Behringer 1998, 1999).[15] Zur Abgrenzung von individueller und betrieblicher Weiterbildung bzw. zur Identifikation betrieblicher Weiterbildung werden in beiden Fällen Informationen zur Trägerschaft, zur Finanzierung und zum Arbeitszeitbezug verwendet, die in beiden Schwerpunktbefragungen in vergleichbarer Weise erhoben wurden.[16] Beide Forschungsarbeiten stehen zumindest teilweise in der Tradition der Bildungsökonomie (vgl. Maier 1994; Timmermann 2002; Weiß 2002). Insofern steht bei der Unterscheidung von individueller und betrieblicher Weiterbildung die humankapitaltheoretische Frage im Vordergrund, wer die Kosten der Weiterbildung trägt: Werden sie von den Arbeitskräften getragen, von den Unternehmen, oder werden sie zwischen den beiden Akteuren aufgeteilt?[17] Vor dem Hintergrund dieser Frage wird nicht nur das Kriterium der Finanzierung verwendet, auch die Kriterien der Trägerschaft und des Arbeitszeitbezugs werden diesbezüglich interpretiert. Denn berufliche Weiterbildung kann nicht nur direkte Kosten verursachen, sondern auch indirekte oder Opportunitätskosten. Dabei wäre auf Seiten der Unternehmen beispielsweise an Kosten zu denken, die durch eine Freistellung der Weiterbildungsteilnehmer von der Arbeit und Lohnfortzahlung entstehen. Auf Seiten der Arbeitskräfte wäre dagegen an den Einkommensverzicht zu denken, der mit der Teilnahme an beruflicher Weiterbildung verbunden sein kann. Dazu können weitere Kosten kommen, die noch erheblich schwieriger zu messen sind als direkte und indirekte monetäre Kosten. Zu denken wäre etwa an psychische Belastungen durch die Weiterbildungsteilnahme u. Ä.

---

15 Mir sind bisher nur solche Auswertungen des Erhebungsschwerpunkts aus dem Jahr 2000 bekannt, die nicht zwischen individueller und beruflicher Weiterbildung differenzieren (vgl. z. B. Büchel und Pannenberg 2002).

16 Weder Behringer noch Pischke unternehmen allerdings den Versuch, die Mechanismen der Weiterbildungsbeteiligung in den beiden Schwerpunktbefragungen miteinander zu vergleichen.

17 Nach der Humankapitaltheorie sollten Maßnahmen der individuellen Weiterbildung überwiegend allgemeine Qualifikationen vermitteln, für deren Kosten die Arbeitskräfte aufkommen müssen (vgl. Becker 1983: 20). Maßnahmen der betrieblichen Weiterbildung sollten dagegen überwiegend spezifische Qualifikationen vermitteln, an deren Kosten (und Nutzen) die Arbeitskräfte beteiligt werden müssen, um die betrieblichen Investitionen in das Humankapital der Arbeitskräfte abzusichern (vgl. Becker 1983: 30).

Weil die Informationen zur Finanzierung beruflicher Weiterbildung in den ersten beiden Erhebungsschwerpunkten nicht für alle berichteten Teilnahmefälle zur Verfügung stehen und die Information zum beruflich wichtigsten Kurs in der letzten Schwerpunktbefragung fehlt, wird in der vorliegenden Arbeit der Versuch unternommen, betriebliche und individuelle Weiterbildung allein auf der Grundlage der Informationen zum Verhältnis von Arbeitszeit und beruflicher Weiterbildung zu identifizieren. Entsprechende Informationen zu den maximal drei ausführlich dokumentierten Weiterbildungsmaßnahmen der Befragten liegen für alle Schwerpunkterhebungen vor. Hier wurde jeweils die folgende Frage gestellt:

> „Wurde der Lehrgang / Kurs während der Arbeitszeit durchgeführt?
> - Ja, während der Arbeitszeit
> - Teils / teils
> - Nein, außerhalb der Arbeitszeit
> - Trifft nicht zu, da zu dieser Zeit arbeitslos oder nicht erwerbstätig"

Um einen Anhaltspunkt für die Validität dieses Indikators in Bezug auf die Unterscheidung von individueller und betrieblicher Weiterbildung zu erhalten, wurde er für diejenigen Weiterbildungsmaßnahmen, für die in den drei Erhebungsschwerpunkten entsprechende Informationen vorliegen, anhand der Kriterien von Trägerschaft und Finanzierung der Weiterbildung geprüft. Aus den Informationen zur Trägerschaft und zur Finanzierung wurde ein Indikator zusammengestellt, der darüber Auskunft gibt, ob die Unternehmen als Träger der Weiterbildungsmaßnahme fungierten, finanzielle Unterstützung geleistet haben, sowohl als Träger fungierten als auch finanzielle Unterstützung geleistet haben oder keines von beidem. Die Ergebnisse sind in Tabelle A.4 auf Seite 266 im Anhang für die beruflich wichtigsten Kurse der ersten beiden Befragungswellen und für sämtliche Kurse der letzten Befragungswelle dargestellt.[18] Es zeigt sich ein recht stabiles Muster.

Mehr als die Hälfte der Weiterbildungsmaßnahmen, die während der Arbeitszeit stattfanden, wurden vom Arbeitgeber nicht nur (mit-) finanziert, sondern auch veranstaltet. Nur ein geringer Anteil dieser Maßnahmen wurde vom Arbeitgeber weder finanziell unterstützt noch durchgeführt. Die Ergebnisse bestätigen die Vermutung, dass es sich bei den Maßnahmen, die vollständig während der Arbeitszeit durchgeführt wurden, zum weit überwiegenden Teil um Maßnahmen der betrieblichen Weiterbildung handelt. Bei den Kursen, die komplett außerhalb der Arbeitszeit stattfanden, sollte es sich dagegen zum überwiegenden Teil um Maßnahmen der individuellen beruflichen Weiterbildung handeln. Weil die Arbeitskräfte, die an solchen Maßnahmen teilnehmen, vergleichsweise viel Freizeit investieren, dürfte der Komponente der allgemeinen Qualifikationen bei diesen Maßnahmen

18 Auf die Darstellung der Kategorie »Trifft nicht zu« wurde verzichtet, weil jeweils nur wenige Befragte betroffen waren.

eine recht große Bedeutung zukommen. Auch diese Vermutung wird durch die Daten gestützt. Bei den jeweils wichtigsten Kursen in den ersten beiden Untersuchungsperioden wird über die Hälfte der Maßnahmen weder vom Arbeitgeber durchgeführt, noch finanziell unterstützt. Bei den letzten drei Kursen in der dritten Untersuchungsperiode ist der Eindruck etwas weniger prägnant, was aber vor allem auf den drittletzten Kurs mit relativ geringen Fallzahlen zurückzuführen ist. Die Weiterbildungsmaßnahmen, die zum Teil innerhalb und zum Teil außerhalb der Arbeitszeit durchgeführt wurden, dürften sowohl spezifische als auch allgemeine Qualifikationen vermitteln. Die entsprechenden Kurse sollten zumindest eine Komponente allgemeiner Qualifizierung enthalten, weil die Arbeitskräfte bereit sind, Freizeit für ihre Weiterbildung zu opfern. Im Durchschnitt scheint dieser allgemeinen Qualifizierungskomponente allerdings keine überragende Bedeutung zuzukommen. Je nach Untersuchungsperiode und Ordnungszahl sind nur bis zu einem Drittel der betrachteten Maßnahmen weder vom Arbeitgeber durchgeführt noch finanziell unterstützt worden. Dabei muss es sich – nach der Frageformulierung zu schließen – um Kurse handeln, für die die Arbeitskräfte freigestellt wurden, ohne jedoch Lohnfortzahlung zu erhalten. Insgesamt wird bei der Betrachtung von Tabelle A.4 deutlich, dass die betriebliche Weiterbildung in den Untersuchungsgruppen eine größere Reichweite besitzt als die individuelle Weiterbildung.

In Anlehnung an die Vorgehensweise von Behringer (1999: 109) wird betriebliche und individuelle Weiterbildung wie folgt unterschieden: Personen, die mindestens einen Kurs zur beruflichen Weiterbildung ganz oder teilweise während der Arbeitszeit besucht haben, werden als Teilnehmer an betrieblicher Weiterbildung gewertet. Personen, die mindestens einen Kurs ganz oder teilweise außerhalb der Arbeitszeit besucht haben, werden als Teilnehmer an individueller Weiterbildung gewertet. Die beiden Indikatoren überschneiden sich (vgl. Behringer 1999: 109). Einzelne Personen können sowohl als Teilnehmer an betrieblicher Weiterbildung als auch an individueller Weiterbildung gewertet werden, wenn sie an mehreren Kursen in unterschiedlichen Teilbereichen beruflicher Weiterbildung teilgenommen haben. Eine doppelte Zuordnung kann jedoch auch aufgrund der Teilnahme an einer Weiterbildungsmaßnahme erfolgen, die teilweise während der Arbeitszeit besucht wurde. Solche Teilnahmefälle werden als Mischformen beruflicher Weiterbildung interpretiert.

In Tabelle 4.1 auf der nächsten Seite sind die absoluten Häufigkeiten und die entsprechenden Teilnahmequoten für die berufliche, die betriebliche und die individuelle Weiterbildung ausgewiesen. Teilnahmequoten sind ein prozentuales Maß für die Reichweite von Weiterbildung in der Bevölkerung (Kuwan und Thebis 2001: 7). Wie Behringer (1999: 113) bereits für die Schwerpunktbefragung von 1993 gezeigt hat, ist die Reichweite der betrieblichen Weiterbildung nach den

Tabelle 4.1: Teilnahme an beruflicher Weiterbildung[a]

	Berufliche Weiterbildung		
Kennziffern	1989	1993	2000
Teilnahmefälle	706	659	785
Teilnahmequoten in %	31,8	30,3	39,4
	Betriebliche Weiterbildung		
Kennziffern	1989	1993	2000
Teilnahmefälle	559	535	607
Teilnahmequoten in %	25,2	24,6	30,5
	Individuelle Weiterbildung		
Kennziffern	1989	1993	2000
Teilnahmefälle	274	234	280
Teilnahmequoten in %	12,3	10,7	14,0

a Teilnahmefälle und -quoten an beruflicher Weiterbildung jeweils in den letzten drei Jahren vor den Schwerpunkterhebungen im SOEP.
Quelle: SOEP, eigene Berechnungen.

SOEP-Daten in allen Schwerpunkterhebungen größer als die Reichweite der individuellen Weiterbildung. Was die zeitliche Entwicklung der Weiterbildungsbeteiligung angeht, unterscheiden sich die Ergebnisse in Tabelle 4.1 von den Ergebnissen des Berichtssystems Weiterbildung (vgl. Kuwan und Thebis 2001: 21). Im SOEP stagnieren die Teilnahmequoten zwischen 1989 und 1993, steigen aber in der Schwerpunkterhebung von 2000 gegenüber 1993 um neun Prozentpunkte an. Im Berichtssystem steigen die Teilnahmequoten zwischen 1988 und 1994 um fünf Prozentpunkte und zwischen 1994 und 2000 erneut um fünf Prozentpunkte. Die Ergebnisse lassen darauf schließen, dass sich die Expansion der beruflichen Weiterbildung in den 1990er Jahren prinzipiell fortgesetzt hat. Sie scheint aber im SOEP mit einer gewissen Verzögerung zum Ausdruck zu kommen, was wahrscheinlich zu einem großen Teil auf die Ungleichzeitigkeiten der Datenerhebung zurückzuführen ist.

4.3.3 Die Selektion der Untersuchungsgruppen

Das Ziel der hier vorgelegten Analysen ist es, die Einflussfaktoren der Beteiligung an beruflicher Weiterbildung für alle drei Schwerpunkterhebungen zur beruflichen Weiterbildung zu vergleichen. Damit ist zwangsläufig eine Beschränkung der Untersuchungsgruppen auf die Angehörigen der westdeutschen Ausgangsstichproben des SOEP aus dem Jahre 1984 verbunden. Die weitere Einschränkung auf deutsche Staatsangehörige geht auf eine Beobachtung von Behringer und Jeschek (1993) zurück: Deutsche und Ausländer unterscheiden sich in Bezug auf die Einflussfaktoren ihres Weiterbildungsverhaltens deutlich voneinander (vgl. auch Behringer 1999: 105). Weil die Beteiligung an beruflicher Weiterbildung in den drei Schwerpunkterhebungen des SOEP jeweils retrospektiv für die letzten drei Jahre erhoben wurde, muss eine Analyse ihrer Einflussfaktoren einen Zeitkorridor von mindestens drei Jahren berücksichtigen, um die Lebens- und Arbeitsbedingungen der potenziellen Weiterbildungsteilnehmer mit einiger Sicherheit *vor* ihrer Weiterbildungsbeteiligung abzubilden. Als Untersuchungsperioden werden im Folgenden die Sequenzen von Erhebungswellen verstanden, die jeweils drei Jahre vor einer Schwerpunkterhebung zur beruflichen Weiterbildung im SOEP beginnen und mit der entsprechenden Schwerpunkterhebung abgeschlossen sind. Die erste Untersuchungsperiode reicht demnach von 1986 bis 1989, die zweite von 1990 bis 1993 und die letzte von 1997 bis zum Jahr 2000.

Tabelle 4.2: Selektion der Untersuchungsgruppen (Fallzahlen im SOEP, Teilstichprobe A, nach sukzessive einschränkenden Kriterien)

	Fallzahlen		
Kriterien	Periode I	Periode II	Periode III
Befragte[a]	6334	5922	5166
Deutsche	6247	5846	5097
... im erwerbsfähigen Alter	5185	4747	4073
Erwerbstätige	3108	2953	2555
... mit 20 Wochenstunden und mehr	2534	2399	2143
... mit gültigen Angaben	2223	2177	1994

a Personen, die jeweils in den Schwerpunkterhebungen und den drei vorausgegangenen Erhebungswellen befragt wurden.
Quelle: SOEP, eigene Berechnungen.

In Tabelle 4.2 sind die Auswirkungen der Selektion der Untersuchungsgruppen auf die Fallzahlen der Analyse für die einzelnen Untersuchungsperioden abzulesen. In der ersten Zeile ist die Anzahl der Angehörigen der Teilstichprobe A des SOEP wiedergegeben, die sowohl bei den Schwerpunkterhebungen zur beruflichen Weiterbildung als auch jeweils in den drei vorausgegangenen Erhebungswellen befragt wurden. Der Ausschluss der ausländischen Staatsangehörigen in der zweiten Zeile vermindert die Anzahl der Untersuchungspersonen nur unwesentlich, weil die Angehörigen der bedeutenden „Gastarbeiter"-Nationen in der gesonderten Teilstichprobe B des SOEP erfasst sind. In der dritten Zeile von Tabelle 4.2 werden die Auswirkungen einer weiteren Einschränkung sichtbar, die das Alter der Untersuchungspersonen betrifft. In den Schwerpunkterhebungen zur beruflichen Weiterbildung wurden nur Personen unter 65 Jahren berücksichtigt. Diese Restriktion ist vorgegeben, erscheint aber durchaus sinnvoll, da die berufliche Weiterbildung oberhalb des „erwerbsfähigen" Alters – auch wenn sie denn noch stattfinden sollte – eine ganz andere Bedeutung für die Teilnehmer haben dürfte als bei jüngeren Personen (vgl. Behringer 1999: 105). Die Auswahl der Untersuchungsgruppen beschränkt sich darüber hinaus auf Personen, die auch in den drei vorausgegangenen Erhebungswellen bereits im erwerbsfähigen Alter waren. Das bedeutet, dass die Untersuchungspersonen in der ersten relevanten Erhebungswelle der jeweiligen Untersuchungsperioden über 15 und unter 62 Jahre alt und bei den abschließenden Schwerpunkterhebungen über 18 und unter 65 Jahre alt sind.

Nach dem Deutschen Bildungsrat (1972: 197) markiert der Eintritt in die volle Erwerbstätigkeit in der Regel den Beginn möglicher Weiterbildung. Mit diesem formalen Kriterium ist die Teilnahme an beruflicher Weiterbildung aber nur grob von der beruflichen (Erst-) Ausbildung abzugrenzen. In der sozialen Wirklichkeit dürfte die Statuspassage in den Beruf z. T. durch Diskontinuitäten von Bildungsaktivitäten geprägt sein, die sich im Regelfall eher der beruflichen Weiterbildung oder aber der beruflichen (Erst-) Ausbildung zuordnen ließen (vgl. Witzel et al. 1996). Diese Problematik wird bereits im Strukturplan des Deutschen Bildungsrats aufgegriffen: „Die Grenzen zwischen erster Bildungsphase und Weiterbildung bleiben fließend, ein Mindestzeitraum der Erwerbstätigkeit als Voraussetzung für die Weiterbildung lässt sich nicht angeben" (1972: 197). Dazu kommt, dass eine Erwerbstätigkeit heutzutage in zunehmendem Maße als geringfügige oder Teilzeiterwerbstätigkeit parallel zu anderen Statusrollen ausgeübt wird, wie sich am Beispiel der erwerbstätigen Studierenden zeigen lässt (vgl. Schnitzer et al. 2001). Hier dürfte es häufig zur Gleichzeitigkeit von beruflicher Ausbildung (Studium) und solchen Bildungsaktivitäten kommen, die für sich genommen zweifelsfrei der beruflichen Weiterbildung zuzurechnen sind, obwohl sie noch vor dem Eintritt in die volle Erwerbstätigkeit erfolgen. Die Problematik, dass berufliche Weiterbildung eine große Bandbreite unterschiedlicher Aktivitäten umfasst und diesen Aktivitäten obendrein eine nach der Lebenssituation der Teilnehmer unterschiedliche Bedeutung zukommen kann, lässt sich nicht generell lösen. Für konkrete empirische Studien muss diese Problematik jeweils im Zusammenhang mit dem spezifischen Erkenntnisinteresse der Untersuchung bearbeitet werden.

Weil nach dem Ansatz der Segmentationstheorien darauf zu schließen ist, dass die Weiterbildungsaktivitäten von Erwerbstätigen stark von der institutionellen Einbindung ihrer Arbeitsplätze in verschiedene Teilarbeitsmärkte abhängig sind, konzentrieren sich die folgenden Analysen auf Erwerbstätige, deren Lebenssituation in vergleichsweise hohem Maße durch die Erwerbstätigkeit geprägt ist. Ausgewählt werden Personen, die sowohl zu Beginn als auch zum Ende der Untersuchungsperioden mit einer tatsächlichen Arbeitszeit von 20 Wochenstunden und mehr erwerbstätig sind.[19] Mit der Beschränkung zu Beginn der Untersuchungsperioden wird gewährleistet, dass es sich bei den entsprechenden Tätigkeiten nicht nur um Nebenjobs handelt, sondern um Tätigkeiten, von deren institutioneller Einbindung auf dem Arbeitsmarkt ein Einfluss auf die Beteiligung an beruflicher Weiterbildung zu erwarten ist. Außerdem nähert sich die spezifische Konzeption der beruflichen Weiterbildung damit der Definition des Deutschen Bildungsrats, ohne jedoch deren Konzentration auf den Eintritt in die „volle" Erwerbstätigkeit vollkommen zu übernehmen.[20] Die Weiterbildungsteilnehmer übten zu Beginn der Untersuchungsperioden – und damit größtenteils vor ihrer Teilnahme an den berichteten Maßnahmen beruflicher Weiterbildung – eine Erwerbstätigkeit von erheblichem Umfang aus. Jenseits dieser formalen Voraussetzung bleibt es den Teilnehmern überlassen, welche Aktivitäten sie für sich selbst als berufliche Weiterbildung deklarieren.

Unter den diskutierten Restriktionen ist die weitere Entwicklung der Fallzahlen für die Untersuchungsgruppen ebenfalls Tabelle 4.2 zu entnehmen. Zwischen den Gruppen, die zu Beginn und zum Ende der Untersuchungsperioden erwerbstätig sind, und denjenigen, die tatsächlich 20 Wochenstunden und mehr arbeiten, kommt es zu relativ starken Fallzahlverlusten. Sie sind nicht allein auf eine große Verbreitung von Teilzeitarbeit mit geringem Stundenvolumen zurückzuführen, sondern nicht unerheblich auch auf fehlende Werte in den Informationen zur Wochenarbeitszeit. Zu einer weiteren Reduktion der Fallzahlen kommt es, wenn diejenigen Befragten ausgeschlossen werden, bei denen Informationen in den zentralen Variablen der Analyse fehlen. Als zentrale Variablen der Analyse werden die erforderliche Ausbildung im Beruf zu Beginn und zum Ende der Untersuchungsperioden sowie die Information über die Teilnahme an Maßnahmen beruflicher Weiterbildung angesehen.

Demnach bestehen die Untersuchungsgruppen aus Personen deutscher Staatsangehörigkeit, die in den einzelnen Untersuchungsperioden durchgängig befragt wurden, sich zu Beginn und zum Ende der Untersuchungsperioden sowohl im erwerbsfähigen Alter befanden, als auch mit einer Wochenarbeitszeit von 20 Stun-

---

19 Die Restriktion zum Ende der Untersuchungsperioden zielt darauf ab, die Erwerbssituation der Befragten vor und nach der potenziellen Teilnahme an beruflicher Weiterbildung vergleichbar zu machen. Dadurch sind die Ergebnisse der folgenden Analysen zu den Einflussfaktoren beruflicher Weiterbildung in Bezug auf später durchzuführende Untersuchungen zum Zusammenhang von beruflicher Weiterbildung und Mobilitätsprozessen auf dem Arbeitsmarkt leichter einzuordnen.

20 Die Forschungsarbeiten zum Wandel der Beschäftigungsformen lassen darauf schließen, dass das Normalarbeitsverhältnis im Sinne einer dauerhaften, unbefristeten Vollzeiterwerbstätigkeit seit den frühen 1970er Jahren unter dem Einfluss der Massenarbeitslosigkeit und dem sektoralen Wandel der Erwerbsstruktur an Bedeutung verloren hat (vgl. Hoffmann und Walwei 2000; Oschmiansky und Schmid 2000).

den und mehr erwerbstätig waren und keine fehlenden Werte in den zentralen Untersuchungsvariablen aufweisen. Letztlich werden diese Selektionskriterien in der ersten Untersuchungsperiode von 2223 Personen erfüllt, in der zweiten Untersuchungsperiode von 2177 und in der dritten Untersuchungsperiode von 1994 Personen.

Die Daten werden einer Längsschnittgewichtung unterzogen, um die differenzielle Panelmortalität im Verlauf der Untersuchungsperioden so weit als möglich auszugleichen. Der Gewichtungsfaktor für eine Untersuchungsperiode G_P ist durch

$$G_P = Q_0 \times L_1 \times L_2 \times L_3 \times (f_u/f_h)$$

gegeben. Dabei stellt Q_0 ein Querschnittgewicht für die Ausgangswelle dar. L_1 bis L_3 entsprechen den Längsschnittgewichten für die drei Folgewellen. Querschnitt- und Längsschnittgewichte werden von der SOEP-Projektgruppe bestimmt und bereitgestellt. Da mit dem Faktor Q_0 eine Hochrechnung verbunden ist, werden die Tabellen mit dem Faktor (f_u/f_h) wieder an die tatsächlich erhobenen Fallzahlen angepasst, wobei f_u der ungewichteten Häufigkeit der Personen in der Untersuchungsgruppe entspricht und f_h der hochgerechneten Häufigkeit.

4.4 Strukturen und Entwicklungen der Weiterbildungsungleichheit

Im Folgenden werden Struktur und Entwicklung von Weiterbildungsaktivitäten in drei Schritten untersucht. Dabei wird jeweils nach individueller und betrieblicher Weiterbildung sowie nach beruflicher Weiterbildung insgesamt unterschieden. In einem ersten Schritt werden bivariate Analysen zwischen der Beteiligung an beruflicher Weiterbildung und ihren potenziellen Einflussfaktoren getrennt für die einzelnen Untersuchungsperioden durchgeführt, um einen ersten Eindruck zur Entwicklung der sozialen Ungleichheiten in der Weiterbildungsbeteiligung zu gewinnen. Anschließend werden die Daten für die drei Untersuchungsperioden zusammengeführt (»gepoolt«). Im zweiten Schritt werden multivariate Modelle zur Beteiligung an beruflicher Weiterbildung geschätzt, die vorläufig keine Veränderungen in den sozialen Ungleichheiten der Weiterbildungsbeteiligung über die Untersuchungsperioden unterstellen. Diese Modelle sind als zusammenfassende Beschreibung der Ungleichheitsstrukturen im Zugang zur Weiterbildung in den späten 1980er und den 1990er Jahren des vergangenen Jahrhunderts zu verstehen. Sie gewähren Einblick in Form und Wirkung der wechselseitigen Abhängigkeiten der verschiedenen Einflussfaktoren beruflicher Weiterbildung und dienen als »Baseline« für die folgenden Trendanalysen. Im dritten und letzten Schritt werden schließlich lineare Veränderungsraten für die Parameter des Baseline-Modells geschätzt. Für die Modellierung von linearen Veränderungsraten sprechen pragmatische Gründe: Sie erlauben eine klare Interpretation im Sinne zunehmender oder nachlassender Ungleichheit. Plausible theoretische Argumente für die Definition nichtlinearer Veränderungsraten lassen sich in Anbetracht der Anzahl von drei Untersuchungsperioden schwerlich finden.

Nach einer Durchsicht der relevanten Literatur und dem Abgleich mit den verfügbaren Informationen im SOEP wurden folgende Variablen ausgewählt, die in den bivariaten Analysen überprüft und in den multivariaten Analysen zur Beteiligung an beruflicher Weiterbildung als Kovariaten berücksichtigt werden sollen.[21] Es handelt sich zunächst um die Individualmerkmale Geschlecht, Alter und Bildung der Befragten. Dazu kommen die Arbeitsplatz- oder Tätigkeitsmerkmale Vollzeit- vs. Teilzeitbeschäftigung, abhängige vs. selbstständige Tätigkeit, befristete vs. unbefristete Anstellung und die erforderliche Ausbildung im Beruf. Und schließlich geht es darum, mit der Unternehmensgröße und den Wirtschaftszweigen das betriebliche und das überbetriebliche Umfeld der Erwerbstätigen zu berücksichtigen.

4.4.1 Bivariate Analysen

Die bivariaten Zusammenhänge zwischen der Beteiligung an beruflicher Weiterbildung und ihren potenziellen Prädiktoren werden im Folgenden auf der Basis von konditionalen Teilnahmequoten für die verschiedenen Formen beruflicher Weiterbildung dargestellt. Dabei kann die Entwicklung dieser Zusammenhänge über die einzelnen Untersuchungsperioden hinweg verfolgt werden. Im Vordergrund stehen verschiedene Indikatoren der Arbeitsmarktsegmentation. Die erforderliche Ausbildung im Beruf, die Unternehmensgröße und der bereits erläuterte Segmentationsindikator nach Blossfeld und Mayer (1988) (BMI) werden ausführlich untersucht. Dabei geht es auch um die Frage, ob die Kombination der erforderlichen Ausbildung im Beruf und der Unternehmensgröße zum BMI aus methodischer Perspektive notwendig oder ob die getrennte Berücksichtigung der einzelnen Indikatoren hinreichend ist. Im Anschluss an diese Diskussion wird ein kurzer Überblick über weitere Prädiktoren der Weiterbildungsbeteiligung gege-

21 Im Vordergrund standen Veröffentlichungen zu den Individualdatenbeständen, die in mehr oder weniger regelmäßigen Abständen aktualisiert werden (Berichtssystem Weiterbildung, BIBB/IAB-Erhebung, Lebensverlaufsstudie, Mikrozensus, SOEP, siehe Abschnitt 4.1). Zusätzlich wurden eine Reihe von Publikationen zu Unternehmensbefragungen berücksichtigt (IAB-Betriebspanel, CVTS-I und II), soweit sie sich auf Individualmerkmale beziehen (vgl. Bellmann et al. 2001; Düll und Bellmann 1998, 1999; Grünewald und Moraal 1996, 2001, 2002; Martin und Düll 2000). Darüber hinaus wurden Veröffentlichungen zu Einzelerhebungen – z. B. aus dem Projekt „Weiterbildungsabstinenz" (Bolder et al. 1994) – herangezogen. Einen Überblick zu den relevanten Datenquellen geben Bellmann (2003), Kuwan et al. (2003) und Wilkens und Leber (2003).

ben, die in multivariaten Analysen als Kontrollvariablen für die Segmentationsindikatoren in Frage kommen.

Die erforderliche Ausbildung im Beruf

Der Zusammenhang zwischen beruflicher Weiterbildung und der erforderlichen Ausbildung im Beruf wird hier in doppelter Hinsicht betrachtet. Zum einen wird das Qualifikationsniveau der beruflichen Tätigkeit als Indikator des beruflichen Status der potenziellen Weiterbildungsteilnehmer angesehen. Im Unterschied zu alternativen Maßen wird der berufliche Status der Erwerbstätigen hier allerdings weniger an ihren individuellen Qualifikationen, sondern vielmehr an den Qualifikationsanforderungen ihrer Arbeitsplätze fest gemacht. Zum anderen wird der Zusammenhang zwischen der erforderlichen Ausbildung im Beruf und der beruflichen Weiterbildung aus der segmentationstheoretischen Perspektive interpretiert. Durch die kategoriale Erfassung der erforderlichen Ausbildung im Beruf ist es möglich, nicht nur vertikal abgestufte, sondern gleichzeitig auch horizontal unterschiedliche Qualifikationsanforderungen von Arbeitsplätzen abzubilden, die in einem spezifischen Verhältnis zu den Weiterbildungsaktivitäten der Erwerbstätigen stehen.

In Tabelle 4.3 auf der nächsten Seite sind die Teilnahmequoten sowie die Assoziationskoeffizienten (Cramers V) und die entsprechenden Irrtumswahrscheinlichkeiten (p) für die Zusammenhänge zwischen der erforderlichen Ausbildung im Beruf und den unterschiedlichen Typen beruflicher Weiterbildung in den einzelnen Untersuchungsperioden ausgewiesen. Bei der Beteiligung an beruflicher Weiterbildung insgesamt finden sich tendenziell die stärksten Zusammenhänge (Cramers V). Darauf folgen die betriebliche Weiterbildung und – in etwas größerem Abstand – die individuelle Weiterbildung. Es fällt auf, dass der Zusammenhang zwischen der erforderlichen Ausbildung im Beruf und der Weiterbildungsbeteiligung für alle drei Typen beruflicher Weiterbildung über die Untersuchungsperioden hinweg schwächer wird.

Die Statusdimension der Weiterbildungsbeteiligung ist bei allen drei Typen beruflicher Weiterbildung klar zu erkennen. Prinzipiell steigt die Weiterbildungsbeteiligung mit dem sozialen Status der erforderlichen Ausbildung im Beruf. Auf den geringer qualifizierten Arbeitsplätzen (keine besondere Ausbildung, nur eine kurze Einweisung oder eine längere Einarbeitung erforderlich) ist auch die Weiterbildungsbeteiligung am geringsten. Auf den Arbeitsplätzen, die in der Regel einen Hochschulabschluss erfordern, liegt die Weiterbildungsbeteiligung – von einer Ausnahme abgesehen (berufliche Weiterbildung in Periode III) – bei weitem am höchsten. Auf den Arbeitsplätzen mit mittleren Qualifikationsanforderungen (Besuch besonderer Kurse/Lehrgänge oder eine abgeschlossene Berufsausbildung

Tabelle 4.3: Teilnahmequoten beruflicher Weiterbildung nach der erforderlichen Ausbildung im Beruf (Prozentsätze und Zusammenhangsmaße)

	Berufliche Weiterbildung		
Erforderliche Ausbildung	Periode I	Periode II	Periode III
Keine/Einweisung	5,3	9,1	16,0
Einarbeitung	10,6	16,2	17,8
Kurse	46,9	41,0	56,5
Ausbildung	33,2	29,9	38,8
Hochschule	63,5	58,9	55,1
Cramers V	0,38	0,31	0,26
p	0,000	0,000	0,000
	Betriebliche Weiterbildung		
Erforderliche Ausbildung	Periode I	Periode II	Periode III
Keine/Einweisung	3,3	6,4	13,7
Einarbeitung	8,1	9,6	15,6
Kurse	34,1	38,1	36,8
Ausbildung	25,6	24,3	29,0
Hochschule	55,7	50,7	47,3
Cramers V	0,35	0,31	0,22
p	0,000	0,000	0,000
	Individuelle Weiterbildung		
Erforderliche Ausbildung	Periode I	Periode II	Periode III
Keine/Einweisung	3,0	3,8	3,3
Einarbeitung	2,2	7,9	4,0
Kurse	12,8	6,0	20,6
Ausbildung	13,2	9,6	13,8
Hochschule	27,2	25,7	22,3
Cramers V	0,22	0,20	0,17
p	0,000	0,000	0,000
Fallzahl	2223	2176	1995

Quelle: SOEP, eigene Berechnungen.

erforderlich) liegt die Weiterbildungsbeteiligung in der Regel dazwischen. Mit der Assoziation zwischen der erforderlichen Ausbildung im Beruf und der Teilnahme an beruflicher Weiterbildung (Cramers V) nimmt auch die Strukturierung der Weiterbildungsbeteiligung in der Dimension des beruflichen Status (Teilnahmequoten) ab. Die Teilnahmequoten auf den Arbeitsplätzen, die in der Regel einen

Hochschulabschluss erfordern, werden über die Untersuchungsperioden hinweg für alle drei Typen beruflicher Weiterbildung kleiner. Dagegen nehmen die Teilnahmequoten auf den Arbeitsplätzen mit geringen Qualifikationsanforderungen zumindest für die betriebliche und die berufliche Weiterbildung insgesamt zu.

Aus der Perspektive der Segmentationsforschung ist es interessant, sich die Weiterbildungsbeteiligung auf den Arbeitsplätzen mit geringen und denjenigen mit mittleren Qualifikationsanforderungen näher anzusehen. Beginnen wir mit Ersteren: Szydlik (vgl. 1990: 61) trennt in seiner Operationalisierung des BMI das primäre und das sekundäre Arbeitsmarktsegment zwischen den Arbeitsplätzen, die keine besondere Ausbildung oder nur eine kurze Einweisung am Arbeitsplatz erfordern, und denen, die eine längere Einarbeitung im Betrieb erforderlich machen. Dahinter steht offenbar die segmentationstheoretische Überlegung, dass Arbeitskräfte, deren Tätigkeit eine längere Einarbeitung im Betrieb erfordert, überwiegend internen (bzw. betriebsspezifischen) Arbeitsmärkten angehören sollten. Ein Vergleich der Teilnahmequoten der beiden Gruppen mit den niedrigsten Qualifikationsanforderungen zeigt, dass sich in diesem Fall die Zugehörigkeit zu internen Arbeitsmärkten zumindest nicht in einer außergewöhnlich hohen Beteiligung an den formellen Weiterbildungsaktivitäten niederschlägt, die im SOEP erfasst sind. Die Teilnahmequoten an beruflicher und betrieblicher Weiterbildung sind zwar zunächst auf den Arbeitsplätzen höher, die eine längere Einarbeitung im Betrieb erfordern, als auf den Arbeitsplätzen mit den geringsten Qualifikationsanforderungen. Doch die Unterschiede sind nicht sehr groß und nivellieren sich überdies in der letzten Untersuchungsperiode. Wenn die Arbeitsplätze, die eine längere Einarbeitung im Betrieb erfordern, als Einstiegsarbeitsplätze in die Mobilitäts- und Qualifizierungsketten der internen Arbeitsmärkte eingebunden sein sollten, so erfolgt die betriebliche Qualifizierung hier (noch) nicht durch formelle Aktivitäten betrieblicher Weiterbildung, sondern durch informelle Prozesse der arbeitsplatznahen Weiterbildung. Formelle Weiterbildungsaktivitäten werden erst auf den höheren Positionen der internen Arbeitsmärkte relevant, wo theoretisch-abstraktere Formen des Wissens gegenüber den praktischen Fertigkeiten an Bedeutung gewinnen.

Wenden wir uns nun der Weiterbildungsbeteiligung auf den Arbeitsplätzen mit mittleren Qualifikationsanforderungen zu. Hierzu zählen Arbeitsplätze, die den Besuch besonderer Kurse oder Lehrgänge voraussetzen, und solche, die eine abgeschlossene Berufsausbildung erforderlich machen. In Bezug auf die berufliche Weiterbildung insgesamt sind die Teilnahmequoten auf Ersteren jeweils knapp 1,5-mal größer als auf Letzteren. In den ersten beiden Untersuchungsperioden ist dieser Vorsprung vor allem auf die Unterschiede in der Beteiligung an betrieblicher Weiterbildung zurückzuführen. Das Ergebnis lässt vermuten, dass es sich bei diesen Arbeitsplätzen vor allem um Arbeitsplätze des mittleren Qualifikationsniveaus im betriebsspezifischen Arbeitsmarktsegment handelt. Dafür spricht auch die klare Trennung zwischen der Beteiligung an betrieblicher und individueller Weiterbildung. Addiert man die Teilnahmequoten an betrieblicher und individueller Weiterbildung, so liegen sie nur in der zweiten Untersuchungsperiode geringfügig über der Teilnahmequote an beruflicher Weiterbildung insgesamt. Die Inhaber dieser Arbeitsplätze nehmen *entweder* an betrieblicher *oder* an individueller Weiterbildung teil, aber nicht an beidem. Hier zeigt sich eine Segmentationslinie zwischen internen, betriebsspezifischen Teilarbeitsmärkten einerseits und externen andererseits. Mit der Expansion der Weiterbildungsbeteiligung in der dritten Untersuchungsperiode verschiebt sich das Gewicht jedoch zugunsten der individuellen Weiterbildung. Hier wäre zu vermuten, dass die Bedeutung des betriebsspezifischen Arbeitsmarktsegments im Zuge des wirtschaftlichen und sozialen Wandels abnimmt. Es könnte sich um ein Zeichen handeln, dass die Erfordernisse des lebenslangen Lernens in Verbindung mit dem Überangebot an Arbeitskräften und einem starken Konkurrenzdruck auf dem Arbeitsmarkt zu einer Individualisierung von beruflichen Qualifizierungsprozessen führt, die die betriebsspezifische Regulierung von Qualifizierungsprozessen ergänzt.

Die Ergebnisse zum Zusammenhang zwischen der erforderlichen Ausbildung im Beruf und der Beteiligung an beruflicher Weiterbildung zeigen, dass eine segmentationstheoretische Interpretation der Skala der erforderlichen Ausbildung im Beruf fruchtbar ist. Es lassen sich Verbindungslinien zwischen den Kategorien dieser Skala und den Arbeitsmarktsegmenten aus dem Konzept des dreigeteilten Arbeitsmarkts ziehen. Demnach sind die Arbeitsplätze, die keine besondere Ausbildung oder nur eine kurze Einweisung erfordern, dem unspezifischen Arbeitsmarktsegment zuzuordnen. Die Arbeitsplätze, die eine längere Einarbeitung im Betrieb oder den Besuch von besonderen Lehrgängen voraussetzen, sollten überwiegend dem betriebsspezifischen Arbeitsmarktsegment angehören. Dem berufsfachlichen Arbeitsmarktsegment sind dagegen die Arbeitsplätze zuzuordnen, die in der Regel eine Berufsausbildung erforderlich machen. Problematisch ist die Zuordnung der Arbeitsplätze, die normalerweise einen Hochschulabschluss voraussetzen. Hochschulabschlüsse sind zwar ein Paradebeispiel für berufsfachliche Bildungsabschlüsse, aber es ist nicht realistisch, diese Arbeitsplätze samt und sonders dem berufsfachlichen Arbeitsmarktsegment zuzuschlagen. Dagegen spricht die ausgeprägt hohe Beteiligung an betrieblicher Weiterbildung auf den Arbeitsplätzen mit akademischen Qualifikationsanforderungen. An dieser Stelle muss offen bleiben, ob sich die Arbeitsplätze mit solchen Qualifikationsanforderungen nach zusätzlichen Kriterien sinnvoll über die verschiedenen Arbeitsmarktsegmente verteilen lassen. Möglicherweise ist die Trennung des berufsfachlichen und des betriebsspezifischen Arbeitsmarktsegments für die höchste Qualifikationsstufe auch weniger sinnvoll als für die mittleren Qualifikationsstufen. Diese

Fragestellung gilt es, im weiteren Verlauf der Analysen im Auge zu behalten und gegebenenfalls bei der Interpretation zu berücksichtigen.

Die Unternehmensgröße

Mit dem „neuen Strukturalismus" (Baron und Bielby 1980) wurden in der soziologischen Ungleichheits- und Mobilitätsforschung zunehmend segmentations- und organisationstheoretische Argumente berücksichtigt (Baron 1994; Brüderl et al. 1991; Carroll und Mayer 1986). Nachdem die Statuserwerbsforschung (vgl. Blau und Duncan 1967; Müller 1975) versucht hatte, den Karriereerfolg von Arbeitskräften unter einseitiger Konzentration auf ihre individuellen Merkmale zu erklären, gerieten nun auch arbeitsmarkt- und organisationsstrukturelle Einflussfaktoren beruflicher Karrieren ins Blickfeld. Obwohl die theoretischen Argumente zur Wirkungsweise organisationaler Strukturen außerordentlich differenziert und vielfältig sind, konnte in den empirischen Forschungsarbeiten auf der Individualdatenebene in der Regel nur die Betriebs- oder Unternehmensgröße berücksichtigt werden, weil differenziertere Informationen zu den Organisationsstrukturen der Unternehmen in den relevanten Datensätzen fehlen (vgl. Carroll und Mayer 1986: 330). Die Unternehmensgröße wird dabei häufig als Indikator für bestimmte Organisations- oder Arbeitsmarktstrukturen verwendet, die theoretisch mit der Unternehmensgröße in Zusammenhang gebracht werden können (vgl. Kieser und Walgenbach 2003: 310-25).[22] In diesem Sinne verwenden Blossfeld und Mayer (1988) die Betriebsgröße zur Abgrenzung der Arbeitsmarktsegmente nach Lutz und Sengenberger (1974). Es wird vermutet, dass die Wahrscheinlichkeit interner Arbeitsmärkte mit der Betriebsgröße ansteigt.

Demnach sollte die Weiterbildungsbeteiligung mit der Betriebsgröße ebenfalls ansteigen, weil die Existenz von Mobilitäts- und Qualifizierungsketten eine verstärkte Weiterbildungsbeteiligung erforderlich macht. Dazu kommt, dass Großbetriebe häufig über eigene Weiterbildungseinrichtungen verfügen, was sich ebenfalls in einer verstärkten Beteiligung an beruflicher Weiterbildung niederschlagen dürfte. Obwohl die differenzielle Weiterbildungsbeteiligung nach unterschiedlichen Arbeitsmarktsegmenten empirisch bereits häufig nachgewiesen wurde (siehe nächsten Abschnitt), sind die Ergebnisse zur Betriebs- oder Unternehmensgröße nicht ganz einheitlich. Nach Betriebsgrößenklassen sind die Unterschiede in der Weiterbildungsbeteiligung nicht nur im bivariaten Bereich nachweisbar (vgl. Behringer 1999; Kuwan et al. 2003), sie bleiben auch im multivariaten Raum bestehen (vgl. Behringer 1999). Wenn die Betriebsgröße jedoch als kontinuierlicher Prädiktor in multivariate Analysen eingebracht wird, kann der Zusammenhang unter

22 Es wird nicht zwischen Unternehmens- und Betriebsgröße unterschieden, weil sich die Argumente für einen Zusammenhang zwischen Unternehmens- oder Betriebsgröße und der Beteiligung an beruflicher Weiterbildung ebenfalls nicht unterscheiden.

Kontrolle von Kovariablen verschwinden (vgl. Becker 1991: 360; Buchmann et al. 1999: 90).

Im SOEP wird die Unternehmensgröße anhand von vier über die Untersuchungsperioden vergleichbaren Größenklassen erhoben. Behringer (1999: 142) konnte für die Daten der Schwerpunktbefragung von 1993 Zusammenhänge für alle drei Formen der Weiterbildung nachweisen. Obwohl die Teilnahmequoten in Tabelle 4.4 aufgrund der unterschiedlichen Abgrenzung von Untersuchungsgruppen nicht perfekt mit den Zahlen von Behringer übereinstimmen, werden ihre Er-

Tabelle 4.4: Teilnahmequoten beruflicher Weiterbildung nach der Unternehmensgröße (Prozentsätze und Zusammenhangsmaße)

	Berufliche Weiterbildung		
Unternehmensgröße	Periode I	Periode II	Periode III
Unter 20 Mitarbeiter	20,6	17,6	33,1
20 bis 199 Mitarbeiter	26,2	25,9	37,6
200 bis 1999 Mitarbeiter	30,5	29,2	40,8
2000 und mehr Mitarbeiter	45,0	44,3	45,1
Cramers V	0,20	0,22	0,09
p	0,000	0,000	0,001
	Betriebliche Weiterbildung		
Unternehmensgröße	Periode I	Periode II	Periode III
Unter 20 Mitarbeiter	11,5	9,6	16,5
20 bis 199 Mitarbeiter	20,8	22,4	29,5
200 bis 1999 Mitarbeiter	26,4	22,8	35,1
2000 und mehr Mitarbeiter	37,6	39,0	39,9
Cramers V	0,23	0,25	0,19
p	0,000	0,000	0,000
	Individuelle Weiterbildung		
Unternehmensgröße	Periode I	Periode II	Periode III
Unter 20 Mitarbeiter	11,9	10,0	17,7
20 bis 199 Mitarbeiter	13,1	9,7	19,3
200 bis 1999 Mitarbeiter	7,7	10,9	7,7
2000 und mehr Mitarbeiter	15,2	12,1	11,3
Cramers V	0,08	0,03	0,13
p	0,002	0,526	0,000
Fallzahl	2222	2176	1992

Quelle: SOEP, eigene Berechnungen.

gebnisse im Großen und Ganzen bestätigt. Die Beteiligung an beruflicher Weiterbildung nimmt mit der Unternehmensgröße zu. Dabei sind die Zusammenhänge am stärksten für die betriebliche Weiterbildung, gefolgt von der beruflichen Weiterbildung insgesamt. Für die individuelle Weiterbildung sind sie am schwächsten. Über die Ergebnisse von Behringer hinaus sind einige Veränderungen in den Teilnahmequoten über die Untersuchungsperioden hinweg festzustellen. Der Zusammenhang zwischen Unternehmensgröße und Weiterbildungsbeteiligung schwächt sich in der letzten Untersuchungsperiode für die betriebliche Weiterbildung und besonders für die berufliche Weiterbildung insgesamt ab. Dagegen ist eine Zunahme beim Zusammenhang zwischen der Unternehmensgröße und der individuellen Weiterbildung festzustellen. Offenbar beginnen die Arbeitskräfte in kleineren Unternehmen unter dem allgemein steigenden Weiterbildungsdruck ihre Nachteile in der betrieblichen Weiterbildung durch verstärkte Aktivitäten in der individuellen Weiterbildung zu kompensieren.

Arbeitsmarktsegmente

In Tabelle 4.5 auf der nächsten Seite ist die Entwicklung der Teilnahmequoten an den verschiedenen Formen beruflicher Weiterbildung nach Teilarbeitsmärkten über die Untersuchungsperioden dargestellt. Die verschiedenen Arbeitsmarktsegmente wurden nach dem Vorschlag von Blossfeld und Mayer (1988) und der Umsetzung von Szydlik (1990) mit SOEP-Daten durch die Kombination von Informationen zur Unternehmensgröße und zur erforderlichen Ausbildung im Beruf operationalisiert. Gering qualifizierte Arbeitsplätze, die auf eine Zugehörigkeit zum sekundären Arbeitsmarktsegment schließen lassen, erfordern keine besondere Ausbildung oder nur eine kurze Einweisung am Arbeitsplatz. Die Arbeitsplätze mit höheren Qualifikationsanforderungen bilden das primäre Arbeitsmarktsegment. Das primäre Arbeitsmarktsegment wird in dieser Konzeption weiter nach der Unternehmensgröße aufgeteilt. Arbeitsplätze in Unternehmen mit weniger als 200 Mitarbeitern werden dem fachspezifischen Arbeitsmarkt zugeordnet. Arbeitsplätze in Unternehmen von 200 Mitarbeitern und mehr werden dem betriebsspezifischen Arbeitsmarkt zugewiesen. Dass im SOEP ausdrücklich nach der Anzahl der Beschäftigten im „Gesamtunternehmen" gefragt wird, deckt sich mit der Konzeption des „betrieblichen Teilarbeitsmarkts" in der Theorie des dreigeteilten Arbeitsmarkts. Sengenberger (1978a: 77) weist darauf hin, dass „Betriebe in diesem Sinne [...] mehr als eine Produktions- oder Dienstleistungseinheit umfassen [können]".

Die Zusammenhänge zwischen den Arbeitsmarktsegmenten und der Weiterbildungsbeteiligung sind zwar stärker als die Zusammenhänge mit der Unterneh-

Tabelle 4.5: Teilnahmequoten beruflicher Weiterbildung nach Teilarbeitsmärkten (Prozentsätze und Zusammenhangsmaße)

	Berufliche Weiterbildung		
Teilarbeitsmärkte	Periode I	Periode II	Periode III
Unspezifisch (kleine Unternehmen)	3,8	6,6	17,8
Unspezifisch (große Unternehmen)	7,0	11,6	13,5
Fachspezifisch	27,2	24,2	37,6
Betriebsspezifisch	43,6	41,2	45,6
Cramers V	0,28	0,25	0,17
p	0,000	0,000	0,000
	Betriebliche Weiterbildung		
Teilarbeitsmärkte	Periode I	Periode II	Periode III
Unspezifisch (kleine Unternehmen)	1,9	2,9	15,0
Unspezifisch (große Unternehmen)	4,9	9,4	12,2
Fachspezifisch	19,1	18,3	23,7
Betriebsspezifisch	36,8	35,0	39,8
Cramers V	0,28	0,24	0,20
p	0,000	0,000	0,000
	Individuelle Weiterbildung		
Teilarbeitsmärkte	Periode I	Periode II	Periode III
Unspezifisch (kleine Unternehmen)	2,5	5,8	2,8
Unspezifisch (große Unternehmen)	4,2	1,6	2,7
Fachspezifisch	14,3	10,4	20,5
Betriebsspezifisch	13,3	12,8	10,2
Cramers V	0,11	0,09	0,17
p	0,000	0,000	0,000
Fallzahl	2221	2176	1993

Quelle: SOEP, eigene Berechnungen.

mensgröße, aber schwächer als die mit der erforderlichen Ausbildung im Beruf.[23] Die Unterschiede in der Weiterbildungsbeteiligung nach Arbeitsmarktsegmenten folgen insgesamt dem erwarteten Muster. In den Teilarbeitsmärkten für unspezi-

23 Obwohl die Arbeitsmarktsegmente durch eine Kombination der erforderlichen Ausbildung und der Unternehmensgröße gebildet werden, ist diese Aussage nicht trivial. Sie weist bereits darauf hin, dass den Interaktionseffekten zwischen der erforderlichen Ausbildung im Beruf und der Unternehmensgröße in Bezug auf die Weiterbildungsbeteiligung keine herausragende Bedeutung zukommt.

fische Qualifikationen liegt die Weiterbildungsbeteiligung mit Abstand am niedrigsten. Das gilt für alle Formen beruflicher Weiterbildung. Bei der beruflichen Weiterbildung insgesamt und der betrieblichen Weiterbildung fallen die Teilnahmequoten im betriebsspezifischen Arbeitsmarktsegment jeweils deutlich größer aus als im fachspezifischen Arbeitsmarktsegment. Über die Untersuchungsperioden hinweg sind Veränderungen zwischen dem unspezifischen Arbeitsmarktsegment in großen Unternehmen einerseits und in kleinen Unternehmen andererseits zu beobachten. In der letzten Untersuchungsperiode sind die Teilnahmequoten an beruflicher und betrieblicher Weiterbildung im unspezifischen Arbeitsmarktsegment in kleinen Unternehmen größer als in großen Unternehmen. Die Veränderungen im Verhältnis zwischen fachspezifischem und betriebsspezifischem Arbeitsmarktsegment betreffen die individuelle Weiterbildung. Nachdem in den ersten beiden Untersuchungsperioden keine wesentlichen Unterschiede in den entsprechenden Teilnahmequoten festzustellen waren, liegt die Beteiligung an individueller Weiterbildung im fachspezifischen Arbeitsmarktsegment in der letzten Untersuchungsperiode doppelt so hoch wie im betriebsspezifischen Arbeitsmarktsegment.

Nun stellt sich die Frage, ob es für die Analyse der Weiterbildungsbeteiligung notwendig ist, die Informationen zur Unternehmensgröße und zur erforderlichen Ausbildung im Beruf zu kombinieren. Es sprechen zunächst einige Argumente dagegen. In Bezug auf die Beteiligung an unterschiedlichen Formen beruflicher Weiterbildung lässt sich die Skala der erforderlichen Ausbildung im Beruf auch ohne Rückgriff auf die Unternehmensgröße segmentationstheoretisch interpretieren (siehe oben). Eine bestimmte Unternehmensgröße als Grenze für die Herausbildung interner, betriebsspezifischer Arbeitsmärkte anzunehmen, erscheint generell problematisch. Es ist zwar plausibel, dass die Wahrscheinlichkeit der Entstehung betrieblicher Arbeitsmärkte und entsprechender Mobilitäts- und Qualifikationsketten mit der Unternehmensgröße zunehmen sollte, bei der Operationalisierung von Arbeitsmarktsegmenten sind die Schwellenwerte der Unternehmensgröße jedoch stärker am Erhebungsschema der Datengrundlage orientiert als an theoretischen Überlegungen.[24] Die notwendige Größe zur Etablierung betriebsspezifischer Arbeitsmarktstrukturen mag sich ohnehin nach Wirtschaftsbereichen, Branchen oder ähnlichen Merkmalen unterscheiden.

Die Analyse von Interaktionseffekten zwischen der Unternehmensgröße und der erforderlichen Ausbildung im Beruf im Hinblick auf die Weiterbildungsteil-

24 Bei Blossfeld und Mayer (1988) werden Arbeitsplätze ab einer Unternehmensgröße von 50 Mitarbeitern dem betriebsspezifischen Arbeitsmarkt zugeordnet. Szydlik (1990) setzt die Grenze erst bei 200 Mitarbeitern an. Die Entscheidung für einen bestimmten Schwellenwert bei der Unternehmensgröße ist zwangsläufig an den in den zugrunde liegenden Datensätzen (SOEP vs. Lebensverlaufsstudie) vorhandenen Informationen orientiert.

nahme kann als empirischer Test für die Notwendigkeit angesehen werden, Unternehmensgröße und erforderliche Ausbildung bei der Operationalisierung der Arbeitsmarktsegmente zu kombinieren. Sind die Interaktionseffekte statistisch signifikant und substanziell relevant, so ist eine Kombination von Unternehmensgröße und erforderlicher Ausbildung sinnvoll. In Tabelle 4.6 auf der nächsten Seite sind einige Kennzahlen zur Anpassung von logistischen Regressionsmodellen der Weiterbildungsbeteiligung wiedergegeben. Unabhängige Variablen sind die Unternehmensgröße, die erforderliche Ausbildung im Beruf und die Interaktion zwischen der Unternehmensgröße und der erforderlichen Ausbildung. Dabei wurde auf die polytome Version der unabhängigen Variablen zurückgegriffen und nicht auf die dichotomisierte Version, die Szydlik (1990) zur Konstruktion der Arbeitsmarktsegmente heranzieht. Mit den polytomen Indikatoren lässt sich die substanzielle Relevanz der Interaktionseffekte differenzierter beurteilen als mit den dichotomen Indikatoren. Darüber hinaus sollte die Beurteilung der Interaktionseffekte in der polytomen Version weniger konservativ ausfallen als in der dichotomen Version, weil sogar Interaktionseffekte berücksichtigt werden, die bei der Operationalisierung der Arbeitsmarktsegmente nach Szydlik (1990) verdeckt werden. Als Kennzahlen der Modellanpassung wurden im Einzelnen berücksichtigt: der -2-Log-Likelihood-Wert des Konstantenmodells als Maß für die zu erklärende Variation, der Likelihood-Ratio-χ^2 für die Interaktionseffekte und die dazugehörige Irrtumswahrscheinlichkeit p bei zwölf Freiheitsgraden, die Veränderung im Pseudo-R^2-Wert nach McFadden als Maß für die durch die Interaktionseffekte erklärte Variation sowie die Anzahl der mit $p \leq 0,05$ signifikanten Einzeleffekte.

Insgesamt gesehen sind die Interaktionseffekte auf einem Niveau von $\alpha = 0,05$ in sechs von neun Modellen zur Beteiligung an unterschiedlichen Formen beruflicher Weiterbildung signifikant. Signifikante Einzeleffekte sind nur in fünf Modellen anzutreffen.[25] Nur in einem einzigen Modell sind mehr als ein Drittel der zwölf Einzeleffekte signifikant. Der Erklärungsbeitrag der Interaktionseffekte ist mit $\Delta R^2_{Mc} \leq 0,022$ in keinem Modell besonders hoch, liegt aber zumindest in der dritten Untersuchungsperiode in einem Bereich, der bei der Interpretation logistischer Regressionsmodelle normalerweise berücksichtigt wird. Für die betriebliche und die berufliche Weiterbildung insgesamt scheint die Erklärungskraft der Interaktionseffekte über die Untersuchungsperioden hinweg leicht zuzunehmen. Eine genauere Betrachtung der Einzeleffekte, die hier aus Platzgründen nicht ausgewiesen sind, lässt für die dritte Untersuchungsperiode vermuten, dass

25 Es ist darauf hinzuweisen, dass die Anzahl der signifikanten Einzeleffekte mit der Auswahl der Referenzkategorie für die Dummy-Variablen variieren kann. Die Dummy-Variablen messen einerseits die Abweichungen in der Weiterbildungsbeteiligung von der kleinsten Unternehmensgrößenklasse und andererseits die Abweichungen von der niedrigsten Qualifikationsstufe.

Tabelle 4.6: Logistische Regressionen der Beteiligung an beruflicher Weiterbildung (Verbesserung der Modellanpassung aufgrund von Interaktionseffekten zwischen der erforderlichen Ausbildung im Beruf und der Unternehmensgröße)

	Berufliche Weiterbildung		
Modellanpassung[a]	Periode I	Periode II	Periode III
$-2LL_0$	2778,02	2669,41	2671,76
χ^2 (12 d.f.)	10,65	26,20	57,45
p	0,559	0,010	0,000
ΔR^2_{Mc}	0,004	0,010	0,022
Interaktionseffekte ($p \leq 0,05$)	0	2	3
	Betriebliche Weiterbildung		
Modellanpassung[a]	Periode I	Periode II	Periode III
$-2LL_0$	2507,18	2428,06	2449,07
χ^2 (12 d.f.)	7,70	27,00	47,51
p	0,808	0,008	0,000
ΔR^2_{Mc}	0,003	0,011	0,019
Interaktionseffekte ($p \leq 0,05$)	0	2	8
	Individuelle Weiterbildung		
Modellanpassung[a]	Periode I	Periode II	Periode III
$-2LL_0$	1659,73	1485,17	1615,97
χ^2 (12 d.f.)	21,16	16,08	30,73
p	0,048	0,188	0,002
ΔR^2_{Mc}	0,013	0,011	0,019
Interaktionseffekte ($p \leq 0,05$)	0	0	1
Fallzahl	2222	2177	1992

a Ausgewiesen sind jeweils der $-2LL$-Wert für das Nullmodell, das nur die Konstante enthält, der Likelihood-Ratio-χ^2 für das Modell mit Interaktionseffekten gegenüber dem Modell mit Haupteffekten, die Irrtumswahrscheinlichkeit p, der Zuwachs im R^2_{Mc}-Koeffizienten aufgrund der Interaktionseffekte sowie die Anzahl der signifikanten Interaktionseffekte. Letztere ist von der Auswahl der Referenzkategorien (kleinste Unternehmensgrößenklasse und niedrigste Qualifikationsstufe) abhängig.
Quelle: SOEP, eigene Berechnungen.

die Ungleichheit in der Weiterbildungsbeteiligung nach der erforderlichen Ausbildung im Beruf in größeren Unternehmen mit mehr als 20 Mitarbeitern ausgeprägter ist als in kleinen Unternehmen. Es finden sich jedoch keine Hinweise auf einen monotonen Anstieg mit der Unternehmensgröße.

Nach diesen Ergebnissen halte ich es unter methodischen Gesichtspunkten nicht unbedingt für notwendig, die Interaktionen zwischen der Unternehmensgröße und der erforderlichen Ausbildung im Beruf bei der Analyse der Weiterbildungsbeteiligung zu berücksichtigen. Die Bildung von Arbeitsmarktsegmenten durch die Kombination der genannten Merkmale ermöglicht es zwar, Differenzen in der Beteiligung an beruflicher Weiterbildung auf eingängige Weise mit dem Vokabular der Segmentationstheorie zu beschreiben. Die Erklärungskraft der Modelle wird durch die Berücksichtigung von Interaktionseffekten allerdings nur in der dritten Untersuchungsperiode verbessert. Die Interaktionseffekte sind auch hier nur vereinzelt sinnvoll interpretierbar.[26] Im Interesse einer sparsamen Modellierung der Weiterbildungsbeteiligung ist es deshalb zweckmäßiger, auf die Bildung von Arbeitsmarktsegmenten zu verzichten und die zugrunde liegenden Variablen in differenzierter Form und getrennt voneinander zu berücksichtigen.

Weitere Prädiktoren beruflicher Weiterbildung

Im Folgenden werden noch weitere Prädiktoren der Beteiligung an beruflicher Weiterbildung untersucht, die sich in anderen Untersuchungen als bedeutsam erwiesen haben. Es handelt sich um die Variablen Geschlecht, Alter, Bildung und den Wirtschaftszweig, in dem die Befragten tätig sind. Dazu kommen die Merkmale selbstständige vs. abhängige, Vollzeit- vs. Teilzeittätigkeit und befristete vs. unbefristete Tätigkeit.

Bivariate Analysen des Zusammenhangs von Geschlecht und der Beteiligung an beruflicher Weiterbildung kommen regelmäßig zu dem Ergebnis, dass sich Frauen seltener an beruflicher Weiterbildung beteiligen als Männer (Behringer 1999; Kuwan et al. 2003). Bei Nichterwerbstätigen sind die geschlechtsspezifischen Unterschiede stärker ausgeprägt als bei Erwerbstätigen (Kuwan et al. 2003: 134). Auch in der vorliegenden Analyse von Erwerbstätigen mit einer tatsächlichen Wochenarbeitszeit von 20 Stunden und mehr lassen sich im bivariaten Bereich geschlechtsspezifische Unterschiede der Weiterbildungsbeteiligung nachweisen (siehe Tabelle A.5 auf Seite 267). Allerdings sind die Ergebnisse über die verschiedenen Formen beruflicher Weiterbildung und die drei Untersuchungsperioden hinweg nicht einheitlich. In den ersten beiden Untersuchungsperioden liegt die Beteiligung von Männern sowohl an betrieblicher Weiterbildung als auch an der beruflichen Weiterbildung insgesamt höher als die der Frauen. Bei der individuellen Weiterbildung sind keine Unterschiede festzustellen. In der dritten Untersuchungsperiode hat sich das Bild verändert. In der betrieblichen Weiterbildung haben sich die Unterschiede abgeschwächt. Bei der individuellen beruflichen Wei-

26 Diese Ergebnisse wurden mit der dichotomen Version der Untersuchungsvariablen, die bei der Operationalisierung von Arbeitsmarktsegmenten zugrunde gelegt wird, überprüft. Die Einzelheiten sind hier aus Platzgründen nicht dokumentiert. Sie entsprechen den Ergebnissen, die auf der Basis der polytomen Version der Untersuchungsvariablen gewonnen wurden.

terbildung zeigt sich nun ein deutlicher Vorsprung der Frauen. Beide Entwicklungen zusammengenommen haben dazu geführt, dass in der beruflichen Weiterbildung insgesamt in der dritten Untersuchungsperiode keine geschlechtsspezifischen Unterschiede mehr festzustellen sind. In multivariaten Analysen hat sich bereits häufiger gezeigt, dass der Zusammenhang zwischen Geschlecht und Weiterbildungsbeteiligung verschwindet, wenn verschiedene Faktoren der Arbeitssituation kontrolliert werden (vgl. Behringer 1999; Kuwan et al. 2003: 135). In den multivariaten Analysen der vorliegenden Arbeit wird deshalb versucht, genauer zu bestimmen, auf welche Variablen die verbleibenden geschlechtsspezifischen Unterschiede in der Weiterbildungsbeteiligung zurückzuführen sind.

Der bivariate Zusammenhang zwischen Alter und der Beteiligung an beruflicher Weiterbildung konnte ebenfalls bereits mit verschiedenen Datensätzen nachgewiesen werden (Behringer 1999; Kuwan et al. 2003). Dabei zeigt sich eine charakteristische Form des Zusammenhangs. Die Teilnahmequoten steigen über die jüngeren Altersklassen zunächst an, erreichen in den mittleren Altersklassen einen Hochpunkt und fallen in den höheren Altersklassen wieder ab. Die konkave Krümmung der Teilnahmequoten lässt sich aus der Humankapitaltheorie ableiten (Becker 1983; Behringer 1999). Die Begründung ergibt sich einerseits aus dem positiven Zusammenhang zwischen Alter und Berufserfahrung und andererseits aus dem negativen Zusammenhang zwischen Alter und dem erwartbaren Amortisierungszeitraum der Humankapitalinvestition. In Tabelle A.6 auf Seite 268 wird der charakteristische Verlauf der Weiterbildungsbeteiligung schon unter Verwendung von nur vier Altersklassen für alle drei Formen der beruflichen Weiterbildung erkennbar. Über die Untersuchungsperioden hinweg sind kaum Veränderungen festzustellen. Ein nennenswerter Rückgang im Zusammenhang zwischen Alter und Weiterbildungsbeteiligung (Cramers V) ist nur bei der individuellen beruflichen Weiterbildung festzustellen. Aber auch hier bleibt die charakteristische Form noch tendenziell erhalten. Bei den multivariaten Analysen wird das Alter (zusammen mit dem quadrierten Alter) als kontinuierliche Variable eingesetzt. Es wird nicht der Versuch unternommen, die Berufserfahrung – im Sinne der Humankapitaltheorie – direkt zu berücksichtigen, weil ohnehin eine hohe Korrelation mit dem Alter zu erwarten ist und das Alter hier vor allem als Kontrollvariable für die erforderliche Ausbildung im Beruf berücksichtigt werden soll.

Die allgemeine Schulbildung und die berufliche Ausbildung gehören zu den wichtigsten Determinanten der Teilnahme an beruflicher Weiterbildung (Behringer 1998, 1999; Bellmann 2003; Kuwan et al. 2003). Daran hat – den bisherigen empirischen Studien zufolge – die Expansion der beruflichen Weiterbildung seit den 1970er Jahren nichts Wesentliches geändert. Berufliche Weiterbildung scheint bestehende Bildungsungleichheiten insgesamt gesehen eher zu verstärken als zu kompensieren. Das Ergebnis ist weitgehend unabhängig von den Datenquellen, von den verwendeten Bildungsklassifikationen und vom Beobachtungszeitraum. In der vorliegenden Arbeit wird die CASMIN-Klassifikation von Bildungsabschlüssen verwendet (vgl. Brauns und Steinmann 1997), um die Beteiligung an beruflicher Weiterbildung vorherzusagen. Die bivariaten Ergebnisse sind in Tabelle A.7 auf Seite 269 wiedergegeben. Die CASMIN-Kategorien sind nach ihrem sozialen Status geordnet, der in einer Analyse des Zusammenhangs zwischen Bildungsabschluss und erforderlicher Ausbildung im Beruf bei Erwerbstätigen ermittelt wurde. Für die verschiedenen Formen beruflicher Weiterbildung ist deutlich zu sehen, dass die Beteiligung an beruflicher Weiterbildung mit dem Bildungsstatus der Befragten zunimmt. Bei der individuellen beruflichen Weiterbildung sind die Ergebnisse weniger ausgeprägt als bei der betrieblichen Weiterbildung. Es überrascht jedoch, dass die Ungleichheit in der Weiterbildungsbeteiligung nach dem Bildungsstatus über die Untersuchungsperioden abnimmt, und zwar besonders deutlich von der zweiten zur dritten Untersuchungsperiode. Dies steht nicht mit den Ergebnissen des Berichtssystems Weiterbildung in Einklang (vgl. Kuwan et al. 2003). Die Diskrepanzen sind jedoch aufgrund der Unterschiede in den Untersuchungsgruppen und den zugrunde liegenden Bildungsklassifikationen schwierig zu beurteilen. Es ist in multivariaten Analysen zu kontrollieren, inwieweit die Reduktion der ungleichen Weiterbildungsbeteiligung mit Veränderungen in der Zusammensetzung der Untersuchungsgruppen zu erklären ist.

Eine wesentliche strukturelle Determinante der Weiterbildung von Erwerbstätigen ist der Wirtschaftszweig, in dem sie tätig sind. Der Wirtschaftszweig dürfte sich sowohl über die Berufe der Befragten als auch über die Betriebe, in denen sie beschäftigt sind, auf ihre Weiterbildungsbeteiligung auswirken. Behringer (1999: 135-8) klassifiziert die im SOEP genannten Wirtschaftszweige nach der durchschnittlichen Verbreitung neuer Technologien in den einzelnen Wirtschaftszweigen. Da entsprechende Informationen nicht im SOEP enthalten sind, muss sie zu diesem Zweck auf die Informationen aus der BIBB/IAB-Erhebung von 1992/93 zurückgreifen. Es zeigen sich deutliche Zusammenhänge zwischen dieser Klassifikation und der Beteiligung an beruflicher Weiterbildung. In der vorliegenden Arbeit wird auf die Klassifikation von Wirtschaftszweigen nach dem Verbreitungsgrad neuer Technologien verzichtet, weil entsprechende Informationen nicht für sämtliche Untersuchungsperioden vorhanden sind. Darüber hinaus scheint die Zuordnung eine erhebliche Anzahl von fehlenden Werten zu erzeugen, weil die Klassifikationen der Wirtschaftszweige im SOEP und in der BIBB/IAB-Erhebung nicht deckungsgleich sind (vgl. Behringer 1999: 271). Sinnvoller erscheint es hier, die für alle drei Untersuchungsperioden vergleichbare Klassifikation der Wirtschaftszweige des SOEP ohne den Rückgriff auf externe Informationen zusammenzufassen. Eine solche Zusammenfassung ist zwar mit einem Informationsverlust verbunden aber notwendig, weil die Anzahl der Beschäftigten in einzelnen Wirtschaftszweigen zu gering ist. Sie ist in Tabelle A.8 auf Seite 270 dokumentiert. Es wurde einerseits versucht, ähnliche Wirtschaftszweige zusammenzufassen, und andererseits bestehende Unterschiede in der Weiterbildungsintensität durch die Zusammenfassungen nicht künstlich zu nivellieren. In Tabelle A.9 auf Seite 271 sind die Zusammenhangsmaße (Cramers V) mit den verschiedenen Formen der beruflichen Weiterbildung dokumentiert. Auf eine detaillierte Dokumentation der Teilnahmequoten in den einzelnen Kategorien wurde aus Platzgründen verzichtet. Hier sei nur kurz auf die Extrempositionen verwiesen: Als besonders weiterbildungsintensive Wirtschaftszweige zeichnen sich die Gebietskörperschaften, Sozialversicherungen, Banken, Sparkassen und Versicherungen aus. Besonders niedrige Teilnahmequoten sind dagegen in den Wirtschaftszweigen Holz, Papier, Druck, Textil und Bekleidung zu verzeichnen. Gemessen an Cramers V nehmen die Ungleichheiten der Weiterbildungsbeteiligung nach Wirtschaftszweigen über die Untersuchungsperioden hinweg leicht zu.

Die Weiterbildungsbeteiligung von Erwerbstätigen wird auch davon beeinflusst, ob sie eine Vollzeit- oder eine Teilzeitbeschäftigung ausüben (vgl. Behringer 1999). Erwerbstätige mit einer Vollzeitbeschäftigung nehmen häufiger an beruflicher Weiterbildung teil als Teilzeiterwerbstätige. Auch hier kann die Humankapitaltheorie zur Begründung herangezogen werden. Demnach sind die Investitionen in das Humankapital von Vollzeiterwerbstätigen höher als bei Teilzeitbeschäftigten, weil sie sich hier schneller amortisieren. Obwohl in der vorliegenden Untersuchung nur Erwerbstätige mit einer Wochenarbeitszeit von 20 Stunden und mehr berücksichtigt werden, gibt in den einzelnen Untersuchungsperioden jeweils ein Anteil von etwa zehn Prozent der Untersuchungspersonen an, einer Teilzeitbeschäftigung nachzugehen. Auch hier (siehe Tabelle A.10 auf Seite 272 im Anhang) lassen sich – wenn auch recht geringe – Unterschiede in den Teilnahmequoten von Voll- und Teilzeiterwerbstätigen nachweisen. Sie liegen für erstere sowohl bei der betrieblichen Weiterbildung als auch bei der beruflichen Weiterbildung insgesamt um ca. zehn Prozentpunkte über den Teilnahmequoten für letztere. Bei der individuellen beruflichen Weiterbildung lassen sich dagegen keinerlei Unterschiede feststellen.

Nach dem Berichtssystem Weiterbildung nehmen Selbstständige seltener an beruflicher Weiterbildung teil als Angestellte und Beamte, aber häufiger als Arbeiter (vgl. Kuwan et al. 2003: 124). Zwischen Selbstständigen und abhängig Beschäftigten wird auch in der vorliegenden Arbeit unterschieden. Auf eine differenzierte Berücksichtigung der Stellung im Beruf wird jedoch verzichtet, weil dabei vor allem Effekte der vertikalen Schichtung der Erwerbstätigen zum Ausdruck kommen. Diese werden jedoch schon durch die Skala der erforderlichen Ausbildung im Beruf erfasst, die im Gegensatz zur beruflichen Stellung einfacher zu interpretieren ist. Tabelle A.11 auf Seite 273 zeigt, dass sich die Unterschiede in der

Weiterbildungsbeteiligung zwischen Selbstständigen und abhängig Beschäftigten im Untersuchungszeitraum verringern. Sowohl bei der betrieblichen als auch bei der beruflichen Weiterbildung insgesamt war die Weiterbildungsbeteiligung der Selbstständigen in den ersten beiden Untersuchungsperioden geringer als die der abhängig Beschäftigten. Bei der beruflichen Weiterbildung insgesamt sind die Unterschiede in der dritten Untersuchungsperiode verschwunden und bei der betrieblichen Weiterbildung haben sie sich deutlich reduziert. Bei der individuellen beruflichen Weiterbildung scheinen die Teilnahmequoten der Selbstständigen im Vergleich zu den Teilnahmequoten der abhängig Beschäftigten über die Untersuchungsperioden hinweg etwas anzusteigen. Der Unterschied ist jedoch statistisch nicht signifikant.

Bei der Analyse der dritten Schwerpunkterhebung zur beruflichen Weiterbildung im SOEP (2000) finden Wilkens und Leber (2003) deutliche Unterschiede in der Weiterbildungsbeteiligung von abhängig Beschäftigten mit befristetem und mit unbefristetem Arbeitsvertrag. Mit einer Quote von 32 Prozent beteiligen sich unbefristet Beschäftigte häufiger an beruflicher Weiterbildung als befristet Beschäftigte (vgl. Wilkens und Leber 2003: 334). In Bezug auf die Humankapitaltheorie lässt sich dieser Zusammenhang leicht begründen. Weil der Amortisierungszeitraum einer beruflichen Weiterbildung bei Beschäftigten mit befristetem Arbeitsvertrag eingeschränkt ist, haben sowohl Unternehmen als auch Arbeitskräfte ein geringeres Interesse an weiteren Investitionen in Qualifizierung für die aktuelle berufliche Tätigkeit. Aus segmentationstheoretischer Perspektive ist weiter zu vermuten, dass befristete Beschäftigung im weiterbildungsintensiven betriebsspezifischen Arbeitsmarkt nicht auftritt. Beschäftigte mit befristetem Arbeitsvertrag sollten entweder auf dem unstrukturierten Arbeitsmarkt oder dem fachspezifischen Arbeitsmarkt angestellt sein (vgl. Giesecke und Groß 2002). Tabelle A.12 auf Seite 274 zeigt ein etwas differenzierteres Bild, das den Erwartungen zum Teil zuwiderläuft. Für die Teilnahme an beruflicher Weiterbildung insgesamt ist nur in der ersten Untersuchungsperiode ein signifikanter Unterschied zwischen befristet und unbefristet Erwerbstätigen festzustellen. Demnach beteiligen sich allerdings die befristet Erwerbstätigen in der ersten Untersuchungsperiode häufiger an beruflicher Weiterbildung als die unbefristet Erwerbstätigen. Dieser Unterschied ist sicher auf die unterschiedliche Definition der Untersuchungsgruppen zurückzuführen. Die Ergebnisse von Wilkens und Leber beziehen sich nur auf abhängig Beschäftigte, während die Selbstständigen in den hier vorgelegten Analysen einbezogen sind. In der differenzierten Betrachtung von betrieblicher und individueller Weiterbildung finden sich für die dritte Untersuchungsperiode allerdings Ergebnisse, die mit der Analyse von Wilkens und Leber vereinbar sind. Demnach liegt die Beteiligung von unbefristet Erwerbstätigen an betrieblicher Weiterbildung deutlich über der von befristet Erwerbstätigen. Bei der individuellen Weiterbildung ist es dagegen umgekehrt.[27] Die gestiegene Beteiligung von befristet Erwerbstätigen an individueller Weiterbildung ist wohl als Ausdruck ihrer Bemühungen zu verstehen, ihren Arbeitsplatz durch zusätzliche Weiterbildungsaktivitäten zu sichern. Die gestiegene Ungleichheit bei der Beteiligung an betrieblicher Weiterbildung in der letzten Untersuchungsperiode lässt darauf schließen, dass die Veränderungen in der gesetzlichen Grundlage befristeter Beschäftigung Mitte der 1990er Jahre und die darauf folgende Zunahme befristeter Beschäftigungsverhältnisse auch deren institutionelle Bedingungen verändert haben (vgl. Giesecke und Groß 2002; Rudolph 2000).

4.4.2 Multivariate Analysen: Strukturen

In den folgenden Abschnitten werden multivariate Analysen der Beteiligung an den verschiedenen Formen beruflicher Weiterbildung mit logistischen Regressionsmodellen vorgenommen. Es geht darum, die Interkorrelationen zwischen den potenziellen Prädiktoren beruflicher Weiterbildung angemessen zu berücksichtigen und herauszufinden, welche Variablen einen eigenständigen bzw. einen partiellen Einfluss auf die Teilnahme an beruflicher Weiterbildung ausüben. Angesichts einer hohen Korrelation zwischen der erforderlichen Ausbildung im Beruf und dem formalen Bildungsabschluss stellt sich beispielsweise die Frage, ob die erforderliche Ausbildung im Beruf bei gegebenem Bildungsabschluss überhaupt noch eine Rolle für die Weiterbildungsbeteiligung spielt. Um die Darstellung zu vereinfachen, wurden die Daten aus den drei Untersuchungsperioden, die bisher getrennt untersucht wurden, zusammengefasst (»gepoolt«). Diese Vorgehensweise erlaubt es, die Veränderungen in den Regressionsmodellen über die Untersuchungsperioden hinweg in einem zweiten Schritt formalen Tests zu unterwerfen. Zunächst werden jedoch die Modelle beschrieben, die die allgemeine Struktur der Abhängigkeiten über die drei Untersuchungsperioden hinweg zeigen.

Determinanten der beruflichen Weiterbildung

Wenn die potenziellen Prädiktoren in multivariaten Regressionsanalysen interkorreliert sind, ist es empfehlenswert, sie sukzessive in das Modell aufzunehmen. Auf diese Weise ist ihr Zusammenwirken in Bezug auf die abhängige Variable differenzierter zu beurteilen. In Tabelle 4.7 auf Seite 177 sind fünf logistische Regressionsmodelle für die Beteiligung an beruflicher Weiterbildung insgesamt ausgewiesen, bei denen nach und nach weitere Prädiktoren aufgenommen wurden. Im oberen Teil der Tabelle sind die entlogarithmierten Effektkoeffizienten

27 Die Ergebnisse stehen im Einklang mit einer Untersuchung des Hochschul-Informations-Systems (HIS), auf die Kuwan et al. (2003: 72) hinweisen.

dargestellt, die als Multiplikatoren oder Faktoren der Chance interpretiert werden können, an beruflicher Weiterbildung teilzunehmen. Der Begriff der »Chance« ist dabei in einem formal statistischen Sinne als Quotient aus der Wahrscheinlichkeit einer Weiterbildungsbeteiligung und ihrer Gegenwahrscheinlichkeit zu verstehen. Informationen zu den empirischen Signifikanzen der Effektkoeffizienten sind – der üblichen Notation folgend – in Bezug auf das Signifikanzniveau von $\alpha = 0,01$ (**) und $\alpha = 0,05$ (*) angegeben. Im unteren Teil der Tabelle sind die Pseudo-R^2-Werte nach McFadden und einige weitere Informationen zur Modellanpassung wiedergegeben.

In allen fünf Modellen wurden die Wirtschaftszweige anhand der Klassifikation kontrolliert, die bereits im letzten Abschnitt verwendet wurde (siehe Tabelle A.8 auf Seite 270). Der lineare Trendindikator misst die Enwicklung der Weiterbildungsbeteiligung in Bezug auf den Zeitabstand (in Jahren) zwischen den Untersuchungsperioden.[28] Das erste Modell schätzt, dass die Chance zur Beteiligung an beruflicher Weiterbildung im Untersuchungszeitraum jährlich um den Faktor 1,03 steigt. Die Entwicklung des Trendindikators über die folgenden Modelle zeigt, dass die Steigerung in der Weiterbildungsbeteiligung teilweise, aber nicht vollständig mit Verschiebungen in den anderen Prädiktoren beruflicher Weiterbildung verbunden ist.

Im zweiten Modell werden die Effekte von Geschlecht und Alter auf die Weiterbildungsbeteiligung untersucht. Hier wird die Weiterbildungschance von Männern beinahe 1,5-mal höher eingeschätzt als die Weiterbildungschance von Frauen. Ein Vergleich des Geschlechterkoeffizienten über die folgenden Modelle zeigt, dass der Effekt mit der sukzessiven Kontrolle weiterer Prädiktoren immer geringer wird und im fünften Modell schließlich nicht mehr signifikant ist. Die geschlechtsspezifischen Ungleichheiten in der Weiterbildungsbeteiligung sind demnach auf die geschlechtsspezifischen Unterschiede in den anderen Kovariablen zurückzuführen.[29] Das Alter wird nach humankapitaltheoretischen Überlegungen

---

28 Mit einem quadratischen Trendindikator lässt sich zwar eine geringfügig bessere Trendanpassung erzielen. Die Interpretation der Koeffizienten wird aber unnötig kompliziert. In Anbetracht der Tatsache, dass nur drei Untersuchungszeitpunkte vorliegen, erscheint es sinnvoller, von einem linearen Trend auszugehen.

29 Letztlich „rutscht" der Geschlechterkoeffizient im fünften Modell bei der Berücksichtigung des (hochsignifikanten) Vollzeit- bzw. Teilzeiteffekts über das Signifikanzniveau von $\alpha = 0,05$. Dem sollte man allerdings nicht zuviel Bedeutung beimessen, denn der Geschlechtereffekt verändert sich auch bei der Berücksichtigung verschiedener anderer Variablen. Hier nicht näher dokumentierte Detailanalysen haben gezeigt, dass die Kontrolle der verschiedenen Prädiktoren beruflicher Weiterbildung durchaus unterschiedliche Auswirkungen auf die Schätzung der geschlechtsspezifischen Weiterbildungsungleichheit hat. Der Geschlechtereffekt verschwindet, wenn zusätzlich zu dem Geschlecht allein die erforderliche Ausbildung im Beruf kontrolliert wird. Auf den einzelnen Stufen der erforderlichen Ausbildung im Beruf ist der Geschlechtereffekt demnach gering. Frauen üben jedoch häufiger als Männer eine berufliche Tätigkeit mit geringeren Qualifikationsanforde-

als kontinuierliche Variable in einfacher und quadrierter Form berücksichtigt. Die Ergebnisse entsprechen den Erwartungen. Geschätzt wird ein konkaver Verlauf der Weiterbildungsbeteiligung über das Lebensalter der Befragten. Die Weiterbildungsbeteiligung steigt demnach bis ca. Mitte 30 an und fällt danach wieder ab. Dieses Ergebnis bleibt auch in den folgenden Modellen unter Berücksichtigung weiterer Prädiktoren stabil.

Die Effekte von allgemeiner Schul- und beruflicher Ausbildung werden im dritten Modell aufgenommen. Hier zeigt sich noch einmal deutlich, in welcher Weise die berufliche Weiterbildung zur Kumulation von Bildungsungleichheit und zur Segmentierung des Arbeitsmarkts beiträgt. Die Weiterbildungsbeteiligung von Erwerbstätigen steigt auch unter Kontrolle der Kovariablen aus dem ersten und dem zweiten Modell in monotoner Weise mit dem sozialen Status ihrer bisherigen Bildungsabschlüsse an. Die Chance zur Teilnahme an beruflicher Weiterbildung ist für Erwerbstätige mit einem Hochschulabschluss fast neunmal größer als die Chance von Erwerbstätigen, die nicht über eine berufliche Ausbildung und nur über minimale Schulbildung verfügen.

Obwohl die erforderliche Ausbildung im Beruf stark mit der formalen Schul- und Ausbildung korreliert ist, zeigen sich im vierten Modell auch unter Kontrolle der Bildungsabschlüsse starke Effekte der erforderlichen Ausbildung im Beruf.[30] Für die Bildungsabschlüsse bleiben unter Kontrolle der erforderlichen Ausbildung im Beruf ebenfalls eigenständige Effekte bestehen, die aber im Vergleich zum dritten Modell sehr deutlich abgeschwächt sind. Das Muster der Effekte hat sich im Vergleich zur bivariaten Analyse im vorausgegangenen Abschnitt nicht wesentlich verändert. Prinzipiell nimmt die Beteiligung an beruflicher Weiterbildung mit dem sozialen Status der beruflichen Tätigkeiten zu. Eine Ausnahme bil-

rungen aus. Wird stattdessen der Wirtschaftszweig kontrolliert, steigt der Geschlechtereffekt an. Frauen sind demnach tendenziell häufiger als Männer in weiterbildungsintensiven Wirtschaftszweigen (Stichwort: nichtmanuelle Berufe) erwerbstätig. Sie nehmen aber in den einzelnen Wirtschaftszweigen deutlich seltener als Männer an beruflicher Weiterbildung teil. Die geschlechtsspezifische Weiterbildungsungleichheit ist also nicht allein auf die Unterschiede in der Vollzeit- und Teilzeiterwerbstätigkeit zurückzuführen.

30 Aufgrund der hohen Korrelation zwischen der formalen Bildung und der erforderlichen Ausbildung im Beruf wurden die hier vorgelegten logistischen Regressionsmodelle auf Multikollinearität geprüft. Bei hoher Multikollinearität sind die Standardfehler der betroffenen Regressionskoeffizienten hoch und die Werte der Regressionskoeffizienten sind wenig robust gegenüber geringfügigen Veränderungen im Modell oder in den Daten (vgl. Allison 1999; Urban 1982). Als einfache Methode zur Diagnose von Multikollinearität in logistischen Regressionsmodellen empfiehlt Menard (2001: 75-8) die OLS-Schätzung des äquivalenten linearen Wahrscheinlichkeitsmodells und die Betrachtung der Toleranzwerte für die einzelnen Variablen. Nach der Daumenregel von Menard (2001: 76) sind Toleranzwerte $T < 0{,}2$ bedenklich. Toleranzwerte unterhalb dieser Grenze wurden bei den hier vorgelegten Modellen nur für multiplikativ definierte Effekte und ihre Ausgangsvariablen beobachtet, für die Multikollinearität weniger schwerwiegende Folgen hat als für additiv verknüpfte Prädiktoren (vgl. Thome 1991: 39).

den die Tätigkeiten, für deren Ausübung normalerweise die Teilnahme an besonderen Kursen und Lehrgängen erforderlich ist. Auf solchen Arbeitsplätzen liegt

Tabelle 4.7: Logistische Regressionen der Beteiligung an beruflicher Weiterbildung (entlogarithmierte Effektkoeffizienten und Anpassungsmaße)[a]

	(1)[b]	(2)[b]	(3)[b]	(4)[b]	(5)[b]
Trend (linear)	1,031 **	1,027 **	1,019 **	1,015 *	1,017 *
Männer[c]		1,471 **	1,324 **	1,215 **	1,082
Alter		1,168 **	1,127 **	1,126 **	1,140 **
Alter zum Quadrat		0,998 **	0,998 **	0,998 **	0,998 **
Bildung[c]					
1c Hauptschule/Lehre			1,975 **	1,313	1,320
2b Realschule			2,230 **	1,581	1,366
2a Realschule/Lehre			3,681 **	2,176 **	2,167 **
2c Abitur			4,309 **	2,519 **	2,453 **
3a Fachhochschule			5,409 **	2,420 **	2,228 **
3b Hochschule			8,711 **	3,617 **	3,381 **
Erforderliche Ausbildung[c]					
Einarbeitung				1,819 **	1,580 *
Kurse				7,304 **	6,430 **
Ausbildung				4,113 **	3,899 **
Hochschule				6,104 **	5,874 **
Selbstständige[c]					1,288
Vollzeit[c]					1,441 **
Befristet[c]					1,065
Unternehmensgröße[c]					
20 bis 199 Mitarbeiter					1,556 **
200 bis 1999 Mitarbeiter					1,830 **
2000 und mehr Mitarbeiter					2,400 **
Konstante	0,149 **	0,011 **	0,011 **	0,006 **	0,002 **
$-2LL_0$	8099	8099	8025	8025	7815
χ^2	401	612	960	1181	1243
df	14	17	23	27	33
R^2_{Mc}	0,050	0,076	0,120	0,147	0,159
Fallzahl	6348	6348	6282	6282	6100

a In allen fünf Modellen wurden zusätzlich die Wirtschaftszweige anhand von 13 Dummy-Variablen kontrolliert.

b Ausgewiesen sind die entlogarithmierten Effektkoeffizienten e^{β}.
Signifikanzniveau: ** $\Rightarrow \alpha = 0,01$ und * $\Rightarrow \alpha = 0,05$.

c Die Referenzkategorien lauten: Frauen, 1a/b Hauptschule oder weniger, keine besondere Ausbildung erforderlich, abhängig Beschäftigte, Teilzeit, unbefristet, unter 20 Mitarbeiter.
Quelle: SOEP, eigene Berechnungen.

die Chance zur Beteiligung an beruflicher Weiterbildung sogar höher als auf Arbeitsplätzen, die einen Hochschulabschluss erfordern.

Im letzten Modell werden zusätzlich die Informationen zur Art der Erwerbstätigkeit und zur Unternehmensgröße berücksichtigt. Zwischen den Selbstständigen und den abhängig Beschäftigten sind keine signifikanten Unterschiede in der Weiterbildungsbeteiligung festzustellen. Die humankapitaltheoretischen Überlegungen, die von einer höheren Weiterbildungsbeteiligung auf Vollzeitarbeitsplätzen ausgehen, werden dagegen bestätigt. Die Chance zur Weiterbildungsteilnahme ist auf Vollzeitarbeitsplätzen beinahe 1,5-mal höher als auf Teilzeitarbeitsplätzen. Zwischen den Erwerbstätigen mit befristeten und unbefristeten Stellen sind bei der Beteiligung an beruflicher Weiterbildung insgesamt – ebenso wie in der bivariaten Analyse – keine Unterschiede festzustellen. Mit dem Indikator der Unternehmensgröße lässt sich schließlich zeigen, dass die Beteiligung an beruflicher Weiterbildung auch unter Kontrolle der verschiedenen individuellen und strukturellen Kovariablen mit zunehmender Mitarbeiterzahl im Unternehmen wächst.

Determinanten der betrieblichen Weiterbildung

Die Ergebnisse der logistischen Regressionen zur Beteiligung an betrieblicher Weiterbildung sind in Tabelle 4.8 auf der nächsten Seite wiedergegeben. Hier sind starke Ähnlichkeiten mit den Analysen zur Beteiligung an beruflicher Weiterbildung insgesamt festzustellen. Diese Tatsache ist darauf zurückzuführen, dass der überwiegende Teil der Teilnahmefälle als betriebliche Weiterbildung zu kennzeichnen ist. Dennoch gibt es Unterschiede.

Zunächst fällt auf, dass der Trendindikator für die Teilnahme an betrieblicher Weiterbildung seine Signifikanz unter Kontrolle von Kovariablen verliert. Demnach ist der Anstieg in den Teilnahmequoten, der über die Untersuchungsperioden hinweg zu beobachten ist (siehe Tabelle 4.1 auf Seite 152), durch die zwischenzeitlichen Verschiebungen in den Einflussfaktoren der Weiterbildungsbeteiligung zu erklären. Bei den Geschlechter- und Alterseffekten ist dagegen kein Unterschied zwischen den Modellen für die berufliche Weiterbildung insgesamt und den Modellen für die betriebliche Weiterbildung festzustellen. Dabei ist es besonders bemerkenswert, dass sich die Beteiligung von Frauen und Männern an *betrieblicher* Weiterbildung unter Kontrolle der Kovariaten nicht mehr unterscheidet. Denn gerade bei dieser Weiterbildungsform wurde aufgrund von bivariaten Ergebnissen (siehe Tabelle A.5 auf Seite 267) häufig auf das Wirken von Diskriminierungsmechanismen zu Ungunsten von Frauen geschlossen.

Ein weiterer Unterschied zwischen den Modellen für die betriebliche und die berufliche Weiterbildung zeigt sich im Verhältnis zwischen der formalen Bildung einerseits und der erforderlichen Ausbildung im Beruf andererseits. Beim Zugang zur betrieblichen Weiterbildung scheint die formale Bildung der Erwerbstätigen im Verhältnis zur erforderlichen Ausbildung im Beruf eine etwas größere Rolle

Tabelle 4.8: Logistische Regressionen der Beteiligung an betrieblicher Weiterbildung (entlogarithmierte Effektkoeffizienten und Anpassungsmaße)[a]

	(1)[b]	(2)[b]	(3)[b]	(4)[b]	(5)[b]
Trend (linear)	1,024 **	1,021 **	1,013	1,010	1,013
Männer[c]		1,565 **	1,385 **	1,297 **	1,139
Alter		1,130 **	1,087 **	1,086 **	1,084 **
Alter zum Quadrat		0,998 **	0,999 **	0,999 **	0,999 **
Bildung[c]					
1c Hauptschule/Lehre			2,587 **	1,724 **	1,753 **
2b Realschule			3,556 **	2,527 **	2,179 **
2a Realschule/Lehre			5,371 **	3,208 **	3,210 **
2c Abitur			5,366 **	3,181 **	3,243 **
3a Fachhochschule			8,103 **	3,952 **	3,610 **
3b Hochschule			11,460 **	5,322 **	4,984 **
Erforderliche Ausbildung[c]					
Einarbeitung				1,772 **	1,491
Kurse				5,355 **	4,656 **
Ausbildung				3,802 **	3,531 **
Hochschule				4,936 **	4,833 **
Selbstständige[c]					1,415 *
Vollzeit[c]					1,516 **
Befristet[c]					0,653 **
Unternehmensgröße[c]					
20 bis 199 Mitarbeiter					2,340 **
200 bis 1999 Mitarbeiter					2,798 **
2000 und mehr Mitarbeiter					3,602 **
Konstante	0,105 **	0,011 **	0,009 **	0,005 **	0,002 **
$-2LL_0$	7361	7361	7307	7307	7114
χ^2	466	582	934	1070	1191
df	14	17	23	27	33
R^2_{Mc}	0,063	0,079	0,128	0,146	0,167
Fallzahl	6348	6348	6282	6282	6100

a In allen fünf Modellen wurden zusätzlich die Wirtschaftszweige anhand von 13 Dummy-Variablen kontrolliert.

b Ausgewiesen sind die entlogarithmierten Effektkoeffizienten e^{β}.
Signifikanzniveau: ** $\Rightarrow \alpha = 0,01$ und * $\Rightarrow \alpha = 0,05$.

c Die Referenzkategorien lauten: Frauen, 1a/b Hauptschule oder weniger, keine besondere Ausbildung erforderlich, abhängig Beschäftigte, Teilzeit, unbefristet, unter 20 Mitarbeiter.
Quelle: SOEP, eigene Berechnungen.

zu spielen als beim Zugang zur beruflichen Weiterbildung insgesamt. Die Koeffizienten der formalen Bildung bleiben bei den Modellen für den Zugang zur betrieblichen Weiterbildung auch unter Kontrolle der Kovariaten ausnahmslos signifikant und erreichen höhere Zahlenwerte als bei den Modellen für den Zugang zur beruflichen Weiterbildung insgesamt. Bei den Koeffizienten der erforderlichen Ausbildung im Beruf ist das Gegenteil der Fall. Beim Zugang zur betrieblichen Weiterbildung diskriminiert die formale Bildung der Erwerbstätigen stärker als die erforderliche Ausbildung am Arbeitsplatz. Beim Zugang zur beruflichen Weiterbildung insgesamt ist es umgekehrt.

Im Unterschied zur beruflichen Weiterbildung insgesamt nehmen Selbstständige bei der betrieblichen Weiterbildung, d. h. an beruflicher Weiterbildung während der Arbeitszeit, signifikant häufiger teil als abhängig Beschäftigte. Das mag einerseits darauf zurückzuführen sein, dass Selbstständige deutlich längere wöchentliche Arbeitszeiten pro Woche angeben als abhängig Beschäftigte und damit auch weniger Freizeit zur Verfügung haben. Andererseits dürfte es für Selbstständige prinzipiell nahe liegen, die Zeit, die sie mit beruflicher Weiterbildung verbracht haben, als potenzielle Arbeitszeit zu definieren. Genau wie bei der beruflichen Weiterbildung insgesamt nehmen Vollzeiterwerbstätige häufiger an betrieblicher Weiterbildung teil als Teilzeiterwerbstätige. Bei den Auswirkungen einer befristeten Beschäftigung auf die Teilnahme an betrieblicher Weiterbildung sind dagegen wieder deutliche Unterschiede im Vergleich zur beruflichen Weiterbildung insgesamt festzustellen. Arbeitskräfte mit einem befristeten Arbeitsvertrag sind beim Zugang zur betrieblichen Weiterbildung deutlich im Nachteil. Die Unternehmensgröße spielt dabei ebenfalls eine größere Rolle als beim Zugang zur beruflichen Weiterbildung insgesamt. Die Koeffizienten der Unternehmensgrößenklassen sind bei den Modellen zur betrieblichen Weiterbildung durchweg größer als bei den Modellen zur beruflichen Weiterbildung insgesamt.[31]

Determinanten der individuellen Weiterbildung

Auch für die Teilnahme an individueller beruflicher Weiterbildung wurden entsprechende Modelle geschätzt. Die Ergebnisse sind in Tabelle 4.9 auf der nächsten Seite wiedergegeben. Im Überblick zeigt sich zunächst, dass die Modellanpassung gemessen an McFaddens Pseudo-R^2 für die individuelle Weiterbildung um einiges niedriger liegt als für die betriebliche und die berufliche Weiterbildung insgesamt. In den verschiedenen Modellen finden sich keine Anhaltspunkte für ei-

31 *Zwischen* diesen beiden Modellen kann die Stärke der (logarithmierten) Effektkoeffizienten umstandslos verglichen werden, weil die (binären) Prädiktoren jeweils gleich skaliert sind. Die Bestimmung von standardisierten Effektkoeffizienten erscheint dagegen wenig sinnvoll, weil die Standardabweichung einer binären Variablen nicht anschaulich zu interpretieren ist.

ne Zunahme der Weiterbildungsbeteiligung über die Untersuchungsperioden. Die geschlechtsspezifischen Unterschiede in der Beteiligung an individueller berufli-

Tabelle 4.9: Logistische Regressionen der Beteiligung an individueller Weiterbildung (entlogarithmierte Effektkoeffizienten und Anpassungsmaße)[a]

	(1)[b]	(2)[b]	(3)[b]	(4)[b]	(5)[b]
Trend (linear)	1,015	1,010	1,004	0,999	0,996
Männer[c]		0,949	0,849	0,795 *	0,782 *
Alter		1,197 **	1,130 **	1,126 **	1,131 **
Alter zum Quadrat		0,997 **	0,998 **	0,998 **	0,998 **
Bildung[c]					
1c Hauptschule/Lehre			1,282	0,807	0,804
2b Realschule			0,879	0,599	0,588
2a Realschule/Lehre			1,781 **	0,978	1,011
2c Abitur			2,077 **	1,115	1,135
3a Fachhochschule			2,274 **	0,870	0,941
3b Hochschule			5,035 **	1,780 *	1,787 *
Erforderliche Ausbildung[c]					
Einarbeitung				1,470	1,475
Kurse				5,594 **	5,838 **
Ausbildung				4,078 **	4,332 **
Hochschule				6,561 **	6,734 **
Selbstständige[c]					1,280
Vollzeit[c]					0,877
Befristet[c]					1,627 **
Unternehmensgröße[c]					
20 bis 199 Mitarbeiter					1,394 *
200 bis 1999 Mitarbeiter					0,794
2000 und mehr Mitarbeiter					1,262
Konstante	0,069 **	0,004 **	0,011 **	0,006 **	0,005 **
$-2LL_0$	4705	4705	4646	4646	4540
χ^2	195	287	406	500	522
df	14	17	23	27	33
R^2_{Mc}	0,041	0,061	0,087	0,108	0,115
Fallzahl	6348	6348	6282	6282	6100

a In allen fünf Modellen wurden zusätzlich die Wirtschaftszweige anhand von 13 Dummy-Variablen kontrolliert.

b Ausgewiesen sind die entlogarithmierten Effektkoeffizienten e^{β}. Signifikanzniveau: ** $\Rightarrow \alpha = 0,01$ und * $\Rightarrow \alpha = 0,05$.

c Die Referenzkategorien lauten: Frauen, 1a/b Hauptschule oder weniger, keine besondere Ausbildung erforderlich, abhängig Beschäftigte, Teilzeit, unbefristet, unter 20 Mitarbeiter. Quelle: SOEP, eigene Berechnungen.

cher Weiterbildung, die sich bei den bivariaten Analysen gezeigt haben, finden sich auch in den multivariaten Modellen wieder. Frauen nehmen signifikant häufiger an individueller beruflicher Weiterbildung teil als Männer. Die Effekte des Lebensalters auf die Weiterbildungsbeteiligung sind bei allen drei Formen beruflicher Weiterbildung vergleichbar.

Wesentlich geringer als bei der betrieblichen Weiterbildung sind die Effekte der formalen Bildung auf die individuelle Weiterbildung. Unter Kontrolle der erforderlichen Ausbildung im Beruf im vierten und fünften Modell ist nur noch der Unterschied zwischen den Erwerbstätigen mit Hochschulabschluss und den unqualifizierten Erwerbstätigen, die höchstens über einen Hauptschulabschluss verfügen, signifikant. Die Chance zur Weiterbildungsbeteiligung liegt für die Hochschulabsolventen etwa um das 1,8fache über der Chance der Unqualifizierten. Die Effekte der erforderlichen Ausbildung im Beruf sind beim Zugang zur individuellen beruflichen Weiterbildung dagegen einiges stärker als beim Zugang zur betrieblichen Weiterbildung. Sie folgen allerdings dem bekannten Muster. Mit Ausnahme der Befragten, deren berufliche Tätigkeit normalerweise besondere Kurse oder Lehrgänge erfordert, steigt die Beteiligung an individueller Weiterbildung mit dem Status der erforderlichen Ausbildung im Beruf an.

Für die anderen Arbeitsplatzmerkmale sind ebenfalls Unterschiede zwischen der individuellen und der betrieblichen Weiterbildung festzustellen. Für die Beteiligung an individueller beruflicher Weiterbildung macht es keinen Unterschied, ob es sich um Selbstständige oder um abhängig Beschäftigte handelt. Auch zwischen Vollzeit- und Teilzeiterwerbstätigen sind keine Differenzen auszumachen. Im Unterschied zur betrieblichen Weiterbildung beteiligen sich jedoch die befristet Erwerbstätigen wesentlich häufiger an individueller Weiterbildung als die unbefristet Beschäftigten. Dabei handelt es sich um eine Parallele zu den bivariaten Ergebnissen. Allerdings stellt die multivariate Analyse sicher, dass es sich nicht um einen reinen Alterseffekt handelt. Auch der Zusammenhang mit der Unternehmensgröße folgt nicht dem bekannten Muster aus der Analyse der betrieblichen Weiterbildung und der beruflichen Weiterbildung insgesamt. Hier ist nur im Falle der Unternehmen mit 20 bis unter 200 Mitarbeitern eine signifikante Abweichung von der Chance zur Weiterbildungsbeteiligung in Unternehmen mit weniger als 20 Mitarbeitern festzustellen. Anders als bei der betrieblichen Weiterbildung und der beruflichen Weiterbildung insgesamt nimmt die Weiterbildungsbeteiligung nicht mit der Unternehmensgröße zu.

4.4.3 Multivariate Analysen: Entwicklungen

Für den Zeitraum seit Mitte der 1980er Jahre wurde im voranstehenden Abschnitt gezeigt, dass im Zugang zu den verschiedenen Formen beruflicher Weiterbildung erhebliche Ungleichheiten zu beobachten sind. Grundlage dieser Strukturanalysen war ein gepoolter Datensatz, der Informationen aus den drei Untersuchungsperioden von 1986/1989, 1990/1993 und 1997/2000 zusammenfasst. Anhand dieses Datensatzes gehe ich nun der Frage nach, inwiefern sich die Strukturen sozialer Ungleichheit im Zugang zur beruflichen Weiterbildung im Untersuchungszeitraum verschoben haben. Zu diesem Zweck werden Trends in den Effektkoeffizienten der Weiterbildungsbeteiligung auf ihre statistische Signifikanz geprüft. Der Einfachheit halber werden lineare Veränderungsraten über die Jahre hinweg geschätzt. Die Bestimmung von komplexeren Veränderungsraten wäre bei einer Anzahl von nur drei Untersuchungsperioden bzw. Messzeitpunkten schwer zu begründen. Lineare Veränderungsraten lassen sich außerdem leichter interpretieren. Sie ermöglichen klare Aussagen über Rückgang oder Zunahme sozialer Ungleichheit in der Weiterbildungsbeteiligung.

In Tabelle 4.10 auf Seite 185 sind ausgewählte Ergebnisse von logistischen Regressionsmodellen zum Strukturwandel sozialer Ungleichheit in der Beteiligung an beruflicher, betrieblicher und individueller Weiterbildung in den 1990er Jahren (zwischen den Schwerpunkterhebungen 1989 und 2000) wiedergegeben. Die Trendmodelle bauen auf das jeweils fünfte Modell in den Tabellen 4.7, 4.8 und 4.9 auf. Im Unterschied zu diesen Modellen enthalten sie jedoch nicht nur die Haupteffekte der Prädiktoren beruflicher Weiterbildung, sondern zusätzlich die signifikanten Interaktionseffekte des linearen Trendindikators mit den anderen Prädiktoren. Die zu berücksichtigenden Interaktionseffekte wurden in einem Verfahren des schrittweisen Ausschlusses nach dem Kriterium der Likelihood-Ratio-Statistik bestimmt. Aus Platzgründen wurde in Tabelle 4.10 auf die Darstellung der Haupteffekte und der Statistiken zur Modellanpassung verzichtet. Stattdessen wurden nur die Interaktionseffekte und die Veränderungsstatistiken für die Modellanpassung wiedergegeben. Es zeigt sich, dass die Veränderungen bei den Weiterbildungsungleichheiten in den 1990er Jahren zwar signifikant sind, dass sie aber im Vergleich zum Niveau der fortbestehenden Ungleichheiten nicht sehr stark ausfallen. Die groben Strukturen der sozialen Ungleichheit im Zugang zur beruflichen Weiterbildung sind seit Mitte der 1980er Jahre erhalten geblieben.

Bei der beruflichen Weiterbildung insgesamt ist ein signifikanter Rückgang der geschlechtsspezifischen Ungleichheit festzustellen. Das Verhältnis der Weiterbildungschancen von Männern und Frauen, das anfänglich bei ca. 1,3 für die Männer liegt, reduziert sich in den 1990er Jahren pro Jahr um ca. vier Prozent. Die Chancen zur Weiterbildungsbeteiligung sind bei der betrieblichen Weiterbildung für beide Geschlechter gleich. Bei der individuellen Weiterbildung sind sie für Frauen besser als für Männer. Das Chancenverhältnis liegt hier bei 0,77 für die Männer. Für die beiden speziellen Formen beruflicher Weiterbildung sind keine signifikanten Veränderungen im Verlauf der 1990er Jahre festzustellen.

In Bezug auf die altersspezifische Weiterbildungsbeteiligung sind bei allen drei Formen beruflicher Weiterbildung signifikante Veränderungen festzustellen. Aufgrund der komplexen Definition dieser Effekte ist die Art der Veränderungen jedoch schwierig zu interpretieren. Die Koeffizienten für die Veränderungen in den Chancen zur beruflichen und zur betrieblichen Weiterbildung nach dem quadrierten Alter sind geringfügig (ab der vierten Nachkommastelle) kleiner als eins. Das spricht für eine zunehmende Verengung der konkaven Altersprofile der Weiterbildungslogits, die mit einem Anstieg der altersspezifischen Weiterbildungsungleichheit verbunden sein könnte. Um die Auswirkungen dieser Effekte zu visualisieren, wurden die geschätzten Altersprofile der Weiterbildungslogits für eine Reihe von Zeitpunkten im Untersuchungszeitraum geplottet. Die Diagramme sind in Abbildung A.2 auf Seite 275 im Anhang wiedergegeben.[32] Sie machen einen leichten Anstieg der altersspezifischen Ungleichheit beim Zugang zur beruflichen und zur betrieblichen Weiterbildung sichtbar. Die altersspezifische Ungleichheit beim Zugang zur individuellen Weiterbildung geht dagegen im Untersuchungszeitraum etwas deutlicher zurück. Die Standardabweichungen der altersspezifischen Weiterbildungslogits (aus Platzgründen nicht dargestellt) bestätigen den visuellen Eindruck für alle drei Formen der beruflichen Weiterbildung.

Die bildungsspezifische Weiterbildungsungleichheit hat sich nur in Bezug auf die individuelle Weiterbildung signifikant verändert. Im Vergleich zur Gruppe der Unqualifizierten (1a/b) hat sich der Vorsprung, den alle anderen Qualifikationsgruppen im Zugang zur individuellen Weiterbildung verzeichnen konnten, im Untersuchungszeitraum deutlich reduziert. Das bedeutet allerdings nicht, dass die Bildungsungleichheit im Zugang zur individuellen Weiterbildung komplett verschwunden ist. Effekte der formalen Bildung auf die Beteiligung an individueller beruflicher Weiterbildung werden nach wie vor indirekt, über die erforderliche Ausbildung im Beruf wirksam, für deren Effekte auf die Beteiligung an individueller Weiterbildung im Untersuchungszeitraum keine Reduktion festgestellt werden konnte. Dass die partiellen Effekte der formalen Bildung im Untersuchungszeitraum zurückgehen und die partiellen Effekte der erforderlichen Ausbildung im Beruf konstant bleiben, deutet darauf hin, dass sich individuelle Weiterbildung im Untersuchungszeitraum immer stärker auf die aktuelle berufliche Tätigkeit bezieht. In dieser Hinsicht gewinnt eine instrumentelle Logik der individuellen Weiterbildung an Bedeutung.

Bei der beruflichen und der betrieblichen Weiterbildung entwickelt sich das Verhältnis der Effekte von formaler Bildung und erforderlicher Ausbildung im

32 Die Profile geben die geschätzten altersspezifischen Weiterbildungslogits für den Fall an, dass alle Kovariaten gleich null sind. Für die Interpretation der altersspezifischen Weiterbildungsungleichheiten ist das jedoch unerheblich, da die Form der Profile als konstant über die Werte der Kovariaten mit Ausnahme des Trendindikators geschätzt wurde.

Tabelle 4.10: Logistische Regressionen zum Strukturwandel der Weiterbildungsungleichheit (entlogarithmierte Trendkoeffizienten, Verbesserung der Modellanpassung aufgrund der signifikanten Trendkoeffizienten)[a]

	Berufliche Weiterbildung[b]	Betriebliche Weiterbildung[b]	Individuelle Weiterbildung[b]
Männer[c]	0,961 **		
Alter	1,023 **	1,017 **	1,005 **
Alter zum Quadrat[d]	1,000 **	1,000 **	
Bildung[c]			
1c Hauptschule/Lehre			0,894 **
2b Realschule			0,749 **
2a Realschule/Lehre			0,878 **
2c Abitur			0,877 **
3a Fachhochschule			0,864 **
3b Hochschule			0,858 **
Erforderliche Ausbildung[c]			
Einarbeitung	1,004	0,982	
Kurse	1,003	0,947	
Ausbildung	0,956	0,914 *	
Hochschule	0,906 **	0,874 **	
Selbstständige[c]			
Vollzeit[c]			
Befristet[c]		0,926 *	1,086 *
Unternehmensgröße[c]			
20 bis 199 Mitarbeiter	0,982		1,027
200 bis 1999 Mitarbeiter	0,969		0,964
2000 und mehr Mitarbeiter	0,930 **		0,949
$-2LL_0$	7815	7114	4540
χ^2	91	73	79
df	23	22	24
ΔR^2_{Mc}	0,012	0,010	0,017
Fallzahl	6100	6100	6100

a Im oberen Teil der Tabelle sind die signifikanten Interaktionseffekte des linearen Trendindikators mit den Kovariaten aus den Tabellen 4.7, 4.8 und 4.9 dargestellt. Die zu berücksichtigenden Interaktionseffekte wurden in einem Verfahren des schrittweisen Ausschlusses nach dem Kriterium der Likelihood-Ratio-Statistik bestimmt. Im unteren Teil der Tabelle sind die Veränderungsstatistiken für die Berücksichtigung der Interaktionseffekte angegeben.

b Ausgewiesen sind die entlogarithmierten Effektkoeffizienten e^{β}.
Signifikanzniveau: ** $\Rightarrow \alpha = 0,01$ und * $\Rightarrow \alpha = 0,05$.

c Die Referenzkategorien lauten: Frauen, 1a/b Hauptschule oder weniger, keine besondere Ausbildung erforderlich, abhängig Beschäftigte, Teilzeit, unbefristet, unter 20 Mitarbeiter.

d Die Koeffizienten für das quadrierte Alter sind ab der vierten Nachkommastelle kleiner als eins.
Quelle: SOEP, eigene Berechnungen.

Beruf gerade anders herum. Hier bleiben die partiellen Effekte der formalen Bildung gleich, während sich die partiellen Effekte der erforderlichen Ausbildung im Beruf verringern. Im Vergleich mit den Weiterbildungschancen von Erwerbstätigen, deren berufliche Tätigkeit keine besondere Ausbildung erfordert, reduzieren sich insbesondere die Weiterbildungschancen von Erwerbstätigen, deren berufliche Tätigkeit normalerweise einen Hochschulabschluss erfordert. Der Nutzen der formalen Bildung beim Zugang zur betrieblichen Weiterbildung oder zur beruflichen Weiterbildung insgesamt hat gegenüber dem Nutzen des Qualifikationsanforderungsniveaus der aktuellen beruflichen Tätigkeit zugenommen.

Bei der betrieblichen und der individuellen Weiterbildung sind im Untersuchungszeitraum signifikante Veränderungen zwischen den Weiterbildungschancen der befristet und der unbefristet Erwerbstätigen festzustellen. Bei beiden Formen beruflicher Weiterbildung sind zu Beginn der Untersuchungsperiode keine signifikanten Unterschiede zu erkennen. Im Verlauf der 1990er Jahre nimmt jedoch die Beteiligung der befristet Erwerbstätigen gegenüber der Beteiligung der unbefristet Erwerbstätigen in der betrieblichen Weiterbildung ab und in der individuellen Weiterbildung zu. Schließlich sind signifikante Veränderungen auch beim Einfluss der Unternehmensgröße auf die Weiterbildungsbeteiligung festzustellen. Für die berufliche Weiterbildung insgesamt verringert sich der Abstand im Zugang zur Weiterbildung zwischen den Erwerbstätigen in kleinen und in großen Unternehmen. Für die individuelle Weiterbildung wurde ein signifikanter Effekt der Unternehmensgröße insgesamt anzeigt, weshalb die Indikatoren im Modell verblieben sind. Allerdings erreicht kein Einzeleffekt der größeren Unternehmensklassen im Vergleich zur kleinsten Unternehmensklasse das 5-prozentige Signifikanzniveau.

4.5 Zusammenfassung und Ausblick

Im vorliegenden Kapitel wurden soziale Ungleichheiten im Zugang zur beruflichen Weiterbildung und ihre Entwicklung in den 1990er Jahren anhand der Schwerpunkterhebungen zur beruflichen Weiterbildung im SOEP untersucht. Von der beruflichen Weiterbildung insgesamt ausgehend, wurden mit der betrieblichen und der individuellen beruflichen Weiterbildung zwei Formen der Weiterbildung unterschieden, die nach segmentationstheoretischen Gesichtspunkten unterschiedlichen Beteiligungslogiken unterliegen sollten. Als Einflussfaktoren auf die Weiterbildungsbeteiligung wurden Geschlecht, Alter, Bildung, berufliche Tätigkeit, Vollzeit- vs. Teilzeiterwerbstätigkeit, Selbstständigkeit vs. abhängige Beschäftigung, befristete vs. unbefristete Tätigkeit und Unternehmensgröße untersucht.

Besonderes Augenmerk wurde dabei auf die Rolle der beruflichen Tätigkeit gelegt. Sie wurde durch die Skala der erforderlichen Ausbildung im Beruf operationalisiert, die in der Weiterbildungsforschung bisher keine Beachtung gefunden hat. Die Besonderheit dieser Skala ist darin zu sehen, dass sie die Erwerbstätigen nicht nach ihrer formal erworbenen Ausbildung klassifiziert, sondern nach den Qualifikationsanforderungen ihrer aktuellen beruflichen Tätigkeit bzw. ihres aktuellen Arbeitsplatzes. Zwischen der formalen Ausbildung von Arbeitskräften und den Qualifikationsanforderungen an ihrem Arbeitsplatz besteht zwar eine erwartbar hohe Korrelation. Aber die Fehlqualifikationsforschung hat gezeigt, dass Abweichungen zwischen der erforderlichen Ausbildung im Beruf und der formalen Ausbildung der Arbeitskräfte dennoch keine Seltenheit sind. Die Skala der erforderlichen Ausbildung im Beruf ist deshalb besonders geeignet, die Wirkung von Arbeitsplatzmerkmalen auf die Beteiligung an beruflicher Weiterbildung zu rekonstruieren.

Um einen theoretischen Rahmen für die Interpretation der empirischen Ergebnisse zur Weiterbildungsungleichheit zu gewinnen, wurden Konzepte der Arbeitsmarktsegmentation diskutiert. Segmentationstheorien gehen davon aus, dass die Erwerbschancen von Arbeitskräften – neben ihrem sozialen Hintergrund und ihrer individuellen Humankapitalausstattung – auch von der Einbindung ihrer Arbeitsplätze in verschiedene Unternehmens-, Arbeitsmarkt- oder Wirtschaftsstrukturen abhängen. Insofern liefern Segmentationskonzepte eher strukturelle als individuelle Erklärungsansätze für die Erwerbschancen von Arbeitskräften.

Für die Analyse von sozialen Ungleichheiten im Zugang zur beruflichen Weiterbildung ist das ISF-Konzept der Arbeitsmarktsegmentation von besonderer Bedeutung. Es wurde speziell für die Verhältnisse in der Bundesrepublik entworfen und geht von einem dreigeteilten Arbeitsmarkt aus. Nach den jeweils vorherrschenden Regeln von Gratifikation, Promotion und Qualifizierung werden das unspezifische, das fachspezifische und das betriebsspezifische Arbeitsmarktsegment unterschieden. Weil sich das Konzept explizit auf unterschiedliche Qualifizierungslogiken und -praktiken in den drei Teilarbeitsmärkten bezieht, lassen sich daraus Hypothesen zur Beteiligung an den verschiedenen Formen beruflicher Weiterbildung ableiten. Im unspezifischen Arbeitsmarktsegment sollte die Beteiligung an beruflicher Weiterbildung insgesamt niedriger sein als in den beiden anderen Arbeitsmarktsegmenten. Im betriebsspezifischen Teilarbeitsmarkt sollte die Beteiligung an betrieblicher Weiterbildung höher sein als im fachspezifischen Teilarbeitsmarkt. Umgekehrt sollte die Beteiligung an individueller beruflicher Weiterbildung im fachspezifischen Arbeitsmarkt höher liegen als im betriebsspezifischen Teilarbeitsmarkt.

Die empirische Prüfung der genannten Hypothesen zum Zusammenhang zwischen Arbeitsmarktsegmentation und Weiterbildungsungleichheit gestaltet sich schwierig, weil keine direkte Messung der Segmentzugehörigkeit von Arbeitsplätzen vorliegt. In den neueren empirischen Studien zu den Auswirkungen der Arbeitsmarktsegmentation auf der Basis von Umfragedaten wurde die Segmentzugehörigkeit von Arbeitsplätzen nach dem Vorschlag von Blossfeld und Mayer (1988) operationalisiert. Dabei werden Angaben zur Unternehmensgröße und zu den Qualifikationsanforderungen am Arbeitsplatz dichotomisiert und zu einer Arbeitsplatztypologie kreuzklassifiziert. Arbeitsplätze mit hohen Qualifikationsanforderungen in kleinen Unternehmen werden dem berufsfachlichen Arbeitsmarktsegment zugerechnet. Zum betriebsspezifischen Arbeitsmarktsegment werden sie stattdessen gezählt, wenn sie in großen Unternehmen angesiedelt sind. Das unspezifische Arbeitsmarktsegment besteht aus Arbeitsplätzen mit niedrigen Qualifikationsanforderungen, wobei – über das ursprüngliche Konzept des dreigeteilten Arbeitsmarkts hinausgehend – nach Arbeitsplätzen in kleinen und in großen Unternehmen unterschieden wird. Mit dieser Operationalisierung von Teilarbeitsmärkten gelangen die neueren empirischen Studien zur Arbeitsmarktsegmentation zwar zu Ergebnissen, die vor dem Hintergrund der theoretischen Überlegungen im Großen und Ganzen plausibel erscheinen (Blossfeld und Mayer 1988; Seifert 1995, 1996; Szydlik 1990). Damit sind aber noch nicht alle Schwierigkeiten bei der Operationalisierung von Arbeitsmarktsegmenten überwunden. Problematisch bleibt die Trennung von internen und externen bzw. von betriebsspezifischen und berufsfachlichen Arbeitsmärkten auf der Basis der Unternehmensgröße, denn die theoretischen Ansätze liefern wenig Anhaltspunkte dafür, wo der Schwellenwert dieser Trennung zu suchen ist.

Die Segmentgröße unterscheidet sich für zwei verschiedene Schwellenwerte erheblich, obwohl sie theoretisch gleichermaßen plausibel sind (vgl. Szydlik 1990). Es ist gleichfalls nicht auszuschließen, dass sich die Zusammenhänge zwischen der Segmentzugehörigkeit und weiteren Merkmalen der Beschäftigungssituation nach dem verwendeten Schwellenwert unterscheiden. Wenn Blossfeld und Mayer (1988: 281) in ihrer Mobilitätsanalyse der Arbeitsmarktsegmentation in der Bundesrepublik beispielsweise zu dem Schluss kommen, dass hier die Trennung von internen und externen Arbeitsmarktsegmenten im Vergleich zur USA nur eine untergeordnete Rolle spielt und von Qualifikationsbarrieren überlagert wird, so ist das möglicherweise auf die Wahl eines vergleichsweise niedrigen Schwellenwertes der Unternehmensgröße zurückzuführen. In der vorliegenden Arbeit finden die Überlegungen zum Zusammenhang zwischen Arbeitsmarktsegmentation und der Beteiligung an unterschiedlichen Formen beruflicher Weiterbildung größtenteils Unterstützung. Diskrepanzen ergeben sich nur bei der Beteiligung an der individuellen Weiterbildung (siehe Tabelle 4.5 auf Seite 165), wo die Angehörigen des fachspezifischen Arbeitsmarktsegments nicht in allen Untersuchungsperioden die höchsten Teilnahmequoten aufweisen.

In Anbetracht der dargestellten Probleme mit der Unternehmensgröße wurde in der vorliegenden Arbeit die Frage aufgeworfen, ob es zur Unterscheidung von Arbeitsmarktsegmenten empirisch notwendig ist, die Unternehmensgröße und die erforderliche Ausbildung im Beruf zu kombinieren. Als Kriterium wurde die Beteiligung an den unterschiedlichen Formen beruflicher Weiterbildung verwendet. Hier hat sich gezeigt, dass es für die Erklärung der Weiterbildungsbeteiligung durch Unternehmensgröße und erforderliche Ausbildung im Beruf nicht unbedingt notwendig ist, die beiden Merkmale zu kombinieren. In logistischen Regressionsmodellen der Weiterbildungsbeteiligung steigt die Erklärungskraft der Modelle nur noch geringfügig an, wenn die Interaktionseffekte der beiden Merkmale zusätzlich zu den Haupteffekten berücksichtigt werden. Außerdem sperren sich die (wenigen) signifikanten Interaktionseffekte einer inhaltlich sinnvollen Interpretation. Im Interesse einer sparsamen Modellierung scheint es deshalb die bessere Lösung zu sein, nur die Haupteffekte zu berücksichtigen und von einer konstanten Wirkung der erforderlichen Ausbildung im Beruf über die Klassen der Unternehmensgröße hinweg auszugehen.

Bei der Strukturanalyse der Weiterbildungsbeteiligung wurden neben der erforderlichen Ausbildung im Beruf und der Unternehmensgröße weitere Kovariaten berücksichtigt. Zu nennen sind Geschlecht, Alter, Bildung, Vollzeit- und befristete Tätigkeit, Selbstständigkeit und ein linearer Trendindikator. Unter Kontrolle sämtlicher Kovariaten zeigt der lineare Trendindikator für die berufliche Weiterbildung insgesamt an, dass die Beteiligung an beruflicher Weiterbildung auch unabhängig von den Verschiebungen in den Kovariaten gestiegen ist. Geschlechtsspezifische Unterschiede lassen sich unter Kontrolle der Kovariaten weder in der beruflichen Weiterbildung insgesamt noch in der betrieblichen Weiterbildung ausmachen. An der individuellen Weiterbildung beteiligen sich dagegen die Frauen tendenziell sogar häufiger. Die Teilnahmequoten an allen drei Formen beruflicher Weiterbildung steigen über das Alter der Befragten zunächst an, erreichen ihr Maximum zwischen 30 und 40 Jahren und sinken danach wieder ab.

Die formale Bildung der Erwerbstätigen und die erforderliche Ausbildung im Beruf gehören zu den stärksten Prädiktoren beruflicher Weiterbildung. Für die betriebliche Weiterbildung und die berufliche Weiterbildung insgesamt zeigt sich ein monotoner Anstieg in der Weiterbildungsbeteiligung nach dem Bildungsniveau. Bei der individuellen Weiterbildung sind die Unterschiede weniger deutlich. Da die Bildung und die erforderliche Ausbildung im Beruf hoch miteinander korreliert sind, müssen die Ergebnisse von multivariaten Analysen, in denen beide Variablen kontrolliert werden, im Zusammenhang interpretiert werden. Bei der betrieblichen Weiterbildung bleiben die Effekte der formalen Bildung unter Kontrolle der erforderlichen Ausbildung im Beruf in abgeschwächter Form bestehen. Die formale Bildung beeinflusst die Beteiligung an betrieblicher Weiterbildung demnach auch über den Moment der beruflichen Positionierung hinaus positiv. Die Entscheidungsträger in den Betrieben, die den Zugang zur betrieblichen Weiterbildung steuern, scheinen bereits absolvierte Bildungsabschlüsse auch unabhängig von der bisher erreichten beruflichen Position als Zeichen für eine erfolgversprechende Teilnahme an betrieblicher Weiterbildung zu werten. Bei der individuellen beruflichen Weiterbildung verschwinden die Effekte der formalen Bildung jedoch weitgehend. Die Erwerbstätigen selbst scheinen ihre Weiterbildungsentscheidungen vor allem von der erreichten beruflichen Position und den entsprechenden Qualifikationsanforderungen abhängig zu machen.

Im Zusammenhang zwischen der erforderlichen Ausbildung im Beruf und der Beteiligung an beruflicher Weiterbildung kommen zwei unterschiedliche Dimensionen der erforderlichen Ausbildung im Beruf zum Ausdruck. Es handelt sich zum einen um die vertikale Dimension des beruflichen Status und zum anderen um die horizontale Dimension der Segmentation zwischen berufsfachlichen und betriebsspezifischen Arbeitsmärkten.

Tabelle 4.11: Segmentation der erforderlichen Ausbildung im Beruf (schematische Darstellung)

Beruflicher Status/ Qualifikationsniveau	Arbeitsmarktsegment	
	Berufsfachlich	betriebsspezifisch
Hoch	Hochschulabschluss	
Mittel	Ausbildung	Kurse/Lehrgänge
Niedrig	Einarbeitung Keine/Einweisung	

Nach dem Schema in Tabelle 4.11 spielt die Segmentation in berufsfachliche und betriebsspezifische Arbeitsmärkte nur auf der mittleren Qualifikationsstufe eine Rolle. Für die obere Qualifikationsstufe lassen sich die Tätigkeiten, die in der Regel einen Hochschulabschluss erfordern, nicht weiter differenzieren. Im Hinblick auf die Tätigkeiten, die normalerweise eine längere Einarbeitung erforderlich machen, ließe sich streiten, ob sie dem unteren oder dem mittleren Qualifikationsniveau zuzuordnen sind. Aufgrund der notwendigen Einarbeitungszeit am Arbeitsplatz ließe sich argumentieren, dass es sich um Einstiegsarbeitsplätze im betriebsspezifischen Arbeitsmarktsegment handeln könnte. Bei der Strukturanalyse der Weiterbildungsungleichheit haben sich jedoch keine Anhaltspunkte dafür ergeben. Unter Kontrolle der Kovariaten gibt es keinen signifikanten Unterschied in der Beteiligung an betrieblicher Weiterbildung auf Arbeitsplätzen, die keine besondere Ausbildung erfordern, und auf solchen, die eine längere Einarbeitung erfordern (siehe Tabelle 4.8 auf Seite 179). Dieser Befund spricht gegen die Zugehörigkeit dieser Arbeitsplätze zur mittleren Qualifikationsstufe. Insgesamt gesehen, dürfte es nicht als besonderer Nachteil der Skala der erforderlichen Ausbildung anzusehen sein, dass sie nur auf der mittleren Qualifikationsstufe zwischen berufsfachlichem und betriebsspezifischem Teilarbeitsmarkt differenziert. Die Analysen von Blossfeld und Mayer (1988: 280) haben für den westdeutschen Arbeitsmarkt bereits gezeigt, „daß den internen Arbeitsmärkten in der theoretischen Arbeitsmarktdiskussion eine quantitative Bedeutung zugeschrieben wird, die ihnen in der Realität nicht zukommt". Die Arbeitsmarktsegmentation in der Bundesrepublik ist weniger durch die Diskrepanz von internen und externen Mechanismen der Arbeitskräfteallokation geprägt, als vielmehr durch die Existenz von Qualifikationsbarrieren zwischen dem primären und dem sekundären Arbeitsmarktsegment und innerhalb des primären Teilarbeitsmarkts (vgl. Blossfeld und Mayer 1988: 281).

Bei den Arbeitsplatzmerkmalen bestätigt sich noch einmal, dass die Beteiligung an den unterschiedlichen Formen beruflicher Weiterbildung unterschiedlichen Logiken unterliegt. Vor allem die Beteiligung an betrieblicher Weiterbildung ist nach Arbeitsplatzmerkmalen stark segmentiert. Hier wirken sich eine Vollzeit- und eine selbstständige Tätigkeit sowie die Unternehmensgröße positiv auf die Weiterbildungsbeteiligung aus. Ein befristeter Arbeitsvertrag reduziert dagegen die Chance, an betrieblicher Weiterbildung teilzunehmen. Die Beteiligung an individueller Weiterbildung ist in erwartbar geringerem Umfang durch Arbeitsplatzmerkmale beeinflusst. Besonders bemerkenswert ist hier allerdings das Ergebnis, dass ein befristeter Arbeitsvertrag zu einer höheren Beteiligung an individueller beruflicher Weiterbildung führt als ein unbefristeter Arbeitsvertrag.

Von der beschriebenen Struktur der Weiterbildungsungleichheiten ausgehend, wurde abschließend die Frage nach einem strukturellen Wandel aufgeworfen: Sind die sozialen Ungleichheiten im Zugang zur beruflichen Weiterbildung im Untersuchungszeitraum signifikanten Veränderungen unterworfen? Und falls ja, ist dabei eine Reduktion sozialer Ungleichheit festzustellen? Den multivariaten Trendanalysen zufolge sind beide Fragen positiv zu beantworten. Für die meisten der untersuchten Kovariaten sind signifikante Veränderungen bei der Beteiligung an der einen oder anderen Form beruflicher Weiterbildung festzustellen. Dabei deuten die Ergebnisse zumeist auf eine Reduktion sozialer Ungleichheit in der Weiterbildungsbeteiligung hin. Die geschlechtsspezifische Ungleichheit in der Beteiligung an beruflicher Weiterbildung insgesamt geht zurück. Der Vorsprung der höheren Bildungsabschlüsse in der Beteiligung an individueller Weiterbildung verkürzt sich. Gleiches gilt für die höheren Qualifikationsstufen der erforderlichen Ausbildung im Beruf beim Zugang zur betrieblichen Weiterbildung und zur beruflichen Weiterbildung insgesamt. Bei Letzterer nimmt außerdem der Einfluss der Unternehmensgröße ab.

Widersprüchliche Ergebnisse zeigen sich allerdings beim Einfluss des Alters und der befristeten Beschäftigung. Während die altersspezifischen Ungleichheiten im Zugang zur individuellen beruflichen Weiterbildung nachlassen, scheinen sie beim Zugang zur betrieblichen und zur beruflichen Weiterbildung insgesamt etwas stärker zu werden. Bei allgemein steigenden Teilnahmequoten bleiben die jüngeren und die älteren Arbeitskräfte immer weiter hinter den mittleren Altersgruppen zurück. Angesichts des bevorstehenden demographischen Wandels, einer durchschnittlichen Alterung des Erwerbspersonenpotenzials und einer verlängerten Lebensarbeitszeit scheint dieser Befund vor allem im Hinblick auf die Weiterbildungsbeteiligung der älteren Arbeitskräfte bedenklich (vgl. Husemann 2002; Koller und Plath 2000; Koller und Plath 2001; Stooß 1994). Auch bei der befristeten Beschäftigung ist eine gegenläufige Entwicklung zu beobachten. Die befristet Beschäftigten bemühen sich offenbar, ihren zunehmenden Rückstand in der betrieblichen Weiterbildung durch verstärkte Anstrengungen in der individuellen beruflichen Weiterbildung auszugleichen. In Anbetracht der negativen Effekte befristeter Beschäftigung für den weiteren Erwerbsverlauf, die in verschiedenen Studien gefunden wurden (vgl. Giesecke und Groß 2002; Scherer 2003), bleibt der Erfolg dieser Anstrengungen fraglich.

Ein Ausblick zum weiteren Forschungsbedarf bei der multivariaten Trendanalyse der sozialen Ungleichheiten im Zugang zur beruflichen Weiterbildung muss bei den Schwachstellen der hier vorgelegten Analysen ansetzen. Das SOEP stellt nicht die optimale Datenbasis für solche Untersuchungen dar. Es muss noch einmal darauf hingewiesen werden, dass sich die hier vorgelegten Analysen auf drei Untersuchungsperioden mit unregelmäßigem zeitlichen Abstand stützen. Der Untersuchungszeitraum zwischen dem ersten Erhebungsschwerpunkt 1989 und dem bisher letzten Erhebungsschwerpunkt 2000 ist insgesamt relativ kurz. Überdies sind mit der notwendigen Beschränkung auf die älteren Teilstichproben des SOEP (aus dem Jahr 1984) Probleme mit der Repräsentativität der Daten für die westdeutschen Erwerbstätigen zu späteren Zeitpunkten verbunden, die auch durch Gewichtungsverfahren nicht gelöst werden können.[33] Deshalb sollten die Ergebnisse anhand des SOEP durch die Analyse weiterer Datensätze überprüft und ergänzt werden. In Frage kommen das Berichtssystem Weiterbildung, der Mikrozensus und die BIBB/IAB-Erhebungen, die bereits seit Ende der 1970er Jahre Informationen zur Weiterbildungsbeteiligung bereitstellen. Ein wesentlicher Vorteil des SOEP gegenüber den genannten Datenbeständen sei allerdings auch erwähnt. Als

33 Durch die Gewichtung der Daten können zwar die Effekte der Panelmortalität nach dem gegenwärtigen Stand der Forschung weitgehend ausgeglichen werden, nicht jedoch die Veränderungen in der Grundgesamtheit, die sich seit 1984 durch verschiedene Zuwanderungswellen ergeben haben. Hier wurden Ergänzungsstichproben zum SOEP gezogen, die aber von den beiden älteren Erhebungsschwerpunkten zur beruflichen Weiterbildung noch nicht erfasst wurden.

Panelstudie erlaubt es das SOEP aufgrund seines Längsschnittcharakters, die relevanten Eigenschaften der potenziellen Weiterbildungsteilnehmer bereits vor einer möglichen Beteiligung an den Maßnahmen der beruflichen Weiterbildung festzustellen. Dies geschieht entweder in Bezug auf den Beginn des Referenzzeitraums, wie bei den vorliegenden Analysen, oder aber direkt vor Eintritt in die jeweiligen Weiterbildungsmaßnahmen (vgl. Behringer 1999; Pischke 2000; Wilkens und Leber 2003). Bei den genannten Alternativen zum SOEP handelt es sich dagegen um Querschnittdaten. Entsprechende Analysen sind nur möglich, wenn retrospektiv erhobene Informationen im Datenbestand enthalten sind. Das ist aber weder beim Berichtssystem Weiterbildung, noch beim Mikrozensus und nur bei einzelnen BIBB/IAB-Erhebungen der Fall.

Im Zugang zur beruflichen Weiterbildung bestehen für westdeutsche Erwerbstätige auch zu Beginn des neuen Jahrtausends erhebliche Ungleichheiten, obwohl eine Reihe von Hinweisen auf eine gewisse Abschwächung dieser Unterschiede hinweisen. Besonders hervorzuheben sind dabei die Ergebnisse zum Abbau der geschlechtsspezifischen Ungleichheiten im Zugang zur betrieblichen Weiterbildung. Nach wie vor ist die Beteiligung an beruflicher Weiterbildung allerdings stark durch die vorher erworbenen Qualifikationen und den beruflichen Status der Erwerbstätigen geprägt. Insofern trägt die berufliche Weiterbildung auch heute noch zur Kumulation von Bildungsungleichheiten und zur Segmentierung von Erwerbschancen bei.

5 Berufliche Weiterbildung und Karrieremobilität

5.1 Einführung

In einer Reihe von mehr oder minder umfangreichen Beiträgen wurde in den letzten Jahren versucht, die empirischen Forschungsergebnisse zum individuellen Nutzen beruflicher Weiterbildung für die Teilnehmer zusammenzufassen (vgl. Becker 1999; Bellmann 2003; Schreiber 1998). Obwohl sich die Autoren größtenteils auf dieselben Studien beziehen, fallen ihre Schlussfolgerungen recht unterschiedlich aus. Das lässt sich an zwei Beispielen zeigen:

> „Deutliche Einkommenszuwächse, günstige Aufstiegschancen, höhere Arbeitsmarktflexibilität und geringere Arbeitslosigkeitsrisiken von Weiterbildungsteilnehmern im Vergleich zu Nichtteilnehmern verweisen auf die Wirksamkeit der beruflichen Weiterbildung." (Becker 1999: 213)

> „Der Nutzen beruflicher Weiterbildung wird subjektiv im allgemeinen wesentlich höher eingeschätzt, als es die wahrnehmbaren Effekte erwarten lassen. Die faktischen beruflichen Verbesserungen stehen häufig in keinem angemessenen Verhältnis zur überwiegend positiven Nutzenbilanz. Meistens können die mit Weiterbildung verbundenen beruflichen Zielsetzungen zumindest kurzfristig nicht völlig eingelöst werden. Selbst bei finanziell und zeitlich aufwendiger Aufstiegsfortbildung findet sich Jahre später eine nicht unbeträchtlich große Gruppe von Absolventen, die ihre mit der Weiterqualifizierung verbundenen beruflichen Ziele nicht erreichen konnten." (Schreiber 1998: 44)

Nun muss man bei exemplarischen Darstellungen immer darauf achten, unterschiedliche Positionen nicht durch die Auswahl extremer Textstellen ungebührlich zuzuspitzen. So ließe sich einwenden, dass sich der jeweilige Gegenstand der Zitate zwar überschneide, aber nicht deckungsgleich sei. Becker bezieht sich allein auf den objektiven Nutzen der beruflichen Weiterbildung, während Schreiber den objektiven Nutzen beruflicher Weiterbildung und dessen subjektive Bewertung durch die Teilnehmer gegenüberstellt. Wenn man unter dem Nutzen beruflicher Weiterbildung aber vor allem die messbaren Verbesserungen individueller Erwerbschancen aufgrund der Teilnahme an beruflicher Weiterbildung versteht, so ist die Position von Becker als die optimistischere zu charakterisieren, obwohl auch er sieht, dass die Auswirkungen beruflicher Weiterbildung für verschiedene Teilnehmergruppen und Weiterbildungsformen unterschiedlich sind (1999: 213).

Die verschiedenen Positionen zur Wirksamkeit der beruflichen Weiterbildung sind nicht allein auf die persönlichen Bewertungen und Gewichtungen der Autoren zurückzuführen. Widersprüchliche Ergebnisse zeigen sich auch auf der Ebene der zugrunde gelegten empirischen Studien (vgl. die Übersichten bei Bellmann 2003: 91-4).

Es scheint nicht weiter verwunderlich, dass die Frage nach dem Nutzen beruflicher Weiterbildung in dieser allgemeinen Form zu widersprüchlichen Antworten führt. Eine Reihe von Gründen lassen sich bereits aus den eingangs angeführten Zitaten herauslesen. Die Unterschiede zwischen objektiven Nutzen und subjektiven Bewertungen wurden bereits angesprochen (vgl. Behringer 1996). Die Auswirkungen beruflicher Weiterbildung werden darüber hinaus in unterschiedlichen Bereichen der individuellen Erwerbschancen untersucht. Es lassen sich grob drei Forschungsfelder unterscheiden, die schwerpunktmäßig von verschiedenen Zweigen der Sozialwissenschaft besetzt sind:[1] In den Wirtschaftswissenschaften werden vor allem die Einkommensrenditen beruflicher Weiterbildung untersucht. In der Soziologie widmet man sich eher den Fragen nach beruflichem Statuserhalt und sozialem Aufstieg durch die Teilnahme an beruflicher Weiterbildung. Im Bereich der Arbeitsmarktforschung, die im Schnittfeld von Soziologie und Ökonomie anzusiedeln ist, geht es um Arbeitslosigkeitsrisiken und (Wieder-) Beschäftigungschancen von Weiterbildungsteilnehmern und Nichtteilnehmern. Weitere Gründe für die widersprüchlichen Ergebnisse der Weiterbildungsforschung liegen in der unterschiedlichen Ausgestaltung von Weiterbildungsmaßnahmen und den unterschiedlichen Voraussetzungen verschiedener Teilnehmergruppen.

Im vorliegenden Kapitel wird der Nutzen beruflicher Weiterbildung in der Tradition der soziologischen Ungleichheits- und Mobilitätsforschung betrachtet. Es geht um die Auswirkungen von beruflicher Weiterbildung im Hinblick auf Prozesse der vertikalen Karrieremobilität. Im Vordergrund steht die Frage nach dem Einfluss beruflicher Weiterbildung auf Aufstiegschancen, Abstiegsrisiken und die Möglichkeiten des Statuserhalts. Im Folgenden werden zunächst einige empirische Forschungsergebnisse zur Wirksamkeit beruflicher Weiterbildung referiert, die in die Tradition der soziologischen Mobilitätsforschung einzuordnen sind. Die Darstellung unterscheidet die 1970er und die 1990er Jahre. In den 1980er Jahren herrschte hier – von vereinzelten Beiträgen abgesehen (vgl. Noll 1987) – die gleiche Ruhe wie in anderen Bereichen des Forschungsfelds »Bildungsungleichheit« (vgl. Krais 1996). Auf die Darstellung des Forschungsstands folgt eine Erläuterung der Datenbasis und der statistischen Methoden zur Analyse des Verhältnisses von beruflicher Weiterbildung und Karrieremobilität. Im Anschluss an die em-

1 Es handelt sich dabei um eine kursorisch-heuristische Unterscheidung. Insgesamt ist die Weiterbildungsforschung als ein anwendungsorientiertes, weitgehend interdisziplinär strukturiertes Forschungsfeld zu kennzeichnen, in dem es viele Überschneidungen gibt.

pirischen Analysen erfolgt eine Zusammenfassung mit einem Ausblick auf den zukünftigen Forschungsbedarf.

5.2 Zur Tradition und zum Stand der Forschung

Im Hinblick auf die grundlegenden Perspektiven und Verfahren der soziologischen Mobilitätsforschung lassen sich seit dem zweiten Weltkrieg drei Generationen unterscheiden, die als Paradigmen der Mobilitätsforschung zu verstehen sind (vgl. Ganzeboom et al. 1991). In der ersten Generation stand die deskriptive Analyse der intergenerationalen Mobilität auf der Basis von zweidimensionalen Mobilitätstabellen im Vordergrund. In der zweiten Generation – der Statuserwerbsforschung der 1970er Jahre – wurde die intergenerationale Perspektive um die Frage nach den Prozessen der Karrieremobilität ergänzt. Durch die Einführung der Pfadanalyse in die Mobilitätsforschung wurde es möglich, soziale Mobilität als dynamischen Prozess im Lebensverlauf von Individuen zu untersuchen und eine Vielzahl von Bestimmungsgründen beruflicher Karrieren zu berücksichtigen. In diesem Zusammenhang wurde auch der Rolle der beruflichen Weiterbildung für den Karriereprozess nachgegangen. In der dritten Generation kehrte die Mobilitätsforschung auf der Basis von elaborierten Verfahren der Tabellenanalyse (vgl. den Überblick bei Sobel 1995) wieder zur Betrachtung von Mobilitätstabellen zurück, die sich in der Regel auf intergenerationale Mobilitätsprozesse beziehen. Eine vierte paradigmatische Generation der Mobilitätsforschung, in der bestimmte Perspektiven und Methoden eine den ersten drei Generationen vergleichbare Dominanz einnehmen, lässt sich noch nicht ausmachen (vgl. Treiman und Ganzeboom 1998). In Frage kommen unter anderem der Ansatz der Lebensverlaufsforschung, der mit ereignisanalytischen Verfahren arbeitet, und ein weiterer Ansatz (siehe unten), der die Vorteile der zweiten und der dritten Generation kombiniert und sich konditionaler Logitmodelle bedient (vgl. Dessens et al. 2003). Analysen zum Zusammenhang von beruflicher Weiterbildung und Karrieremobilität wurden in Deutschland bisher nur in der Statuserwerbsforschung und in der Lebensverlaufsforschung vorgelegt, weshalb sich die nachstehenden Ausführungen auf diese beiden Ansätze beschränken.

5.2.1 Die Statuserwerbsforschung

In den 1970er Jahren hat Walter Müller (1972, 1973, 1975, 1977) eine Reihe von Pfadanalysen des Statuszuweisungsprozesses vorgelegt, in denen er das Basismodell von Blau und Duncan (1967) um die berufliche Weiterbildung als intervenierende Variable erweiterte. Eines der Hauptergebnisse dieser Studien „ist die These, daß berufsbezogene Ausbildungsgänge während des Berufslebens ein wichtiger Faktor zur Egalisierung ungleicher Startbedingungen sind und weniger durch selektive Einflüsse der sozialen Herkunft bestimmt sind als der Erfolg von Kindern und Jugendlichen auf dem 'Ersten Bildungsweg'" (Müller 1972: 65). Die vorsichtige Formulierung als These ist auf die – aus heutiger Sicht – schwache Datenbasis der Analysen zurückzuführen. Es handelt sich zunächst um die Konstanzer Mobilitätsstudie von 1969, die mit einer Fallzahl von 399 Untersuchungspersonen eine Vollerhebung der damals 33-jährigen männlichen Einwohner von Konstanz darstellte (vgl. Müller 1972: 72). Im Rückblick muss vor allem das Verdienst dieser Studie gewürdigt werden, als eine der ersten Erhebungen in Deutschland Pfadanalysen des Statuszuweisungsprozesses zu ermöglichen. Im letzten Beitrag aus dieser Serie konnten die Ergebnisse aus der Konstanzer Mobilitätsstudie anhand von Daten des ZUMABUS 1976 weitgehend repliziert werden (vgl. Müller 1977).

Ausgangspunkt der Analysen ist in Anlehnung an Blau und Duncan (1967: 165-71) ein Pfadmodell des Statuszuweisungsprozesses mit fünf Variablen: der Ausbildung des Vaters, dem Beruf des Vaters, der Ausbildung des Sohnes, dem ersten Beruf des Sohnes und dessen Beruf im Alter von 33 Jahren (vgl. Müller 1972: 71). Mit der Berücksichtigung einer Variablen der beruflichen Weiterbildung zwischen dem ersten Beruf des Sohnes und seinem Beruf im Alter von 33 Jahren geht Müller über das Grundmodell von Blau und Duncan hinaus.[2] Im Folgenden werden die Ergebnisse des Grundmodells und des erweiterten Modells kontrastiert.

In Abbildung 5.1 ist zunächst zu erkennen, dass der Beginn der beruflichen Karriere zu einem großen Teil durch das erreichte Ausbildungsniveau bestimmt ist (vgl. Müller 1972: 73). Allgemeine Schul- und berufliche Ausbildung erklären 74 Prozent der Varianz im Status des ersten Berufs. Direkte Pfade von den Variablen der sozialen Herkunft zum ersten Beruf sind nicht eingetragen.[3] Demnach sind alle nennenswerten Einflüsse der sozialen Herkunft auf den ersten Beruf der Söhne über deren erreichte Ausbildung vermittelt. Gleichzeitig ist die erreichte Ausbildung aber überwiegend *unabhängig* von den gemessenen Faktoren der sozialen Herkunft (vgl. Müller 1972: 74). Ausbildung und Beruf der Väter erklären zusammengenommen lediglich 26 Prozent der erreichten Ausbildung der Söhne.

Der berufliche Status im Alter von 33 Jahren wird dagegen deutlich weniger durch die erreichte Ausbildung beeinflusst als der Status beim Berufseinstieg (vgl. Müller 1972: 73). Durch den direkten und den indirekten Effekt der erreich-

2 Die Ausbildungs- und Weiterbildungsvariablen werden durch die Dauer der Bildung (in Jahren) operationalisiert und die beruflichen Statusvariablen durch die Skala der subjektiven Schichteinstufung von Kleining und Moore (1968).

3 Pfade, deren Koeffizienten kleiner als 0,1 sind, wurden nicht in das Diagramm eingetragen bzw. nicht im Modell berücksichtigt (vgl. Müller 1972: 77-8, Fn. 11).

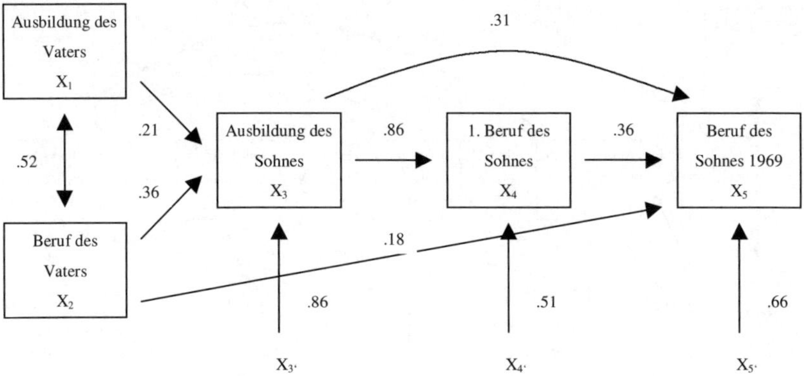

Abbildung 5.1: Pfaddiagramm des Mobilitätsprozesses mit fünf Statusvariablen (Müller 1972: 74)

ten Ausbildung lassen sich nur ca. 38 Prozent der Varianz des beruflichen Status im Alter von 33 Jahren erklären. Im Verlauf des Erwerbslebens scheinen andere Faktoren der Statuszuweisung an Bedeutung zu gewinnen, darunter die soziale Herkunft, wie die „Spätfolgen" des väterlichen Berufs in diesem Modell belegen. Allerdings lässt das Modell offen, durch welche Mechanismen diese verspätete Statusübertragung in die Lebensverläufe der Söhne zustande kommt (vgl. Müller 1972: 74).

Demgegenüber zeigt Abbildung 5.2 auf der nächsten Seite das um die Weiterbildungsvariable erweiterte Modell des Statuszuweisungsprozesses. Betrachten wir zunächst die Weiterbildungsaktivitäten der Söhne nach dem Berufseinstieg als abhängige Variable. Der Residualeffekt zeigt, dass Weiterbildung weitgehend unabhängig vom Einfluss vorgelagerter Variablen ist. Der Beruf der Väter sowie die erreichte Ausbildung und der erste Beruf der Söhne erklären zusammengenommen nur acht Prozent der Varianz in der Weiterbildungsvariablen. Die soziale Ungleichheit in der Weiterbildungsbeteiligung muss demnach als gering bewertet werden.[4]

4 Dieses Ergebnis steht im Widerspruch zu den Resultaten, die im vorherigen Kapitel der vorliegenden Arbeit gewonnen wurden. Die Diskrepanzen dürften auf die besondere Definition des Weiterbildungsindikators in den Beiträgen von Müller zurückzuführen sein. Für die Pfadanalyse werden metrisch skalierte Variablen benötigt. Deshalb greift Müller auf die kumulierte Dauer der Weiterbildungsmaßnahmen nach dem Berufseinstieg gemessen in Jahren oder Bruchteilen von Jahren zurück. Nun dürften sich die Charakteristika von Weiterbildungsmaßnahmen längerer Dauer sehr deutlich von den Merkmalen der – überwiegend kurzzeitigen – Weiterbildungsaktivitäten unterscheiden, die im SOEP erfasst werden. Müller (1972: 82) beschreibt die Träger

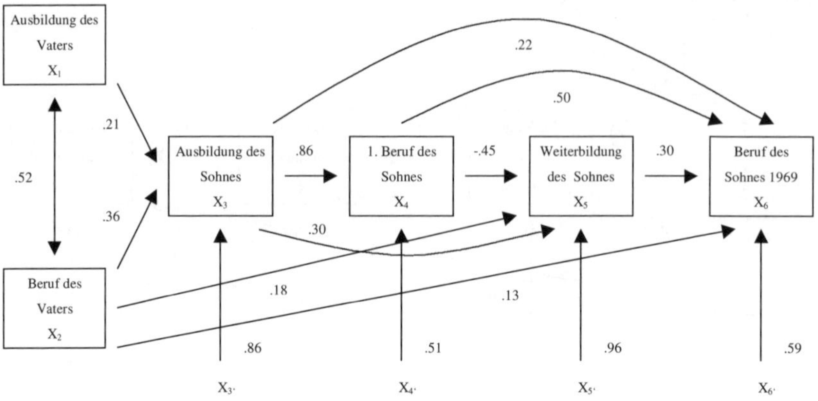

Abbildung 5.2: Pfaddiagramm des Mobilitätsprozesses mit fünf Statusvariablen und Weiterbildung als intervenierender Variable (Müller 1972: 78)

Dass der Einfluss der sozialen Herkunft auf die Weiterbildungsaktivitäten der Söhne geringer ist als auf ihre Ausbildung, erklärt Müller (1972: 82) in Bezug auf bildungsfördernde oder -hemmende Impulse der unterschiedlichen Herkunftsmilieus. Deren Prägekraft scheint im Lebensverlauf abzunehmen und den Individuen in späteren Phasen mehr Raum für autonome Bildungsentscheidungen zu lassen. Aus der im Vergleich zur Erstausbildung geringeren Determination beruflicher Weiterbildung durch Bedingungen der sozialen Herkunft zieht Müller (1975: 162-5) die bildungspolitische Schlussfolgerung, dass eine gesteigerte Beteiligung der niedrigeren Schichten an beruflicher Weiterbildung größere Wahrscheinlichkeit besitzt, Chancenungleichheiten zu reduzieren, als eine erhöhte Beteiligung an der Erstausbildung.

Trotz ihrer geringen Stärke ist die funktionale Form der Einflüsse auf berufliche Weiterbildung von theoretischem Interesse. Obwohl Ausbildung und erster Beruf der Söhne stark miteinander korrelieren, üben beide noch einen jeweils unabhängigen Effekt auf ihre Weiterbildungsaktivitäten aus. Während die Ausbildung einen positiven Effekt auf die berufliche Weiterbildung hat, ist der Effekt der ersten Berufsposition negativ.

---

der Weiterbildungsmaßnahmen in seiner Stichprobe als „hauptsächlich berufsbezogene Weiterbildungsinstitutionen (wie Technika, Ingenieurschulen, Berufsschulen, sonstige längere oder kürzere berufsbezogene Fortbildungskurse)". Es dürfte sich dabei zu einem guten Teil um individuell betriebene Maßnahmen der Aufstiegsfortbildung handeln und weniger um Maßnahmen der betrieblichen Anpassungsfortbildung.

> „Das heißt: Bei einem gegebenen Niveau des ersten Berufes erwerben Befragte mit höherer vorberuflicher Ausbildung zwar mehr Weiterbildung, aber Befragte, die bei gegebener Ausbildung eine bessere erste Stellung bekommen, nehmen weniger Weiterbildung auf sich. Vom Beruf des Vaters einmal abgesehen, und soweit Weiterbildung überhaupt von vorberuflicher Ausbildung und erstem Beruf abhängt, determiniert also die Differenz – oder das Gleichgewicht – zwischen vorberuflicher Ausbildung und erstem Beruf Weiterbildungsanstrengungen. Wer eine relativ schlechte erste Stellung für seine Ausbildung bekommt, bildet sich weiter; wer eine relativ gute erste Stellung für seine Ausbildung bekommt, tut es nicht." (Müller 1972: 79)[5]

Wenden wir uns nun den Folgen der beruflichen Weiterbildungsaktivitäten für den weiteren Berufsverlauf zu. In den Arbeiten von Müller (1975: 119) weisen getrennte Analysen für die Gruppen von Weiterbildungsteilnehmern und Nichtteilnehmern darauf hin, dass die Beteiligung an beruflicher Weiterbildung den Einfluss von sozialer Herkunft, erreichter Ausbildung und erstem Beruf auf den Beruf im Alter von 33 Jahren insgesamt gesehen reduziert. Die Karrieren von Weiterbildungsteilnehmern sind offener und aufgrund der üblichen Kovariaten weniger gut vorhersagbar als die von Nichtteilnehmern. Dieser Unterschied ist zumindest teilweise darauf zurückzuführen, dass sich unter den Nichtteilnehmern vergleichsweise viele Hochschulabsolventen befinden, für die der Prozess der Statuszuweisung normalerweise besonders konsistent verläuft (vgl. Müller 1975: 117). Wenn sich diese Hochschulabsolventen aber beim Berufseinstieg ihrer sozialen Herkunft und ihrer erreichten Ausbildung entsprechend platzieren können, wird auch die Notwendigkeit zur beruflichen Weiterbildung geringer.[6]

Beim Vergleich der Pfadmodelle in Abbildung 5.1 und Abbildung 5.2 wirkt sich der Zusammenhang von beruflicher Weiterbildung und beruflichem Status in einer vergleichsweise höheren Varianzaufklärung des zweiten Modells aus, das

---

5 Die Differenz zwischen Ausbildung und erster Berufsposition lässt sich theoretisch auch mit dem Begriff der »Statusinkonsistenz« fassen (vgl. Becker und Zimmermann 1995; Kerschke-Risch 1990; Zimmermann 1980) und es stellt sich die Frage, ob sich die Weiterbildungswirkung einer solch statusinkonsistenten Situation auch auf den weiteren Berufsverlauf verallgemeinern lässt. Dagegen sprechen die Ergebnisse im vorausgegangenen Kapitel der vorliegenden Arbeit. Hier wirkt sich der berufliche Status auch bei gegebenem Bildungsabschluss positiv auf die Chance zur Weiterbildungsbeteiligung aus. Einschränkend muss allerdings noch einmal darauf verwiesen werden, dass die Weiterbildungsmaßnahmen in der Stichprobe von Müller und im SOEP nur schwer zu vergleichen sind, weil sich ihr Charakter deutlich unterscheidet.

6 Dass Hochschulabsolventen in der Konstanzer Mobilitätsstudie eine vergleichsweise geringe Weiterbildungsbeteiligung aufweisen, widerspricht sämtlichen Ergebnissen der bisherigen Teilnehmerforschung. Es wird jedoch verständlich, wenn man das Erhebungsdesign der Konstanzer Mobilitätsstudie bedenkt. Gemessen werden die Weiterbildungsaktivitäten vom Berufseinstieg bis zum Beruf im Alter von 33 Jahren. Weil die Absolventen der unterschiedlichen Bildungsabschlüsse den Berufseinstieg zu unterschiedlichen Zeitpunkten vollziehen, ist den Hochschulabsolventen auch am wenigsten Zeit geblieben, Weiterbildungserfahrungen zu sammeln.

zusätzlich zu den üblichen Kovariaten die Weiterbildungsaktivitäten nach dem Berufseinstieg berücksichtigt. Die Erklärungskraft im Hinblick auf den Beruf der Söhne im Alter von 33 Jahren beträgt im Modell ohne Weiterbildung 56 Prozent und steigt unter Berücksichtigung von Aktivitäten der beruflichen Weiterbildung auf 65 Prozent an. Die Beteiligung an beruflicher Weiterbildung erklärt in diesem Fall unabhängig von allen anderen Variablen im Modell neun Prozent der Varianz (Müller 1972: 79). Das positive Vorzeichen des Pfadkoeffizienten von der Weiterbildung zum beruflichen Status im Alter von 33 Jahren belegt den Nutzen von Weiterbildung für das berufliche Fortkommen und zwar – den Modellannahmen entsprechend – unabhängig vom Ausgangsniveau des beruflichen Status und der erreichten Ausbildung. Betrachtet man nur die Untersuchungspersonen in den unteren und mittleren Gesellschaftsschichten (vgl. Müller 1972: 80), so nimmt der direkte Effekt der beruflichen Weiterbildung noch einmal deutlich zu.

Vor dem Hintergrund dieser Ergebnisse, die sich auf Karriereprozesse in einer frühen Phase des Erwerbsverlaufs in den 1950er und 1960er Jahren beziehen, kann Weiterbildung nach Beginn des Berufslebens durchaus als Möglichkeit des Ausgleichs ungleicher Startchancen wahrgenommen werden.[7] Für die vorliegende Arbeit stellt sich die Frage, ob sich die Resultate unter einer abweichenden Operationalisierung beruflicher Weiterbildung für unterschiedliche Phasen des Berufsverlaufs in den 1980er und den 1990er Jahren replizieren lassen.

5.2.2 Die Lebensverlaufsforschung

In den 1990er Jahren haben Rolf Becker und Klaus Schömann auf der Basis der älteren Teilstudien der Lebensverlaufsstudie des MPI für Bildungsforschung (vgl. Mayer und Brückner 1989; Wagner 1996) eine Reihe von Analysen zum Zusammenhang von beruflicher Weiterbildung und Karrieremobilität vorgelegt (vgl. Becker 1991, 1993; Becker und Schömann 1996, 1999; Schömann und Becker 1998). Dic Lebensverlaufsstudie enthält Angaben u. a. zu den kompletten Berufsverläufen von Angehörigen der westdeutschen Geburtskohorten 1929-31, 1939-41 und 1949-51, die zwischen 1981 und 1983 retrospektiv erhoben wurden. In den Analysen von Becker und Schömann werden die Ereignisdaten für sämtliche Arbeitsplatzwechsel bzw. Arbeitsplatzepisoden der Untersuchungspersonen zwischen 1950 und dem Erhebungszeitpunkt verwendet.

7 In einem späteren Beitrag leitet Müller (1979) aufgrund von Tabellenanalysen zum Zusammenhang von Weiterbildung und Karrieremobilität die Forderung ab, berufliche Weiterbildung zukünftig in den Kanon der »standarddemographischen Variablen« (vgl. Ehling et al. 1992) aufzunehmen. Leider ist diese Forderung bisher nicht konsequent umgesetzt worden, aber die Ergebnisse von Müller dürften dazu beigetragen haben, dass Informationen zur beruflichen Weiterbildung in der Lebensverlaufsstudie am Max-Planck-Institut für Bildungsforschung und im SOEP erhoben werden.

Karrieremobilität wird in den Arbeiten von Becker und Schömann auf unterschiedliche Art und Weise gemessen. Im ersten Beitrag von Becker (1991) wird der berufliche Status von aufeinander folgenden Arbeitsplätzen anhand einer differenzierten Skala des beruflichen Prestiges (vgl. Wegener 1985, 1988) miteinander verglichen. Im zweiten Beitrag von Becker (1993) werden nur inner- und zwischenbetriebliche Arbeitsplatzwechsel unterschieden, ohne auf Statusunterschiede zwischen den aufeinander folgenden Arbeitsplätzen einzugehen.[8] In den gemeinsamen Beiträgen von Becker und Schömann werden Veränderungen im deflationierten Netto-Stundeneinkommen als Kriterium der beruflichen Statusmobilität verwendet (vgl. Becker und Schömann 1996: 439), und zwar getrennt für inner- und zwischenbetriebliche Arbeitsplatzwechsel sowie beim Verweilen auf ein und demselben Arbeitsplatz.

Wenden wir uns zunächst den Ereignisanalysen der Karrieremobilität zu, bei denen soziale Auf- und Abstiege an den Veränderungen im Berufsprestige beim Arbeitsplatzwechsel gemessen werden. Hier werden jeweils getrennte Schätzungen für Männer und Frauen vorgenommen (vgl. Becker 1991: 361).[9] Es zeigt sich, dass die bloße Teilnahme an beruflicher Weiterbildung die Aufstiegschancen weder bei Männern noch bei Frauen signifikant verbessert. Ein erfolgreicher Weiterbildungsabschluss erhöht dagegen die Aufstiegschancen bei beiden Geschlechtern beträchtlich. Berufliche Weiterbildung kann die Karrierechancen nicht nur verbessern, indem sie berufliche Aufstiege befördert, sondern auch, indem sie zum Statuserhalt beiträgt und berufliche Abstiege verhindert. Hier sind die Ergebnisse im Vergleich zu den Aufstiegen umgekehrt gelagert. Bereits die bloße Teilnahme an beruflicher Weiterbildung reduziert die Abstiegsrisiken für beide Geschlechter signifikant. Der erfolgreiche Abschluss der Weiterbildungsmaßnahmen hat dagegen keine zusätzliche Wirkung.[10]

Gehen wir nun zu der Frage über, wie sich der Zusammenhang zwischen beruflicher Weiterbildung und Karrieremobilität darstellt, wenn Veränderungen im Einkommen anstelle von Veränderungen im Berufsprestige als Kriterium sozialer

8 Dieser Beitrag bezieht sich nicht auf Karrieremobilität im engeren Sinn der soziologischen Ungleichheitsforschung, sondern eher auf Arbeitsmarktflexibilität aus der Perspektive der Arbeitsmarktforschung. Er kann aber als Bindeglied zu den folgenden Arbeiten von Becker und Schömann angesehen werden.

9 Es handelt sich um Partial-Likelihood-Schätzungen nach dem Regressionsmodell von Cox (vgl. Andreß 1992; Blossfeld und Rohwer 1995). Aufstiege sind als Wechsel von einem Arbeitsplatz niedrigeren Prestiges zu einem Arbeitsplatz höheren Prestiges definiert und Abstiege vice versa. Als Kontrollvariablen werden Kohortenzugehörigkeit, Bildungsniveau, Berufserfahrung, Firmengröße, Beschäftigung im öffentlichen Dienst, beruflicher Status und ein Dummy für die erste Tätigkeit im Berufsverlauf verwendet.

10 Die Ergebnisse werden durch bivariate Analysen von Behringer (1999: 175) gestützt, die mit der SOEP-Schwerpunkterhebung von 1989 geringe, aber signifikante Unterschiede zwischen Teilnehmern und Nichtteilnehmern im Hinblick auf die Mobilität der beruflichen Stellung findet.

Mobilität verwendet werden. Im Unterschied zu den Ereignisanalysen der Prestigemobilität werden hier keine diskreten Zielvariablen verwendet. Stattdessen werden Einkommenszuwachsraten geschätzt (vgl. zu einer ausführlichen Diskussion der verwendeten Modelle Becker und Schömann 1996). Die Ergebnisse zur Einkommensmobilität sind differenzierter als die Ergebnisse zur Prestigemobilität, weil bei Ersteren verschiedene Formen des Arbeitsplatzwechsels berücksichtigt werden. So unterscheiden sich die Weiterbildungsrenditen für Männer und Frauen bei den verschiedenen Formen des Arbeitsplatzwechsels (vgl. Becker und Schömann 1996: 447-8). Einkommenseffekte der Teilnahme an beruflicher Weiterbildung sind für die Männer nur bei innerbetrieblichen und für die Frauen nur bei zwischenbetrieblichen Arbeitsplatzwechseln festzustellen. Mit dieser Einschränkung sind die Weiterbildungsrenditen zwar für beide Geschlechter positiv, aber ein – ebenfalls für beide Geschlechter – signifikanter Trendindikator verweist auf zwischen 1950 und 1980 sinkende Ertragsraten der beruflichen Weiterbildung. Für Männer zahlt sich bei innerbetrieblichen Arbeitsplatzwechseln zusätzlich der erfolgreiche Abschluss einer Weiterbildungsmaßnahme aus. Auf ein und demselben Arbeitsplatz sind Einkommenseffekte der Beteiligung an beruflicher Weiterbildung wiederum nur für Frauen festzustellen (vgl. Becker und Schömann 1996: 451). Auch hier sind die Ertragsraten positiv und sinken im Untersuchungszeitraum ab. Zusätzlich wirkt sich hier auch die kumulierte Dauer vorhergehender Weiterbildungsmaßnahmen einkommenssteigernd aus.

Als zentrales Ergebnis der Analysen von Becker und Schömann ist festzuhalten, dass sich auf Basis der Lebensverlaufsstudie positive Effekte der beruflichen Weiterbildung sowohl für die Prestigemobilität als auch für die Einkommensmobilität feststellen lassen. Die Befunde gelten für den Zeitraum von 1950 bis ca. 1980. Bedenklich ist allerdings, dass in diesem Zeitraum sinkende Weiterbildungsrenditen im Hinblick auf das Einkommen gefunden wurden. Es stellt sich die Frage, ob es sich dabei um eine monotone Entwicklung handelt und ob in den 1980er und 1990er Jahren noch positive Einkommenseffekte der beruflichen Weiterbildung zu beobachten sind. Ohne an dieser Stelle die gesamte Diskussion zu den monetären Weiterbildungsrenditen abbilden zu können, sei auf einige durchaus widersprüchliche Ergebnisse verwiesen. Anhand der SOEP-Schwerpunkterhebung von 1989 finden weder Behringer (1999: 170-80), noch Pischke (2000) signifikante Einkommenseffekte der beruflichen Weiterbildung (vgl. aber Behringer 1996: 96). Nach den Analysen von Pfeiffer und Brade (1995: 316) mit dem Mikrozensus 1991 liegt das Einkommen von Weiterbildungsteilnehmern unter Kontrolle einer Vielzahl von Kovariaten deutlich über dem Einkommen von Nichtteilnehmern. Die Ergebnisse unterscheiden sich je nachdem, ob die Auswirkungen der beruflichen Weiterbildung jeweils für das Einkommen an sich gemessen werden oder für die Veränderungsraten des Einkommens.

5.3 Daten und Methoden

5.3.1 Datenbasis und Untersuchungsdesign

Wie im vorhergehenden Kapitel ist die Datenbasis der Analysen zum Zusammenhang von beruflicher Weiterbildung und Karrieremobilität im Wesentlichen durch die drei Schwerpunktbefragungen zur beruflichen Weiterbildung im SOEP (1989, 1993 und 2000) gegeben. Hier wurden jeweils retrospektive Informationen zur Beteiligung an beruflicher Weiterbildung in den vorausgegangenen drei Jahren erhoben. Dabei wurde in allen drei SOEP-Wellen ein weitgehend ähnliches Fragenprogramm verwendet, welches überwiegend auf formelle, fremdorganisierte Maßnahmen der beruflichen Weiterbildung ausgerichtet ist. Prozesse der Karrieremobilität werden mit der Skala der erforderlichen Ausbildung im Beruf gemessen, die als ordinalskalierter Indikator des sozialen Status von beruflichen Tätigkeiten interpretiert wird. Sie erlaubt es, die Übergänge zwischen jeweils fünf Kategorien des sozialen Status zu modellieren.

Zur Untersuchung des Zusammenhangs zwischen beruflicher Weiterbildung und Karrieremobilität werden Untersuchungsperioden gebildet. Sie sollen unterschiedliche, miteinander konkurrierende Kriterien erfüllen: Einerseits sollen sie möglichst viele der in den Schwerpunkterhebungen genannten Weiterbildungsaktivitäten einschließen.[11] Andererseits sollen die Untersuchungsperioden eng genug um die genannten Kurse gelegt werden, damit eventuell bestehende Zusammenhänge zwischen Weiterbildung und Karrieremobilität sichtbar bleiben und nicht durch andere Effekte überlagert werden. Vor allem im Hinblick auf das letztgenannte Kriterium werden die jeweiligen Schwerpunkterhebungen als Endzeitpunkte der Untersuchungsperioden gewählt, und die Erhebungswellen jeweils drei Jahre zuvor werden als Anfangszeitpunkte der Untersuchungsperioden bestimmt.[12] Damit entstehen drei Untersuchungsperioden von jeweils drei Jahren Breite, die von 1986 bis 1989, von 1990 bis 1993 und von 1997 bis 2000 reichen.

Für diese Untersuchungsperioden können die Prozesse der Karrieremobilität in Verbindung mit den zwischenzeitlich erfolgten Weiterbildungsaktivitäten untersucht und verglichen werden. Die Ausgangsverteilung der erforderlichen Ausbildung im Beruf wird jeweils zu Beginn und die Zielverteilung wird jeweils zum Ende der Untersuchungsperioden betrachtet. Die Kovariaten der Karrieremobili-

---

11 Die Schwerpunkterhebungen berücksichtigen nicht nur Maßnahmen, die sowohl im Referenzzeitraum begonnen als auch beendet wurden, sondern auch solche, die bereits vor dem Referenzzeitraum angefangen haben, und solche, die zum Zeitpunkt der Schwerpunkterhebungen noch andauern.

12 Soweit es sich mit den verfügbaren Daten abschätzen lässt, wurde in den dazwischenliegenden Zeiträumen die überwiegende Mehrheit der in den Schwerpunkterhebungen genannten Weiterbildungsmaßnahmen sowohl begonnen als auch abgeschlossen (vgl. Pischke 2000: 4).

tät werden jeweils zu Beginn der Untersuchungsperioden gemessen. Die Untersuchungsperioden für Teilnehmer wie für Nichtteilnehmer an beruflicher Weiterbildung umfassen in dieser Konzeption Zeiträume gleicher Länge und sind mit gleichen Anfangs- und Endzeitpunkten ausgestattet. Dieses Verfahren soll sicherstellen, dass sich die zwischenzeitliche Mobilität beider Gruppen sinnvoll vergleichen lässt.[13]

Aus diesem Untersuchungsdesign ergeben sich einige Bedingungen für die Interpretation der statistischen Resultate. In einer Reihe von Studien zum Zusammenhang zwischen beruflicher Weiterbildung und Karrieremobilität oder Einkommensentwicklung wird – soweit es mit nichtexperimentellen Daten möglich ist – eine kausale Interpretation vorgenommen (vgl. Pfeiffer und Brade 1995: 306). Das ist im Rahmen des vorliegenden Untersuchungsdesigns nicht möglich, weil die zeitliche Abfolge der zentralen Ereignisse nicht eindeutig festgelegt ist. Wird ein Statusübergang durch die Differenz des sozialen Status am Anfang und am Ende einer Untersuchungsperiode bestimmt, so kann er sich sowohl vor als auch nach der Teilnahme an beruflicher Weiterbildung ereignet haben. Darüber hinaus können die Befragten im Verlauf einer Untersuchungsperiode nicht nur an mehreren Weiterbildungsveranstaltungen teilgenommen haben, sondern auch mehrere Statusübergänge realisiert haben. Dabei kann es auch zu gegenläufigen Mobilitätsvorgängen (»Counter-Mobility«) kommen, so dass Statusgleichheit am Anfang und am Ende der Untersuchungsperiode nicht auf Immobilität im gesamten Zeitraum hindeuten muss. Das Verhältnis von Status- und Weiterbildungssequenzen ist mit reinen Paneldaten nicht exakt zu klären. Hierzu wären differenzierte Verlaufsdaten in Bezug auf sämtliche Weiterbildungs- und Statusepisoden im Untersuchungszeitraum nötig, die im SOEP nicht vorliegen.

Aus den genannten Bedingungen folgt, dass die Ergebnisse zum Zusammenhang zwischen beruflicher Weiterbildung und Karrieremobilität im empirischen Teil dieses Kapitels nicht im Sinne von Kausalbeziehungen mit unterliegender zeitlicher Ordnung zu interpretieren sind. Das ist jedoch nicht unbedingt als Nachteil der vorliegenden Studie anzusehen, weil zeitlich-kausale Interpretationen des Zusammenhangs von Weiterbildung und Karrieremobilität ebenfalls mit theore-

13 Behringer (1996, 1999) wählt in ihren Beiträgen eine andere Vorgehensweise. Für Weiterbildungsteilnehmer vergleicht sie die Angaben zur beruflichen Stellung aus der Welle vor dem Beginn ihrer wichtigsten bzw. der letzten Weiterbildung mit den Angaben zur beruflichen Stellung in der Welle nach ihrem Ende (vgl. Behringer 1999: 170-4). Damit ergeben sich Untersuchungsperioden unterschiedlicher Dauer und zeitlicher Lage für die Teilnehmer. Die Untersuchungsperioden für die Nichtteilnehmer werden dagegen konstant auf eine Dauer von einem Jahr gesetzt. Zusätzlich ist es als problematisch anzusehen, dass sich der Endzeitpunkt besonders von längeren Weiterbildungsmaßnahmen mit den SOEP-Daten nur schwer abschätzen lässt. Letztlich besitzen sowohl Behringers als auch meine Vorgehensweise Vor- und Nachteile, die sich gegenseitig aufwiegen dürften.

tischen und methodischen Problemen belastet sind. Wenn das kausalanalytische Untersuchungsdesign beispielsweise davon ausgeht, dass die Beteiligung an beruflicher Weiterbildung zum sozialen Aufstieg führt, dann sollte die Teilnahme an einer Weiterbildungsmaßnahme dem entsprechenden Statusübergang vorausgehen. Diese Sichtweise stellt aber eine Verkürzung des theoretischen Verhältnisses von beruflicher Weiterbildung und Karrieremobilität dar. Unter bestimmten Bedingungen – z. B. auf betriebsspezifischen Arbeitsmärkten – sollte es dagegen die Regel sein, dass die Schulung für eine neue, höher qualifizierte Tätigkeit »on-the-job« erfolgt, d. h. erst im Anschluss an die Beförderung. Berufliche Weiterbildung ist hier zwar als „Voraussetzung" für die neue Tätigkeit anzusehen, aber diese Verbindung würde unter Verwendung eines strengen, zeitlich-kausalen Untersuchungsdesigns übersehen werden. Auch wenn die berufliche Weiterbildung der Beförderung vorausgeht, ist es als methodisches Problem anzusehen, den potenziellen Amortisierungszeitraum der Weiterbildung im Hinblick auf eine Beförderung abzuschätzen. Wieviel Zeit muss seit der Beteiligung an einer Weiterbildungsmaßnahme vergangen sein, damit man mit einer Messung des sozialen Status auch die möglicherweise zeitverzögerten Effekte beruflicher Weiterbildung erfasst? Darüber wissen wir wenig. Es steht lediglich zu vermuten, dass dieser Zeitraum einer starken Streuung nach Art und Dauer der Weiterbildungsmaßnahme unterliegt. Auf der Basis von Verlaufsdaten stellt die Ereignisanalyse das Instrumentarium zur Lösung dieses Problems bereit. Auf der Basis von Paneldaten bleibt die Abschätzung des potenziellen Amortisierungszeitraums der Weiterbildung ohne zusätzliche Informationen problematisch.

Die Auswahl der Untersuchungsgruppen orientiert sich mit einer Ausnahme an der Selektion im vorangegangenen Kapitel. Hier wurde keine Beschränkung der Wochenarbeitszeit eingeführt, um die Fallzahlen für die Tabellenanalysen der Karrieremobilität zu erhöhen. Demnach setzen sich die Untersuchungsgruppen aus Erwerbstätigen deutscher Staatsangehörigkeit zusammen, die in den einzelnen Untersuchungsperioden lückenlos befragt wurden, sich zu Beginn und zum Ende der Untersuchungsperioden im erwerbsfähigen Alter befanden und keine fehlenden Werte in den zentralen Untersuchungsvariablen aufweisen. Diese Auswahlkriterien werden in der ersten Untersuchungsperiode von 2685 Personen erfüllt, in der zweiten von 2671 und in der dritten von 2382 Personen. Die Gewichtung der Daten erfolgt ebenfalls analog zum letzten Kapitel.

5.3.2 Regressionsverfahren für kategoriale Mobilitätsmodelle

Der Ausgangspunkt der folgenden Analysen ist eine Tabellenanalyse von beruflicher Weiterbildung und Karrieremobilität, wie sie der Vorgehensweise der dritten Generation der Mobilitätsforschung (siehe oben) entspricht. Mobilitätsprozesse lassen sich in diesem Rahmen äußerst differenziert und gleichzeitig sparsam modellieren. Die Methodendiskussion in der Mobilitätsforschung hat jedoch gezeigt, dass bei aller Präzision der Modellbildung ein gewichtiger Nachteil von Tabellenanalysen bestehen bleibt (vgl. Treiman und Ganzeboom 2000: 124). Weil die Zellbesetzungen schnell zu gering werden, kann jeweils nur eine geringe Anzahl von Kovariaten berücksichtigt werden, die zudem in der Regel relativ stark zusammengefasst werden müssen. Wünschenswert wäre es aber häufig, kontinuierliche Kovariaten auf der Individualdatenebene im Modell zu berücksichtigen, was mit log-linearen Modellen für Häufigkeitsdaten nicht möglich ist.

- Eine erste Alternative zu den log-linearen Modellen für Häufigkeitsdaten stellt das multinomiale Logitmodell für Individualdaten dar (vgl. z. B. den Beitrag von Müller et al. 1998). Hier können bei der Regression einer nominalskalierten Variablen sowohl kontinuierliche als auch kategoriale Kovariaten berücksichtigt werden. Problematisch ist es jedoch, dass bei den multinomialen Logitmodellen schnell eine unüberschaubare Anzahl von Modellparametern produziert wird, weil die Standardroutinen in den gängigen Statistikpaketen keine flexible Restriktion der Parameter erlauben.

- Eine zweite Alternative zu den log-linearen Modellen ist im kumulativen Logitmodell für ordinalskalierte Daten zu sehen. Es setzt voraus, dass die Berufsklassifikation, die der Mobilitätsanalyse zugrunde gelegt wird, als ordinale Skala des beruflichen Status oder des beruflichen Prestiges interpretiert werden kann. Unter dieser Bedingung liefert das kumulative Logitmodell eine wesentlich sparsamere Beschreibung der Zusammenhänge von beruflichen Statusvariablen und Kovariaten als das multinomiale Logitmodell, weil es die Effekte der unabhängigen Variablen – vereinfacht gesagt – für alle Stufen des beruflichen Status konstant hält.

- Als dritte Alternative ist eine Kombination aus multinomialem und konditionalem Logitmodell anzuführen. Der Vorteil dieser »Mischmodelle« (vgl. Kühnel 1995: 69) ist, dass sich die Spezifikation der Parameter aus den log-linearen oder log-multiplikativen Mobilitätsmodellen hier vollkommen äquivalent vornehmen lässt. Insofern bieten sich diese Modelle als bevorzugtes Verfahren an, den althergebrachten Mobilitätsmodellen Kovariaten auf der Individualdatenebene hinzuzufügen (vgl. Treiman und Ganzeboom 2000: 136).

Im Folgenden werden das kumulative und das multinomial-konditionale Logitmodell näher erläutert, weil sie im Kontext der Mobilitätsforschung bisher noch nicht häufig eingesetzt werden.

Das kumulative Logitmodell

In der multiplen Abhängigkeitsanalyse von binären kategorialen Variablen hat sich mittlerweile das Modell der logistischen Regression bzw. das Logitmodell gegenüber dem linearen Wahrscheinlichkeitsmodell auf breiter Front durchgesetzt. Die hohe Akzeptanz des binären Logitmodells dürfte u. a. damit zu tun haben, dass die Probleme des linearen Wahrscheinlichkeitsmodells, das einer linearen Regression der binären Kriteriumsvariablen entspricht, bereits in einführenden Lehrbüchern veranschaulicht werden (vgl. Andreß et al. 1997; Urban 1993) und entsprechende Prozeduren schon seit langem in den verbreiteten statistischen Softwarepaketen enthalten sind (z. B. SPSS »LOGISTIC REGRESSION« oder SAS »LOGISTIC«, vgl. Menard 2001).

Weitaus seltener finden sich in der deutschsprachigen Soziologie dagegen Beispiele für die logistische Regression von ordinalskalierten Kriteriumsvariablen mit mehreren Kategorien, obwohl geeignete Verfahren hier ebenfalls schon seit geraumer Zeit bekannt sind (vgl. z. B. Ludwig-Mayerhofer 1990). Sie beziehen sich – ganz allgemein – auf die Wahrscheinlichkeiten, die einzelnen Ränge auf der ordinalskalierten Kriteriumsvariablen zu erreichen oder zu überschreiten. Die Zurückhaltung bei der Anwendung dieser Verfahren ist sicher zum Teil darauf zurückzuführen, dass eine geeignete Prozedur in SPSS (»PLUM«) erst seit der Version 10 zur Verfügung steht.[14] Bedauerlich ist in diesem Zusammenhang auch, dass aktuelle SPSS-Handbücher nur wenig Hilfestellung bei der Interpretation der PLUM-Statistiken geben, sondern sich auf die Einstellungen und den Aufruf der Prozedur mit der graphischen Benutzeroberfläche konzentrieren (vgl. SPSS Inc. 2002).

Als ordinalskaliert werden hier Variablen angesehen, deren Kategorien sich in irgendeiner Hinsicht in eine Rangfolge bringen lassen, ohne dass ihre Abstände im Sinne einer Intervallskala exakt quantifiziert werden können. Zur Regression solcher Variablen stehen eine ganze Reihe von Modellen bereit, so dass man nicht in präziser Weise von *dem* ordinalen Regressionsmodell sprechen kann. Die relevanten Modelle unterscheiden sich im Hinblick auf die Link-Funktion, welche die Kriteriumsvariable mit einem Satz linear verknüpfter Prädiktoren verbindet (vgl. Liao 1994). In der Forschungspraxis werden vergleichsweise häufig das Logit- und das Probitmodell verwendet. Für das Logitmodell spricht, dass sich seine Parameter im Sinne von (logarithmierten) Chancenverhältnissen in relativ leicht verständlicher Weise interpretieren lassen. Aber auch hier gibt es noch verschiedene

14 In SAS sind geeignete Prozeduren – ebenso wie in einer Reihe von weiteren Programmen (vgl. Ludwig-Mayerhofer 1992) – schon wesentlich länger enthalten (bei SAS im Rahmen der Prozedur LOGISTIC). In vielen sozialwissenschaftlichen Instituten stellt SPSS jedoch den Standard dar, über den man nur in Ausnahmefällen hinausgeht.

Möglichkeiten, die Logits für die Kategorien von ordinalskalierten Variablen mit mehreren Kategorien zu definieren (vgl. z. B. Andreß et al. 1997: 197-8; Long 1997: 145). Im Rahmen der SPSS-Prozedur PLUM wird das kumulative Logitmodell zur Verfügung gestellt, welches auch in den einschlägigen Lehrbüchern ausführlich erläutert wird (vgl. Andreß et al. 1997; DeMaris 1992; Menard 2001; Urban 1993).

Das kumulative Logitmodell schätzt die Effekte von unabhängigen Variablen auf die Logits, eher niedrigere als höhere Ränge auf der ordinalskalierten abhängigen Variablen zu erreichen. Es wird als kumulatives Logitmodell bezeichnet, weil sich die Logits in diesem Fall auf kumulierte Wahrscheinlichkeiten beziehen. Die kumulierten Wahrscheinlichkeiten, einen bestimmten oder einen niedrigeren Rang einzunehmen, werden hier zu den kumulierten Wahrscheinlichkeiten ins Verhältnis gesetzt, einen höheren Rang zu erreichen. Wenn Y einer ordinalskalierten abhängigen Variablen mit J Kategorien und X_k einem Satz von K unabhängigen Variablen entspricht, dann ist die Regressionsgleichung des kumulativen Logitmodells durch

$$\ln\left(\frac{p(y \leq j)}{p(y > j)}\right) = \alpha_j - \sum_{k=1}^{K} \beta_k X_k \qquad \text{für} \quad j = 1 \quad \text{bis} \quad J-1 \tag{5.1}$$

gegeben (vgl. Liao 1994: 40). Die Regressionskoeffizienten α_j und β_k werden durch Maximum-Likelihood-Schätzungen ermittelt. Die $J-1$ α_j-Koeffizienten sind als Regressionskonstanten zu interpretieren. Sie geben die Werte der verschiedenen Logits wieder, wenn die unabhängigen Variablen gleich null sind. In den $J-1$ Regressionskonstanten kommen die ordinalen Eigenschaften des Modells zum Ausdruck. Wenn angenommen werden kann, dass die ordinalskalierte Variable nur eine ungenaue Messung einer latenten metrischen Variablen darstellt, können die Konstanten als Schätzungen der Distanzen zwischen den einzelnen Rangplätzen auf der latenten metrischen Variablen angesehen werden (vgl. Andreß et al. 1997: 218-9).

Bei der Interpretation der Regressionskoeffizienten β_k sind zwei Besonderheiten zu beachten. Ansonsten sind sie wie im binären Logitmodell als Logitkoeffizienten zu interpretieren: Zum einen werden die Effekte der unabhängigen Variablen $\beta_k X_k$ im Unterschied zum gewöhnlichen Regressionsmodell von den Konstanten subtrahiert und nicht hinzuaddiert. Damit wird ausgeglichen, dass in den Logits die kumulativen Wahrscheinlichkeiten der niedrigeren Ränge im Zähler stehen und die höheren Ränge im Nenner.[15] Ein positiver Regressionskoeffi-

15 Es stellt ein gewisses Problem dar, dass kumulative Logitmodelle in verschiedenen Lehrbüchern und Statistikprogrammen auf unterschiedliche Weise formuliert und parametrisiert werden (vgl. Ludwig-Mayerhofer 1990: 65, Fn. 4; Vermunt 1997: 25, Fn. 3). Es ist deshalb dringend anzura-

zient deutet deshalb in der gewohnten Weise auf einen positiven Zusammenhang zwischen abhängiger und unabhängiger Variable hin. Zum anderen ist das kumulative Logitmodell dahingehend restringiert, dass die Regressionskoeffizienten β_k im Unterschied zu den Regressionskonstanten α_j für alle $J-1$ kumulativen Logits konstant gehalten werden. Aus Gründen einer sparsamen Modellformulierung wird also unterstellt, dass die Effekte der unabhängigen Variablen auf jeder Stufe der abhängigen Variablen gleich sind. Aus diesem Grund wird das kumulative Logitmodell auch als »Proportional-Odds«-Modell oder als »Parallel-Slopes«-Modell bezeichnet.

Die Anpassung und die Erklärungskraft des kumulativen Logitmodells für ordinalskalierte Variablen wird analog zum binären Logitmodell auf der Basis der »Log-Likelihood« beurteilt (vgl. Menard 2001). Es handelt sich um eine negative Größe, die durch das Verfahren der Maximum-Likelihood-Schätzung maximiert wird, um die Parameter des logistischen Regressionsmodells zu bestimmen. Aus technischen Gründen ist es angebracht, die Log-Likelihood mit -2 zu multiplizieren. $-2LL$ ist eine positive Größe, bei der höhere Werte eine schlechtere Modellanpassung signalisieren. Die Differenz der $-2LL$-Werte zweier hierarchisch geordneter Modelle ist asymptotisch χ^2-verteilt.[16] Diese Differenz wird als »Likelihood-Ratio«-Statistik (LR-Statistik) bezeichnet und ermöglicht einen Signifikanztest für den Gesamteffekt der zusätzlichen Prädiktoren in dem ausführlicheren Modell. Die Zahl der Freiheitsgrade entspricht der Anzahl der zusätzlichen Prädiktoren. Aus dem $-2LL$-Wert des Null-Modells ($-2LL_0$), welches nur die Konstanten enthält, und dem $-2LL$-Wert eines Modells mit zusätzlichen Prädiktoren ($-2LL_M$) wird als LR-Statistik das so genannte »Modell-χ^2« bestimmt. Es ermöglicht einen Signifikanztest für den Gesamteffekt sämtlicher Prädiktoren eines Modells.

In Analogie zum Bestimmtheitsmaß in der linearen Regressionsanalyse kann die Erklärungskraft des gesamten Modells bei der logistischen Regression mit einem Pseudo-R^2-Maß quantifiziert werden. Hier stehen unterschiedliche Maße zur Verfügung, weil es verschiedene Methoden gibt, die Varianz einer kategorialen Variablen zu bestimmen. Die Maßzahl von McFadden $R^2_{Mc} = 1 - (-2LL_M / -2LL_0)$ zeichnet sich nicht nur durch eine vergleichsweise einfache Definition, sondern auch durch eine Reihe weiterer positiver Eigenschaften aus (vgl. Menard 2001: 27). Allerdings ist der Wertebereich, den R^2_{Mc} in der Praxis annimmt, nicht mit dem Wertebereich des R^2 aus der linearen Regressionsanalyse vergleichbar. Ein $R^2_{Mc} > 0,2$ signalisiert für die logistische Regression bereits einen starken Zu-

ten, bei der Interpretation von Parametern genau auf die jeweilige Formulierung des Modells zu achten.

16 Zwei Modelle sind hierarchisch geordnet, wenn die Prädiktoren des eingeschränkten Modells eine Untermenge der Prädiktoren des ausführlicheren Modells darstellen.

sammenhang. R^2_{Mc}-Werte über 0,4 sind nur sehr selten zu erreichen (vgl. Andreß et al. 1997: 288; Urban 1993: 62-3).

Das multinomial-konditionale Logitmodell

Das multinomial-konditionale Logitmodell wurde oben als bevorzugtes Verfahren bezeichnet, um log-linearen oder log-multiplikativen Mobilitätsmodellen für Häufigkeitsdaten Kovariaten auf der Individualdatenebene hinzuzufügen. Diese Technik wurde von Logan (1983) schon vor längerer Zeit in die Mobilitätsforschung eingeführt, hat aber in der Forschungspraxis bisher noch keine große Resonanz gefunden (vgl. aber Breen 1994; Breen und Goldthorpe 1999; Dessens et al. 2003; Hendrickx und Ganzeboom 1998). Diese Zurückhaltung ist wahrscheinlich darauf zurückzuführen, dass das konditionale Logitmodell in der Soziologie bislang generell selten verwendet wird.[17]

Sehen wir uns zunächst noch einmal ein typisches log-lineares Mobilitätsmodell für eine zweidimensionale Häufigkeitstabelle an. In den I Zeilen der Tabelle sei der Herkunftsstatus abgetragen und in den J Spalten der Tabelle der Zielstatus dargestellt. Das Modell der »quasi-perfekten« Mobilität (QPM-Modell) unterstellt mit

$$\ln(F_{ij}) = \lambda + \lambda_i + \lambda_j + \delta_i, \qquad (5.2)$$

dass die logarithmierten Zellhäufigkeiten $\ln(F_{ij})$ neben dem λ-Parameter für die Stichprobengröße, den λ_i- und den λ_j-Parametern für die Randverteilungen allein auf die Persistenzparameter δ_i auf der Tabellendiagonalen zurückzuführen sind (vgl. Hout 1983; Powers und Xie 2000).[18] Abseits der Tabellendiagonalen unterstellt das Modell perfekte Mobilität bzw. statistische Unabhängigkeit zwischen der Zeilen- und der Spaltenvariablen. Zur Veranschaulichung ist in Tabelle 5.1 auf der linken Seite die Design-Matrix für das QPM-Modell am Beispiel einer 5×5-Mobilitätstabelle dargestellt. Auf der rechten Seite ist die Design-Matrix für ein Modell abgebildet, das als zusätzliche Restriktion die Persistenzparameter δ_i des QPM-Modells gleichsetzt (RQPM-Modell).

17 Im Gegensatz zu SAS und STATA existiert in SPSS beispielsweise bis zur aktuellen Programmversion 11.5 keine eigene Prozedur zur Schätzung konditionaler Logitmodelle. Allerdings hat Kühnel (1992, 1995) einige SPSS-Makros verfasst, mit denen sich u. a. konditionale Logitmodelle schätzen lassen. Weitgehend unbekannt ist die Möglichkeit, konditionale Logitmodelle mit einer Routine zur Cox-Regression von Ereignisdaten zu schätzen (vgl. Kühnel 1995: 77-9). Eine solche Prozedur namens »COXREG« ist in SPSS schon seit der Programmversion 5.0 enthalten. Auf seiner Website unter `http://www.xs4all.nl/~jhckx/mcl/` führt Hendrickx anhand der Daten von Logan (1983) in die praktische Vorgehensweise ein (vgl. auch Breen 1994).

18 Die λ_i-Parameter und die λ_j-Parameter sind dabei durch $\sum_i^I \lambda_i = \sum_j^J \lambda_j = 0$ identifiziert.

Tabelle 5.1: Design-Matrizen für das Modell der quasi-perfekten Mobilität

δ_i	1	2	3	4	5
1	1	0	0	0	0
2	0	2	0	0	0
3	0	0	3	0	0
4	0	0	0	4	0
5	0	0	0	0	5

δ	1	2	3	4	5
1	1	0	0	0	0
2	0	1	0	0	0
3	0	0	1	0	0
4	0	0	0	1	0
5	0	0	0	0	1

Worin besteht nun die Schwierigkeit, ein solches Modell in ein einfaches multinomiales Logitmodell zu übertragen? Die einführenden Kommentare zum konditionalen Logitmodell bei Andreß et al. (1997: 306) verdeutlichen das Problem:

> „Im multinomialen Logitmodell beeinflußt jede unabhängige Variable die abhängige Variable über mehrere Regressionskoeffizienten. Der in gewisser Hinsicht umgekehrte Weg wird im konditionalen Logitmodell eingeschlagen. Hier werden die erklärenden Variablen jeweils einer Kategorie der abhängigen Variablen zugeordnet, wobei mehrere erklärende Variablen gemeinsame Regressionskoeffizienten haben."

Im QPM-Modell wird der Zusammenhang zwischen Zeilen- und Spaltenvariable durch Dummy-Variablen modelliert, die Gleichheit von Herkunfts- und Zielstatus für die einzelnen Statuskategorien signalisieren. Verwendet man diese Dummy-Variablen in einem einfachen multinomialen Logitmodell für den Zielstatus, so werden insgesamt $I \times (J-1)$ Parameter, in unserem Beispiel also 20, geschätzt, die obendrein nicht identifiziert sind, weil für die Modellierung des Zusammenhangs zwischen Zeilen- und Spaltenvariable nur $(I-1) \times (J-1)$ Freiheitsgrade, in unserem Beispiel also 16, zur Verfügung stehen. Das einfache multinomiale Logitmodell ist in dieser Form überspezifiziert.

Im konditionalen Logitmodell ist es dagegen möglich, die Dummy-Variablen jeweils einer spezifischen Zielkategorie zuzuordnen, um das QPM-Modell abzubilden. Darüber hinaus ist es möglich, einen gemeinsamen Regressionskoeffizienten für alle Dummy-Variablen zu schätzen, um das RQPM-Modell abzubilden (vgl. Breen 1994: 155).[19] Im ersten Fall spricht Kühnel (1992) von der Berücksichtigung alternativenspezifischer Variablen (die Alternativen sind im vorliegenden Fall die Kategorien des Zielstatus) und im zweiten Fall von generischen Va-

19 Was hier an einem einfachen Beispiel gezeigt wurde, lässt sich in der Praxis auf sehr komplexe Mobilitätsmodelle übertragen, die sowohl nominalskalierte als auch intervallskalierte Restriktionen enthalten können (vgl. Hout 1983). Auf diese Weise lässt sich beispielsweise auch das CASMIN-Modell (vgl. Erikson und Goldthorpe 1992; Gilbert 1993) mit einer Prozedur zur Schätzung von konditionalen Logitmodellen testen.

riablen, die sämtliche Alternativen gleichermaßen betreffen. Das multinomial-konditionale Logitmodell stellt eine Mischform von konditionalem und multinomialem Logitmodell dar (vgl. Andreß et al. 1997: 314-5; Liao 1994: 61-2). Im multinomial-konditionalen Logitmodell können neben den alternativenspezifischen und generischen Variablen des konditionalen Logitmodells auch Variablen auf der Individualdatenebene berücksichtigt werden, deren Effektkoeffizienten wie im einfachen multinomialen Logitmodell zu interpretieren sind. Die Modellanpassung des multinomial-konditionalen Logitmodells kann analog zur Modellanpassung des kumulativen Logitmodells durch das Pseudo-R^2 von McFadden (siehe oben) gemessen werden.

5.4 Empirische Analysen

5.4.1 Tabellenanalysen

Im folgenden Abschnitt geht es zunächst einmal darum, mit dem Instrumentarium der Tabellenanalyse einen Überblick über die grundlegenden Strukturen des Zusammenhangs zwischen beruflicher Weiterbildung und Karrieremobilität zu gewinnen. Zu diesem Zweck wurden insgesamt sechs Mobilitätstabellen jeweils für Weiterbildungsteilnehmer und Nichtteilnehmer in den einzelnen Untersuchungsperioden gebildet. Bei der Analyse dieser Mobilitätstabellen wird zwischen absoluten und relativen Mobilitätsraten unterschieden, wie es dem Ansatz der dritten Generation der Mobilitätsforschung entspricht (vgl. Erikson und Goldthorpe 1992; Goldthorpe 1987). In Tabelle 5.2 sind einige zusammenfassende Kennzahlen für die absoluten Mobilitätsraten in den einzelnen Tabellen dargestellt.

Betrachtet man die globalen Stabilitäts- und Mobilitätsraten (in den ersten beiden Zeilen von Tabelle 5.2) von Weiterbildungsteilnehmern und Nichtteilnehmern in der Abfolge der Untersuchungsperioden, so scheinen die Nichtteilnehmer in der ersten Untersuchungsperiode mobiler zu sein. Der Unterschied ist jedoch nicht sehr groß und verliert sich in den folgenden beiden Perioden. Die Raten der Strukturmobilität für die Befragten insgesamt scheinen über die Untersuchungsperioden hinweg leicht zuzunehmen, was auf eine Intensivierung des berufsstrukturellen Wandels in den 1990er Jahren hindeutet. Aus den Analysen zur generellen Entwicklung der Karrieremobilität im zweiten empirischen Kapitel der vorliegenden Arbeit ist jedoch bekannt, dass es sich nicht um einen kontinuierlichen Trend handelt. Dass das Verhältnis von Struktur- und Zirkulationsmobilität für Weiterbildungsteilnehmer generell höher liegt als für Nichtteilnehmer, könnte man als Hinweis auf die Bedeutung der beruflichen Weiterbildung als Medium des berufsstrukturellen Wandels werten. Doch auch hier sind die Unterschiede nicht sehr groß und in Anbetracht der geringen Bedeutung, die der Strukturmobilität insgesamt zukommt, ist eine vorsichtige Interpretation angebracht. In Bezug auf den Umfang der Karrieremobilität und das Verhältnis von Struktur- und Zirkulationsmobilität ist festzuhalten, dass es praktisch keine Unterschiede zwischen den Teilnehmern und den Nichtteilnehmern an beruflicher Weiterbildung gibt.

Im Verhältnis von Aufstiegs- und Abstiegsmobilität zeigen sich dagegen deutlichere Unterschiede zwischen Teilnehmern und Nichtteilnehmern an beruflicher Weiterbildung. Für die Weiterbildungsteilnehmer fällt das Verhältnis in allen drei Untersuchungsperioden günstiger aus. Das Ergebnis verweist auf eine gewisse Bedeutung der beruflichen Weiterbildung als Medium des sozialen Aufstiegs. Um die Größenordnung dieser Beziehung etwas besser abschätzen zu können, wurden die Daten in Tabelle A.13 auf Seite 276 aus einer anderen Perspektive dargestellt. Hier zeigt sich, dass die berufliche Weiterbildung zwar einen Beitrag zur Verwirklichung des beruflichen Aufstiegs leistet, aber keineswegs als bestimmendes Medium desselben angesehen werden kann. Einerseits wurde rund ein

Tabelle 5.2: Absolute Mobilitätsraten von Weiterbildungsteilnehmern und Nichtteilnehmern (zusammenfassende Kennzahlen)

	Periode I		Periode II		Periode III	
	NT[a]	T[a]	NT[a]	T[a]	NT[a]	T[a]
Stabilität	68,2	74,6	72,1	74,2	73,7	72,7
Mobilität	31,8	25,4	27,9	25,8	26,3	27,3
Strukturmobilität	1,7	4,0	2,3	7,5	6,5	8,0
Zirkulationsmobilität	30,1	21,4	25,6	18,3	19,8	19,3
Aufstiegsmobilität	17,0	17,0	15,3	17,0	17,2	20,1
Abstiegsmobilität	14,8	8,4	12,6	8,8	9,1	7,2
χ^2 $(df = 1)$[b]	3,1	22,9	4,8	20,8	38,1	52,7
p	0,080	0,000	0,030	0,000	0,000	0,000
Kurzstreckenmobilität	16,0	18,6	14,9	13,3	14,4	18,1
Aufstiege	8,9	12,8	8,2	7,1	10,5	14,5
Abstiege	7,0	5,8	6,8	6,2	3,9	3,7
Langstreckenmobilität	15,8	6,8	12,9	12,5	11,9	9,2
Aufstiege	8,1	4,2	7,1	9,9	6,8	5,6
Abstiege	7,7	2,6	5,8	2,5	5,2	3,6
Fallzahl	1891	795	1887	787	1512	872

a NT = Nichtteilnehmer, T = Teilnehmer

b Es handelt sich um einen Test auf Gleichheit von Aufstiegs- und Abstiegsmobilität (vgl. Bishop et al. 1975: 284-5).

Quelle: SOEP, eigene Berechnungen.

Drittel aller beruflichen Aufstiege im Zusammenhang mit beruflicher Weiterbildung verwirklicht. Andererseits ist beinahe ein Viertel aller beruflichen Abstiege trotz der Beteiligung an beruflicher Weiterbildung erfolgt. Überdies scheint der Vorteil der Weiterbildungsteilnehmer im Verhältnis von Aufstiegs- und Abstiegsmobilität über die Untersuchungsperioden hinweg leicht zu schrumpfen (siehe Tabelle 5.2). In der ersten Untersuchungsperiode war das Verhältnis für die Teilnehmer noch 1,7-mal größer als für die Nichtteilnehmer. In der zweiten und dritten Untersuchungsperiode sinkt der Vorsprung dagegen auf das 1,6fache bzw. auf das 1,5fache ab. Ob sich diese Tendenz zu einem Trend auswächst, wäre anhand weiterführenden Datenmaterials zu prüfen. Der Vergleich von Langstrecken- und Kurzstreckenaufstiegen für Teilnehmer und Nichtteilnehmer erbringt keine eindeutigen Ergebnisse. In der ersten und der dritten Untersuchungsperiode ist das Verhältnis von Langstrecken- und Kurzstreckenaufstiegen für die Nichtteilnehmer günstiger und in der zweiten Periode für die Teilnehmer. Was das Verhältnis von Aufstiegs- und Abstiegsmobilität angeht, ist festzuhalten, dass Weiterbildungsteilnehmer klare Vorteile gegenüber den Nichtteilnehmern haben, obwohl die berufliche Weiterbildung keineswegs als *bestimmender* Faktor für den sozialen Aufstieg angesehen werden kann.

Nun ist der Vergleich der absoluten Mobilitätsraten für Weiterbildungsteilnehmer und Nichtteilnehmer von Interesse, um den Zusammenhang von beruflicher Weiterbildung und Karrieremobilität auf der phänotypischen Ebene von tatsächlich erfolgten Weiterbildungsanstrengungen und Statusübergängen zu beschreiben. Aus den Analysen zur sozialen Ungleichheit in der Weiterbildungsbeteiligung (im vorangegangenen Kapitel) ist jedoch auch bekannt, dass sich die beiden Gruppen von Weiterbildungsteilnehmern und Nichtteilnehmern auch im Hinblick auf eine Reihe von sozio-ökonomischen, potenziell karriererelevanten Eigenschaften unterscheiden. Bei den folgenden Analysen wird auf unterschiedliche Weise versucht, die beobachtete Heterogenität der beiden Gruppen in den wichtigsten sozio-ökonomischen Variablen statistisch zu kontrollieren. Die zentrale Frage ist, ob der Zusammenhang zwischen beruflicher Weiterbildung und Karrieremobilität auch unter Kontrolle der sozio-ökonomischen Gruppenunterschiede bestehen bleibt oder sogar klarer hervortritt. Möglicherweise ist der berufliche Erfolg oder Misserfolg in einer Untersuchungsperiode ja bereits vor der Beteiligung an beruflicher Weiterbildung festgelegt und Weiterbildung ist lediglich eine Begleiterscheinung beruflicher Karrieren, die bereits im Vorfeld entschieden sind.

Ein erster Schritt zur Kontrolle von sozio-ökonomischen Gruppenunterschieden ist die Bestimmung von relativen Mobilitätsraten. Im Unterschied zu den absoluten Mobilitätsraten werden hier die Herkunfts- und Zielverteilungen des beruflichen Status in den Mobilitätstabellen von Teilnehmern und Nichtteilnehmern konstant gehalten. Um die relativen Mobilitätsraten zu quantifizieren, werden im Folgenden die Parameter des log-multiplikativen RC-Modells (vgl. Goodman 1979) in Verbindung mit dem QPM-Modell (siehe oben) geschätzt. In Tabelle 5.3 sind die Anpassungsmaße für eine Reihe von Modellen wiedergegeben, in denen die Parameter der beiden Grundmodelle in unterschiedlicher Weise über die verschiedenen Mobilitätstabellen variieren.

Tabelle 5.3: Relative Mobilitätsraten nach Untersuchungsperioden und Weiterbildungsteilnahme (log-multiplikative Modelle, Spezifikation und Anpassungsmaße)[a]

Modellspezifikation	L^2	df	p	rL^2	Δ	BIC
1. –	7067,81	96	0,000	0,000	0,389	6208,16
2. δ_i	671,17	91	0,000	0,905	0,072	−143,71
3. $\phi\mu_i\nu_j$	1207,67	89	0,000	0,829	0,096	410,71
4. $\phi\mu_i\mu_j$	1287,88	92	0,000	0,818	0,100	464,05
5. $[\delta_i][\phi\mu_i\nu_j]$	347,18	84	0,000	0,951	0,045	−405,01
6. $[\delta_i][\phi\mu_i\mu_j]$	380,45	87	0,000	0,946	0,045	−398,60
7. $[\delta_{1-4}][\delta_5][\phi\mu_i\mu_j]$	401,81	90	0,000	0,943	0,048	−404,11
8. $[\delta_{1-4}][\delta_5][(\beta_0+\beta_1 W)\mu_i\mu_j]$	374,10	89	0,000	0,947	0,047	−422,87

a Zur Spezifikation der Modelle und zur Erläuterung der verwendeten Anpassungsmaße siehe Text. Quelle: SOEP, eigene Berechnungen.

Beim ersten Modell handelt es sich um das konditionale Unabhängigkeitsmodell, das als Vergleichsmaßstab für die folgenden Modelle dient. Im zweiten Modell werden konstante Persistenzeffekte über alle Mobilitätstabellen geschätzt. Hier zeigt sich bereits, dass der Statuspersistenz eine ganz wesentliche Rolle für das Muster der Karrieremobilität zukommt. Das konstante QPM-Modell „erklärt" 90 Prozent der Abweichung des konditionalen Unabhängigkeitsmodells. Das konstante RC-Modell schneidet demgegenüber schlechter ab. Der positive *BIC*-Wert zeigt, dass das saturierte Modell dem RC-Modell für sich genommen vorzuziehen ist. Daran ändert sich auch nichts, wenn das RC-Modell im vierten Modell durch die Gleichsetzung von Zeilen- und Spalteneffekten sparsamer formuliert wird.

Im fünften Modell werden die Effekte aus dem konstanten RC- und dem konstanten QPM-Modell kombiniert. Der *BIC*-Wert zeigt, dass das Modell – gemessen an den Kriterien von Sparsamkeit und Anpassung – bisher die besten Eigenschaften hat. Im sechsten Modell werden wiederum Zeilen- und Spalteneffekte gleichgesetzt. Ein leicht erhöhter *BIC*-Wert deutet darauf hin, dass die damit verbundenen Anpassungsverluste durch den Vorteil der sparsameren Modellspezifikation nicht ganz aufgewogen werden. Eine Inspektion der Zeilen- und Spalteneffekte des fünften Modells (nicht dokumentiert) zeigte jedoch, dass sie sich nur graduell unterscheiden und die Reihenfolge identisch ist. Deshalb nehme ich die geringen Anpassungsverluste zugunsten des sparsamer formulierten Modells in Kauf. Das siebte Modell ist das Ergebnis von verschiedenen Versuchen, die Persistenzeffekte sparsamer zu formulieren. Hier zeigt sich, dass die Statuspersistenz auf Arbeitsplätzen, die normalerweise einen Hochschulabschluss erfordern, deutlich von der Statuspersistenz auf allen anderen Qualifikationsstufen abweicht. Das achte Modell wird schließlich als geeignetes Modell akzeptiert, um die relativen Mobilitätsraten von Weiterbildungsteilnehmern und Nichtteilnehmern zu beschreiben. Es berücksichtigt zwar unterschiedliche Assoziationskoeffizienten für Teilnehmer und Nichtteilnehmer, geht aber von gleichen Persistenzeffekten in den beiden Gruppen aus. Hinweise auf Veränderungen im Zusammenhang von beruflicher Weiterbildung und Karrieremobilität über die Untersuchungsperioden fanden sich hier nicht.[20]

Die relativen Mobilitätsraten von Teilnehmern und Nichtteilnehmern an beruflicher Weiterbildung lassen sich anhand der in Tabelle 5.4 ausgewiesenen Modellparameter beschreiben. Es zeigt sich, dass die Statuspersistenz auf Arbeitsplätzen, die normalerweise einen Hochschulabschluss erfordern, beinahe das Vierfache der Statuspersistenz auf den anderen Arbeitsplätzen beträgt. Die Persistenzeffekte variieren dem Modell zufolge weder zwischen Teilnehmern und Nichtteilnehmern noch über die Untersuchungsperioden hinweg.

Die Skalenwerte für die Kategorien der erforderlichen Ausbildung im Beruf informieren über die Ähnlichkeiten zwischen den relativen Mobilitätsraten der einzelnen Kategorien.[21] Sie werden ebenfalls über die sechs zugrunde liegenden Mobilitätstabellen konstant gehalten. Unterdurchschnittliche Ähnlichkeit der relativen Mobilitätsraten herrscht demnach zwischen den Arbeitsplätzen, die einen Hochschulabschluss bzw. eine Berufsausbildung erfordern. Überdurchschnittliche Ähnlichkeit besteht dagegen zwischen den Arbeitsplätzen, die eine Berufsausbildung resp. besondere Kurse und Lehrgänge erfordern, sowie zwischen Arbeitsplätzen, die nur eine längere Einarbeitung bzw. keine besondere Ausbildung verlangen. Insgesamt ist festzuhalten, dass die Arbeitsplätze, die normalerweise einen Hochschulabschluss erfordern, durch ein ganz besonderes Mobilitätsmuster ausgezeichnet sind. Hier sind nicht nur die Persistenzeffekte außergewöhnlich hoch. Auch in den relativen Mobilitätsraten sind deutliche Unterschiede zu den anderen Kategorien der erforderlichen Ausbildung im Beruf zu beobachten.

20 In einer Serie von Modellen (nicht dokumentiert) wurden Versuche unternommen, Veränderungen in den Parametern von Modell 8 durch Dummy-Variablen für die Untersuchungsperioden und durch verschiedene Trendrestriktionen zu spezifizieren. Keines dieser Modelle erreichte einen besseren *BIC*-Wert als das achte Modell in Tabelle 5.3.

21 Die Einheit der Skalenwerte wurde auf einen durchschnittlichen Rangabstand festgelegt. Distanzen zwischen benachbarten Kategorien größer als eins weisen auf unterdurchschnittliche Ähnlichkeit hin und Distanzen kleiner als eins lassen auf überdurchschnittliche Ähnlichkeiten schließen.

In der mit „Weiterbildung“ überschriebenen Spalte sind die partiellen Logitkoeffizienten für den Zusammenhang zwischen beruflicher Weiterbildung und den Zielkategorien der erforderlichen Ausbildung im Beruf unter Kontrolle von Herkunftskategorien und Untersuchungsperioden angegeben. Weil das Modell einen signifikanten Interaktionseffekt zwischen der beruflichen Weiterbildung und der Karrieremobilität enthält, sind die Koeffizienten als Durchschnittswerte anzusehen, die durch den Interaktionseffekt modifiziert werden. Die Referenzkategorien sind einerseits durch die Nichtteilnahme an beruflicher Weiterbildung und andererseits durch die Arbeitsplätze ohne besondere Qualifikationsanforderungen definiert. Der Zusammenhang zwischen der Beteiligung an beruflicher Weiterbildung und dem Zugang zu hoch qualifizierten Arbeitsplätzen ist demnach sehr stark. Die Chance, auf einen Arbeitsplatz mit akademischen Qualifikationsanforderungen anstatt auf einen Arbeitsplatz ohne besondere Qualifikationsanforderungen zu gelangen, ist beispielsweise für Weiterbildungsteilnehmer etwa zwölfmal größer als für Nichtteilnehmer. Die Zugangschance zu Arbeitsplätzen mit berufsfachlichen Qualifikationsanforderungen im Vergleich zu Arbeitsplätzen ohne besondere Qualifikationsanforderungen ist für Teilnehmer beinahe viermal größer als

Tabelle 5.4: Relative Mobilitätsraten und -effekte beruflicher Weiterbildung (Modellparameter)[a]

Kategorien	Persistenz	Skala	Weiterbildung
1. Hochschule	3,799	2,000	2,505
2. Ausbildung	1,051	0,714	1,355
3. Kurse	1,051	−0,201	1,831
4. Einarbeitung	1,051	−1,243	0,120
5. Keine	1,051	−2,000	0,000
Assoziationseffekte	β_0	β_1	
	0,331	−0,209	
Assoziationskoeffizienten	ϕ	e^{ϕ}	
Nichtteilnehmer	0,331	1,393	
Teilnehmer	0,123	1,130	

a Es handelt sich um ausgewählte Parameter des achten Modells aus Tabelle 5.3. Die Persistenzeffekte entsprechen den δ-Parametern und die Skalenwerte den $\mu_i\mu_j$-Parametern. Die Weiterbildungseffekte sind die partiellen Logitkoeffizienten beruflicher Weiterbildung in Bezug auf die Zielkategorien der erforderlichen Ausbildung im Beruf. Sie sind in der Modellspezifikation nicht wiedergegeben, weil sie sich nicht auf die relativen Mobilitätsraten im engeren Sinn beziehen. β_0 schätzt den Assoziationskoeffizienten ϕ für die Nichtteilnehmer und β_1 schätzt die Abweichung des Assoziationskoeffizienten für die Weiterbildungsteilnehmer.

Quelle: SOEP, eigene Berechnungen.

für Nichtteilnehmer. Der Zusammenhang zwischen der beruflichen Weiterbildung und der erforderlichen Ausbildung im Beruf entwickelt sich aber nicht monoton mit dem Qualifikationsniveau bzw. dem sozialen Status der entsprechenden Tätigkeiten. Die Arbeitsplätze, die normalerweise den Besuch besonderer Kurse bzw. eine abgeschlossene Berufsausbildung voraussetzen, weichen von dieser Rangfolge ab.

Im mittleren und im unteren Teil von Tabelle 5.4 sind die Assoziationseffekte und -koeffizienten des Modells wiedergegeben. Die Assoziationseffekte sind als logarithmierte Chancenverhältnisse zu interpretieren, wobei β_0 einer Regressionskonstanten und β_1 einem Regressionskoeffizienten für eine Dummy-Variable der Beteiligung an beruflicher Weiterbildung entspricht. Daraus lassen sich die Assoziationskoeffizienten für Weiterbildungsteilnehmer und Nichtteilnehmer bestimmen, die ein Maß für die Ungleichheit der Karrieremobilität darstellen. An den ϕ-Koeffizienten lässt sich bereits ablesen, dass die Ungleichheit der Karrieremobilität in der Gruppe der Weiterbildungsteilnehmer geringer ist als in der Gruppe der Nichtteilnehmer. Berufliche Weiterbildung steht demnach im Zusammenhang mit einer Verringerung von sozialen Ungleichheiten in der Karrieremobilität. Die Größenordnung der Unterschiede lässt sich leichter anhand der entlogarithmierten ϕ-Koeffizienten erschließen. Sie sind als Chancenverhältnisse der Karrieremobilität zu interpretieren. Sie beziehen sich auf zwei imaginäre Kategorien der erforderlichen Ausbildung im Beruf mit einem durchschnittlichen Rangabstand in der Ausgangs- und der Zielverteilung. Bei den Nichtteilnehmern ist die Chance, in die höhere Zielkategorie zu gelangen, für die Angehörigen der höheren Ausgangskategorie ca. 1,4-mal höher als für die Angehörigen der niedrigeren Ausgangskategorie. Bei den Teilnehmern beträgt das Chancenverhältnis dagegen nur ca. 1,1. Die Ungleichheit der Karrieremobilität liegt bei den Nichtteilnehmern etwa um ein Viertel höher als bei den Teilnehmern an beruflicher Weiterbildung.

5.4.2 Multinomial-konditionale Logitmodelle

Im vorangegangenen Abschnitt wurden die relativen Mobilitätsraten von Weiterbildungsteilnehmern und Nichtteilnehmern anhand von log-linearen bzw. log-multiplikativen Modellen für Mobilitätstabellen bestimmt. Im vorliegenden Abschnitt werden die Modelle für Mobilitätstabellen in multinomial-konditionale Logitmodelle (MKL-Modelle) für Individualdaten übertragen. Mit diesem Verfahren lassen sich sowohl kategoriale als auch kontinuierliche Kovariaten kontrollieren, und die in log-linearen Modellen notorischen Probleme mit zu geringen Fallzahlen und dünn besetzten Tabellenzellen werden weitgehend vermieden.[22]

22 Die MKL-Modelle im vorliegenden Abschnitt wurden mit der STATA-Prozedur »CLOGIT« geschätzt, weil sie mit nicht ganzzahligen Gewichtungsfaktoren umgehen kann.

Die Skalenwerte des log-multiplikativen RC-Modells werden bei der Schätzung von entsprechenden MKL-Modellen nicht für jedes Modell mit unterschiedlichen Kovariaten aufs Neue bestimmt.[23] Stattdessen werden sie aus Tabelle 5.4 im vorangegangenen Abschnitt übernommen und für die verschiedenen Modellschätzungen konstant gehalten. Die im Folgenden diskutierten MKL-Modelle sind deshalb streng genommen nicht als Äquivalente für log-multiplikative RC-Modelle sondern für »Linear-by-Linear«-Modelle (vgl. Clogg und Shihadeh 1994: 22-38) anzusehen, welche die Skalenwerte der betreffenden Variablen als gegeben annehmen.[24]

In Tabelle 5.5 auf der nächsten Seite ist eine Reihe von MKL-Modellen wiedergegeben, welche die Persistenz- und Mobilitätseffekte aus der Tabellenanalyse unter Kontrolle verschiedener Drittvariablen schätzen. Als Vergleichsmaßstab sind in der ersten Zeile von Tabelle 5.5 die Logitkoeffizienten für ein Modell ohne Drittvariablenkontrolle festgehalten. Die Effektkoeffizienten sind den Koeffizienten des log-multiplikativen RC-Modells aus dem vorausgegangenen Abschnitt sehr ähnlich. Die Erklärungskraft des Modells, die anhand des R^2_{Mc}-Wertes beurteilt werden kann, ist erwartbar hoch, weil die Karrieremobilität hier über einen relativ kurzen Zeitraum von nur drei Jahren Dauer geschätzt wird. Um die Erklärungskraft des restringierten Mobilitätsmodells mit den Persistenzeffekten und dem Assoziationskoeffizienten besser beurteilen zu können, wurde zusätzlich ein saturiertes Modell mit 16 multinomialen Einzeleffekten für den Zusammenhang zwischen dem beruflichen Status zu Beginn und zum Ende der Untersuchungsperioden geschätzt (Ergebnisse nicht dokumentiert). Der R^2_{Mc}-Wert für das saturierte Modell liegt nur um 0,002 Punkte höher als der entsprechende Wert für das restringierte Modell. Dieser geringe Unterschied in der Modellanpassung unterstreicht noch einmal den Vorteil, den die sparsamere Spezifikation von kon-

23 Die Schätzung eines log-multiplikativen RC-Modells erfolgt in einem iterativen Verfahren, indem abwechselnd Modelle für die Zeilen- und die Spalteneffekte geschätzt werden, die jeweils aufgrund der Informationen des vorausgegangenen Modells reskaliert werden (vgl. Breen 1994: 171, En. 10). Hendrickxs hat Makroprogramme für STATA und SAS geschrieben (vgl. Hendrickx und Ganzeboom 1998: 401, En. 8), mit denen sich auf der Basis von konditionalen Logitmodellen nicht nur die Parameter des log-multiplikativen RC-Modells sondern auch die Parameter des SOR-Modells von DiPrete (1990) schätzen lassen. Weil Letzteres für die hier vorgelegten Modelle nicht notwendig war, habe ich zugunsten einer einfacheren Lösung auf die Verwendung der Makroprogramme verzichtet.

24 Diese Vorgehensweise beeinträchtigt die Modellschätzungen kaum, weil neben den Persistenzeffekten auch der Assoziationskoeffizient ϕ frei variieren kann, der als Durchschnittsmaß für die lokalen Chancenverhältnisse in der Mobilitätstabelle angesehen werden kann. Überdies ist es in der Mobilitätsforschung eher die Regel als die Ausnahme, die Skalenwerte von RC-Modellen in vergleichenden Analysen konstant zu halten, weil sich Veränderungen in den Skalenwerten schwieriger interpretieren lassen als Veränderungen im Assoziationskoeffizienten (vgl. Luijkx 1994; Wong 1994b, 1995a, b).

ditionalen Logitmodellen (drei Parameter) gegenüber den reinen multinomialen Logitmodellen (16 Parameter) bietet.

Tabelle 5.5: Persistenz- und Mobilitätseffekte unter Kontrolle von Drittvariablen (multinomial-konditionale Logitmodelle, konditionale Logiteffekte, Anpassungsmaße)[a]

	Persistenz		Mobilität	Anpassung
Kontrollvariablen	δ_{1-4}	δ_5	ϕ	R^2_{Mc}
–	1,007	3,992	0,280	0,365
Berufliche Weiterbildung	0,990	3,994	0,262	0,381
Geschlecht	0,996	3,985	0,279	0,367
Alter (logarithmiert)	1,001	3,978	0,279	0,366
Bildung	0,998	2,132	0,234	0,399
Selbstständig/abhängig beschäftigt	1,005	4,008	0,282	0,366
Vollzeit/Teilzeit	0,986	4,032	0,279	0,367
Befristet/unbefristet	0,998	4,031	0,283	0,367
Unternehmensgröße	0,990	3,995	0,283	0,368

a Die Fallzahl liegt bei 7212 für alle Modelle. Berücksichtigt wurden nur Befragte mit gültigen Werten für sämtliche Prädiktoren.
Quelle: SOEP, eigene Berechnungen.

Bei den folgenden Modellen aus Tabelle 5.5 wurden die jeweils angegebenen Drittvariablen kontrolliert. Gravierende Veränderungen in den Koeffizienten für Statuspersistenz und Assoziation ergeben sich nur unter Kontrolle des kombinierten Effekts für die allgemeine Schulbildung und die berufliche Ausbildung.[25] Unter Kontrolle der Bildung reduziert sich der Persistenzeffekt für Arbeitsplätze mit Qualifikationsanforderungen auf Hochschulniveau etwa um die Hälfte. Der Assoziationskoeffizient verringert sich etwa um ein Sechstel. Für Arbeitskräfte mit gleichem Bildungsabschluss ist die soziale Ungleichheit in der Karrieremobilität demnach um einiges geringer als für Arbeitskräfte mit unterschiedlichen Bildungsabschlüssen. Dies gilt vor allem für die Chancen des Statuserhalts auf Arbeitsplätzen mit Qualifikationsanforderungen auf Hochschulniveau. Die Unterschiede in den Aufstiegschancen fallen für Arbeitskräfte mit gleichem Bildungsabschluss ebenfalls geringer aus als für Arbeitskräfte mit unterschiedlichen Bildungsabschlüssen. Die Reduktion ist allerdings geringer als bei der Statuspersis-

25 Dieser Effekt wird ebenso wie der des beruflichen Status zu Beginn der Untersuchungsperioden als generische Variable modelliert. Als Skalenwerte für den Linear-by-Linear-Koeffizienten der Bildung mit dem beruflichen Status zum Ende der Untersuchungsperioden werden die im ersten Kapitel der vorliegenden Arbeit geschätzten Werte verwendet. Auch hier sind die Unterschiede in der Erklärungskraft von multinomialen und konditionalen (generischen) Effekten zu vernachlässigen. Das R^2_{Mc} für Erstere liegt nur 0,004 Punkte über dem R^2_{Mc} für Letztere.

tenz. Die Assoziation zwischen dem sozialen Status zu Beginn und zum Ende der Untersuchungsperioden bleibt größtenteils erhalten. Für den weiteren beruflichen Aufstieg ist die einmal erreichte berufliche Platzierung demnach auch unabhängig vom zuvor erreichten Ausbildungsniveau sehr wichtig.

Unter Kontrolle der Beteiligung an beruflicher Weiterbildung sind – ähnlich wie bei den anderen Drittvariablen – nur minimale Veränderungen in den Persistenzeffekten und im Assoziationskoeffizienten festzustellen. Sie werden hier nur deshalb kommentiert, weil der Zusammenhang zwischen beruflicher Weiterbildung und Karrieremobilität im Zentrum der hier vorgelegten Analysen steht. Dass berufliche Weiterbildung und die Mobilitätseffekte den vorgelegten Analysen zufolge praktisch nicht konfundiert sind, lässt darauf schließen, dass die beruflichen Mobilitätsprozesse zwischen Anfang und Ende der Untersuchungsperioden nur in geringem Umfang über die Beteiligung an beruflicher Weiterbildung vermittelt werden. Die Kontrolle der beruflichen Weiterbildung führt zu einer Steigerung im R^2_{Mc}-Wert von 1,6 Prozentpunkten gegenüber dem Ausgangsmodell, was die Ergebnisse der Tabellenanalyse im vorangegangenen Abschnitt bestätigt. Die berufliche Weiterbildung übt einen eigenständigen Einfluss auf die berufliche Platzierung aus, der sich nicht über den beruflichen Status zu Beginn der Untersuchungsperioden erklären lässt. Anhand der Effektkoeffizienten eines multivariaten MKL-Modells ist im Folgenden zu untersuchen, wie der Effekt der beruflichen Weiterbildung aussieht und ob er unter Kontrolle der anderen Kovariaten bestehen bleibt.

In Tabelle 5.6 auf der nächsten Seite sind die Ergebnisse eines MKL-Modells der Karrieremobilität dargestellt, bei dem die Kovariaten aus Tabelle 5.5 gleichzeitig kontrolliert wurden. Im vorderen Teil der Tabelle sind die konditionalen Effektkoeffizienten dargestellt, im hinteren Teil die multinomialen. Letztere sind – wie in einem gewöhnlichen multinomialen Logitmodell – in Bezug auf die Referenzkategorie „Keine besondere Ausbildung erforderlich" zu interpretieren. Im Vergleich zum bivariaten Modell sind bei den konditionalen Effektkoeffizienten die aus Tabelle 5.5 bekannten Veränderungen zu beobachten. Sie sind vor allem auf die Kontrolle der Bildung zurückzuführen. Die anderen Kovariaten haben zusammengenommen nur wenig Einfluss auf die Persistenzeffekte und den Assoziationskoeffizienten.

Der positive Effekt der beruflichen Weiterbildung auf die Karrieremobilität ist in den multinomialen Effektkoeffizienten deutlich bemerkbar. Die Chancen, einen Arbeitsplatz mit höheren Qualifikationsanforderungen anstelle eines Arbeitsplatzes ohne besondere Qualifikationsanforderungen einzunehmen, liegen für Weiterbildungsteilnehmer erheblich über den Chancen von Nichtteilnehmern. Beim Zugang zu Arbeitsplätzen, die den Besuch besonderer Kurse und Lehrgänge verlangen, liegt das Chancenverhältnis beispielsweise bei 4,8 ($\approx e^{1,578}$). Bei Ar-

Tabelle 5.6: Berufliche Weiterbildung und Karrieremobilität (multinomial-konditionale Logitmodelle der erforderlichen Ausbildung im Beruf am Ende der Untersuchungsperioden, Effektkoeffizienten und Anpassungsmaße)

	Konditionale	Multinomiale Effekte[a,c]			
	Effekte[a]	1	2	3	4
Assoziation					
ϕ	0,266 **				
ϕ*Weiterbildung	-0,147 **				
Persistenz					
δ_{1-4}	0,893 **				
δ_5	2,428 **				
Bildung	0,419 **				
Berufliche Weiterbildung[b]		-0,029	1,578 **	1,168 **	1,996 **
Männer[b]		-0,137	0,362 *	-0,129	0,502 **
Alter (logarithmiert)		-0,349	0,788 **	-0,288	0,150
Selbstständige[b]		0,582 **	0,997 **	0,403 *	1,220 **
Vollzeit[b]		0,481 **	0,488 *	0,458 **	-0,367
Befristet[b]		-0,784 **	-0,331	-1,079 **	-1,657 **
Unternehmensgröße[b]					
20 bis 199 Mitarbeiter		0,613 **	1,002 **	0,594 **	1,510 **
200 bis 1999 Mitarbeiter		0,741 **	0,982 **	0,437 **	1,463 **
2000 und mehr Mitarbeiter		0,809 **	1,139 **	0,546 **	1,673 **
Konstanten		0,816	-4,889 **	1,786 *	-4,498 **
$-2LL_0$					18678
χ^2 $(df = 41)$					7920
R^2_{Mc}					0,424
Fallzahl					7212

a Ausgewiesen sind die Effektkoeffizienten β.
Signifikanzniveau: ** $\Rightarrow \alpha = 0,01$ und * $\Rightarrow \alpha = 0,05$.

b Die Referenzkategorien lauten: keine berufliche Weiterbildung, Frauen, abhängig Beschäftigte, Teilzeit, unbefristet, unter 20 Mitarbeiter.

c 1 Einarbeitung vs. keine Ausbildung, 2 Kurse vs. keine Ausbildung, 3 Ausbildung vs. keine Ausbildung, 4 Hochschule vs. keine Ausbildung
Quelle: SOEP, eigene Berechnungen.

beitsplätzen, die mit Qualifikationsanforderungen auf Hochschulniveau versehen sind, liegt es bei 7,4 ($\approx e^{1,996}$). Die Struktur des partiellen Zusammenhangs zwischen der Beteiligung an beruflicher Weiterbildung und dem Zugang zu den einzelnen Zielkategorien der erforderlichen Ausbildung im Beruf bleibt der aus der Tabellenanalyse bekannten Struktur (siehe Tabelle 5.4 auf Seite 219) auch unter Kontrolle weiterer Kovariaten sehr ähnlich.

Es ist noch einmal darauf hinzuweisen, dass bei den hier vorgelegten Analysen nicht nur der berufliche Status zu Beginn der Untersuchungsperioden kontrolliert wurde, sondern auch eine ganze Reihe von sozio-ökonomischen Kovariaten, die ihrerseits den Zugang zur beruflichen Weiterbildung beeinflussen. Deshalb ist es relativ unwahrscheinlich, dass der Zusammenhang von beruflicher Weiterbildung und Karrieremobilität allein auf unbeobachtete Heterogenität in sozio-ökonomischen Hintergrundvariablen zurückzuführen ist. Viel eher ist anzunehmen, dass subjektive Faktoren wie Motivationen, Einstellungen, Lebensstile oder Milieuzugehörigkeiten sowohl den Zugang zur beruflichen Weiterbildung als auch die Wahrscheinlichkeit des beruflichen Aufstiegs beeinflussen. Dann wären die Ursachen des Zusammenhangs zwischen beruflicher Weiterbildung und Karrieremobilität bei diesen subjektiven Faktoren zu suchen. Es handelt sich dabei jedoch um eine grundlegend andere Fragestellung, die mit dem Datenbestand des SOEP allenfalls ansatzweise zu klären ist. Unabhängig von solchen Überlegungen zur kausalen Zurechenbarkeit der Weiterbildungseffekte bleibt bestehen, dass das Verhältnis von beruflichen Auf- und Abstiegen für Teilnehmer an beruflicher Weiterbildung günstiger ist als für Nichtteilnehmer.

Neben der beruflichen Weiterbildung zeigen sich in Tabelle 5.6 weitere Einflussfaktoren der Karrieremobilität. Bei der Interpretation dieser Effekte ist ebenfalls zu beachten, dass sie unter Kontrolle der erforderlichen Ausbildung im Beruf zu Beginn der Untersuchungsperioden bestimmt wurden. Männer haben unabhängig vom Qualifikationsniveau der beruflichen Ausgangsposition (und unter Kontrolle der restlichen Kovariaten) bessere Karrierechancen als Frauen. Beispielsweise sind die Chancen von Männern, einen Arbeitsplatz mit Qualifikationsanforderungen auf Hochschulniveau anstelle eines Arbeitsplatzes ohne besondere Qualifikationsanforderungen einzunehmen, 1,6-mal so hoch wie die Chancen von Frauen ($e^{0,502} \approx 1,6$). Die Resultate verändern sich nur minimal, wenn zusätzlich zu den bisher verwendeten Kovariaten eine Serie von 13 Dummy-Variablen für verschiedene Wirtschaftszweige geschätzt werden (Ergebnisse nicht dokumentiert). Sie sind auch nicht auf eine ungleichmäßige Verteilung von Männern und Frauen über die Wirtschaftszweige zurückzuführen.

Das Alter wurde in logarithmierter Form berücksichtigt, weil die Karrierechancen mit steigendem Alter langsamer zunehmen und sich der Regressionskoeffizient des logarithmierten Alters so als „Alterselastizität" der Karrierechancen interpretieren lässt. Ein signifikanter Alterseffekt ist nur für den Kontrast zwischen den Arbeitsplätzen ohne besondere Qualifikationsanforderungen und den Arbeitsplätzen, die eine Teilnahme an besonderen Kursen und Lehrgängen verlangen, festzustellen. Die Chancen, einen Arbeitsplatz mit formellen Weiterbildungsanforderungen anstelle eines Arbeitsplatzes ohne besondere Qualifikationsanforderungen zu besetzen, sind für ältere Erwerbstätige besser als für jüngere.

Die Unterschiede, die mit einer bestimmten Altersdifferenz verbunden sind, werden aber mit zunehmendem Alter geringer. Dieses Ergebnis lässt sich in Bezug auf die Erwerbserfahrung segmentationstheoretisch begründen. Der Übergang in ein betriebsspezifisches Arbeitsmarktsegment ist für Arbeitskräfte mit größerer Erwerbserfahrung wahrscheinlicher als für solche mit geringerer Erwerbserfahrung, weil Erstere mehr Zeit zur Verfügung hatten, spezifische Kenntnisse zu sammeln und Fähigkeiten zu entwickeln. Mit zunehmendem Alter der Arbeitskräfte dürfte allerdings ein Sättigungseffekt eintreten, wenn alle diejenigen Erwerbstätigen, die überhaupt dafür in Frage kommen, einen Arbeitsplatz im betriebsspezifischen Arbeitsmarktsegment gefunden haben.

Auch die Art der beruflichen Tätigkeit beeinflusst die weiteren Karrierechancen im Verlauf der Untersuchungsperioden nachdrücklich. Die Aufstiegschancen von Selbstständigen sind im Vergleich zu den Aufstiegschancen von abhängig Beschäftigten in jeder Hinsicht besser, ganz besonders jedoch im Zugang zu den Tätigkeiten auf akademischem Qualifikationsniveau. Daneben sind auch die Karrierechancen von Vollzeiterwerbstätigen deutlich besser als die Karrierechancen von Teilzeitarbeitskräften. Offenbar wirken sich hier die intensiveren Humankapitalinvestitionen von Vollzeiterwerbstätigen (Training on the Job!) aus. Der Zugang zu den Arbeitsplätzen mit Qualifikationsanforderungen auf Hochschulniveau scheint jedoch von anderen Kriterien abhängig zu sein. Denn hier besitzen die Vollzeiterwerbstätigen keine Vorteile gegenüber den Teilzeiterwerbstätigen. Eine befristete Beschäftigung reduziert die Karrierechancen gegenüber einer unbefristeten Beschäftigung sehr stark. Lediglich beim Zugang zu Arbeitsplätzen, die besondere Kurse und Lehrgänge erfordern, ist kein Effekt der Befristung festzustellen. Segmentationstheoretisch ist dieser Befund nur schwer zu erklären. Denn wenn eine Befristung auf die Zugehörigkeit zur Randbelegschaft hinweist, sollten die Chancen für einen Übergang befristet Beschäftigter in das betriebsspezifische Arbeitsmarktsegment eigentlich schlechter sein als die Chancen von unbefristet Beschäftigten.

Darüber hinaus sind die Karrierechancen der Befragten von der Größe des Unternehmens abhängig, in dem sie zu Beginn der Untersuchungsperioden tätig waren. Die Effekte für den Zusammenhang zwischen Unternehmensgröße und Karrierechancen sind allerdings nicht leicht zu interpretieren. Sie sprechen nur bedingt für einen ordinalen Zusammenhang nach dem Muster: „Je größer das Unternehmen, desto besser sind die Aufstiegschancen“. Festzuhalten ist in erster Linie, dass die Aufstiegschancen in Unternehmen mit 20 und mehr Mitarbeitern wesentlich besser sind als in kleineren Unternehmen. Die Unterschiede in den Aufstiegschancen zwischen den drei größeren Unternehmensgrößenklassen fallen demgegenüber relativ gering aus. Ein (schwacher) monotoner Anstieg der Aufstiegschancen über die Unternehmensgrößenklassen ist lediglich für den Kontrast zwischen den Tätigkeiten ohne besondere Qualifikationsanforderungen und den Tätigkeiten, die eine längere Einarbeitung verlangen, festzustellen. Insgesamt sprechen die Ergebnisse dafür, dass ein Schwellenwert zwischen der kleinsten und der nächstgrößeren Unternehmensgrößenklasse – also bei ca. 20 Mitarbeitern – existiert, der Unternehmen mit schlechteren und mit besseren Aufstiegschancen voneinander trennt.

5.4.3 Kumulative Logitmodelle

In den folgenden Analysen werden die bisher gewonnenen Ergebnisse zum Verhältnis von beruflicher Weiterbildung und Karrieremobilität anhand von kumulativen Logitmodellen überprüft und im Hinblick auf potenzielle Veränderungen über die Untersuchungsperioden erweitert. Der Ansatz der kumulativen Logitmodelle lässt sich durch einen Vergleich mit den MKL-Modellen im vorherigen Abschnitt noch einmal verdeutlichen. Im Unterschied zu Letzteren gehen die kumulativen Logitmodelle davon aus, dass die abhängige Variable in Bezug auf sämtliche Prädiktoren als ordinalskaliert angesehen werden kann. Darüber hinaus nehmen sie die Effekte der Prädiktoren als konstant für sämtliche Chancenverhältnisse in der abhängigen Variablen an.[26] Zunächst einmal wird die Struktur des Zusammenhangs von beruflicher Weiterbildung und Karrieremobilität über alle drei Untersuchungsperioden zusammengenommen untersucht. Im Anschluss werden Trendanalysen für diesen Zusammenhang anhand von nach Untersuchungsperioden disaggregierten Daten vorgenommen.

Strukturanalysen

In Tabelle 5.7 auf Seite 229 sind die Ergebnisse zweier kumulierter Logitmodelle für den Zusammenhang zwischen beruflicher Weiterbildung und Karrieremobilität unter Kontrolle der bereits bekannten Kovariaten dargestellt. Das erste Modell verwendet nur die Haupteffekte der unabhängigen Variablen auf die erforderliche Ausbildung im Beruf am Ende der Untersuchungsperioden. Das zweite Modell

26 Ob diese »Proportional- Odds«-Eigenschaft zutrifft, lässt sich formell testen (vgl. Menard 2001: 99). Die Resultate der Tests werden hier nicht ausgewiesen, weil sie bei den gegebenen Fallzahlen praktisch immer signifikant sind, wenn man ein konventionelles Signifikanzniveau von $\alpha = 0,05$ oder $\alpha = 0,01$ zugrunde legt. Ein informeller Ansatz, die Angemessenheit der Proportional-Odds-Annahme zu prüfen, ist ein Vergleich der Modellanpassung zwischen einem kumulativen und dem entsprechenden multinomialen Logitmodell. Die Unterschiede sind einerseits auf die Rangordnung der abhängigen Variable und andererseits auf die Proportional-Odds-Annahme zurückzuführen. Die Differenzen in den R^2_{Mc}-Werten liegen bei den hier geschätzten Modellen zwischen fünf und sechs Prozentpunkten. Im Interesse einer sparsamen Modellformulierung gehe ich dennoch von der Angemessenheit des kumulativen Logitmodells aus.

berücksichtigt zusätzlich die Interaktionseffekte zwischen der Beteiligung an beruflicher Weiterbildung und der erforderlichen Ausbildung im Beruf zu Beginn der Untersuchungsperioden. Die gleichen Modelle wurden jeweils für die betriebliche Weiterbildung und die individuelle berufliche Weiterbildung geschätzt. Weil die Ergebnisse nur in wenigen Punkten von den Resultaten zur beruflichen Weiterbildung insgesamt abweichen, wurden die entsprechenden Tabellen in den Anhang verschoben (Tabellen A.14 auf Seite 277 und A.15 auf Seite 278). Auf etwaige Unterschiede in den Resultaten für die berufliche Weiterbildung insgesamt sowie für die betriebliche und die individuelle Weiterbildung wird im Verlauf der folgenden Diskussion hingewiesen.

Im Vergleich zu dem multivariaten MKL-Modell in Tabelle 5.6 zeigen sich in Tabelle 5.7 überwiegend Gemeinsamkeiten. Zentral sind dabei die starken und hochsignifikanten Effekte, die von den Bildungsabschlüssen und der erforderlichen Ausbildung im Beruf zu Beginn der Untersuchungsperioden ausgehen. Der positive Einfluss der beruflichen Weiterbildung auf die Karrieremobilität bestätigt sich ebenfalls. Die Karrierechancen von Weiterbildungsteilnehmern sind rd. 1,9-mal ($\approx e^{0,626}$) besser als die Karrierechancen von Nichtteilnehmern. Ebenso nachdrücklich bestätigt sich aber auch der negative Einfluss einer befristeten Beschäftigung zu Beginn der Untersuchungsperioden. Die Karrierechancen von befristet Beschäftigten sind nur halb so groß ($e^{-0,669} \approx 0,5$) wie die Karrierechancen von unbefristet Beschäftigten.

Eine weitere Gemeinsamkeit zwischen dem MKL-Modell und den kumulativen Logitmodellen zeigt sich in Bezug auf das Modell, das die Interaktionseffekte zwischen der erforderlichen Ausbildung im Beruf und der Beteiligung an beruflicher Weiterbildung berücksichtigt. In den kumulativen Logitmodellen lassen sich – ebenso wie im MKL-Modell und bei der Tabellenanalyse in Abschnitt 5.4.1 – signifikante Interaktionseffekte zwischen der Beteiligung an beruflicher Weiterbildung und der erforderlichen Ausbildung im Beruf zu Beginn der Untersuchungsperioden nachweisen. Der Zusammenhang zwischen beruflicher Weiterbildung und Karrieremobilität ist für verschiedene Ausgangsarbeitsplätze unterschiedlich. Auf Arbeitsplätzen ohne besondere Qualifikationsanforderungen sind die Karrierechancen von Weiterbildungsteilnehmern um ein Vielfaches ($e^{2,558} \approx$ 13-mal) besser als die Karrierechancen von Nichtteilnehmern. Dieser Unterschied reduziert sich jedoch auf Arbeitsplätzen mit höheren Qualifikationsanforderungen erheblich. Auf Arbeitsplätzen beispielsweise, die besondere Kurse oder Lehrgänge voraussetzen, betragen die Chancen von Teilnehmern im Vergleich zu Nichtteilnehmern an beruflicher Weiterbildung etwa das Doppelte ($e^{2,558-1,847} \approx 2$). Auf Arbeitsplätzen mit akademischen Qualifikationsanforderungen beträgt das Chancenverhältnis dagegen nur noch das 1,2fache ($e^{2,558-2,39} \approx 1,2$).

Tabelle 5.7: Berufliche Weiterbildung und Karrieremobilität (kumulative Logitmodelle der erforderlichen Ausbildung im Beruf am Ende der Untersuchungsperioden ohne und mit Interaktionseffekten, Koeffizienten und Anpassung)

	ohne Interaktionen[a]	mit Interaktionen[a]
Berufliche Weiterbildung[b]	0,626 **	2,558 **
Weiterbildung*erforderliche Ausbildung[b]		
Einarbeitung		-1,916 **
Kurse		-1,847 **
Ausbildung		-2,128 **
Hochschule		-2,390 **
Männer[b]	0,044	0,037
Alter (logarithmiert)	-0,205	-0,167
Bildung[b]		
1c Hauptschule/Lehre	0,596 **	0,560 **
2b Realschule	0,905 **	0,886 **
2a Realschule/Lehre	1,109 **	1,078 **
2c Abitur	1,581 **	1,540 **
3a Fachhochschule	2,649 **	2,570 **
3b Hochschule	3,282 **	3,178 **
Erforderliche Ausbildung[b]		
Einarbeitung	1,082 **	1,262 **
Kurse	2,132 **	2,306 **
Ausbildung	3,289 **	3,553 **
Hochschule	6,592 **	7,040 **
Selbstständige[b]	0,160	0,116
Vollzeit[b]	0,120	0,104
Befristung[b]	-0,669 **	-0,708 **
Unternehmensgröße[b]		
20 bis 199 Mitarbeiter	0,237 **	0,253 **
200 bis 1999 Mitarbeiter	0,145	0,171
2000 und mehr Mitarbeiter	0,190 *	0,196 *
$-2LL_0$	18678	18678
χ^2	7039	7110
df	19	23
R^2_{Mc}	0,377	0,381
Fallzahl	7212	7212

a Ausgewiesen sind die Effektkoeffizienten β. Signifikanzniveau: ** $\Rightarrow \alpha = 0,01$ und * $\Rightarrow \alpha = 0,05$. Auf die Darstellung der Schwellenwerte wurde aus Platzgründen verzichtet.

b Die Referenzkategorien lauten: keine berufliche Weiterbildung, Frauen, 1a/b Hauptschule oder weniger, keine besondere Ausbildung erforderlich, abhängig Beschäftigte, Teilzeit, unbefristet, unter 20 Mitarbeiter.

Quelle: SOEP, eigene Berechnungen.

Neben den zentralen Gemeinsamkeiten sind aber auch mehr oder weniger deutliche Unterschiede zwischen dem MKL-Modell und den kumulativen Logitmodellen auszumachen. Der erste Unterschied zeigt sich in der geschlechtsspezifischen Ungleichheit der Karrierechancen. Im MKL-Modell waren geschlechtsspezifische Unterschiede beim Zugang zu Arbeitsplätzen mit akademischen Qualifikationsanforderungen, und zu Arbeitsplätzen, die normalerweise eine Teilnahme an besonderen Kursen und Lehrgängen erfordern, zu beobachten. In den kumulativen Logitmodellen sind die geschlechtsspezifischen Effekte nicht signifikant. Offenbar sind die ordinalen Restriktionen des kumulativen Logitmodells den geschlechtsspezifischen Ungleichheiten in der Karrieremobilität nur bedingt angemessen. In Bezug auf den Zusammenhang zwischen Alter und Karrieremobilität zeigen sich ebenfalls Unterschiede. Während im MKL-Modell ein signifikant positiver Effekt des Alters beim Zugang zu Arbeitsplätzen nachzuweisen war, die normalerweise den Besuch besonderer Kurse voraussetzen, sind die Alterseffekte im kumulativen Logitmodell nicht signifikant. Dies trifft zumindest dann zu, wenn die berufliche Weiterbildung insgesamt kontrolliert wird. Die Dinge liegen jedoch anders, wenn stattdessen nur die betriebliche *oder* nur die individuelle Weiterbildung als Kovariaten verwendet werden (siehe Tabellen A.14 und A.15 im Anhang). Hier können jeweils signifikant negative Effekte des logarithmierten Alters festgestellt werden.

Von den negativen Auswirkungen einer befristeten Beschäftigung abgesehen, sind die Karriereeffekte, die von der Art der beruflichen Tätigkeit ausgehen, in den konditionalen Logitmodellen und dem MKL-Modell unterschiedlich. In den konditionalen Logitmodellen sind die Effekte von Selbstständigkeit vs. abhängiger Beschäftigung und von Vollzeit- vs. Teilzeiterwerbstätigkeit nicht signifikant. Im MKL-Modell waren sie dagegen für die meisten der betrachteten Kontraste signifikant positiv. Auch die Resultate zum Zusammenhang zwischen der Unternehmensgröße und der erforderlichen Ausbildung im Beruf scheinen im MKL-Modell und den kumulativen Logitmodellen leicht voneinander abzuweichen. In beiden Fällen lassen sich signifikante Unterschiede zwischen den Karrierechancen in kleinen (unter 20 Mitarbeiter) und in größeren Unternehmen feststellen. Das MKL-Modell deutet bezüglich der Karrierechancen auf einen Schwellenwert zwischen der kleinsten und der nächstgrößeren Unternehmensgrößenklasse hin. In den kumulativen Logitmodellen schwanken die Karrierechancen dagegen eher unsystematisch zwischen den Unternehmensgrößenklassen.

Trendanalysen

Im Mittelpunkt der folgenden Analysen steht nicht mehr die Struktur des Zusammenhangs zwischen beruflicher Weiterbildung und Karrieremobilität, sondern ihre Veränderung über die Untersuchungsperioden hinweg. In Tabelle 5.8 auf der nächsten Seite sind die Ergebnisse des Haupteffektmodells aus Tabelle 5.7 für die drei Untersuchungsperioden (1986/1989, 1990/1993 und 1997/2000) getrennt dargestellt.

Es zeigen sich eine ganze Reihe von Unterschieden in der Abhängigkeitsstruktur der erforderlichen Ausbildung im Beruf über die Untersuchungsperioden hinweg. Veränderungen im Vorzeichen der Koeffizienten und/oder im Signifikanzniveau der Effekte sind – mit Ausnahme der Bildungsabschlüsse und der erforderlichen Ausbildung im Beruf zu Beginn der Untersuchungsperioden – für die meisten Prädiktoren festzustellen. Dabei folgen die Veränderungen nur im Falle der befristeten Beschäftigung und der beruflichen Weiterbildung einem unmittelbar erkennbaren Trend. Die Karrierechancen von befristet Beschäftigten verschlechtern sich im Vergleich zu den unbefristet Beschäftigten zusehends. Der Effekt der beruflichen Weiterbildung wird über die Untersuchungsperioden hinweg geringer und verliert in der dritten Untersuchungsperiode seine Signifikanz. Die berufliche Weiterbildung leistet am Ende der 1990er Jahre zum beruflichen Aufstiegsgeschehen in Westdeutschland keinen erkennbaren eigenständigen Beitrag mehr.

Im Folgenden werden die Veränderungen in der Abhängigkeitsstruktur der erforderlichen Ausbildung im Beruf über die Untersuchungsperioden hinweg durch einen linearen Trendindikator angepasst. Der lineare Trendindikator bildet den Zeitraum in Jahren ab, der zwischen den einzelnen Schwerpunkterhebungen zur beruflichen Weiterbildung im SOEP liegt. Die 1989er Erhebungswelle erhält den Wert null, die 1993er Welle den Wert vier und die 2000er Welle den Wert elf. In Tabelle 5.9 auf Seite 233 sind die Ergebnisse zum Strukturwandel der Karrieremobilität anhand des linearen Trendmodells dargestellt. Der positive Haupteffekt des linearen Trendindikators zeigt an, dass die Qualifikationsanforderungen am Arbeitsplatz für westdeutsche Erwerbstätige im Verlauf der 1990er Jahre gestiegen sind. Die anderen Haupteffekte sind Schätzungen für die sozialen Ungleichheiten in der Karrieremobilität zwischen 1986 und 1989 unter der Bedingung, dass sich die Entwicklungen in der Struktur der Karrieremobilität für die folgenden Untersuchungsperioden durch den beschriebenen Trendindikator anpassen lassen. Im Großen und Ganzen sind sie den Resultaten in Tabelle 5.8, in der die Koeffizienten für die Untersuchungsperiode 1986/1989 direkt geschätzt wurden, recht ähnlich. Abweichungen ergeben sich lediglich für die Dummy-Variablen des männlichen Geschlechts und der Vollzeiterwerbstätigkeit.

Statistisch signifikante Veränderungen in der Struktur der Karrieremobilität zeigen sich zwischen den Geschlechtern, zwischen älteren und jüngeren sowie gering und hoch qualifizierten Erwerbstätigen. Sie lassen sich auch zwischen Arbeitsplätzen mit geringen und höheren Qualifikationsanforderungen, zwischen befristet und unbefristet Beschäftigten, zwischen Erwerbstätigen in kleinen und

Tabelle 5.8: Berufliche Weiterbildung und Karrieremobilität nach Untersuchungsperioden (kumulative Logitmodelle der erforderlichen Ausbildung im Beruf am Ende der Untersuchungsperioden, Effektkoeffizienten und Anpassungsmaße)

	Periode I[a] (1986/1989)	Periode II[a] (1990/1993)	Periode III[a] (1997/2000)
Berufliche Weiterbildung[b]	0,851 **	0,719 **	0,201
Männer[b]	0,011	0,490 **	-0,368 **
Alter (logarithmiert)	0,334	-0,706 **	-0,240
Bildung[b]			
1c Hauptschule/Lehre	0,690 **	0,672 **	0,491 **
2b Realschule	0,810 *	0,942 **	0,721 *
2a Realschule/Lehre	1,240 **	1,095 **	1,094 **
2c Abitur	1,421 **	2,211 **	1,280 **
3a Fachhochschule	2,569 **	2,617 **	3,219 **
3b Hochschule	3,985 **	3,822 **	2,744 **
Erforderliche Ausbildung[b]			
Einarbeitung	1,205 **	0,586 **	1,483 **
Kurse	2,025 **	1,497 **	3,025 **
Ausbildung	3,179 **	3,006 **	3,857 **
Hochschule	6,076 **	6,157 **	7,799 **
Selbstständige[b]	-0,235	0,454 *	0,293
Vollzeit[b]	0,393 *	-0,344 *	0,407 **
Befristung[b]	-0,035	-0,433 *	-1,860 **
Unternehmensgröße[b]			
20 bis 199 Mitarbeiter	-0,093	0,007	0,885 **
200 bis 1999 Mitarbeiter	-0,369 *	0,015	0,879 **
2000 und mehr Mitarbeiter	-0,333 *	0,079	0,853 **
$-2LL_0$	6489	6595	5485
χ^2 $(df = 19)$	2334	2480	2390
R^2_{ML}	0,360	0,376	0,436
Fallzahl	2459	2484	2269

a Ausgewiesen sind die Effektkoeffizienten β. Signifikanzniveau: ** $\Rightarrow \alpha = 0,01$ und * $\Rightarrow \alpha = 0,05$. Auf die Darstellung der Schwellenwerte wurde aus Platzgründen verzichtet.

b Die Referenzkategorien lauten: keine berufliche Weiterbildung, Frauen, 1a/b Hauptschule oder weniger, keine besondere Ausbildung erforderlich, abhängig Beschäftigte, Teilzeit, unbefristet, unter 20 Mitarbeiter.

Quelle: SOEP, eigene Berechnungen.

Tabelle 5.9: Strukturwandel der Karrieremobilität über die Untersuchungsperioden (kumulatives Logitmodell der erforderlichen Ausbildung im Beruf am Ende der Untersuchungsperioden, Haupt- und Trendeffekte, Effektkoeffizienten und Anpassungsmaße)

	Haupteffekte[a]	Trendeffekte[a,b]
Trend (linear)	0,131	–
Berufliche Weiterbildung[c]	0,900 **	-0,059 **
Männer[c]	0,261 **	-0,045 **
Alter (logarithmiert)	0,031	-0,055 *
Bildung[c]		
1c Hauptschule/Lehre	0,668 **	-0,008
2b Realschule	0,910 **	-0,010
2a Realschule/Lehre	1,149 **	-0,004
2c Abitur	1,862 **	-0,040
3a Fachhochschule	2,503 **	0,056
3b Hochschule	4,094 **	-0,121 **
Erforderliche Ausbildung[c]		
Einarbeitung	0,904 **	0,038
Kurse	1,583 **	0,120 **
Ausbildung	2,915 **	0,084 **
Hochschule	5,749 **	0,182 **
Selbstständige[c]	-0,040	0,045
Vollzeit[c]	0,048	0,016
Befristung[c]	0,074	-0,171 **
Unternehmensgröße[c]		
20 bis 199 Mitarbeiter	-0,201	0,092 **
200 bis 1999 Mitarbeiter	-0,385 **	0,112 **
2000 und mehr Mitarbeiter	-0,331 **	0,110 **
$-2LL_0$		18678
χ^2 $df = 39$		7203
R^2_{Mc}		0,386
Fallzahl		7212

a Ausgewiesen sind die Effektkoeffizienten β. Signifikanzniveau: ** $\Rightarrow \alpha = 0,01$ und * $\Rightarrow \alpha = 0,05$. Auf die Darstellung der Schwellenwerte wurde aus Platzgründen verzichtet.

b Bei den Trendeffekten handelt es sich um die Interaktionseffekte des linearen Trendindikators mit den übrigen Kovariaten.

c Die Referenzkategorien lauten: keine berufliche Weiterbildung, Frauen, 1a/b Hauptschule oder weniger, keine besondere Ausbildung erforderlich, abhängig Beschäftigte, Teilzeit, unbefristet, unter 20 Mitarbeiter.

Quelle: SOEP, eigene Berechnungen.

großen Unternehmen sowie zwischen Weiterbildungsteilnehmern und Nichtteilnehmern feststellen. Im Hinblick auf die Karrierechancen gehen die Vorteile der Weiterbildungsteilnehmer gegenüber den Nichtteilnehmern in den 1990er Jahren komplett verloren. Im Vergleich von Männern und Frauen hat sich die Ungleichheit der Karrierechancen im Verlauf der 1990er Jahre umgekehrt: Waren die Karrierechancen von Männern 1989 noch 1,3-mal besser als die von Frauen, so sind sie im Jahr 2000 nur noch 0,8-mal so gut. Der negative Trendeffekt beim logarithmierten Alter zeigt, dass die Karrierechancen von älteren Erwerbstätigen im Vergleich zu jüngeren im Verlauf der 1990er Jahre sinken. Beim Vergleich der Karrierechancen von Hochschulabsolventen und den Absolventen von niedrigeren Bildungsabschlüssen verringert sich der Vorsprung Ersterer, wird aber nicht ganz abgebaut. Der Reduktion von Bildungsungleichheiten in der Karrieremobilität steht ein Ausbau der Ungleichheiten zwischen Arbeitsplätzen mit unterschiedlichen Qualifikationsanforderungen gegenüber. Während die Bedeutung der formalen Bildungsabschlüsse für die Karriereprozesse etwas zurückgeht, gewinnt das Qualifikationsniveau der tatsächlich ausgeübten Tätigkeit an Bedeutung. Die Karrierechancen von befristet und unbefristet Beschäftigten, die 1989 noch ausgeglichen waren, gehen in den 1990er Jahren stark auseinander. Die Ungleichheit der Karrierechancen in kleinen und größeren Unternehmen kehrt sich im Verlauf der 1990er Jahre um, mit insgesamt steigender Tendenz.

5.5 Zusammenfassung und Ausblick

In diesem Kapitel wurde der Zusammenhang zwischen der Beteiligung an beruflicher Weiterbildung und der Karrieremobilität zwischen Arbeitsplätzen mit unterschiedlichen Qualifikationsanforderungen auf der Basis von verschiedenen statistischen Modellen untersucht. Die Resultate der unterschiedlichen Verfahren sind größtenteils miteinander zu vereinbaren.

Bei der Tabellenanalyse wurde zwischen absoluten und relativen Mobilitätsraten unterschieden. Das Muster der absoluten Mobilitätsraten wurde durch eine Reihe von prozentualen Kennziffern für die tatsächlich beobachtbaren Statusübergänge in Mobilitätstabellen abgebildet. Relative Mobilitätsraten wurden durch die Parameter von log-linearen und log-multiplikativen Modellen für Mobilitätstabellen operationalisiert. Im Unterschied zu den absoluten Mobilitätsraten werden dabei die unterschiedlichen Randverteilungen der erforderlichen Ausbildung im Beruf für Weiterbildungsteilnehmer und Nichtteilnehmer und über die Untersuchungsperioden hinweg kontrolliert. Sowohl für absolute als auch für relative Mobilitätsraten zeigten sich Interaktionseffekte zwischen der Beteiligung an beruflicher Weiterbildung und der Karrieremobilität. Sie lassen sich in zweierlei Hinsicht interpretieren. Sie können einerseits im Sinne von Unterschieden in der Karrieremobilität zwischen Teilnehmern und Nichtteilnehmern an beruflicher Weiterbildung aufgefasst werden. Andererseits deuten sie darauf hin, dass die Bedeutung der beruflichen Weiterbildung für den Zugang zu den Zielkategorien der erforderlichen Ausbildung im Beruf zwischen den verschiedenen Herkunftskategorien variiert.

Gemessen an den absoluten Mobilitätsraten fällt das Verhältnis von beruflichen Aufstiegen und Abstiegen für Weiterbildungsteilnehmer günstiger aus als für Nichtteilnehmer. Allerdings scheint deren Vorsprung im Verlauf der 1990er Jahre leicht zu schrumpfen. Berufliche Weiterbildung spielt zwar eine gewisse Rolle als Katalysator des sozialen Aufstiegs. Sie kann den beruflichen Abstieg aber nur bedingt verhindern. Gemessen an den relativen Mobilitätsraten steigert die Teilnahme an beruflicher Weiterbildung die Chancen, unqualifizierte Arbeitsplätze zu vermeiden und stattdessen höher qualifizierte Berufspositionen zu erreichen. Darüber hinaus trägt die berufliche Weiterbildung dazu bei, die sozialen Ungleichheiten in der Karrieremobilität zu reduzieren. Bei den Weiterbildungsteilnehmern sind die relativen Chancenunterschiede des Zugangs zu höheren Zielkategorien für die Angehörigen verschiedener Herkunftskategorien geringer als bei den Nichtteilnehmern. Oder anders herum formuliert: Auf geringer qualifizierten Arbeitsplätzen trägt die Teilnahme an beruflicher Weiterbildung mehr zur Verbesserung der relativen Karrierechancen bei als auf höher qualifizierten Arbeitsplätzen. Dabei lassen sich keine Unterschiede zwischen den einzelnen Untersuchungsperioden ausmachen.

Weil – besonders kontinuierliche – Kovariaten bei der Tabellenanalyse nur schwer zu berücksichtigen sind, wurden ergänzende Analysen mit logistischen Regressionsmodellen für kategoriale Variablen durchgeführt. Sie sollen so weit als möglich absichern, dass die in der Tabellenanalyse gefundenen Zusammenhänge zwischen beruflicher Weiterbildung und Karrieremobilität nicht nur auf sozio-ökonomische und -demographische Hintergrundmerkmale der Befragten zurückzuführen sind. Dabei wird zwischen multinomial-konditionalen und kumulativen Logitmodellen unterschieden. Die Koeffizienten von beiden Modellvarianten sind im Sinne von relativen Mobilitätsraten zu interpretieren. Doch nur die multinomial-konditionalen Logitmodelle (MKL-Modelle) bieten die Möglichkeit, die aus der log-multiplikativen Tabellenanalyse bekannten Effekte einzubinden und unter Kontrolle von Kovariaten zu schätzen.

Bei der Schätzung von verschiedenen MKL-Modellen hat sich zunächst gezeigt, dass die relativen Mobilitätsraten aus der Tabellenanalyse (Assoziationskoeffizienten und Persistenzeffekte) unter Kontrolle einzelner Kovariaten größtenteils stabil bleiben. Nennenswerte Veränderungen sind lediglich bei der Kontrolle von allgemeinen und beruflichen Bildungsabschlüssen der Befragten festzustellen. Dabei wird die Statuspersistenz auf Arbeitsplätzen mit akademischen Qualifikationsanforderungen stark reduziert. Eine Verringerung der sozialen Ungleichheit in der Karrieremobilität ist unter Kontrolle der formalen Bildungsabschlüsse ebenfalls festzustellen. Sie fällt jedoch im Vergleich zur Statuspersistenz auf Akademikerarbeitsplätzen schwächer aus. Anschließend wurden die Effekte der bisher untersuchten Kovariaten in einem multivariaten Modell simultan kontrolliert. Hier bestätigt sich erneut, dass die Beteiligung an beruflicher Weiterbildung einen eigenständigen, positiven Effekt auf die Karrierechancen der Befragten ausübt. Darüber hinaus wird der negative Interaktionseffekt zwischen der beruflichen Weiterbildung und der Karrieremobilität bestätigt (siehe oben). Im Unterschied zur Tabellenanalyse kann aber nun ausgeschlossen werden, dass der Zusammenhang zwischen der beruflichen Weiterbildung und der Karrieremobilität auf die im MKL-Modell kontrollierten Kovariaten zurückzuführen ist.

Mit den kumulativen Logitmodellen zum Verhältnis von Weiterbildung und Karrieremobilität wurden sowohl Struktur- als auch Trendanalysen durchgeführt. Bei den Strukturanalysen wurden die Daten für alle drei Untersuchungsperioden zusammengefasst. Auch hier bestätigt sich der Effekt der beruflichen Weiterbildung auf die berufliche Platzierung am Ende der Untersuchungsperioden. Zusätzlich ist auch wieder ein Interaktionseffekt zwischen der Teilnahme an beruflicher Weiterbildung und der erforderlichen Ausbildung im Beruf zu Beginn der Untersuchungsperioden festzustellen. Die Effekte der beruflichen Weiterbildung sind für die niedrigste Ausgangsposition am größten und für die höchste Ausgangsposition am niedrigsten. Auch dieses Ergebnis deckt sich mit den Resultaten aus der Tabellenanalyse und dem MKL-Modell. Im Vergleich zum MKL-Modell lassen sich in den kumulativen Logitmodellen jedoch eine Reihe von Abweichungen feststellen, welche die Effekte der zusätzlich berücksichtigten Kovariaten betreffen. Hier stellt sich die Frage, ob die vergleichsweise sparsamere Spezifikation der Effekte im kumulativen Logitmodell dem Zusammenhang zwischen einzelnen Kovariaten und der beruflichen Platzierung am Ende der Untersuchungsperioden immer angemessen ist.

Der Strukturwandel der Karrieremobilität wurde als linearer Trend in den Koeffizienten des kumulativen Logitmodells untersucht. Dabei ergeben sich einige interessante Resultate, die sich unter anderem auf Veränderungen im Zusammenhang zwischen beruflicher Weiterbildung und Karrieremobilität beziehen und dabei über die Ergebnisse der Tabellenanalyse hinausgehen. Im Unterschied zur Tabellenanalyse wurde hier nämlich der Haupteffekt der beruflichen Weiterbildung über die Untersuchungsperioden variiert und nicht der Interaktionseffekt. Es fällt nicht leicht, die Ergebnisse zum Strukturwandel der Karrieremobilität zusammenzufassen und im Hinblick auf insgesamt steigende oder sinkende Ungleichheiten zu bewerten. Zu unterschiedlich sind die Prozesse, die bei den verschiedenen

Prädiktoren der Karrieremobilität zu beobachten sind. Es lassen sich jedoch eine Reihe von prägnanten Ergebnissen zum Strukturwandel der Karrieremobilität herausgreifen und wie folgt interpretieren.

Vor dem Hintergrund der aktuellen und – soweit sie bereits absehbar sind (vgl. Hradil 2001a) – auch der zukünftigen sozialstrukturellen Entwicklungsprozesse sind einige Trends des Strukturwandels in der Karrieremobilität bemerkenswert, weil sie zu Anpassungsproblemen auf dem Arbeitsmarkt führen können. Die sinkenden Karrierechancen von älteren Erwerbstätigen scheinen angesichts der bevorstehenden Alterung des Erwerbspersonenpotenzials problematisch. Damit gehen Anreize für ältere Erwerbstätige verloren, länger im Erwerbssystem zu verbleiben und sich entsprechend ihrer potenziellen Produktivität zu engagieren. Mindestens ebenso problematisch erscheint der Einbruch in den Karrierechancen der befristet Beschäftigten. Die Flexibilisierung des Arbeitsmarkts mag positive Effekte auf die Anzahl der Beschäftigten ausüben (vgl. Bothfeld und Kaiser 2003; Walwei 1997). Der Preis dafür scheint in einer zunehmenden Segmentierung des Arbeitsmarkts und einer wachsenden Polarisierung der Karrierechancen von Stamm- und Randbelegschaften zu bestehen (vgl. Giesecke und Groß 2002; Groß 1999). Als prekär ist auch der Verlust zusätzlicher Karrierechancen anzusehen, die noch zu Beginn der 1990er Jahre mit der Teilnahme an beruflicher Weiterbildung verbunden waren. Obwohl sich die Fachwelt darüber einig ist, dass der beruflichen Weiterbildung zukünftig eine immer gewichtigere Rolle bei der Erzeugung des gesellschaftlich notwendigen Humankapitalbestands zukommen wird (vgl. Hradil 2001a: 398; Schwab 1999: 287), scheint als Motivationsgrund zur Teilnahme an beruflicher Weiterbildung nur noch die Vermeidung der Arbeitslosigkeit bestehen zu bleiben und nicht mehr die Erwartung des beruflichen Aufstiegs (vgl. Löw 2003: 118). Möglicherweise steht der Rückgang bei der Beteiligung an beruflicher Weiterbildung, der im Berichtssystem Weiterbildung im Jahr 2000 erstmals seit 1979 zu verzeichnen war (vgl. Kuwan et al. 2003), in Zusammenhang mit diesem „Funktionsverlust" der beruflichen Weiterbildung. Dafür spricht, dass es neben den soziodemographischen Merkmalen vor allem die individuellen Nutzenerwartungen sind, die über die Teilnahme oder Nichtteilnahme an beruflicher Weiterbildung entscheiden (vgl. Heidemann 2001: 16-7). Demzufolge solle sich die Diskussion um eine Verbesserung der Weiterbildungsbeteiligung „auf die Verwertungschancen von Weiterbildung und die Bereitstellung von geeigneten Gelegenheitsstrukturen" (Heidemann 2001: 17) konzentrieren.

Die Frage nach dem Nutzen der beruflichen Weiterbildung aus der Perspektive der soziologischen Mobilitätsforschung, die in der Einleitung des Kapitels aufgeworfen wurde, ist nach den hier vorgelegten Ergebnissen nicht durchgängig positiv zu beantworten. Zunächst einmal erlaubt die zugrunde liegende Datenkonstellation keine kausale Interpretation des Zusammenhangs zwischen der Beteiligung an beruflicher Weiterbildung und der Karrieremobilität. Darüber hinaus weisen einzelne Ergebnisse in durchaus unterschiedliche Richtungen. Über den gesamten Untersuchungszeitraum von 1986 bis 2000 hinweg gesehen, sind im Durchschnitt positive Karriereeffekte der Beteiligung an beruflicher Weiterbildung zu beobachten. Sie sind für Arbeitskräfte auf gering qualifizierten Ausgangsarbeitsplätzen größer als für Arbeitskräfte auf hoch qualifizierten Ausgangsarbeitsplätzen. In der Gruppe der Weiterbildungsteilnehmer trägt berufliche Weiterbildung demnach zur Verringerung sozialer Ungleichheit bei. In der Abfolge der einzelnen Untersuchungsperioden verringert sich der Effekt der beruflichen Weiterbildung auf die Karrieremobilität jedoch sukzessive. In der letzten Untersuchungsperiode ist der Effekt der beruflichen Weiterbildung schließlich nicht mehr feststellbar. Künftige Untersuchungen müssen der Frage nachgehen, ob sich dieser Prozess wieder umkehrt oder ob es sich um eine zwangsläufige Begleiterscheinung der Modernisierung von Wirtschafts- und Arbeitsmarktstruktur handeln könnte. Die Ergebnisse sind einerseits an anderen Datenquellen zu überprüfen und andererseits mit neuen Erhebungsschwerpunkten zur beruflichen Weiterbildung im SOEP fortzuschreiben. Anstelle von kumulativen Logitmodellen sind dabei verstärkt die multinomial-konditionalen Logitmodelle einzusetzen, die in der Mobilitätsforschung bisher vergleichsweise selten verwendet werden. Gegenüber den kumulativen Logitmodellen haben sie den Vorteil, dass ordinale Restriktionen der abhängigen Variablen nicht für alle Prädiktoren gleichermaßen berücksichtigt werden müssen.

6 Schluss

In der vorliegenden Arbeit wurden verschiedene Aspekte des Strukturwandels im Verhältnis zwischen Bildung und Beschäftigung in der Erwerbsgesellschaft untersucht. Aus der Perspektive der soziologischen Ungleichheitsforschung ging es dabei vor allem um die Verbindungslinien zwischen Bildung, Statuszuweisung, Weiterbildung und Karrieremobilität. Der Hauptteil der Arbeit ist – an der inhärenten Logik moderner Berufsverläufe orientiert (vgl. Blossfeld 1990; Mayer 1991a; Mayer und Blossfeld 1990) – in vier empirische Kapitel zur Entwicklung von sozialen Ungleichheiten im Erwerbssystem gegliedert. Anhand von Daten des sozio-ökonomischen Panels (vgl. SOEP Group 2001) wurden die Bildungs- und Karriereprozesse von westdeutschen Erwerbstätigen zwischen 1984 und 2000 hinsichtlich ihrer Voraussetzungen und Auswirkungen analysiert. Im Einzelnen ging es um die Entwicklung beruflicher Bildungsrenditen, um Veränderungen im Muster der Karrieremobilität, um den Wandel sozialer Ungleichheiten beim Zugang zur beruflichen Weiterbildung und um Verschiebungen im Verhältnis von beruflicher Weiterbildung und Karrieremobilität. Im Folgenden werden zunächst die empirischen Ergebnisse zusammengefasst, im Anschluss werden ihre Konsequenzen für künftige Forschungsarbeiten hergeleitet und abschließend wird ihre Bedeutung für die Entwicklung der sozialen Ungleichheit in Westdeutschland seit Mitte der 1980er Jahre rückblickend bewertet.

6.1 Zusammenfassung der empirischen Ergebnisse

Die Entwicklung der beruflichen Bildungsrenditen

Anhand von beruflichen Bildungsrenditen wurde untersucht, ob und in welcher Hinsicht die Bildungsexpansion im Untersuchungszeitraum zu einer Entwertung von Bildungsabschlüssen auf dem Arbeitsmarkt geführt hat. In diesem Zusammenhang liefert die »Verdrängungsthese« einen plausiblen Erklärungsansatz. Sie postuliert zunächst, dass es in den letzten Jahrzehnten zu einer Bildungsinflation gekommen sei, weil die Nachfrage nach höheren Bildungsabschlüssen auf dem Arbeitsmarkt nicht mit dem steigenden Angebot Schritt halten konnte. Darüber hinaus wird vermutet, dass sich die Entwertung von Bildungsabschlüssen aufgrund von Verdrängungsprozessen in der Hierarchie der Bildungsabschlüsse von oben nach unten fortsetzt. Nach dieser Vorstellung verdrängen die Besitzer der höheren Bildungsabschlüsse die Inhaber der nächstniedrigeren Bildungsabschlüsse von ihren angestammten Arbeitsplätzen, wenn sie selbst keine Beschäftigung mehr finden, die ihrem formalen Qualifikationsniveau entspricht.

Die lineare Regressionsanalyse, das Standardverfahren zur Bestimmung von monetären Bildungsrenditen, eignet sich nur bedingt zur Untersuchung von solchen Struktur- und Verdrängungseffekten. Deshalb wurde in der vorliegenden Arbeit auf berufliche Bildungsrenditen zurückgegriffen, die Auskunft über die Erträge verschiedener Bildungsabschlüsse im Hinblick auf die Zugangschancen bzw. -risiken zu vorteilhaften oder nachteiligen Berufspositionen geben. Dabei wurde in Analogie zu den absoluten und relativen Mobilitätsraten der Mobilitätsforschung zwischen absoluten und relativen beruflichen Bildungsrenditen unterschieden, die sich beide auf der Basis von Kreuztabellen zwischen Bildungsabschlüssen und Berufspositionen bestimmen lassen. Absolute berufliche Bildungsrenditen eignen sich zur Messung von Verdrängungsprozessen im oben beschriebenen Sinn, weil sie durch die Struktureffekte der Randverteilungen beeinflusst werden. Bei der Bestimmung von relativen beruflichen Bildungsrenditen werden die Randverteilungseffekte dagegen auf statistischem Wege kontrolliert bzw. herausgerechnet. Die hier vorgelegten Analysen haben gezeigt, dass es bei der Untersuchung von beruflichen Bildungsrenditen sinnvoll ist, beide Formen zu berücksichtigen. Denn erst ein Vergleich der Entwicklung von absoluten und relativen beruflichen Bildungsrenditen erlaubt es, die Mechanismen des Strukturwandels im Bildungs- und Beschäftigungssystem richtig einzuschätzen.

Auf der Basis der CASMIN-Bildungsklassifikation und der Skala der erforderlichen Ausbildung im Beruf wurden zunächst die Effekte der Bildungsexpansion und der Aufwertung der Berufsstruktur zwischen 1984 und 2000 nachgezeichnet. Die Resultate decken sich mit den Ergebnissen anderer Studien (vgl. Müller 2001; Reinberg und Hummel 2001). Von der Angebotsseite des Arbeitsmarkts her betrachtet haben die Anteile von Erwerbstätigen zugenommen, die über tertiäre Bildungsabschlüsse oder über die Hochschul- bzw. die Fachhochschulreife verfügen. Dagegen schrumpfen die Anteile von Erwerbstätigen, die im Bereich der allgemeinen Schulbildung lediglich einen Hauptschulabschluss erworben bzw. die Schule ohne Abschluss verlassen haben, und zwar unabhängig davon, ob sie anschließend eine Berufsausbildung (berufliche Lehre oder schulische Ausbildung) abgeschlossen haben oder nicht. Parallel dazu haben von der Nachfrageseite des Arbeitsmarkts her gesehen die Anteile von Erwerbstätigen zugenommen, deren Arbeitsplätze normalerweise einen tertiären Ausbildungsabschluss erforderlich machen. Außerdem ist der Anteil der Frauen gestiegen, deren berufliche Tätigkeit eine abgeschlossene Berufsausbildung verlangt. Am anderen

Ende der Qualifikationsstruktur sind dagegen für die Erwerbstätigen beiderlei Geschlechts die Anteile der gering qualifizierten Arbeitsplätze zurückgegangen. Bei einer kursorischen Gegenüberstellung der formalen Ausbildung von Erwerbstätigen und den Qualifikationsanforderungen ihrer Arbeitsplätze finden sich demnach wenig Anhaltspunkte, dass sich die qualifikatorische Passung zwischen Erwerbstätigen und Arbeitsplätzen zwischen 1984 und 2000 verschlechtert hat. Dagegen sind die geschlechtsspezifischen Unterschiede sowohl in der formalen Qualifikationsstruktur der Erwerbstätigen als auch in der Anforderungsstruktur ihrer Arbeitsplätze deutlich zurückgegangen.

Bei den absoluten beruflichen Bildungsrenditen ist eher eine Aufwertung von höheren Bildungsabschlüssen festzustellen als eine Entwertung. So nehmen die Chancen von weiblichen Hochschul- und Fachhochschulabsolventen zu, eine adäquate Berufsposition zu erreichen. Gleiches gilt für die männlichen Fachhochschulabsolventen. Lediglich die Chancen von männlichen Hochschulabsolventen, einen Arbeitsplatz mit akademischen Qualifikationsanforderungen zu besetzen, nehmen im Untersuchungszeitraum von einem ausgesprochen hohen Niveau ausgehend ab. Trotzdem finden sich keinerlei Anzeichen dafür, dass Arbeitskräfte mit akademischen Bildungsabschlüssen in zunehmendem Umfang auf Arbeitsplätzen eingesetzt werden, die im Regelfall nur eine abgeschlossene Berufsausbildung voraussetzen. Insgesamt gesehen hat die Aufwertung der Berufsstruktur demnach die zunehmende Verfügbarkeit von Arbeitskräften mit Hochschul- oder Fachhochschulabschluss kompensiert. Darüber hinaus haben sich die Zugangschancen zu Arbeitsplätzen mit akademischen Qualifikationsanforderungen auch für Arbeitskräfte verbessert, die zwar über die Hochschul- bzw. die Fachhochschulreife verfügen, nicht aber über ein abgeschlossenes Studium. Beim Zugang zu den darunter liegenden Arbeitsplätzen, die normalerweise eine abgeschlossene Berufsausbildung erfordern, sind die Chancen der Abiturienten und Abiturientinnen gleich geblieben. Die Zugangschancen von Frauen mit einer mittleren Reife und einer abgeschlossenen Ausbildung haben sich hier verbessert. Gleiches gilt für Männer mit Hauptschulabschluss und abgeschlossener Berufsausbildung. An dieser Stelle ist daran zu erinnern, dass sich die hier vorgestellten Ergebnisse auf Erwerbstätige beziehen und dass im Untersuchungszeitraum die Anteile gering qualifizierter Erwerbsarbeit zurückgegangen sind. Vor diesem Hintergrund ist das Ergebnis zu interpretieren, dass sich auch für weibliche und männliche *Erwerbstätige* ohne abgeschlossene Berufsausbildung die Zugangschancen zu qualifizierter Erwerbsarbeit verbessert haben. Gleichzeitig sind die gering qualifizierten Arbeitskräfte jedoch weit überproportional von Arbeitslosigkeit betroffen (vgl. Hradil 2001b: 198-9). Die hier vorgelegten Analysen zur Aufwertung der Berufsstruktur und zur Entwicklung der absoluten beruflichen Bildungsrenditen zeigen, dass die hohe Arbeitslosigkeit von Geringqualifizierten nicht auf Verdrängungsprozesse durch besser ausgebildete Arbeitskräfte zurückzuführen ist, sondern auf eine absolute Verknappung gering qualifizierter Arbeitsplätze.

Die Entwicklung der relativen beruflichen Bildungsrenditen wurde durch log-multiplikative RC-Modelle bestimmt (vgl. Clogg und Shihadeh 1994; Goodman 1979; Luijkx 1994; Wong 1995a). Im Gegensatz zu den absoluten beruflichen Bildungsrenditen ist bei den relativen beruflichen Bildungsrenditen eine Verringerung im Untersuchungszeitraum festzustellen. Das Niveau der relativen beruflichen Bildungsrenditen sinkt zwischen 1984 und 2000 um ein Viertel. Der Rückgang ist in den 1980er Jahren stärker ausgeprägt, flacht in den 1990er Jahren ab und kommt gegen Ende der 1990er Jahre scheinbar zum Stillstand. Er betrifft die relativen beruflichen Bildungsrenditen von Männern und Frauen gleichermaßen. Die relativen beruflichen Bildungsrenditen von Frauen liegen jedoch im gesamten Untersuchungszeitraum um ein Fünftel über denen der Männer. Jeweils im Vergleich zu ihren geringer qualifizierten Geschlechtsgenossinnen bzw. -genossen ziehen Frauen demnach aus zusätzlichen Bildungsinvestitionen einen größeren Nutzen als Männer.

Die Untersuchung von absoluten und relativen beruflichen Bildungsrenditen offenbart gegenläufige Entwicklungsprozesse. Was die Entwicklung der absoluten Bildungsrenditen angeht, sind zwischen 1984 und 2000 keine Anzeichen für eine Bildungsinflation festzustellen, die durch ein Überangebot von höheren Bildungsabschlüssen ausgelöst und durch Verdrängungsprozesse in die unteren Ränge der Qualifikationsstruktur vermittelt wird. Dagegen verringern sich im gleichen Zeitraum die relativen Bildungsrenditen. Zwischen 1984 und 2000 ist in Westdeutschland zwar keine manifeste, aber eine latente Bildungsinflation festzustellen. Die Aufwertung der Berufsstruktur war demnach stark genug, nicht nur die Expansion höherer Bildungsabschlüsse zu kompensieren, sondern auch eine Reduktion des Zusammenhangs zwischen Bildungsabschlüssen und Berufspositionen zu verhindern. Dieses Ergebnis erscheint plausibel, wenn man bedenkt, dass die Ausweitung akademischer Bildungsabschlüsse in Deutschland im Vergleich zu anderen Ländern langsamer erfolgt ist (vgl. Müller et al. 2002: 47).

Individualisierung der Karrieremobilität?

In einem zweiten Schritt wurde untersucht, ob sich in Westdeutschland zwischen 1986 und 2000 fortschreitende Individualisierungsprozesse im Hinblick auf die Karrieremobilität von Erwerbstätigen bzw. Erwerbspersonen feststellen lassen. Wenn die Strukturierung des modernen Lebensverlaufs durch die industriegesellschaftlich geprägten Muster sozialer Ungleichheit – so wie es die Individualisierungsthese unterstellt – in den vergangenen Jahrzehnten nachgelassen hat, dann wäre erstens eine Zunahme vertikaler Karrieremobilität und zweitens eine Angleichung von Mobilitätschancen zu erwarten. Um diese Hypothesen empirisch zu prüfen, wurden absolute und relative Mobilitätsraten anhand von gestaffelten Mobilitätstabellen für den Zeitraum zwischen 1986 und 2000 untersucht. Zur Bildung der Mobilitätstabellen wurde die Skala der erforderlichen Ausbildung im Beruf herangezogen. Eine erste Serie von Mobilitätstabellen berücksichtigt ausschließlich erwerbstätige Untersuchungspersonen, während eine zweite Serie sowohl erwerbstätige als auch arbeitslose Untersuchungspersonen einbezieht. Zusätzlich zu den Kategorien der erforderlichen Ausbildung im Beruf wird hier eine Kategorie für die arbeitslosen Untersuchungspersonen gebildet. Damit sollen mögliche Auswirkungen der im Untersuchungszeitraum schwankenden Arbeitslosigkeit auf die Prozesse der Karrieremobilität erfasst werden. Absolute Mobilitätsraten werden als zusammenfassende Kennzahlen in Prozent gemessen und relative Mobilitätsraten werden durch eine Kombination aus dem log-linearen Modell der »quasi-perfekten Mobilität« (QPM) und dem log-multiplikativen »RC-Modell« bestimmt (Goodman 1979; Hout 1983; Powers und Xie 2000). Nach der »Mover-Stayer-Interpretation« können die Parameter des RC-Modells für quasisymmetrische Mobilitätsmodelle (vgl. Becker 1990) als Kennzahlen der Statusassoziation und -distanz für die Mover in den Mobilitätstabellen angesehen werden. Die Persistenzparameter des QPM-Modells werden dagegen als Schätzungen für die Anteile der Stayer an den immobilen Untersuchungspersonen interpretiert.

In den empirischen Analysen finden sich kaum Anhaltspunkte für eine fortschreitende Individualisierung der Karrieremobilität im Untersuchungszeitraum. Die Mobilitätsmuster der Erwerbstätigen bleiben zwischen 1986 und 2000 weitgehend stabil. Sie unterliegen allenfalls geringen, trendlosen Schwankungen. In Bezug auf die absoluten Mobilitätsraten ist beim Übergang von den 1980er zu den 1990er Jahren eher ein leichter Rückgang als eine Zunahme festzustellen. Im Sinne der Mover-Stayer-Interpretation zeigen die relativen Mobilitätsraten für die Mover an, dass die Ungleichheiten der Karrieremobilität im Untersuchungszeitraum konstant bleiben. Die Schwankungen in der Statusassoziation und den Statusdistanzen sind so gering, dass sie bei der Modellschätzung nicht weiter berücksichtigt werden müssen. In Bezug auf die Statuspersistenz bzw. die Anteile der Stayer an den immobilen Untersuchungspersonen sind dagegen signifikante Veränderungen festzustellen. Die Persistenzparameter zeigen, dass es sich dabei vor allem um trendlose Schwankungen handelt. Ein statistisch signifikanter Trend zur Verringerung der Statuspersistenz ist lediglich für Tätigkeiten mit akademischen Qualifikationsanforderungen zu beobachten. Inhaltlich fällt dieser Trend aber nicht ins Gewicht, weil die geschätzten Wahrscheinlichkeiten der Statuspersistenz im Untersuchungszeitraum nur um einen Prozentpunkt zurückgehen.

Kritiker der konventionellen Mobilitätsforschung vermuten, dass die Tabellenanalysen der beruflichen Statusmobilität das Ausmaß sozialstruktureller Stabilität in Zeiten hoher Arbeitslosigkeit überschätzen, weil arbeitslose Untersuchungspersonen mit ihren vergleichsweise instabilen Berufsverläufen bei der Konstruktion von Mobilitätstabellen systematisch vernachlässigt werden (vgl. Miller 1998). Um die empirische Relevanz dieses – methodisch durchaus berechtigten – Einwands abzuschätzen, wurden zwei verschiedene Strategien verfolgt. Zum Ersten wurden die Korrelationen zwischen Mobilitätsraten und Arbeitslosenquoten über die Untersuchungsperioden hinweg geprüft. Die Arbeitslosenquoten wurden dabei auf unterschiedliche Weise bestimmt: zu Beginn der Untersuchungsperioden, zum Ende der Untersuchungsperioden, im Durchschnitt der Jahre in den Untersuchungsperioden und als Differenz zwischen Ende und Beginn der Untersuchungsperioden (Trendindikator). Zum Zweiten wurde auf der Grundlage von erwerbstätigen *und* arbeitslosen Untersuchungspersonen eine zweite Serie von Mobilitätstabellen erstellt, mit denen die Analysen zur Entwicklung der Mobilitätsraten zwischen 1986 und 2000 wiederholt wurden. Zusätzlich zu den Kategorien der erforderlichen Ausbildung im Beruf wird in diesen Mobilitätstabellen eine Kategorie für die arbeitslosen Untersuchungspersonen berücksichtigt. Auf diese Weise werden die Austauschbeziehungen zwischen der Arbeitslosigkeit und den verschiedenen Kategorien der erforderlichen Ausbildung im Beruf bei der Bestimmung der Mobilitätsraten in Rechnung gestellt.

Die Korrelationen zwischen den Arbeitslosenquoten und den Mobilitätsraten zeigen, dass in der Bundesrepublik eine Beziehung zwischen der Karrieremobilität von Erwerbstätigen und der Höhe der Arbeitslosigkeit auf der Aggregatebene besteht. Sowohl die absoluten als auch die relativen Stabilitätsraten (Persistenzparameter) korrelieren positiv mit den Arbeitslosenquoten am Ende der Untersuchungsperioden. Bei den relativen Stabilitätsraten gilt dies allerdings nicht für die Arbeitsplätze mit akademischen Qualifikationsanforderungen, sondern nur für die Tätigkeiten auf niedrigerem Qualifikationsniveau. Zwischen den Stabilitätsraten und den Arbeitslosenquoten zu Beginn der Untersuchungsperioden sind dagegen keine Zusammenhänge erkennbar. Die Mobilitätsraten im engeren Sinne (Auf- und Abstiegsraten sowie Statusassoziation) korrelieren weder mit den Arbeitslosenquoten zu Beginn noch zum Ende der Untersuchungsperioden. Wie erwartet betrifft der Zusammenhang zwischen der Arbeitslosigkeit und der Karrieremobilität eher das Niveau als das Muster der Karrieremobilität. Die Ergebnisse sprechen allerdings weniger für ein Artefakt aufgrund der Vernachlässigung von Personen mit instabilem Erwerbsverlauf. Denn dazu müssten sich die Arbeitslosenquoten zum Beginn der Untersuchungsperioden ebenso selektiv auswirken wie die Arbeitslosenquoten am Ende. Es ist eher davon auszugehen, dass die Ergebnisse von Verhaltensänderungen der Arbeitsmarktteilnehmer (Risikoaversion) angesichts drohender Verschlechterungen auf dem Arbeitsmarkt hervorgerufen werden (vgl. Sackmann et al. 2001: 96).

Ein Vergleich der Mobilitätsraten von Erwerbspersonen und Erwerbstätigen offenbart Niveauunterschiede sowohl bei den absoluten Stabilitätsraten als auch bei den relativen Mobilitätsraten. Die absoluten Stabilitätsraten der Erwerbspersonen liegen im Untersuchungszeitraum durchgängig um einige Prozentpunkte unterhalb von denen der Erwerbstätigen. Beim Übergang von den 1980er zu den 1990er Jahren steigen die Stabilitätsraten der Erwerbspersonen – ähnlich wie die der Erwerbstätigen – an. Die Koeffizienten der Statusassoziation liegen für die Erwerbspersonen ebenfalls durchgängig niedriger als für die Erwerbstätigen. Das bedeutet, die Ungleichheiten der Karrieremobilität fallen unter Berücksichtigung einer zusätzlichen Kategorie für die arbeitslosen Untersuchungspersonen geringer aus, weil es sich um eine Kategorie mit vergleichsweise heterogener Zusammensetzung handelt. Dafür spricht auch die Rangfolge der Statuskategorien, die sich unter Hinzunahme der Arbeitslosen ergibt. Die Arbeitslosen nehmen einen mittleren Rang unter den Kategorien der erforderlichen Ausbildung im Beruf ein. Ihre relativen Mobilitätschancen sind im Durchschnitt sogar besser als die Mobilitätschancen von Erwerbstätigen, die berufliche Tätigkeiten mit geringen Qualifikationsanforderungen ausüben. Die relativen Mobilitätsraten der Erwerbspersonen geben im Ganzen gesehen noch weniger Anhaltspunkte für eine fortschreitende Individualisierung der Karrieremobilität als die relativen Mobilitätsraten von Erwerbstätigen.

Ungleichheiten im Zugang zur beruflichen Weiterbildung

Die Struktur und Entwicklung von sozialen Ungleichheiten im Zugang zur beruflichen Weiterbildung in den späten 1980er und den 1990er Jahren wurde anhand der Schwerpunkterhebungen zur beruflichen Weiterbildung im SOEP untersucht. Im Vordergrund stand das Ziel, eine *multivariate Trendanalyse* von Strukturen der Weiterbildungsungleichheit aufgrund von vergleichbaren Daten und Modellen vorzulegen. Denn die bisherigen Forschungsarbeiten beschränken sich im Wesentlichen auf die Trendanalyse bivariater Zusammenhänge oder die multivariate Analyse einzelner Zeitpunkte. Auch die multivariaten Ereignisdatenanalysen der Beteiligung an beruflicher Weiterbildung von Schömann und Becker (1995, 1998) erlauben es nicht, den Strukturwandel in der Weiterbildungsungleichheit – das heißt, die Veränderungen in den Effektkoeffizienten multivariater Modelle – zu beurteilen.

Weil die Strukturen der Weiterbildungsungleichheit nicht für sämtliche Formen beruflicher Weiterbildung identisch sind, wurde hier – ausgehend von der beruflichen Weiterbildung insgesamt – zwischen der betrieblichen und der individuellen beruflichen Weiterbildung unterschieden. Als Kriterien der Weiterbildungsungleichheit wurden jeweils nacheinander die berufliche Weiterbildung insgesamt, die betriebliche und die individuelle Weiterbildung herangezogen. Als Determinanten der Weiterbildungsungleichheit wurden in den hier vorgelegten Analysen Geschlecht und Alter, Bildung und berufliche Tätigkeit, Vollzeit- vs. Teilzeiterwerbstätigkeit, Selbstständigkeit vs. abhängige Beschäftigung, befristete vs. unbefristete Tätigkeit und die Größe der Unternehmen berücksichtigt, in denen die Untersuchungspersonen tätig sind. Die hierarchische Ordnung beruflicher Tätigkeiten wurde – von der Nachfrageseite des Arbeitsmarkts aus gesehen – mit der Skala der erforderlichen Ausbildung im Beruf operationalisiert. Dadurch eröffnen sich besondere Möglichkeiten, die Auswirkungen der Qualifikationsanforderungen am Arbeitsplatz auf die Weiterbildungsbeteiligung unter Kontrolle der formalen Vorbildung der Erwerbstätigen zu beurteilen. Die Statuserwerbsforschung der 1970er Jahre (vgl. Müller 1972, 1973, 1975, 1977) hat unter Kontrolle der formalen Ausbildung einen negativen Zusammenhang zwischen dem beruflichen Status beim Erwerbseinstieg und der darauf folgenden Weiterbildungsbeteiligung nachgewiesen. Demnach haben sich vor allem diejenigen Personen an beruflicher Weiterbildung beteiligt, denen im Vergleich zu ihrem formalen Bildungsabschluss keine angemessene berufliche Platzierung gelungen ist. Es stellt sich die Frage, ob dieses Ergebnis im Hinblick auf unterschiedliche Phasen des Erwerbsverlaufs auch in den späten 1980er und den 1990er Jahren Bestand hat.

Theorien der Arbeitsmarktsegmentation bilden einen angemessenen Rahmen für die empirischen Analysen der Ungleichheiten im Zugang zu den genannten Formen beruflicher Weiterbildung. Das ISF-Konzept des dreigeteilten Arbeitsmarkts (vgl. Lutz und Sengenberger 1974, 1988; Sengenberger 1978a) unterscheidet das unspezifische, das fachspezifische und das betriebsspezifische Arbeitsmarktsegment nach den jeweils vorherrschenden institutionellen Regeln von Gratifikation, Promotion und Qualifizierung. Den Annahmen des ISF-Konzepts über die unterschiedlichen Qualifizierungslogiken in den drei Teilarbeitsmärkten zufolge sollte die Weiterbildungsbeteiligung im unspezifischen Arbeitsmarktsegment niedriger liegen als in den anderen Teilarbeitsmärkten. Die Beteiligung an betrieblicher Weiterbildung sollte im betriebsspezifischen Arbeitsmarktsegment und die Teilnahme an individueller Weiterbildung sollte im fachspezifischen Arbeitsmarktsegment am höchsten sein. Um diese Hypothesen zu prüfen, wurde die Typologie des dreigeteilten Arbeitsmarkts nach den Vorschlägen von Blossfeld und Mayer (1988) sowie von Szydlik (1990) über die Unternehmensgröße und die Qualifikationsanforderungen am Arbeitsplatz operationalisiert. Im Hinblick auf das unspezifische und das betriebsspezifische Arbeitsmarktsegment entsprechen die Ergebnisse den Erwartungen. Beim Vergleich der Teilnahmequoten an individueller Weiterbildung zwischen dem berufsfachlichen und dem betriebsspezifischen Arbeitsmarktsegment sind die Resultate jedoch nicht ganz einheitlich. Wie bereits Blossfeld und Mayer (1988: 281) festgestellt haben, ist die Trennung von internen und externen Arbeitsmarktsegmenten in der Bundesrepublik schwächer ausgeprägt als in den USA. Stattdessen stehen in der Bundesrepublik die Qualifikationsbarrieren zwischen dem sekundären und dem primären Teilarbeitsmarkt im Vordergrund. Für diese Sichtweise spricht, dass der Zusammenhang zwischen der Unternehmensgröße und der Weiterbildungsbeteiligung in den hier vorgelegten Analysen deutlich geringer ist als der Zusammenhang zwischen den Qualifikationsanforderungen am Arbeitsplatz und der Teilnahme an beruflicher Weiterbildung.

Bei der multivariaten Strukturanalyse der Weiterbildungsbeteiligung wurden neben der erforderlichen Ausbildung im Beruf und der Unternehmensgröße die oben genannten Kovariaten berücksichtigt. Darüber hinaus wurde ein linearer Trendindikator verwendet, der den zeitlichen Abstand zwischen den drei Schwerpunkterhebungen zur beruflichen Weiterbildung in Jahren misst. Für die berufliche Weiterbildung insgesamt zeigt er unter Kontrolle sämtlicher Kovariaten an, dass die Beteiligung auch unabhängig von den Verschiebungen in den Kovariaten gestiegen ist. Die geschlechtsspezifische Ungleichheit bei der betrieblichen Weiterbildung verschwindet in der multivariaten Analyse der Weiterbildungsbeteiligung; sie ist komplett auf geschlechtsspezifische Unterschiede in den Kovariaten zurückzuführen. Bei der individuellen beruflichen Weiterbildung zeigen sich die geschlechtsspezifischen Unterschiede dagegen erst unter Kontrolle der Kovariaten; Frauen besitzen hier eine latent größere Teilnahmewahrscheinlichkeit als Männer. Altersspezifische Ungleichheiten in der Weiterbildungsbeteiligung sind zwischen jüngeren und älteren Erwerbstätigen einerseits (geringere Teilnahmewahrscheinlichkeit) und Erwerbstätigen mittleren Alters andererseits (größere Teilnahmewahrscheinlichkeit) zu beobachten.

An die formalen Bildungsabschlüsse der Arbeitskräfte sind besonders starke Weiterbildungsungleichheiten gekoppelt. Bei der beruflichen Weiterbildung insgesamt und bei der betrieblichen Weiterbildung bleiben sie auch unter Kontrolle der Qualifikationsanforderungen am Arbeitsplatz bestehen; bei der individuellen beruflichen Weiterbildung werden sie dagegen vollständig über die Qualifikationsanforderungen am Arbeitsplatz vermittelt. Das Niveau der beruflichen Tätigkeit wirkt unter Kontrolle der formalen Bildung nicht kompensatorisch, sondern kumulativ: Je höher der berufliche Status, desto größer ist die Wahrscheinlichkeit beruflicher Weiterbildung.[1] Weitere Ungleichheiten in der Weiterbildungsbe-

1 Eine Ausnahme von dieser Regel bilden lediglich berufliche Tätigkeiten, zu deren Anforderungsprofil zwar keine berufliche Ausbildung, aber die Teilnahme an besonderen Kursen oder Lehrgängen gehört. Hier ist die Wahrscheinlichkeit der Beteiligung an beruflicher Weiterbildung am höchsten. Die empirischen Ergebnisse zu den Bildungsvoraussetzungen dieser Tätigkeiten und den damit verbundenen Mobilitätschancen zeigen jedoch, dass ihr beruflicher Status am ehesten mit den Tätigkeiten vergleichbar ist, die eine abgeschlossene Berufsausbildung verlangen.

teiligung nach Arbeitsplatzmerkmalen betreffen vor allem die betriebliche Weiterbildung. Die Wahrscheinlichkeit, an betrieblicher Weiterbildung teilzunehmen, ist auf Teilzeitarbeitsplätzen, bei abhängig Beschäftigten und in kleineren Unternehmen geringer als bei Vollzeittätigkeiten, bei Selbstständigen und in größeren Unternehmen. Eine befristete Tätigkeit reduziert zwar die Wahrscheinlichkeit, an betrieblicher Weiterbildung teilzunehmen, aber sie erhöht die Wahrscheinlichkeit individueller beruflicher Weiterbildung signifikant.

Die Struktur der sozialen Ungleichheiten im Zugang zur beruflichen Weiterbildung hat sich ausgehend von den späten 1980er Jahren über die 1990er Jahre hinweg verschoben. Das belegen die Interaktionen zwischen dem oben beschriebenen Trendindikator und den anderen Prädiktoren beruflicher Weiterbildung. Alles in allem überwiegt dabei die Tendenz zu einer leichten Reduktion der sozialen Ungleichheit in der Weiterbildungsbeteiligung, obwohl sich auch Gegenbewegungen – insbesondere bei den altersspezifischen Ungleichheiten und zwischen befristet und unbefristet Beschäftigten – feststellen lassen. Bei der Beteiligung an der beruflichen Weiterbildung insgesamt ist die geschlechtsspezifische Ungleichheit und der Vorteil von Arbeitsplätzen mit höheren Qualifikationsanforderungen einerseits und in gößeren Unternehmen andererseits zurückgegangen; dagegen hat die altersspezifische Ungleichheit zugenommen. Bei der betrieblichen Weiterbildung hat der Vorteil von hoch qualifizierten Arbeitsplätzen abgenommen; dagegen hat sich die altersspezifische Ungleichheit vergrößert und die Nachteile einer befristeten Beschäftigung haben zugenommen. Bei der individuellen Weiterbildung gehen die alters- und bildungsspezifischen Ungleichheiten zurück, während sich die befristet Beschäftigten immer häufiger beteiligen als die unbefristet Beschäftigten.

Auch zu Beginn des neuen Jahrtausends ist der Zugang zur beruflichen Weiterbildung für westdeutsche Erwerbstätige durch erhebliche Ungleichheiten geprägt, obwohl sich Tendenzen zu einer leichten Abschwächung dieser Unterschiede feststellen lassen. Besonders hervorzuheben sind dabei die Ergebnisse zum Abbau der geschlechtsspezifischen Ungleichheiten im Zugang zur betrieblichen Weiterbildung. Nach wie vor ist die Beteiligung an beruflicher Weiterbildung allerdings stark durch die vorher erworbenen Qualifikationen und den beruflichen Status der Erwerbstätigen geprägt. Insofern trägt die berufliche Weiterbildung auch heute noch zur Kumulierung von Bildungsungleichheiten und zur Segmentierung von Erwerbschancen bei.

Berufliche Weiterbildung und Karrieremobilität

Der Zusammenhang von beruflicher Weiterbildung und Karrieremobilität wurde in enger theoretischer und methodischer Anbindung an die Ergebnisse zur Entwicklung der Karrieremobilität und zur sozialen Ungleichheit in der Weiterbildungsbeteiligung untersucht. Dabei ging es vor allem um die Frage, ob die berufliche Weiterbildung für sich genommen – das heißt, unter Kontrolle der oben identifizierten Einflussfaktoren der Weiterbildungsbeteiligung – einen positiven Effekt auf die Karrieremobilität ausübt, und wenn ja, ob sich dieser Effekt mit der Zeit verändert hat. Die Datenbasis bildeten hier ebenfalls die Schwerpunkterhebungen zur beruflichen Weiterbildung im SOEP. Als Kriterium der Karrieremobilität wurde die Skala der erforderlichen Ausbildung im Beruf herangezogen, die den sozialen Status von beruflichen Tätigkeiten auf der Basis ihrer Qualifikationsanforderungen erschließt. Weil der berufliche Status von der Nachfrageseite des Arbeitsmarkts her bestimmt wurde, stand das Konzept der Arbeitsmarktsegmentation, das bereits im Zusammenhang mit den Ungleichheiten der Weiterbildungsbeteiligung vorgestellt wurde, auch hier als Interpretationsrahmen im Vordergrund. Der Zusammenhang von beruflicher Weiterbildung und Karrieremobilität wurde anhand von absoluten und relativen Mobilitätsraten untersucht. Bei der Analyse der relativen Mobilitätsraten wurden multinomial-konditionale Logitmodelle für Individualdaten verwendet (vgl. Breen 1994; Dessens et al. 2003; Hendrickx und Ganzeboom 1998; Logan 1983), die sich ebenso flexibel spezifizieren lassen wie die log-linearen Modelle für Mobilitätstabellen und die es darüber hinaus erlauben, eine Vielzahl von Kovariaten der beruflichen Weiterbildung zu kontrollieren. Veränderungen in den Mobilitätseffekten der beruflichen Weiterbildung und der anderen Prädiktoren wurden auf der Basis von kumulativen Logitmodellen bestimmt.

In der Tabellenanalyse sind Interaktionseffekte zwischen der beruflichen Weiterbildung und der Karrieremobilität sowohl bei den absoluten als auch bei den relativen Mobilitätsraten festzustellen. Gemessen an den absoluten Mobilitätsraten ist das Verhältnis von beruflichen Aufstiegen und Abstiegen für die Weiterbildungsteilnehmer besser als für die Nichtteilnehmer. Die berufliche Weiterbildung spielt demnach eine gewisse Rolle als Katalysator des sozialen Aufstiegs, obwohl sie soziale Abstiege auch nicht generell verhindern kann. Gemessen an den relativen Mobilitätsraten – die unter Kontrolle der berufsstrukturellen Unterschiede von Weiterbildungsteilnehmern und Nichtteilnehmern bestimmt werden – reduziert die berufliche Weiterbildung die sozialen Ungleichheiten in der Karrieremobilität. Die Teilnehmer an beruflicher Weiterbildung bewegen sich leichter durch die Hierarchieebenen der Berufsstruktur als die Nichtteilnehmer. Die Analyse von multinomial-konditionalen Logitmodellen belegt, dass der Zusammenhang von beruflicher Weiterbildung und Karrieremobilität auch unter Kontrolle einer Reihe von sozio-demographischen und sozio-ökonomischen Kovariaten bestehen bleibt. Dazu gehören neben dem Geschlecht und dem Alter der Befragten auch ihre formale Ausbildung und verschiedene Arbeitsplatzmerkmale. Lediglich die Kontrolle der formalen Ausbildung bewirkt eine deutliche Reduktion in den Parametern der Karrieremobilität.

Anhand von kumulativen Logitmodellen lassen sich die Ergebnisse zum Zusammenhang zwischen beruflicher Weiterbildung und Karrieremobilität ebenfalls bestätigen. Auch hier ist eine Interaktion der beruflichen Weiterbildung mit dem Ausgangsstatus zu Beginn der Untersuchungsperioden festzustellen. Im Hinblick auf den Zugang zu den höher qualifizierten beruflichen Tätigkeiten ist der Nutzen der beruflichen Weiterbildung für die Angehörigen der niedrigen Ausgangspositionen demnach größer als der Nutzen für die Angehörigen der höheren Ausgangspositionen. Neben diesen Strukturanalysen wurden mit den kumulativen Logitmodellen auch Analysen zum Strukturwandel der Karrieremobilität durchgeführt. Zu diesem Zweck wurde der Strukturwandel der Karrieremobilität als linearer Trend in den Koeffizienten des kumulativen Logitmodells untersucht. Die multivariaten Trendanalysen zur Struktur der Karrieremobilität zeigen, dass die Aufstiegswirkungen der beruflichen Weiterbildung in den 1990er Jahren zurückgegangen und gegen Ende der 1990er Jahre nicht mehr feststellbar sind. Das bedeutet vor allem, dass die kompensatorische Funktion der beruflichen Weiterbildung, die über den Untersuchungszeitraum insgesamt nachzuweisen war, verloren gegangen ist.

6.2 Ausblick auf den zukünftigen Forschungsbedarf

Berufliche Bildungsrenditen

Im Hinblick auf die Entwicklung der relativen beruflichen Bildungsrenditen ist noch vielfältiger Forschungsbedarf gegeben. Ohne Anspruch auf Vollständigkeit zu erheben, möchte ich hier nur die drei nächstliegenden Fragestellungen anführen, die sich aus den hier vorgelegten Analysen ergeben.

Zum Ersten sollten Versuche unternommen werden, die Ergebnisse auf der Basis von anderen Datenbeständen zu replizieren. Aufgrund des prospektiven Längsschnittdesigns des sozio-ökonomischen Panels reflektieren die hier verwendeten Daten der Teilstichprobe A die sozio-demographischen Veränderungen, die sich *seit* 1984 auf der Basis der deutschen Bevölkerung *von* 1984 ergeben haben. Die sozio-demographische Struktur der Zuwanderung von deutschstämmigen Spätaussiedlern vorwiegend aus Osteuropa und die Binnenmigration von Bürgern aus dem Gebiet der ehemaligen DDR wird dabei nicht berücksichtigt.[2] Ob

2 In verschiedenen Ergänzungs- und Auffrischungsstichproben des SOEP (von 1990, 1994/95, 1998 und 2000) wird diesen Prozessen Rechnung getragen (vgl. SOEP Group 2001). Prinzipiell wäre es seit 1991 bzw. 1994 möglich, bei den hier vorgelegten Analysen auch die Wanderungen aus dem Gebiet der ehemaligen DDR und die Zuwanderungen von Spätaussiedlern zu berücksichtigen.

sich die Ergebnisse unter Berücksichtigung dieser Wanderungsprozesse unterschiedlich darstellen, ließe sich anhand von verschiedenen „bevölkerungsrepräsentativen" Trenderhebungen überprüfen. Dazu gehören die Allbus-Studien (vgl. Terwey 2000), die BIBB/IAB-Erhebungen (Dostal und Jansen 2002) oder sogar die Mikrozensus-Erhebungen (vgl. Müller 1999). Ein Nachteil dieser Studien ist jedoch darin zu sehen, dass sie im Unterschied zum SOEP keine direkten Angaben zum Arbeitsplatz-Anforderungsniveau enthalten.[3] Deshalb wäre zunächst einmal die Verfügbarkeit von alternativen Indikatoren in diesen Datensätzen zu untersuchen. In Frage kämen Klassifikationen der Angaben zur Stellung im Beruf, die in den meisten relevanten Datensätzen enthalten sind. Pollmann-Schult und Büchel (2002: 80-1) weisen zwar darauf hin, dass Klassifikationen der Stellung im Beruf hinsichtlich des Arbeitsplatz-Anforderungsniveaus mit „erheblichen Validitätsproblemen behaftet" sind. Es ließe sich aber argumentieren, dass diese Validitätsprobleme für die vorliegende Fragestellung von untergeordneter Bedeutung sind, wenn gezeigt werden kann, dass die Beziehung zwischen einer Klassifikation der Stellung im Beruf und der Skala der erforderlichen Ausbildung im Beruf relativ hoch und langfristig stabil ist. Ob diese Bedingung zutrifft, wäre anhand des SOEP zu prüfen, das sowohl Angaben zur Stellung im Beruf als auch zu den Qualifikationsanforderungen am Arbeitsplatz enthält. Pollmann-Schult und Büchel (2002) haben zur Lösung des Messproblems eine Proxy-Variable zum Arbeitsplatz-Anforderungsniveau aus den Angaben zur Stellung im Beruf und zur beruflichen Tätigkeit (klassifiziert nach ISCO 1968) konstruiert, die sich möglicherweise auf einige der genannten Datensätze übertragen lässt. Der Nachteil dieser Klassifikation ist allerdings, dass sie nur drei Kategorien umfasst, was einer Einschränkung gegenüber der direkt erfragten Skala der erforderlichen Ausbildung im Beruf entspricht. Es wäre zu prüfen, ob sich mit dem Verfahren von Pollmann-Schult und Büchel auch Klassifikationen mit einer höheren Anzahl von Kategorien plausibel bestimmen lassen.

Zum Zweiten wären verstärkt vergleichende Untersuchungen zu Niveau, Muster und Entwicklung der beruflichen Bildungsrenditen anzustellen. Analog zu der hier vorgenommenen Unterscheidung der beruflichen Bildungsrenditen von Männern und Frauen ließe sich zwischen der ostdeutschen und der westdeutschen

---

Die hier vorgelegten Analysen stützen sich jedoch nicht auf eine einzelne Erhebungswelle des SOEP (vgl. z. B. Däumer 1993), sondern auf alle verfügbaren Wellen. Deshalb wurde hier mehr Wert auf die Vergleichbarkeit der Untersuchungsgruppe über die verschiedenen Erhebungswellen gelegt als auf die „Repräsentativität" für eine jeweils aktuell angebbare Bevölkerung.

3 Ausnahmen bilden einige der BIBB/IAB-Erhebungen und die jüngeren Kohorten der Lebensverlaufsstudie am MPI für Bildungsforschung (vgl. Pollmann-Schult und Büchel 2002: 80, Fn. 3). Die Daten aus der Lebensverlaufsstudie sind allerdings aufgrund der vergleichsweise geringen Fallzahlen, des Kohortendesigns und ihres spezifischen Längsschnittcharakters kaum für die Tabellenanalyse von Bevölkerungsquerschnitten geeignet.

Bevölkerung oder der deutschen und der ausländischen Bevölkerung unterscheiden. Im Rahmen der vertikalen Fehlqualifikationsforschung, die sich ebenfalls auf die formalen Bildungsabschlüsse und das Arbeitsplatzanforderungsniveau bezieht, wurde außerdem bereits gezeigt, dass sich international vergleichende Untersuchungen zumindest zwischen der Bundesrepublik und den USA durchführen lassen (vgl. z. B. Szydlik 1996a, 1999). Während die bisherigen Untersuchungen zum internationalen Vergleich auf einen Zeitpunkt beschränkt waren, ließen sie sich – wie das Beispiel der international vergleichenden Mobilitätsforschung zeigt (vgl. Luijkx 1994; Wong 1994b) – nach dem hier verwendeten Analyserahmen auf den Vergleich mehrerer Zeitpunkte übertragen.

Zum Dritten wäre die Fragestellung aufzugreifen, warum die Ergebnisse zu den geschlechtsspezifischen Unterschieden im Niveau der relativen beruflichen Bildungsrenditen so unterschiedlich ausfallen (vgl. Däumer 1993; Handl 1996; Wolbers et al. 2001; Wong 1995a). Oben wurde die Hypothese aufgestellt, dass die Variation der geschlechtsspezifischen Unterschiede zwischen den einzelnen Untersuchungen auf die Unterschiede in der durchschnittlichen Erwerbserfahrung der Untersuchungsgruppen zurückzuführen ist. Direkt zu Beginn der Erwerbslaufbahn sind die relativen beruflichen Bildungsrenditen bei den Männern wesentlich größer als bei den Frauen (vgl. Däumer 1993), wenn die Untersuchungsgruppen – im Alter zwischen 28 und 30 Jahren – um einige Jahre der Erwerbserfahrung reicher sind, haben sich die geschlechtsspezifischen Unterschiede nivelliert (vgl. die oben durchgeführte Reanalyse der Daten von Handl 1986). Werden dagegen Untersuchungsgruppen über die gesamte Breite der Erwerbslaufbahn betrachtet, so übersteigen die relativen beruflichen Bildungsrenditen von Frauen die der Männer (vgl. Wolbers et al. 2001; Wong 1995a). Ein solches Muster lässt sich erklären, wenn die altersspezifische Erwerbsbeteiligung von Frauen – nicht aber die von Männern – von den beruflichen Bildungsrenditen abhängig ist, die sie auf dem Arbeitsmarkt erzielen. Mikroökonomische Theorien des Arbeitsangebots gehen unter bestimmten Bedingungen (Substitutionseffekt) davon aus, dass das individuelle Arbeitsangebot positiv mit dem Ertrag der Arbeit korreliert (vgl. Franz 2003). Dabei wird z. T. auch „die Rentabilität der Ausbildungskosten" (Kühl et al. 1975: 303) bzw. die bildungsspezifische Rendite der Erwerbsarbeit berücksichtigt. Demnach wäre zu erwarten, dass Erwerbstätige mit unterdurchschnittlichen Bildungsrenditen ihr Arbeitsangebot im Vergleich zu Erwerbstätigen mit überdurchschnittlichen Bildungsrenditen reduzieren und eine höhere Wahrscheinlichkeit besitzen, sich über kurz oder lang vom Arbeitsmarkt zurückzuziehen. Bei den Erwerbspersonen höheren Alters wären die Anteile von Personen mit überdurchschnittlichen Bildungserträgen damit größer als bei den Erwerbspersonen niedrigeren Alters. Warum sollte dieser Effekt aber nun für das Arbeitsangebot von Frauen wirken, aber nicht für das von Männern? Jenseits der Überlegungen zum individuellen Arbeitsangebot ist davon auszugehen, dass die geschlechtsspezifische Arbeitsteilung im Haushaltszusammenhang immer noch von traditionellen Normvorstellungen geprägt ist. Deshalb dürften Frauen eher als Männer die Möglichkeit haben, sich bei relativ geringen Bildungserträgen vom Arbeitsmarkt zurückzuziehen, weil ihnen gesellschaftlich anerkannte Alternativrollen zur Verfügung stehen. Um diese Zusammenhänge empirisch zu prüfen, wäre ein Interaktionseffekt zwischen Alter und Geschlecht in Bezug auf die relativen beruflichen Bildungsrenditen zu modellieren. Bei dem oben verwendeten Untersuchungsdesign wären die Kreuztabellen von Bildungsabschlüssen und Berufspositionen zusätzlich zu dem Geschlecht nach dem Alter der Untersuchungsgruppen zu differenzieren. Mit den SOEP-Daten wäre dies nur zu leisten, wenn man auf die Differenzierung nach den Erhebungswellen verzichten würde. Eine ausreichende Fallzahl, um neben den Alterseffekten auch Kohorten- und/oder Periodeneffekte in angemessener Weise kontrollieren zu können (vgl. Andreß et al. 1997; Hagenaars 1990; Menard 1991), stellen wahrscheinlich nur die Mikrozensuserhebungen bereit.

Karrieremobilität

Was die Prozesse der Karrieremobilität in Westdeutschland angeht, lassen die hier vorgestellten Analysen etwas weniger Forschungsbedarf erkennen. Für die Bundesrepublik existiert kein mit dem SOEP vergleichbarer Datensatz, mit dem sich die hier durchgeführten Analysen replizieren ließen. Umso mehr Gewicht wäre auf vergleichende Analysen zu legen. Zu kontrastieren wären auch hier Ost- und Westdeutschland, ausländische und deutsche Staatsangehörige sowie Männer und Frauen. International vergleichende Analysen könnten auf der Basis von nationalen Panelstudien durchgeführt werden, die eine dem SOEP ähnliche Struktur aufweisen. Zu denken ist beispielsweise an die US-amerikanische „Panel Study of Income Dynamics“ (PSID), an den „British Household Panel Survey“ (BHPS) oder das „European Community Household Panel“ (ECHP). Obwohl international vergleichende Untersuchungen zur Karrieremobilität aufgrund der weiter zunehmenden Verfügbarkeit von Längsschnittdaten in den letzten Jahren häufiger geworden sind (vgl. etwa die Veröffentlichungen aus dem „Mannheimer Zentrum für Europäische Sozialforschung“ Hall 2001; Scherer 2001, 2003), ist mir keine Studie bekannt, die ein den hier vorgelegten Analysen vergleichbares Design verwendet. Der Zusammenhang zwischen Stabilitätsraten und Arbeitslosenquoten könnte im internationalen Vergleich ebenfalls überprüft werden. In diesem Zusammenhang wäre nicht nur empirische Arbeit zu leisten, sondern es wären auch weiterführende theoretische Erklärungsansätze zu entwickeln.

Weiterbildungsungleichheiten

Im Hinblick auf die Struktur der sozialen Ungleichheiten im Zugang zur beruflichen Weiterbildung sehe ich Forschungsbedarf in zweierlei Hinsicht. Zum einen sollte versucht werden, die hier auf der Basis von multivariaten Trendanalysen gewonnenen Ergebnisse zum strukturellen Wandel von Weiterbildungsungleichheiten anhand von anderen Datenquellen zu replizieren. Das SOEP besitzt aufgrund seines Längsschnittcharakters zwar den Vorteil, dass die Determinanten der Weiterbildungsungleichheit bei den potenziellen Weiterbildungsteilnehmern bereits vor der Entscheidung über eine Weiterbildungsbeteiligung gemessen werden können. Im Hinblick auf die zeitpunktgenaue Repräsentativität der gewonnenen Ergebnisse bringt das prospektive Paneldesign des SOEP jedoch auch Nachteile mit sich. Hier sind Trenderhebungen wie das Berichtssystem Weiterbildung, die BIBB/IAB-Erhebungen und der Mikrozensus, die bereits seit den späten 1970er Jahren Informationen zur Weiterbildungsbeteiligung bereitstellen, besser geeignet.[4]

Zum anderen wäre zu überprüfen, ob der hier gewählte Ansatz, die Beteiligung an beruflicher Weiterbildung im Rahmen des rein vertikalen Paradigmas der sozialen Ungleichheit zu behandeln, ergänzt oder gar ersetzt werden muss. Im Anschluss an die Vorarbeiten der neueren Sozialstrukturanalyse (vgl. Hradil 1987, 1992; Lüdtke 1989; Müller 1993; Schulze 1992) werden in der erziehungswissenschaftlichen Weiterbildungsforschung theoretisch vielversprechende Versuche unternommen, soziale Ungleichheiten der Weiterbildungsbeteiligung durch Milieu- oder Lebensstilkonzepte zu erklären (vgl. Barz 2000; Barz und Tippelt 1994; Tippelt 1997, 1999). Das empirische Potenzial dieses Ansatzes ist allerdings noch nicht recht abzuschätzen. Der ausführliche Abschlussbericht eines großangelegten, durch das Bundesministerium für Bildung und Forschung geförderten Projekts wurde noch nicht veröffentlicht (vgl. Tippelt und Barz 2004). Vergleichende Analysen zum Potenzial des Milieukonzepts einerseits und des Schichtkonzepts andererseits für die Erklärung von Weiterbildungsungleichheiten könnten sich an der Vorgehensweise von Otte (1997) orientieren, der die Erklärungskraft von Lebensstil- und Klassentypologien im Hinblick auf die Parteipräferenzen verglichen hat. Ein Datensatz, der eine gleichermaßen elaborierte Um-

4 Die BIBB/IAB-Erhebungen sind durch das Zentralarchiv für empirische Sozialforschung (ZA) in Köln für die akademische Sozialforschung auf einfache Weise zugänglich. Für das Berichtssystem Weiterbildung wird im Datenbestandskatalog des ZA nur eine einzige Untersuchung (1988) ausgewiesen. Die Zugänglichkeit der anderen Wellen wäre eigens zu recherchieren. Der Mikrozensus wird der akademischen Sozialforschung in Zukunft verstärkt als Scientific-Use-File zur Verfügung stehen. Der Schwerpunkt liegt dabei auf den aktuellen Datensätzen und es bleibt abzuwarten, welche von den älteren Mikrozensen der Sozialforschung zu welchem Zeitpunkt zur Verfügung stehen werden.

setzung der älteren sozio-ökonomischen und der neueren sozio-kulturellen Konzepte sozialer Ungleichheit erlaubt, besitzt nicht nur in der empirischen Weiterbildungsforschung, sondern auch in der Umfrageforschung generell Seltenheitswert.

Berufliche Weiterbildung und Karrieremobilität

Zum Verhältnis von beruflicher Weiterbildung und Karrieremobilität ist ebenfalls noch reichlich Forschungsbedarf gegeben. Generell ist festzustellen, dass die Auswirkungen der beruflichen Weiterbildung aus der Perspektive von Ökonomie und Arbeitsmarktforschung besser erforscht sind als aus der Perspektive der soziologischen Mobilitätsforschung. Es sollte versucht werden, die hier vorgelegten Ergebnisse auf der Basis von anderen Datenquellen zu replizieren. Eine Replikation der Strukturanalysen zum Zusammenhang von beruflicher Weiterbildung und Karrieremobilität nach dem hier verwendeten Verfahren wäre zumindest auf der Basis der BIBB/IAB-Erhebung 1979 möglich, die sowohl Angaben zur Weiterbildungsbeteiligung als auch zur Karrieremobilität über einen Zeitraum von fünf Jahren enthält (vgl. Noll 1987). Ob sich auch die Trendanalysen mit den BIBB/IAB-Erhebungen replizieren lassen, müsste für jede Erhebung eigens recherchiert werden.[5] Andere Datenquellen, die eine vergleichbare Operationalisierung des Zusammenhangs von beruflicher Weiterbildung und Karrieremobilität erlauben, sind mir nicht bekannt. Deshalb wäre zusätzlich auf die Lebensverlaufsstudien des Max-Planck-Instituts für Bildungsforschung zurückzugreifen. Hier haben bereits Becker und Schömann (1996) sinkende Ertragsraten der beruflichen Weiterbildung in Bezug auf die Einkommensentwicklung bei Arbeitsplatzwechseln gefunden. In der Analyse von Becker (1991), die Karrieremobilität anhand des beruflichen Prestiges operationalisiert, wurden keine entsprechenden Tests auf Veränderungen der beruflichen Weiterbildungsrendite vorgenommen.

Unabhängig von der Möglichkeit, die Analysen anhand anderer Datenquellen zu replizieren, wäre auch ein Vergleich zwischen Ost- und Westdeutschland mit den SOEP-Daten interessant. Die Transformationsphase in Ostdeutschland war nicht nur von einem steilen Anstieg der Arbeitslosigkeit begleitet, sondern auch mit einem Schub in der Karrieremobilität von Erwerbstätigen (vgl. Berger 1996; Diewald und Solga 1997; Diewald und Sørensen 1996; Mathwig und Habich 1997). Gleichzeitig wurde das System der beruflichen Weiterbildung in der ehemaligen DDR, das starke Akzente in der betrieblichen Weiterbildung setzte (vgl. Küchler und Kade 1992; Schäfer 1990), weitgehend zerschlagen und unter marktwirtschaftlichem Vorzeichen komplett neu gestaltet (vgl. Dewe 1995; Dewe et al. 1997; Düsseldorff 1997; Meier 1993). Ob und wie sich in Ostdeutschland

5 In Bezug auf die dritte BIBB/IAB-Erhebung von 1992/93 ist mir bereits bekannt, dass die notwendigen Angaben zur Bestimmung der Karrieremobilität fehlen.

die Funktion der beruflichen Weiterbildung im Hinblick auf die vertikale Karrieremobilität von Erwerbstätigen im hier verstandenen Sinne gewandelt hat, wurde noch nicht eingehend untersucht. Im Zuge der Transformationsforschung stand zunächst das nahe liegendere Problem der Auswirkungen beruflicher Weiterbildung auf die Arbeitslosigkeitsrisiken und Wiederbeschäftigungschancen in Ostdeutschland im Vordergrund (vgl. Becker und Schömann 1999; Schömann et al. 1997).

6.3 Abschließende Bewertung

Zu Beginn der vorliegenden Arbeit wurden mehrere Fragen nach potenziellen Veränderungen im Verhältnis von Bildung und beruflicher Tätigkeit in Westdeutschland zwischen 1984 und 2000 aufgeworfen. Nun ist es an der Zeit, diese Fragen vor dem Hintergrund der hier vorgelegten Analysen möglichst kurz und bündig zu beantworten.

Die Wertigkeit von allgemeinen und beruflichen Bildungsabschlüssen beim Zugang zu entsprechenden Berufspositionen hat sich zwischen 1984 und 2000 verringert. Das ist allerdings nicht – wie vielfach vermutet wurde – auf ein Überangebot an höheren Bildungsabschlüssen zurückzuführen, das im Zuge der Bildungsexpansion entstanden sei. Alles in allem verbessern sich die *absoluten* beruflichen Bildungsrenditen, welche die tatsächliche Verteilung von unterschiedlich qualifizierten Arbeitskräften über vorteilhafte und nachteilige Berufspositionen messen, für die höher qualifizierten Erwerbstätigen sogar. Denn im gleichen Zeitraum wurden hoch qualifizierte Arbeitsplätze in ausreichendem Umfang geschaffen, um das höher qualifizierte Arbeitskräfteangebot aufzunehmen. Deshalb finden sich auch keine Anhaltspunkte für eine Verdrängung von geringer qualifizierten Arbeitskräften von ihren in qualifikatorischer Hinsicht angestammten Arbeitsplätzen. Die Aufwertung der Berufsstruktur war sogar stark genug, um den Rückgang bei den *relativen* beruflichen Bildungsrenditen zu kompensieren, der unter statistischer Kontrolle des Strukturwandels bei den Bildungsabschlüssen und Berufspositionen festzustellen war. Zwischen 1984 und 2000 hat demnach keine *manifeste*, sondern eine *latente Bildungsinflation* stattgefunden. Ihre Ursachen sind im Bereich des technologischen und organisatorischen Wandels des Arbeitseinsatzes zu suchen und nicht im Bereich der Bildungsexpansion. Wenn sich dieser Trend fortsetzen sollte, ist auch in Zukunft eine positive Nachfrageentwicklung im Bereich der höher qualifizierten Arbeit notwendig, damit er nicht auf die absoluten beruflichen Bildungsrenditen durchschlägt.

Von einer Individualisierung der Karrieremobilität in Westdeutschland kann im Untersuchungszeitraum keine Rede sein. Das gilt sowohl für die Erwerbstätigen als auch für die Erwerbstätigen und Arbeitslosen zusammengenommen. Für die Erwerbstätigen bleibt das Muster der Karrieremobilität im Wesentlichen konstant. Nennenswerte Veränderungen sind nur bei den Stabilitätsraten festzustellen; sie folgen aber keinem eindeutigen Trend. Stattdessen finden sich Anzeichen für einen makrostrukturellen Zusammenhang zwischen Arbeitslosenquoten und Stabilitätsraten, der sich auf der Mikroebene durch Verhaltensänderungen der Arbeitsmarktteilnehmer im konjunkturellen Abschwung erklären ließe. Die Mobilitätsraten der Erwerbspersonen sind höher als die der Erwerbstätigen für sich genommen. Das ist darauf zurückzuführen, dass die „Arbeitslosen" – sozialstrukturell gesehen – keine einheitliche Kategorie darstellen. Gering qualifizierte Erwerbspersonen sind in der Gruppe der Arbeitslosen zwar überproportional vertreten. Aber die Arbeitslosigkeit betrifft auch die höheren Qualifikationsgruppen, wenngleich in geringerem Umfang. Unter statistischer Kontrolle der strukturellen Veränderungen (Schwankungen der Arbeitslosenquoten und Höherqualifizierung der Berufsstruktur) sind die Austauschverhältnisse zwischen der Arbeitslosigkeit und den verschiedenen Hierarchieebenen der Berufsstruktur jedoch so stabil, dass sich im Untersuchungszeitraum keinerlei Veränderungen im Mobilitätsmuster der Erwerbspersonen feststellen lassen.

Im Zugang zur beruflichen Weiterbildung ist eine Vielfalt von sozialen Ungleichheiten unter den Erwerbstätigen festzustellen. Zunächst sind geschlechts- und altersspezifische Ungleichheiten zu beobachten. Am stärksten fallen jedoch die Ungleichheiten ins Gewicht, die an den bereits erworbenen Bildungs- und Berufsstatus der Erwerbstätigen geknüpft sind. Im Hinblick auf die bereits bestehenden Bildungsungleichheiten, die in den Bereich der beruflichen Tätigkeiten hinein reichen, wirkt die berufliche Weiterbildung kumulativ, nicht kompensatorisch. Darüber hinaus sind die sozialen Ungleichheiten im Zugang zur Weiterbildung durch eine Reihe von Arbeitsplatzmerkmalen strukturiert. Im Zugang zur beruflichen Weiterbildung wirken sich neben der Unternehmensgröße eine Vollzeittätigkeit, ein unbefristetes Beschäftigungsverhältnis und eine selbstständige Tätigkeit positiv aus. Seit Mitte der 1980er Jahre ist alles in allem eine leichte Verringerung der sozialen Ungleichheit im Zugang zur beruflichen Weiterbildung festzustellen. Sie macht sich besonders in der Nivellierung der geschlechtsspezifischen Ungleichheit bei der betrieblichen Weiterbildung bemerkbar. Aber auch bei der Weiterbildungsungleichheit nach dem beruflichen Status ist eine leichte Reduktion festzustellen. Bemerkenswert ist die zunehmende Benachteiligung von befristet Beschäftigten im Zugang zur betrieblichen Weiterbildung.

Die Prozesse der Karrieremobilität sind für Teilnehmer und Nichtteilnehmer an beruflicher Weiterbildung unterschiedlich. Weiterbildungsteilnehmer steigen häufiger auf als Nichtteilnehmer. In diesem Sinne wirkt die Beteiligung an beruflicher Weiterbildung als Katalysator der Karrieremobilität. Das gilt in den späten 1980er und den frühen 1990er Jahren auch unter Kontrolle der zentralen sozio-ökonomischen und -demographischen Einflussfaktoren der Karrieremobilität. Gegen Ende der 1990er Jahre geht die Katalysatorfunktion der beruflichen Weiterbildung allerdings verloren. Hier ist kein eigenständiger Effekt der beruflichen Weiterbildung auf die Karrieremobilität mehr festzustellen. Im Hinblick auf die Entwicklung sozialer Ungleichheit fällt der Funktionsverlust der beruflichen Weiterbildung besonders ins Gewicht, weil die berufliche Weiterbildung im Untersuchungszeitraum durchaus dazu beigetragen hat, die soziale Ungleichheit der Karrieremobilität zu reduzieren. Die Aufstiegswirkungen der beruflichen Weiterbildung waren zu Beginn des Untersuchungszeitraums auf Arbeitsplätzen mit niedrigeren Qualifikationsanforderungen stärker als auf höher qualifizierten Arbeitsplätzen.

Die Überlegungen, die Geißler und Orthey (1996) zum strukturellen Wandel im Verhältnis von Bildung, Weiterbildung und Statuszuweisung angestellt haben (vgl. die Darstellung in der Einleitung der vorliegenden Arbeit), sind empirisch nicht zutreffend. Es ist nicht die allgemeine und die berufliche Erstausbildung, deren Einfluss auf den Statuszuweisungsprozess zurückgeht, sondern die berufliche Weiterbildung. Das soll aber nicht heißen, dass Weiterbildungsaktivitäten für die berufliche Karriere bedeutungslos und verzichtbar geworden sind. Sie spielen nach wie vor eine wichtige Rolle als „Transmissionsriemen", der die Effekte der Erstausbildung in den Erwerbsverlauf der Arbeitskräfte überträgt. Darüber hinaus geht aber kein eigenständiger Effekt mehr von der beruflichen Weiterbildung auf die Statuszuweisung aus.

Die Ergebnisse zu den Voraussetzungen und den Auswirkungen beruflicher Weiterbildung machen folgende Interpretationen zum Verhältnis von Weiterbildung und Karrieremobilität plausibel. Auf Arbeitsplätzen mit hohen Qualifikationsanforderungen scheint die berufliche Weiterbildung – im Sinne einer notwendigen Aktualisierung von Kenntnissen und Fertigkeiten – mittlerweile „dazuzugehören". Wann immer der technologische oder arbeitsorganisatorische Fortschritt eine Aktualisierung von Qualifikationen erforderlich macht, nehmen die Inhaber von hoch qualifizierten Arbeitsplätzen in fast selbstverständlicher Weise an entsprechenden Fortbildungsmaßnahmen teil. Die Weiterbildungsanstrengungen der Teilnehmer zahlen sich aber – ceteris paribus – im Vergleich zu den Nichtteilnehmern nur in begrenztem Umfang durch verbesserte Karrierechancen aus. Weiterbildung ist auf hoch qualifizierten Arbeitsplätzen zum integralen Bestandteil der beruflichen Tätigkeit geworden, der keiner besonderen Belohnung bedarf. Es ist nicht von der Hand zu weisen, dass das aktuell herrschende Überangebot an Arbeitskräften diese selbstverständliche Integration der beruflichen Weiterbildung in die berufliche Tätigkeit von hoch qualifizierten Erwerbstätigen befördert (vgl. Löw 2003: 118). Der vielfach propagierte Anspruch des „lebenslangen Lernens" ist für Erwerbstätige auf hoch qualifizierten Arbeitsplätzen bereits in großem Umfang verwirklicht.

Auf Arbeitsplätzen mit niedrigen Qualifikationsanforderungen ist die berufliche Weiterbildung dagegen noch keine Selbstverständlichkeit. Hier sind die Teilnahmequoten sehr viel geringer als auf hoch qualifizierten Arbeitsplätzen und die Entwicklung in den letzten Jahrzehnten lässt keine nachhaltige Verringerung dieser Ungleichheiten erwarten (vgl. Dobischat et al. 2002). Dies ist umso bemerkenswerter, als die hier vorgelegten Analysen gezeigt haben, dass die relativen Aufstiegschancen von Weiterbildungsteilnehmern auf gering qualifizierten Arbeitsplätzen bis Mitte der 1990er Jahre besser waren als auf Arbeitsplätzen mit höheren Qualifikationsanforderungen. Insofern ist empirisch belegt, dass berufliche Weiterbildung *prinzipiell* zum Abbau sozialer Ungleichheiten in der Karrieremobilität beitragen *kann*. Man muss sich allerdings vor einer allzu instrumentellen Sichtweise des Zusammenhangs von beruflicher Weiterbildung und Karrieremobilität hüten. Es genügt sicher nicht, die Weiterbildungsbeteiligung von Erwerbstätigen auf gering qualifizierten Arbeitsplätzen künstlich zu steigern, um ihre Karrierechancen grundlegend zu verbessern. Eine Förderung der beruflichen Weiterbildung von Erwerbstätigen auf gering qualifizierten Arbeitsplätzen verspricht nur dann nachhaltigen Erfolg, wenn die erforderlichen Arbeitsplätze auf einem höheren Qualifikationsniveau zur Verfügung stehen.

A Zusätzliche Abbildungen und Tabellen

Tabelle A.1: Die Verteilung von Bildungsabschlüssen nach der CASMIN-Klassifikation[a] (1984 bis 2000)

Männer	1984	1985	1986	1987	1988	1989	1990	1991	1992	1993	1994	1995	1996	1997	1998	1999	2000
1a/b	9,9	8,7	8,5	8,6	8,4	9,0	8,9	8,4	7,9	8,0	7,3	7,2	6,0	6,3	10,6	10,7	6,8
1c	46,1	44,0	44,6	45,1	42,6	42,7	42,3	41,8	40,8	39,5	38,1	35,2	36,7	36,4	30,6	33,5	31,8
2a	23,6	25,0	24,1	24,0	24,7	23,8	23,8	23,8	23,3	23,3	24,1	25,7	25,8	25,7	27,5	23,5	26,6
2b	1,0	1,0	0,8	1,1	1,3	1,1	1,2	0,8	0,9	0,8	0,8	0,8	0,6	0,8	1,8	2,0	1,5
2c	4,7	4,6	5,2	5,1	5,6	6,9	6,6	7,4	8,0	9,2	9,1	9,2	9,9	10,0	9,4	9,3	7,9
3a	5,2	5,8	5,5	5,5	5,9	5,6	6,0	5,8	6,1	5,8	6,3	6,9	7,3	7,2	7,5	7,4	10,2
3b	9,6	11,1	11,3	10,5	11,5	10,9	11,2	12,0	12,9	13,4	14,3	14,9	13,7	13,5	12,5	13,6	15,2
Gesamt	100,0	100,0	100,0	100,0	100,0	100,0	100,0	100,0	100,0	100,0	100,0	100,0	100,0	100,0	100,0	100,0	100,0
n	2424	2201	2056	2103	2000	2055	1965	1966	1884	1883	1818	1808	1736	1793	1794	1654	1733
Frauen	**1984**	**1985**	**1986**	**1987**	**1988**	**1989**	**1990**	**1991**	**1992**	**1993**	**1994**	**1995**	**1996**	**1997**	**1998**	**1999**	**2000**
1a/b	20,4	19,0	19,5	19,6	18,1	17,1	15,4	15,3	14,7	15,1	13,1	12,2	11,2	12,1	9,9	10,3	7,3
1c	33,6	33,3	32,9	31,3	30,8	30,2	31,4	30,4	30,0	28,2	28,2	28,4	27,9	27,3	25,9	25,1	27,0
2a	28,6	28,7	28,4	23,7	27,6	28,4	28,7	30,1	29,7	30,8	31,8	30,2	31,4	29,6	29,4	29,8	32,3
2b	2,8	3,5	3,5	3,6	4,9	4,7	4,9	3,9	4,3	4,9	3,9	3,8	3,9	4,4	5,3	5,5	2,2
2c	6,2	5,6	6,9	7,8	8,0	8,8	8,7	10,0	10,0	11,1	12,1	12,6	13,3	13,3	14,4	15,8	13,7
3a	2,7	3,4	2,1	2,2	3,0	2,9	3,0	3,0	3,1	2,2	2,5	2,5	2,5	3,3	3,7	3,8	3,6
3b	5,7	6,6	6,7	6,7	7,7	7,8	7,8	7,4	8,3	7,7	8,3	10,2	9,8	10,1	11,3	9,7	13,9
Gesamt	100,0	100,0	100,0	100,0	100,0	100,0	100,0	100,0	100,0	100,0	100,0	100,0	100,0	100,0	100,0	100,0	100,0
n	1363	1224	1155	1211	1170	1250	1183	1251	1184	1178	1108	1160	1103	1107	1121	1032	1183

a Zur Beschreibung der CASMIN-Bildungsklassifikation siehe Tabelle 2.1 auf Seite 50.
Quelle: SOEP, eigene Berechnungen.

Tabelle A.2: Die Verteilung der erforderlichen Ausbildung im Beruf[a] (1984 bis 2000)

Männer	1984	1985	1986	1987	1988	1989	1990	1991	1992	1993	1994	1995	1996	1997	1998	1999	2000
1.	11,3	10,5	10,6	11,3	10,4	11,1	9,7	9,2	8,4	8,3	7,7	6,9	7,8	8,0	10,0	11,4	8,9
2.	11,9	11,1	10,9	11,7	12,0	11,6	13,8	10,6	10,6	9,9	9,4	10,6	9,5	7,9	8,0	7,7	7,4
3.	9,0	9,0	10,2	8,8	8,8	8,2	7,6	8,4	7,9	8,0	7,9	7,4	7,5	8,8	7,2	6,2	4,0
4.	54,4	53,7	52,2	52,6	51,9	52,7	52,7	54,7	54,8	54,4	54,7	52,5	52,6	54,1	54,3	53,9	55,1
5.	13,4	15,7	16,1	15,6	17,0	16,5	16,2	17,2	18,2	19,4	20,4	22,6	22,6	21,1	20,5	20,9	24,6
Gesamt	100,0	100,0	100,0	100,0	100,0	100,0	100,0	100,0	100,0	100,0	100,0	100,0	100,0	100,0	100,0	100,0	100,0
n	2424	2201	2056	2103	2000	2055	1965	1966	1884	1883	1818	1808	1736	1793	1794	1654	1733
Frauen	1984	1985	1986	1987	1988	1989	1990	1991	1992	1993	1994	1995	1996	1997	1998	1999	2000
1.	23,1	23,0	21,7	22,6	22,7	18,0	19,5	18,6	17,5	17,6	16,1	13,4	14,3	14,8	12,1	10,5	10,5
2.	15,6	13,8	14,6	14,7	13,2	13,8	14,1	12,3	12,8	13,4	12,3	8,7	8,4	9,9	7,8	7,7	6,4
3.	5,2	5,1	5,1	5,6	5,1	3,8	3,8	5,0	5,8	6,3	5,9	5,4	4,8	5,8	4,6	4,0	2,4
4.	49,6	50,4	51,3	50,3	51,0	55,5	52,6	55,3	55,1	53,7	55,2	59,0	59,1	55,8	60,5	64,4	62,9
5.	6,5	7,7	7,3	6,8	7,9	9,0	9,9	8,8	8,8	9,0	10,6	13,5	13,5	13,7	15,0	13,4	17,8
Gesamt	100,0	100,0	100,0	100,0	100,0	100,0	100,0	100,0	100,0	100,0	100,0	100,0	100,0	100,0	100,0	100,0	100,0
n	1363	1224	1155	1211	1170	1250	1183	1251	1184	1178	1108	1160	1103	1107	1121	1032	1183

a Zur Beschreibung der Skala der erforderlichen Ausbildung im Beruf siehe Tabelle 2.2 auf Seite 52.
Quelle: SOEP, eigene Berechnungen.

Tabelle A.3: Ausgewählte Indikatoren[a] für die Entwicklung der absoluten beruflichen Bildungsrenditen (1984 bis 2000)

Männer	1984	1985	1986	1987	1988	1989	1990	1991	1992	1993	1994	1995	1996	1997	1998	1999	2000
3b → 5	91,8	90,5	93,1	94,6	94,4	88,3	89,0	88,1	87,7	88,9	90,4	87,8	89,1	88,4	86,2	86,7	80,7
3a → 5	67,5	72,1	71,9	72,8	69,5	70,7	63,9	70,4	71,1	80,4	77,2	73,6	74,8	72,9	75,6	77,0	81,8
2c → 5	7,0	10,9	9,4	8,3	11,5	21,1	16,8	17,1	17,1	16,2	11,6	21,0	25,0	19,6	18,9	12,3	13,9
2a → 5	1,9	2,9	3,6	4,2	4,4	5,5	4,7	4,3	4,8	5,0	5,0	7,7	7,2	5,9	6,5	7,4	7,8
3b → 4	3,9	5,8	3,4	1,4	3,5	8,1	7,3	8,5	9,5	6,7	6,2	6,7	5,9	4,5	5,8	6,2	12,1
3a → 4	27,8	23,3	24,6	22,8	23,7	24,1	25,2	18,3	14,9	18,7	21,1	22,4	20,5	22,5	20,7	18,9	15,3
2c → 4	71,1	71,3	74,5	67,6	69,9	52,8	59,5	61,6	57,9	64,2	65,2	57,5	51,2	60,9	62,7	63,0	67,2
2a → 4	79,9	76,5	73,4	74,9	70,3	70,3	71,3	70,9	72,7	76,3	76,3	72,0	73,4	75,9	77,1	77,7	83,3
1c → 4	64,4	64,4	62,6	63,0	62,9	64,3	63,1	67,1	68,2	65,0	65,4	65,3	64,3	64,9	64,7	67,0	68,7
1a/b → 4	6,7	7,9	10,3	13,2	18,0	23,8	23,4	31,3	33,6	31,1	34,8	36,6	37,5	32,5	34,0	31,1	20,3
Frauen	**1984**	**1985**	**1986**	**1987**	**1988**	**1989**	**1990**	**1991**	**1992**	**1993**	**1994**	**1995**	**1996**	**1997**	**1998**	**1999**	**2000**
3b → 5	83,1	81,3	85,7	77,8	78,7	82,5	84,0	87,0	78,6	83,3	91,3	92,4	92,7	95,6	92,1	90,9	82,3
3a → 5	35,1	41,5	54,2	63,0	54,3	52,8	62,9	51,4	52,8	48,1	46,4	44,8	57,1	58,3	75,6	63,2	76,7
2c → 5	5,9	7,2	1,3	2,1	4,3	8,1	9,6	6,4	4,2	11,5	11,2	15,2	14,3	12,2	9,9	12,3	18,5
2a → 5	1,8	2,0	1,2	0,0	0,0	0,8	0,9	0,3	0,3	0,6	1,4	2,9	2,9	1,5	0,9	1,0	2,4
3b → 4	10,4	12,5	10,4	18,5	14,6	11,3	10,6	9,8	8,2	4,4	5,4	4,2	3,7	2,7	4,7	2,0	15,2
3a → 4	43,2	43,9	41,7	29,6	28,6	30,6	31,4	37,8	41,7	44,4	39,3	41,4	42,9	38,9	24,4	36,8	20,9
2c → 4	70,6	69,6	78,8	72,3	79,8	72,1	69,2	80,8	76,3	71,8	73,1	77,2	69,4	70,7	70,4	72,4	69,8
2a → 4	75,9	75 3	75,9	73,9	76,5	81,5	77,3	78,2	77,6	74,9	75,1	80,3	80,9	81,4	86,9	87,9	85,6
1c → 4	60,9	62,0	63,6	59,2	58,1	60,5	58,6	57,4	57,5	56,8	57,5	61,6	65,5	60,6	62,3	65,4	74,6
1a/b → 4	4,7	6,0	4,9	10,1	11,3	20,1	13,7	18,3	22,4	16,9	17,2	27,1	18,7	12,0	33,9	43,0	18,4

a Es handelt sich um Abstromraten von ausgewählten Bildungsabschlüssen (Tabelle 2.1 auf Seite 50) zu ausgewählten Berufspositionen (Tabelle 2.2 auf Seite 52).

Quelle: SOEP, eigene Berechnungen.

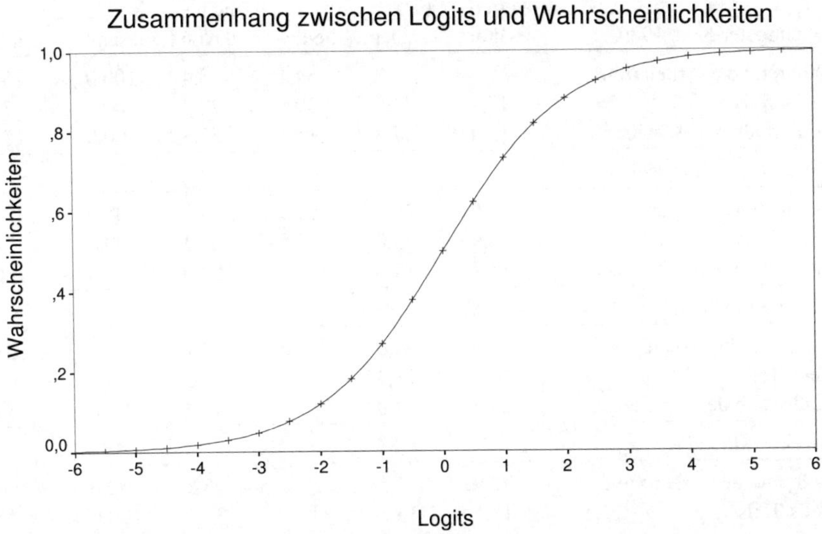

Abbildung A.1: Zum Zusammenhang von Logits und Wahrscheinlichkeiten

Tabelle A.4: Trägerschaft und Finanzierung beruflicher Weiterbildung nach ihrem Arbeitszeitbezug (Prozentsätze)

	Arbeitgeber als ...					
Wichtigster Kurs 1989	Veranstalter	Finanzier	beides	nichts davon	Gesamt	Fälle
Während der Arbeitszeit	15,3	22,2	54,1	8,4	100,0	451
Teils/Teils	17,1	21,1	39,5	22,4	100,0	76
Außerhalb der Arbeitszeit	13,4	17,8	11,5	57,3	100,0	157
Wichtigster Kurs 1993						
Während der Arbeitszeit	13,0	28,3	52,7	5,9	100,0	438
Teils/Teils	18,9	23,0	37,8	20,3	100,0	74
Außerhalb der Arbeitszeit	15,4	14,0	14,0	56,6	100,0	136
Erster Kurs 2000						
Während der Arbeitszeit	6,9	34,0	52,0	7,1	100,0	523
Teils/Teils	16,7	13,3	36,7	33,3	100,0	60
Außerhalb der Arbeitszeit	27,6	13,0	9,7	49,7	100,0	185
Zweiter Kurs 2000						
Während der Arbeitszeit	7,8	32,5	54,3	5,5	100,0	400
Teils/Teils	11,1	13,3	44,4	31,1	100,0	45
Außerhalb der Arbeitszeit	27,2	5,9	9,6	57,4	100,0	136
Dritter Kurs 2000						
Während der Arbeitszeit	10,2	26,5	56,8	6,4	100,0	264
Teils/Teils	10,8	8,1	56,8	24,3	100,0	37
Außerhalb der Arbeitszeit	42,7	6,7	10,1	40,4	100,0	89

Quelle: SOEP, eigene Berechnungen.

Tabelle A.5: Teilnahmequoten beruflicher Weiterbildung nach Geschlecht (Prozentsätze und Zusammenhangsmaße)

	Berufliche Weiterbildung		
Geschlecht	Periode I	Periode II	Periode III
Männlich	34,8	32,8	39,0
Weiblich	25,6	25,6	40,1
Cramers V	0,09	0,07	0,01
p	0,000	0,000	0,632
	Betriebliche Weiterbildung		
Geschlecht	Periode I	Periode II	Periode III
Männlich	28,1	27,1	32,0
Weiblich	19,3	19,9	27,7
Cramers V	0,09	0,08	0,04
p	0,000	0,000	0,045
	Individuelle Weiterbildung		
Geschlecht	Periode I	Periode II	Periode III
Männlich	12,0	10,4	11,6
Weiblich	13,0	11,4	18,3
Cramers V	0,01	0,02	0,09
p	0,523	0,481	0,000
Fallzahl	2223	2177	1994

Quelle: SOEP, eigene Berechnungen.

Tabelle A.6: Teilnahmequoten beruflicher Weiterbildung nach Altersklassen (Prozentsätze und Zusammenhangsmaße)

	Berufliche Weiterbildung		
Altersklassen (in Jahren)	Periode I	Periode II	Periode III
Unter 30	32,4	29,0	32,9
30 bis unter 40	41,5	38,3	45,6
40 bis unter 50	34,8	34,1	43,4
50 bis unter 65	20,1	19,5	27,6
Cramers V	0,18	0,16	0,16
p	0,000	0,000	0,000
	Betriebliche Weiterbildung		
Altersklassen (in Jahren)	Periode I	Periode II	Periode III
Unter 30	21,7	22,4	24,2
30 bis unter 40	32,4	29,1	32,8
40 bis unter 50	28,0	28,5	35,5
50 bis unter 65	18,1	17,5	23,4
Cramers V	0,13	0,12	0,11
p	0,000	0,000	0,000
	Individuelle Weiterbildung		
Altersklassen (in Jahren)	Periode I	Periode II	Periode III
Unter 30	13,6	11,1	12,4
30 bis unter 40	17,8	13,4	16,9
40 bis unter 50	14,2	13,1	13,0
50 bis unter 65	5,2	5,9	11,2
Cramers V	0,15	0,10	0,07
p	0,000	0,000	0,025
Fallzahl	2223	2177	1993

Quelle: SOEP, eigene Berechnungen.

Tabelle A.7: Teilnahmequoten beruflicher Weiterbildung nach Bildungsabschlüssen (CASMIN) (Prozentsätze und Zusammenhangsmaße)

	Berufliche Weiterbildung		
Bildungsabschlüsse	Periode I	Periode II	Periode III
1a/b Hauptschule oder weniger	7,4	8,3	25,8
1c Hauptschule/Lehre	22,2	20,6	28,1
2b Realschule	23,8	22,8	36,5
2a Realschule/Lehre	38,3	36,0	42,8
2c Abitur	47,6	45,2	46,0
3a Fachhochschule	55,8	42,3	49,6
3b Hochschule	64,4	61,1	58,4
Cramers V	0,35	0,32	0,22
p	0,000	0,000	0,000
	Betriebliche Weiterbildung		
Bildungsabschlüsse	Periode I	Periode II	Periode III
1a/b Hauptschule oder weniger	5,5	6,6	8,2
1c Hauptschule/Lehre	16,1	16,0	19,7
2b Realschule	19,0	12,3	36,5
2a Realschule/Lehre	30,8	29,5	35,9
2c Abitur	33,9	33,9	32,9
3a Fachhochschule	48,3	38,8	45,2
3b Hochschule	56,8	52,7	50,6
Cramers V	0,34	0,30	0,27
p	0,000	0,000	0,000
	Individuelle Weiterbildung		
Bildungsabschlüsse	Periode I	Periode II	Periode III
1a/b Hauptschule oder weniger	4,3	1,8	17,6
1c Hauptschule/Lehre	8,6	6,5	10,4
2b Realschule	11,6	8,8	2,0
2a Realschule/Lehre	12,2	12,0	12,2
2c Abitur	16,9	17,4	15,1
3a Fachhochschule	17,2	10,3	12,2
3b Hochschule	31,4	27,9	25,5
Cramers V	0,22	0,23	0,15
p	0,000	0,000	0,000
Fallzahl	2213	2153	1962

Quelle: SOEP, eigene Berechnungen.

Tabelle A.8: Die Zusammenfassung von Wirtschaftszweigen mit den SOEP-Daten

	Wirtschaftszweige	SOEP-Codes
1.	Land- / Forstwirtschaft, Fischerei, Nahrung, Genussmittel	1, 2, 13
2.	Energie, Wasser, Maschinen- / Fahrzeugbau	3, 9
3.	Bergbau, Eisen, Stahl, Schwerindustrie (nicht einzuordnen)	4, 8, 42
4.	Chemie, Kunststoff	5, 6
5.	Ton, Steine, Erden, Bauhauptgewerbe / -hilfsgewerbe	7, 14, 15
6.	Elektro, Feinmechanik	10
7.	Holz, Papier, Druck, Textil, Bekleidung, Leichtindustrie (nicht einzuordnen)	11, 12, 41
8.	Handel	16, 17, 18
9.	Bahn, Post, Verkehr, Nachrichten	19, 20, 21
10.	Banken, Sparkassen, Versicherungen, Rechtsberatung, Immobilien u.ä.	22, 23, 29
11.	Gaststätten, Beherbergung, persönliche Dienstleistungen, Gebäudereinigung, Gesundheitswesen, sonstige Dienstleistungen, private Haushalte	24, 25, 26, 28, 30, 32
12.	Bildung, Wissenschaft, Sport, Organisationen ohne Erwerbscharakter	27, 31
13.	Gebietskörperschaften, Sozialversicherungen	33, 34
14.	Sonstige Branche, Falsche Angabe, Keine Angabe, Industrie / Handwerk / Dienstleistungen, nicht einzuordnen	35, 36, 37, 40, 43, 44, 45

Tabelle A.9: Teilnahme an beruflicher Weiterbildung nach Wirtschaftszweigen (Zusammenhangsmaße)

	Berufliche Weiterbildung		
Kennzahlen	Periode I	Periode II	Periode III
Cramers V	0,25	0,24	0,27
p	0,000	0,000	0,000
	Betriebliche Weiterbildung		
Kennzahlen	Periode I	Periode II	Periode III
Cramers V	0,26	0,27	0,31
p	0,000	0,000	0,000
	Individuelle Weiterbildung		
Kennzahlen	Periode I	Periode II	Periode III
Cramers V	0,18	0,18	0,23
p	0,000	0,000	0,000
Fallzahl	2195	2167	1986

Quelle: SOEP, eigene Berechnungen.

Tabelle A.10: Teilnahmequoten beruflicher Weiterbildung nach Arbeitszeit (Prozentsätze und Zusammenhangsmaße)

	Berufliche Weiterbildung		
Arbeitszeit	Periode I	Periode II	Periode III
Teilzeit	20,0	22,7	31,1
Vollzeit	33,0	31,1	40,4
Cramers V	0,08	0,06	0,06
p	0,000	0,010	0,009
	Betriebliche Weiterbildung		
Arbeitszeit	Periode I	Periode II	Periode III
Teilzeit	16,6	15,8	20,2
Vollzeit	26,1	25,6	31,6
Cramers V	0,06	0,07	0,08
p	0,002	0,001	0,001
	Individuelle Weiterbildung		
Arbeitszeit	Periode I	Periode II	Periode III
Teilzeit	12,9	14,9	16,3
Vollzeit	12,3	10,2	13,8
Cramers V	0,01	0,05	0,02
p	0,799	0,033	0,309
Fallzahl	2218	2173	1989

Quelle: SOEP, eigene Berechnungen.

Tabelle A.11: Teilnahmequoten beruflicher Weiterbildung nach der Erwerbsform (Prozentsätze und Zusammenhangsmaße)

	Berufliche Weiterbildung		
Erwerbsform	Periode I	Periode II	Periode III
Abhängige Beschäftigung	32,7	31,2	39,3
Selbstständigkeit	20,0	16,7	40,0
Cramers V	0,07	0,08	0,00
p	0,001	0,000	0,858
	Betriebliche Weiterbildung		
Erwerbsform	Periode I	Periode II	Periode III
Abhängige Beschäftigung	26,0	25,6	31,1
Selbstständigkeit	14,4	10,1	23,8
Cramers V	0,07	0,09	0,05
p	0,001	0,000	0,038
	Individuelle Weiterbildung		
Erwerbsform	Periode I	Periode II	Periode III
Abhängige Beschäftigung	12,4	10,8	13,6
Selbstständigkeit	11,8	10,1	18,3
Cramers V	0,00	0,01	0,04
p	0,834	0,813	0,081
Fallzahl	2223	2177	1994

Quelle: SOEP, eigene Berechnungen.

Tabelle A.12: Teilnahmequoten beruflicher Weiterbildung nach der Befristung des Arbeitsvertrags (Prozentsätze und Zusammenhangsmaße)

	Berufliche Weiterbildung		
Befristung	Periode I	Periode II	Periode III
Nein	31,3	30,4	39,1
Ja	41,9	29,5	45,0
Cramers V	0,05	0,00	0,03
p	0,014	0,834	0,209
	Betriebliche Weiterbildung		
Befristung	Periode I	Periode II	Periode III
Nein	25,2	24,8	31,2
Ja	25,8	25,7	18,0
Cramers V	0,00	0,00	0,07
p	0,870	0,841	0,003
	Individuelle Weiterbildung		
Befristung	Periode I	Periode II	Periode III
Nein	12,2	10,6	13,1
Ja	18,7	8,0	30,6
Cramers V	0,05	0,02	0,12
p	0,036	0,396	0,000
Fallzahl	2124	2102	1993

Quelle: SOEP, eigene Berechnungen.

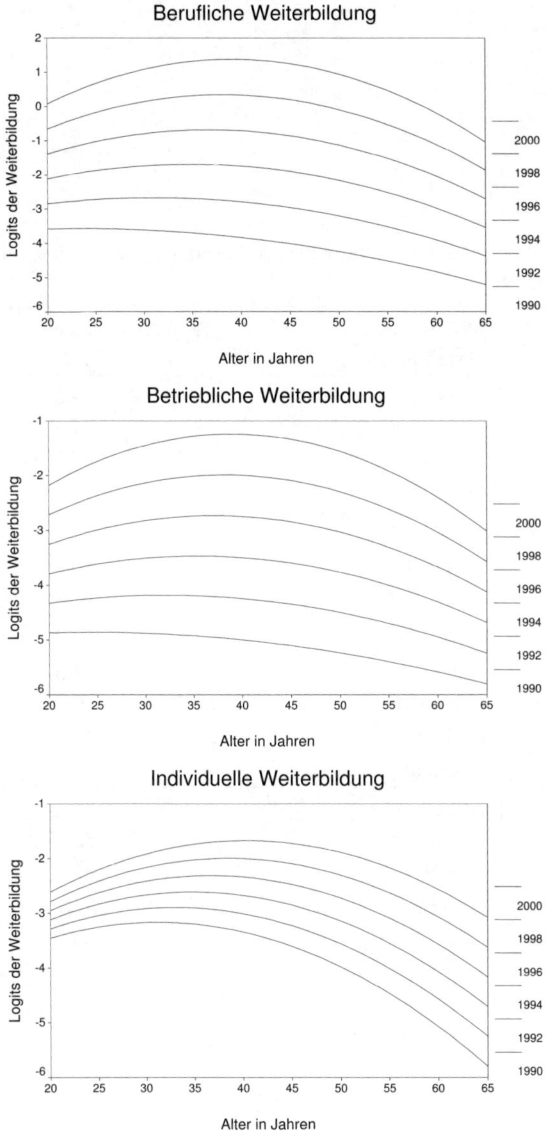

Abbildung A.2: Altersprofile der geschätzten Weiterbildungslogits

Tabelle A.13: Teilnahmequoten beruflicher Weiterbildung nach Untersuchungsperioden und Mobilitätserfahrungen

Untersuchungs-perioden	Mobilitäts-erfahrungen	Teilnahmequoten in %	Fallzahlen
Periode I	Abstiege	19,6	347
(1986/1989)	Persistenz	31,5	1884
	Aufstiege	29,5	454
	Gesamt	29,6	2685
Periode II	Abstiege	22,7	304
(1990/1993)	Persistenz	30,0	1945
	Aufstiege	31,8	421
	Gesamt	29,5	2670
Periode III	Abstiege	31,5	200
(1997/2000)	Persistenz	36,2	1749
	Aufstiege	40,2	433
	Gesamt	36,6	2382
Gesamt	Abstiege	23,5	851
	Persistenz	32,5	5578
	Aufstiege	33,8	1309
	Gesamt	31,7	7738

Quelle: SOEP, eigene Berechnungen.

Tabelle A.14: Betriebliche Weiterbildung und Karrieremobilität (kumulative Logitmodelle der erforderlichen Ausbildung im Beruf am Ende der Untersuchungsperioden ohne und mit Interaktionseffekten, Koeffizienten und Anpassung)

	ohne Interaktionen[a]	mit Interaktionen[a]
Betriebliche Weiterbildung[b]	0,664 **	2,957 **
Weiterbildung*erforderliche Ausbildung[b]		
Einarbeitung		-2,446 **
Kurse		-2,592 **
Ausbildung		-2,344 **
Hochschule		-2,662 **
Männer[b]	0,030	0,011
Alter (logarithmiert)	-0,263 *	-0,244 *
Bildung[b]		
1c Hauptschule/Lehre	0,594 **	0,576 **
2b Realschule	0,880 **	0,888 **
2a Realschule/Lehre	1,102 **	1,091 **
2c Abitur	1,580 **	1,551 **
3a Fachhochschule	2,630 **	2,586 **
3b Hochschule	3,266 **	3,169 **
Erforderliche Ausbildung[b]		
Einarbeitung	1,088 **	1,241 **
Kurse	2,182 **	2,430 **
Ausbildung	3,307 **	3,475 **
Hochschule	6,636 **	6,970 **
Selbstständige[b]	0,170	0,129
Vollzeit[b]	0,112	0,096
Befristung[b]	-0,639 **	-0,660 **
Unternehmensgröße[b]		
20 bis 199 Mitarbeiter	0,229 **	0,231 **
200 bis 1999 Mitarbeiter	0,135	0,141
2000 und mehr Mitarbeiter	0,182 *	0,179 *
$-2LL_0$	18678	18678
χ^2	7035	7097
df	19	23
R^2_{Mc}	0,377	0,380
Fallzahl	7212	7212

a Ausgewiesen sind die Effektkoeffizienten β. Signifikanzniveau: ** $\Rightarrow \alpha = 0,01$ und * $\Rightarrow \alpha = 0,05$. Auf die Darstellung der Schwellenwerte wurde aus Platzgründen verzichtet.

b Die Referenzkategorien lauten: keine betriebliche Weiterbildung, Frauen, 1a/b Hauptschule oder weniger, keine besondere Ausbildung erforderlich, abhängig Beschäftigte, Teilzeit, unbefristet, unter 20 Mitarbeiter.

Quelle: SOEP, eigene Berechnungen.

Tabelle A.15: Individuelle Weiterbildung und Karrieremobilität (kumulative Logitmodelle der erforderlichen Ausbildung im Beruf am Ende der Untersuchungsperioden ohne und mit Interaktionseffekten, Koeffizienten und Anpassung)

	ohne Interaktionen[a]	mit Interaktionen[a]
Individuelle Weiterbildung[b]	0,592 **	5,335 **
Weiterbildung*erforderliche Ausbildung[b]		
Einarbeitung		-4,676 **
Kurse		-4,632 **
Ausbildung		-5,229 **
Hochschule		-4,931 **
Männer[b]	0,061	0,037
Alter (logarithmiert)	-0,254 *	-0,190
Bildung[b]		
1c Hauptschule/Lehre	0,616 **	0,583 **
2b Realschule	0,948 **	0,912 **
2a Realschule/Lehre	1,189 **	1,168 **
2c Abitur	1,662 **	1,592 **
3a Fachhochschule	2,714 **	2,691 **
3b Hochschule	3,398 **	3,444 **
Erforderliche Ausbildung[b]		
Einarbeitung	1,086 **	1,240 **
Kurse	2,236 **	2,403 **
Ausbildung	3,329 **	3,580 **
Hochschule	6,634 **	6,851 **
Selbstständige[b]	0,159	0,072
Vollzeit[b]	0,140	0,200 *
Befristung[b]	-0,674 **	-0,668 **
Unternehmensgröße[b]		
20 bis 199 Mitarbeiter	0,258 **	0,271 **
200 bis 1999 Mitarbeiter	0,205 *	0,229 *
2000 und mehr Mitarbeiter	0,281 **	0,283 **
$-2LL_0$	18678	18678
χ^2	6992	7148
df	19	23
R^2_{Mc}	0,374	0,383
Fallzahl	7212	7212

a Ausgewiesen sind die Effektkoeffizienten β. Signifikanzniveau: ** $\Rightarrow \alpha = 0,01$ und * $\Rightarrow \alpha = 0,05$. Auf die Darstellung der Schwellenwerte wurde aus Platzgründen verzichtet.

b Die Referenzkategorien lauten: keine individuelle Weiterbildung, Frauen, 1a/b Hauptschule oder weniger, keine besondere Ausbildung erforderlich, abhängig Beschäftigte, Teilzeit, unbefristet, unter 20 Mitarbeiter.

Quelle: SOEP, eigene Berechnungen.

Abbildungsverzeichnis

Tabellenverzeichnis

Literaturverzeichnis

Agresti, Alan 1990: Categorical Data Analysis, New York: Wiley.

Alba, Richard D. 1988: Interpreting the Parameters of Log-Linear Models, in: Long, J. Scott (Hg.), Common Problems/Proper Solutions. Avoiding Errors in Quantitative Research, Beverly Hills: Sage, S. 258–287.

Allerbeck, Klaus R.; Stork, Hans Rainer 1980: Soziale Mobilität in Deutschland 1833-1970. Eine Reanalyse, in: Kölner Zeitschrift für Soziologie und Sozialpsychologie 32 (1), S. 93–110.

Allison, Paul D. 1999: Multiple Regression. A Primer, Undergraduate Research Methods & Statistics in the Social Sciences, Thousand Oaks: Pine Forge Press.

Allmendinger, Jutta 1989: Career Mobility Dynamics. A Comparative Analysis of the United States, Norway and West Germany, Studien und Berichte: 49, Berlin: MPI für Bildungsforschung.

Allmendinger, Jutta; Aisenbrey, Silke 2002: Soziologische Bildungsforschung, in: Tippelt, Rudolf (Hg.), Handbuch Bildungsforschung, Opladen: Leske + Budrich, S. 41–60.

Allmendinger, Jutta; Hinz, Thomas 1997: Mobilität und Lebensverlauf: Deutschland, Großbritannien und Schweden im Vergleich, in: Hradil, Stefan; Immerfall, Stefan (Hg.), Die westeuropäischen Gesellschaften im Vergleich, Opladen: Leske + Budrich, S. 247–285.

Alt, Cristel; Sauter, Edgar; Tillmann, Heinrich 1994: Berufliche Weiterbildung in Deutschland – Strukturen und Entwicklungen, Bielefeld: Bertelsmann.

Andreß, Hans-Jürgen 1992: Verlaufsdatenanalyse, Historische Sozialforschung, Beiheft: 5, Köln: Zentrum für historische Sozialforschung.

Andreß, Hans-Jürgen; Hagenaars, Jacques; Kühnel, Steffen 1997: Analyse von Tabellen und kategorialen Daten. Log-lineare Modelle, latente Klassenanalyse, logistische Regression und GSK-Ansatz, Berlin: Springer.

Arrow, Kenneth J. 1973: Higher Education as a Filter, in: Journal of Public Economics 2 (3), S. 193–216.

Aschaffenburg, Karen E. 1995: Rethinking Images of the Mobility Regime: Making a Case for Women's Mobility, in: Wallace, Michael (Hg.), Research in Social Stratification and Mobility, Volume 14, Greenwich: JAI Press, S. 201–235.

Backes-Gellner, Uschi; Lazear, Edward P.; Wolff, Birgitta 2001: Personalökonomik. Fortgeschrittene Anwendungen für das Management, Stuttgart: Schäffer-Poeschel.

Baron, James N. 1994: Reflections on Recent Generations of Mobility Research, in: Grusky, David B. (Hg.), Social Stratification. Class, Race and Gender in Sociological Perspective, Social Inequality Series, Boulder: Westview Press, S. 384–393.

Baron, James N.; Bielby, William T. 1980: Bringing the Firms Back In: Stratification, Segmentation and the Organization of Work, in: American Sociological Review 45 (5), S. 737–765.

Barz, Heiner 2000: Weiterbildung und soziale Milieus, Grundlagen der Weiterbildung, Neuwied: Luchterhand.

Barz, Heiner; Tippelt, Rudolf 1994: Lebenswelt, Lebenslage, Lebensstil und Erwachsenenbildung, in: Tippelt, Rudolf (Hg.), Handbuch Erwachsenenbildung/Weiterbildung, Opladen: Leske + Budrich, S. 123–146.

Beck, Ulrich 1983: Jenseits von Klasse und Stand? Soziale Ungleichheit, gesellschaftliche Differenzierungsprozesse und die Entstehung neuer sozialer Formationen und Identitäten, in: Kreckel,

Reinhard (Hg.), Soziale Ungleichheiten, Soziale Welt, Sonderband: 2, Göttingen: Schwartz, S. 35–74.

Beck, Ulrich 1985: Ausbildung ohne Beschäftigung. Zum Funktionswandel des Bildungssystems im Systemwandel der Arbeitsgesellschaft, in: Hradil, Stefan (Hg.), Sozialstruktur im Umbruch. Karl Martin Bolte zum 60. Geburtstag, Opladen: Leske + Budrich, S. 305–321.

Beck, Ulrich 1986: Risikogesellschaft. Auf dem Weg in eine andere Moderne, Frankfurt a.M.: Suhrkamp.

Beck, Ulrich; Sopp, Peter 1997: Individualisierung und Integration. Versuch einer Problemskizze, in: Beck, Ulrich; Sopp, Peter (Hg.), Individualisierung und Integration. Neue Konfliktlinien und neuer Integrationsmodus? Opladen: Leske + Budrich, S. 9–19.

Becker, Gary S. 1983: Human Capital. A Theoretical and Empirical Analysis, with Special Reference to Education, zweite Auflage, Midway Reprint, Chicago: University of Chicago Press.

Becker, Gary S. 1996: Familie, Gesellschaft und Politik – die ökonomische Perspektive, Die Einheit der Gesellschaftswissenschaften: 96, Tübingen: Mohr.

Becker, Mark P. 1990: Quasisymmetric Models for the Analysis of Square Contingency Tables, in: Journal of the Royal Statistical Society, Series B (Methodological) 52 (2), S. 369–378.

Becker, Rolf 1991: Berufliche Weiterbildung und Berufsverlauf. Eine Längsschnittuntersuchung von drei Geburtskohorten, in: Mitteilungen aus der Arbeitsmarkt- und Berufsforschung 24 (2), S. 351–364.

Becker, Rolf 1993: Staatsexpansion und Karrierechancen. Berufsverläufe im öffentlichen Dienst und in der Privatwirtschaft, Lebensverläufe und gesellschaftlicher Wandel, Frankfurt a.M.: Campus.

Becker, Rolf 1993: Zur Bedeutung der beruflichen Weiterbildung für den Berufsverlauf, in: Meier, Artur; Rabe-Kleberg, Ursula (Hg.), Weiterbildung, Lebenslauf, sozialer Wandel, Neuwied: Luchterhand, S. 61–86.

Becker, Rolf 1999: Berufliche Weiterbildung auf dem Prüfstand. Wirksamkeit und Nutzen von Weiterbildung, in: Grundlagen der Weiterbildung 10 (5), S. 213–215.

Becker, Rolf; Schömann, Klaus 1996: Berufliche Weiterbildung und Einkommensdynamik. Eine Längsschnittstudie mit besonderer Berücksichtigung von Selektionsprozessen, in: Kölner Zeitschrift für Soziologie und Sozialpsychologie 48 (3), S. 426–461.

Becker, Rolf; Schömann, Klaus 1999: Berufliche Weiterbildung und Einkommenschancen im Lebensverlauf. Empirische Befunde für Frauen und Männer in West- und Ostdeutschland, in: Beer, Doris; Frick, Bernd; Neubäumer, Renate; Sesselmeier, Werner (Hg.), Die wirtschaftlichen Folgen von Aus- und Weiterbildung, München: Hampp, S. 93–121.

Becker, Rolf; Zimmermann, Ekkart 1995: Statusinkonsistenz im Lebensverlauf. Eine Längsschnittstudie über Statuslagen von Männern und Frauen in den Kohorten 1929-31, 1939-41 und 1949-51, in: Zeitschrift für Soziologie 24 (5), S. 358–373.

Behringer, Friederike 1995: Weiterbildung in Ost- und Westdeutschland, in: Vierteljahreshefte zur Wirtschaftsforschung 64 (1), S. 26–51.

Behringer, Friederike 1996: Zum individuellen Nutzen beruflicher Weiterbildung. Subjektive Einschätzungen und objektive Veränderungen, in: Bardeleben, Richard von; Bolder, Axel; Heid, Helmut (Hg.), Kosten und Nutzen beruflicher Bildung, Zeitschrift für Berufs- und Wirtschaftspädagogik, Beiheft: 12, Stuttgart: Steiner, S. 84–104.

Behringer, Friederike 1998: Qualifikationsspezifische Unterschiede in der beruflichen Weiterbildung. Das Resultat unterschiedlicher Interessen und selektiver betrieblicher Förderung, in: Sozialwissenschaften und Berufspraxis 21 (4), S. 295–305.

Behringer, Friederike 1999: Beteiligung an beruflicher Weiterbildung. Humankapitaltheoretische und handlungstheoretische Erklärung und empirische Evidenz, Opladen: Leske + Budrich.

Behringer, Friederike; Jeschek, Wolfgang 1993: Zugang zu Bildung – Bildungsbeteiligung und Ausgaben für Bildung. Entwicklungen im Bildungssystem der Bundesrepublik Deutschland, Beiträge zur Strukturforschung des DIW: 139, Berlin: Duncker & Humblot.

Bell, Daniel 1996: Die nachindustrielle Gesellschaft, Reihe Campus: 1001, Neuausgabe, Frankfurt a.M.: Campus.

Bellmann, Lutz 2003: Datenlage und Interpretation der Weiterbildung in Deutschland, Schriftenreihe der Expertenkommission Finanzierung Lebenslangen Lernens: 2, Bielefeld: Bertelsmann.

Bellmann, Lutz; Düll, Herbert; Leber, Ute 2001: Zur Entwicklung der betrieblichen Weiterbildungsaktivitäten. Eine Untersuchung auf Basis des IAB-Betriebspanels, in: Reinberg, Alexander (Hg.), Arbeitsmarktsrelevante Aspekte der Bildungspolitik, BeitrAB: 245, Nürnberg: IAB, S. 97–123.

Bellmann, Lutz; Leber, Ute 2003: Betriebliche Weiterbildung. Denn wer da hat, dem wird gegeben, in: IAB-Materialien 1/2003, S. 15–16.

Benninghaus, Hans 1991: Einführung in die sozialwissenschaftliche Datenanalyse, zweite, völlig überarbeitete Auflage, München: Oldenbourg.

Benninghaus, Hans 1998: Deskriptive Statistik. Statistik für Soziologen 1, achte, neubearbeitete Auflage, Teubner Studienskripten zur Soziologie: 22, Stuttgart: Teubner.

Berger, Peter A. 1995: Mobilität, Verlaufsvielfalt und Individualisierung, in: Berger, Peter A.; Sopp, Peter (Hg.), Sozialstruktur und Lebenslauf, Sozialstrukturanalyse: 5, Opladen: Leske + Budrich, S. 65–83.

Berger, Peter A. 1996: Individualisierung. Statusunsicherheit und Erfahrungsvielfalt, Opladen: Westdeutscher Verlag.

Berger, Peter A. 1997: Individualisierung und sozialstrukturelle Dynamik, in: Beck, Ulrich; Sopp, Peter (Hg.), Individualisierung und Integration. Neue Konfliktlinien und neuer Integrationsmodus? Opladen: Leske + Budrich, S. 81–95.

Berger, Peter A.; Konietzka, Dirk 2001: Alte Ungleichheiten und neue Unsicherheiten in der Erwerbsgesellschaft, in: Berger, Peter A.; Konietzka, Dirk (Hg.), Die Erwerbsgesellschaft. Neue Ungleichheiten und Unsicherheiten, Sozialstrukturanalyse: 16, Opladen: Leske + Budrich, S. 9–25.

Bishop, Yvonne M.M.; Fienberg, Stephen E.; Holland, Paul W. 1975: Discrete Multivariate Analysis. Theory and Practice, Cambridge: MIT Press.

Blau, Peter M.; Duncan, Otis D. 1967: The American Occupational Structure, New York: Wiley.

Blossfeld, Hans-Peter 1985: Bildungsexpansion und Berufschancen. Empirische Analysen zur Lage der Berufsanfänger in der Bundesrepublik, Frankfurt a.M.: Campus.

Blossfeld, Hans-Peter 1986: Career Opportunities in the Federal Republic of Germany. A Dynamic Approach to the Study of Life-Course, Cohort, and Period Effects, in: European Sociological Review 2 (3), S. 208–225.

Blossfeld, Hans-Peter 1987: Karriereprozesse im Wandel der Arbeitsmarktstruktur. Ein dynamischer Ansatz zur Erklärung intragenerationaler Mobilität, in: Mitteilungen aus der Arbeitsmarkt- und Berufsforschung 20 (1), S. 74–88.

Blossfeld, Hans-Peter 1989: Kohortendifferenzierung und Karriereprozeß. Eine Längsschnittstudie über die Veränderung der Bildungs- und Berufschancen im Lebenslauf, Frankfurt a.M.: Campus.

Blossfeld, Hans-Peter 1990: Berufsverläufe und Arbeitsmarktprozesse. Ergebnisse sozialstruktureller Längsschnittuntersuchungen, in: Mayer, Karl Ulrich (Hg.), Lebensverläufe und sozialer Wandel, KZfSS, Sonderheft: 31, Opladen: Westdeutscher Verlag, S. 118–145.

Blossfeld, Hans-Peter; Mayer, Karl Ulrich 1988: Arbeitsmarktsegmentation in der Bundesrepublik Deutschland. Eine empirische Überprüfung von Segmentationstheorien aus der Perspektive des Lebensverlaufs, in: Kölner Zeitschrift für Soziologie und Sozialpsychologie 40 (2), S. 123–140.

Blossfeld, Hans-Peter; Rohwer, Götz 1995: Techniques of Event History Modelling. New Approaches to Causal Analysis, Hillsdale: Erlbaum.

Böhnke, Petra 1997: Zum Stellenwert beruflicher Weiterbildung in den ersten Jahren des Erwerbsverlaufs. Theoretische Überlegungen und empirische Befunde zur beruflichen Weiterqualifizierung der Geburtsjahrgänge 1954-56 und 1959-61, Unveröffentlichte Diplomarbeit, Berlin: Freie Universität.

Bolder, Axel 1995: Verhindert der Mangel an Marktregulierung die Teilnahme an beruflicher Weiterbildung? Hinweise aus einem Projekt, Weiterbildungsabstinenz zu erklären, in: Dobischat, Rolf; Husemann, Rudolf (Hg.), Berufliche Weiterbildung als freier Markt? Regulationsanforderungen der beruflichen Weiterbildung in der Diskussion, Berlin: Edition Sigma, S. 323–344.

Bolder, Axel 2001: Soziale Polarisierungen im Feld beruflicher Weiterbildung. Erfüllung einer Bringschuld? in: DIE - Zeitschrift für Erwachsenenbildung 2/2001, S. 23–25.

Bolder, Axel; Hendrich, Wolfgang; Nowak, Daniela; Reimer, Andrea 1994: Weiterbildungsabstinenz. 1. Makrostrukturen und Bedingungen von Weiterbildungsteilnahme und -abstinenz in Deutschland 1993, ISO Bericht: 49, Köln: Institut zur Erforschung sozialer Chancen.

Borjas, George J. 1996: Labor Economics, New York: McGraw-Hill.

Bothfeld, Silke; Kaiser, Lutz C. 2003: Befristung und Leiharbeit: Brücken in reguläre Beschäftigung? in: WSI-Mitteilungen 8/2003, S. 484–493.

Bourdieu, Pierre 2001: Die drei Formen des kulturellen Kapitals, in: Steinrücke, Margareta (Hg.), Pierre Bourdieu: Wie die Kultur zum Bauern kommt. Über Bildung, Schule und Politik, Schriften zu Politik & Kultur: 4, Hamburg: VSA, S. 112–120.

Brauns, Hildegard; Steinmann, Susanne 1997: Educational Reform in France, West-Germany, the United Kingdom and Hungary. Updating the CASMIN Educational Classification, Arbeitspapiere: AB I / 21, Mannheim: MZES.

Brauns, Hildegard; Steinmann, Susanne 1999: Educational Reform in France, West-Germany and the United Kingdom: Updating the CASMIN Educational Classification, in: ZUMA-Nachrichten 44, S. 7–44.

Breen, Richard 1994: Individual Level Models for Mobility Tables and Other Cross-Classifications, in: Sociological Methods & Research 23 (2), S. 147–173.

Breen, Richard; Goldthorpe, John H. 1999: Class Inequality and Meritocracy: A Critique of Saunders and an Alternative Analysis, in: British Journal of Sociology 50 (1), S. 1–27.

Brinkmann, Christian 2000: Zur Evaluation der aktiven Arbeitsförderung nach dem SGB III - Monitoring und Wirkungsforschung im Umbruch, in: Mitteilungen aus der Arbeitsmarkt- und Berufsforschung 33 (3), S. 483–499.

Brüderl, Josef; Preisendörfer, Peter; Ziegler, Rolf 1991: Innerbetriebliche Mobilitätsprozesse. Individuelle und strukturelle Determinanten der Karrieredynamik von Beschäftigten eines bundesdeutschen Großbetriebes, in: Zeitschrift für Soziologie 20 (5), S. 369–384.

Büchel, Felix 1998: Zuviel gelernt? Ausbildungsinadäquate Erwerbstätigkeit in Deutschland, Bielefeld: Bertelsmann.

Büchel, Felix 2000: The Effects of Overeducation on Productivity in Germany. The Firms' Viewpoint, IZA Discussion Paper Series: 216, Bonn: Forschungsinstitut zur Zukunft der Arbeit (IZA).

Büchel, Felix; Helberger, Christoph 1995: Bildungsnachfrage als Versicherungsstrategie. Der Effekt eines zusätzlich erworbenen Lehrabschlusses auf die beruflichen Startchancen von Hochschulabsolventen, in: Mitteilungen aus der Arbeitsmarkt- und Berufsforschung 28, S. 32–42.

Büchel, Felix; Mertens, Antje 2000: Overeducation, Undereducation, and the Theory of Career Mobility, IZA Discussion Paper Series: 195, Bonn: Forschungsinstitut zur Zukunft der Arbeit (IZA).

Büchel, Felix; Pannenberg, Markus 1994: On-the-Job Training, innerbetriebliche Karrierepfade und Einkommensentwicklung, in: Jahrbücher für Nationalökonomie und Statistik 213 (3), S. 278–291.

Büchel, Felix; Pannenberg, Markus 2002: Bildung und berufliche Weiterbildung, in: Statistisches Bundesamt (Hg.), Datenreport 2002. Zahlen und Fakten über die Bundesrepublik Deutschland, Schriftenreihe: 376, Bonn: Bundeszentrale für politische Bildung, S. 483–493.

Büchel, Felix; Weisshuhn, Gernot 1996: Ausbildungsinadäquate Beschäftigung der Absolventen des Bildungssystems. Berichterstattung zu Struktur und Entwicklung unterwertiger Beschäftigung in West- und Ostdeutschland, Wirtschaftswissenschaftliche Dokumentation, Diskussionspapier: 1996/09, Berlin: Technische Universtität.

Büchel, Felix; Weisshuhn, Gernot 1997: Ausbildungsinadäquate Beschäftigung der Absolventen des Bildungssystems. Fortsetzung der Berichterstattung zu Struktur und Entwicklung unterwertiger Beschäftigung in West- und Ostdeutschland, Wirtschaftswissenschaftliche Dokumentation, Diskussionspapier: 1997/03, Berlin: Technische Universtität.

Buchmann, Marlis; König, Markus; Hong Li, Jian; Sacchi, Stefan 1999: Weiterbildung und Beschäftigungschancen. Nationales Forschungsprogramm 33 - Wirksamkeit unserer Bildungssysteme, Chur: Rüegger.

Bulmahn, Thomas 1996: Sozialstruktureller Wandel. Soziale Lagen, Erwerbsstatus, Ungleichheit und Mobilität, in: Zapf, Wolfgang; Habich, Roland (Hg.), Wohlfahrtsentwicklung im vereinten Deutschland. Sozialstruktur, sozialer Wandel und Lebensqualität, Berlin: Edition Sigma, S. 25–49.

Butz, Marcus 2001: Lohnt sich Bildung noch? Ein Vergleich der bildungsspezifischen Nettoeinkommen 1982 und 1995, in: Berger, Peter A.; Konietzka, Dirk (Hg.), Die Erwerbsgesellschaft. Neue Ungleichheiten und Unsicherheiten, Sozialstrukturanalyse: 16, Opladen: Leske + Budrich, S. 95–117.

Carroll, Glenn R.; Mayer, Karl Ulrich 1986: Job-Shift Patterns in the Federal Republic of Germany: The Effects of Social Class, Industrial Sector and Organizational Size, in: American Sociological Review 51 (3), S. 323–341.

Clogg, Clifford C.; Shihadeh, Edward S. 1994: Statistical Models for Ordinal Variables, Advanced Quantitative Techniques in the Social Sciences: 4, Thousand Oaks: Sage.

Däumer, Roland 1993: Log-multiplikative Modelle zur Bestimmung der Assoziation zwischen qualitativen Variablen mit inkonsistent geordneten Kategorien, in: ZA-Information 33, S. 52–74.

Deeke, Axel 1999: Aktive Arbeitsförderung im Wechsel vom Arbeitsförderungsgesetz zum Sozialgesetzbuch III. Zur Umsetzung einiger ausgewählter Instrumente, in: Bayer, Mechthild; Dobischat, Rolf; Kohsiek, Roland (Hg.), Das Sozialgesetzbuch III. Praxis und Reformbedarf in der Arbeitsförderung und Qualifizierung, Berufliche Bildung & Weiterbildung: 7, Frankfurt a.M.: GEW, S. 85–103.

DeMaris, Alfred 1992: Logit Modeling. Practical Applications, Sage University Paper Series on Quantitative Applications in the Social Sciences: 07-086, Newbury Park: Sage.

Dessens, Jos A.G.; Jansen, Wim; Ganzeboom, Harry B.G.; Heijden, Peter G.M. van der 2003: Patterns and Trends in Occupational Attainment of First Jobs in the Netherlands, 1930-1995. Ordinary Least Squares vs. Conditional Multinomial Logistic Regression, in: Journal of the Royal Statistical Society, Series A (Statistics in Society) 166 (Part 1), S. 63–84.

Deutscher Bildungsrat 1972: Strukturplan für das Bildungswesen. Empfehlungen der Bildungskommission, vierte Auflage, Suttgart: Klett.

Dewe, Bernd 1995: Mythos Weiterbildung. Grenzen und Möglichkeiten der beruflichen Weiterbildung in den neuen Bundesländern, in: Krüger, Heinz-Hermann; Kühnel, Martin; Thomas, Sven (Hg.), Transformationsprobleme in Ostdeutschland. Arbeit, Bildung, Sozialpolitik, Opladen: Leske + Budrich, S. 27–42.

Dewe, Bernd; Meister, Dorothee; Sander, Uwe 1997: Zur Situation der Weiterbildung nach der Wende, in: Olbertz, Jan H. (Hg.), Erziehungswissenschaft. Traditionen, Themen, Perspektiven, Opladen: Leske + Budrich, S. 251–263.

Diemer, Vera; Peters, Otto 1998: Bildungsbereich Weiterbildung. Rechtliche und organisatorische Bedingungen, Inhalte, Teilnehmer, Weinheim: Juventa.

Diewald, Martin; Solga, Heike 1997: Convergence or Divergence? Structural Change and Occupational Mobility in East and West Germany after the Unification, Arbeitsberichte aus dem Projekt „Ostdeutsche Lebensverläufe im Transformationsprozeß": 2/1997, Berlin: Max-Planck-Institut für Bildungsforschung.

Diewald, Martin; Sørensen, Annemette 1996: Erwerbsverläufe und soziale Mobilität von Frauen und Männern in Ostdeutschland. Makrostrukturelle Umbrüche und Kontinuitäten im Lebensverlauf, in: Diewald, Martin; Mayer, Karl Ulrich (Hg.), Zwischenbilanz der Wiedervereinigung. Strukturwandel und Mobilität im Transformationsprozess, Sozialstrukturanalyse: 8, Opladen: Leske + Budrich, S. 63–88.

DiPrete, Thomas A. 1990: Adding Covariates to Loglinear Models for the Study of Social Mobility, in: American Sociological Review 55 (5), S. 757–773.

Dobischat, Rolf; Seifert, Hartmut; Ahlene, Eva 2002: Betrieblich-berufliche Weiterbildung von Geringqualifizierten. Ein Politikfeld mit wachsendem Handlungsbedarf, in: WSI-Mitteilungen 1/2002, S. 25–31.

Doeringer, Peter B.; Piore, Michael J. 1971: Internal Labour Markets and Manpower Analysis, Lexington: Heath.

Dostal, Werner 2000: Projektionen, in: BMBF (Hg.), Qualifikationsstrukturbericht 2000, Bonn: BMBF.

Dostal, Werner; Jansen, Rolf 2002: Qualifikation und Erwerbssituation in Deutschland. 20 Jahre BIBB/IAB-Erhebungen, in: Mitteilungen aus der Arbeitsmarkt- und Berufsforschung 35 (2), S. 232–253.

Düll, Herbert; Bellmann, Lutz 1998: Betriebliche Weiterbildungsaktivitäten in West- und Ostdeutschland. Eine theoretische und empirische Analyse mit den Daten des IAB-Betriebspanels 1997, in: Mitteilungen aus der Arbeitsmarkt- und Berufsforschung 31 (2), S. 205–225.

Düll, Herbert; Bellmann, Lutz 1999: Der unterschiedliche Zugang zur betrieblichen Weiterbildung nach Qualifikation und Berufsstatus. Eine Analyse auf der Basis des IAB-Betriebspanels 1997 für West- und Ostdeutschland, in: Mitteilungen aus der Arbeitsmarkt- und Berufsforschung 32 (1), S. 70–84.

Düsseldorff, Karl 1997: Untersuchungen zur beruflichen Weiterbildung in der Transformation vom Plan zum Markt, Bochum: Winkler.

Ehling, Manfred; Heyde, Christian von der; Hoffmeyer-Zlotnik, Jürgen; Quitt, Helmut 1992: Eine deutsche Standarddemographie, in: ZUMA-Nachrichten 31, S. 29–46.

Engelbrech, Gerhard 1991: Frauenspezifische Restriktionen des Arbeitsmarkts – Situationsbericht und Erklärungsansätze zu Phasen des Berufsverlaufs anhand von IAB-Ergebnissen, in: Allmendinger, Jutta; Huinink, Johannes; Mayer, Karl Ulrich (Hg.), Vom Regen in die Traufe. Frauen zwischen Beruf und Familie, Lebensverläufe und gesellschaftlicher Wandel, Frankfurt a.M.: Campus, S. 91–118.

Engelbrech, Gerhard 1997: Erziehungsurlaub und was dann? Die Situation von Frauen bei ihrer Rückkehr auf den Arbeitsmarkt - Ein Ost/West-Vergleich, IAB-Kurzbericht: 8/1997, Nürnberg: IAB.

Erikson, Robert; Goldthorpe, John H. 1992: The Constant Flux. A Study of Class Mobility in Industrial Societies, Oxford: Clarendon Press.

Faulstich, Peter; Gnahs, Dieter 2001: Weiterbildung, in: Böttcher, Wolfgang; Klemm, Klaus; Rauschenbach, Thomas (Hg.), Bildung und Soziales in Zahlen. Statistisches Handbuch zu Daten und Trends im Bildungsbereich, Weinheim: Juventa, S. 183–206.

Franz, Wolfgang 2001: Arbeitslosigkeit, in: Schäfers, Bernhard; Zapf, Wolfgang (Hg.), Handwörterbuch zur Gesellschaft Deutschlands, zweite, neu bearbeitete Auflage, Lizenzausgabe für die Bundeszentrale für politische Bildung, Bonn: Bundeszentrale für politische Bildung, S. 11–21.

Franz, Wolfgang 2003: Arbeitsmarktökonomik, fünfte, vollständig überarbeitete Auflage, Berlin: Springer.

Friebel, Harry 1996: Forschung und Politik zu sozialen Segmentierungen und Polarisierungen in der Weiterbildung, in: Bolder, Axel et al. (Hg.), Die Wiederentdeckung der Ungleichheit. Aktuelle Tendenzen in Bildung für Arbeit, Jahrbuch Bildung und Arbeit: Bd. 1, 1996, Opladen: Leske + Budrich, S. 217–228.

Ganzeboom, Harry B.G.; Treiman, Donald J.; Ultee, Wout C. 1991: Comparative Intergenerational Stratification Research: Three Generations and Beyond, in: Annual Review of Sociology 17, S. 277–302.

Geißler, Karlheinz A. 1994: Vom Lebensberuf zur Erwerbskarriere. Erosionen im Bereich der beruflichen Bildung, in: Zeitschrift für Berufs- und Wirtschaftspädagogik 90 (6), S. 647–654.

Geißler, Karlheinz A.; Orthey, Frank Michael 1996: Die Ungleichheit der Subjekte und die Gleichheit der Zumutungen. Erwachsenenbildung als Einheit von Differenzen, in: Bolder, Axel et al. (Hg.), Die Wiederentdeckung der Ungleichheit. Aktuelle Tendenzen in Bildung für Arbeit, Jahrbuch Bildung und Arbeit: 1, Opladen: Leske + Budrich, S. 188–216.

Geißler, Rainer 1996: Kein Abschied von Klasse und Schicht. Ideologische Gefahren der deutschen Sozialstrukturanalyse, in: Kölner Zeitschrift für Soziologie und Sozialpsychologie 48 (2), S. 319–338.

Geißler, Rainer 2002: Die Sozialstruktur Deutschlands. Die gesellschaftliche Entwicklung vor und nach der Vereinigung, dritte, grundlegend überarbeitete Auflage, Wiesbaden: Westdeutscher Verlag.

Gerber, Theodore P. 2003: Loosening Links? School-to-Work Transitions and Institutional Change in Russia since 1970, in: Social Forces 82 (1), S. 241–276.

Giesecke, Johannes; Groß, Martin 2002: Befristete Beschäftigung: Chance oder Risiko? in: Kölner Zeitschrift für Soziologie und Sozialpsychologie 54 (1), S. 85–108.

Gilbert, Nigel 1993: Analyzing Tabular Data. Loglinear and Logistic Models for Social Researchers, London: UCL Press.

Gnahs, Dieter 1999: Weiterbildungsstatistik, in: Tippelt, Rudolf (Hg.), Handbuch Erwachsenenbildung/Weiterbildung, zweite, überarbeitete und aktualisierte Auflage, Opladen: Leske + Budrich, S. 360–373.

Goldthorpe, John H. 1987: Social Mobility and Class Structure in Modern Britain, zweite Auflage, Oxford: Clarendon Press.

Goodman, Leo A. 1961: Statistical Methods for the Mover-Stayer Model, in: Journal of the American Statistical Association 56 (296), S. 841–868.

Goodman, Leo A. 1979: Simple Models for the Analysis of Association in Cross-Classifications Having Ordered Categories, in: Journal of the American Statistical Association 74 (367), S. 537–552.

Goodman, Leo A. 1991: Measures, Models, and Graphical Displays in the Analysis of Cross-Classified Data, in: Journal of the American Statistical Association 86 (416), S. 1085–1111.

Goodman, Leo A.; Clogg, Clifford C. 1992: New Methods for the Analysis of Occupational Mobility Tables and Other Kinds of Cross-Classifications, in: Contemporary Sociology 21 (5), S. 609–622.

Groß, Martin 1999: Die Folgen prekärer Arbeitsverhältnisse für das Ausmaß sozialer Ungleichheit. Einkommensbenachteiligung befristeter Arbeitsverträge, in: Lüttinger, Paul (Hg.), Sozialstrukturanalysen mit dem Mikrozensus, ZUMA Nachrichten, Spezial: 6, Mannheim: ZUMA, S. 323–353.

Grünewald, Uwe; Moraal, Dick 1996: Betriebliche Weiterbildung in Deutschland: Gesamtbericht. Ergebnisse aus drei empirischen Erhebungsstufen einer Unternehmensbefragung im Rahmen des EG-Aktionsprogrammes FORCE, Bielefeld: Bertelsmann.

Grünewald, Uwe; Moraal, Dick 2001: Weiterbildung in deutschen Unternehmen - Reaktionen und Strategien vor dem Hintergrund neuer Herausforderungen. Erste Ergebnisse einer Zusatzbefragung zur zweiten europäischen Weiterbildungserhebung CVTS-II, Schriftenreihe des Bundesinstituts für Berufsbildung, Bonn: Bundesinstitut für Berufsbildung.

Grünewald, Uwe; Moraal, Dick 2002: Betriebliche Weiterbildung in Deutschland - fit für Europa? Ergebnisse der zweiten europäischen Weiterbildungserhebung, in: Berufsbildung in Wissenschaft und Praxis 3/2002, S. 18–23.

Gukenbiehl, Hermann L. 1998: Bildung und Bildungssystem, in: Schäfers, Bernhard; Zapf, Wolfgang (Hg.), Handwörterbuch zur Gesellschaft Deutschlands, Opladen: Leske + Budrich, S. 85–100.

Gukenbiehl, Hermann L. 2001: Bildung und Bildungssystem, in: Schäfers, Bernhard; Zapf, Wolfgang (Hg.), Handwörterbuch zur Gesellschaft Deutschlands, zweite, neu bearbeitete Auflage, Lizenzausgabe für die Bundeszentrale für politische Bildung, Bonn: Bundeszentrale für politische Bildung, S. 89–103.

Hagenaars, Jacques 1990: Categorical Longitudinal Data. Log-Linear Panel, Trend, and Cohort Analysis, Newbury Park: Sage.

Hall, Anja 2001: Berufliche Karrieremobilität in Deutschland und Großbritannien. Gibt es Differenzen zwischen Frauen und Männern? in: Berger, Peter A.; Konietzka, Dirk (Hg.), Die Erwerbsgesellschaft. Neue Ungleichheiten und Unsicherheiten, Sozialstrukturanalyse: 16, Opladen: Leske + Budrich, S. 213–251.

Handl, Johann 1984: Chancengleichheit und Segregation: Ein Vorschlag zur Messung ungleicher Chancenstrukturen und ihrer zeitlichen Entwicklung, in: Zeitschrift für Soziologie 13 (4), S. 328–345.

Handl, Johann 1985: Mehr Chancengleichheit im Bildungssystem. Erfolg der Bildungsreform oder statistisches Artefakt? in: Kölner Zeitschrift für Soziologie und Sozialpsychologie 37 (4), S. 698–722.

Handl, Johann 1986: Zur Veränderung der beruflichen Chancen von Berufsanfängern zwischen 1950 und 1982, in: Franke, Heinrich; Kaiser, Manfred; Nuthmann, Reinhard; Stegmann, Heinz (Hg.), Berufliche Verbleibsforschung in der Diskussion. Hauptband, Beiträge zur Arbeitsmarkt- und Berufsforschung: 90.4, Nürnberg: IAB, S. 13–48.

Handl, Johann 1988: Berufschancen und Heiratsmuster von Frauen, Frankfurt a.M.: Campus.

Handl, Johann 1996: Hat sich die berufliche Wertigkeit der Bildungsabschlüsse in den achtziger Jahren veringert? Eine Analyse der abhängig erwerbstätigen, deutschen Berufsanfänger auf der Basis von Mikrozensusergebnissen, in: Kölner Zeitschrift für Soziologie und Sozialpsychologie 48 (2), S. 249–273.

Heflik, Roman; Philipp, Beate 2003: Schlauer als der Chef, in: Der Spiegel 40/2003, S. 60.

Heidemann, Winfried 2001: Weiterbildung in Deutschland. Daten und Fakten, Arbeitspapiere der Hans-Böckler-Stiftung: 36, Düsseldorf: Hans-Böckler-Stiftung.

Hendrickx, John; Ganzeboom, Harry B.G. 1998: Occupational Status Attainment in the Netherlands, 1920-1990. A Multinomial Logistic Analysis, in: European Sociological Review 14 (4), S. 387–403.

Herz, Thomas A. 1986: Social Mobility. An ISSC Workbook in Comparative Analysis, Frankfurt a.M.: Campus.

Hillmert, Steffen; Jacob, Marita 2003: Bildungsprozesse zwischen Diskontinuität und Karriere: Das Phänomen der Mehrfachausbildungen, in: Zeitschrift für Soziologie 32 (3), S. 324–345.

Hilzenbecher, Manfred 1991: Berufliche Weiterbildung im Mikrozensus, in: Berufsbildung in Wissenschaft und Praxis 3/1991, S. 28–32.

Hirsch, Fred 1980: Die sozialen Grenzen des Wachstums. Eine ökonomische Analyse der Wachstumskrise, Reinbek: Rowohlt.

Hirschenauer, Franziska 2001: Regionale Eingliederungsbilanzen. Die Förderung von Arbeitslosen unter der Lupe, in: IAB-Materialien 1/2001, S. 3–6.

Hoffmann, Edeltraud; Walwei, Ulrich 2000: Strukturwandel der Erwerbsarbeit. Was ist eigentlich noch „normal"? IAB-Kurzbericht: 14/2000, Nürnberg: IAB.

Hoffmeyer-Zlotnik, Jürgen H.P. 1993: Operationalisierung von „Beruf" als zentrale Variable zur Messung von sozio-ökonomischem Status, in: ZUMA-Nachrichten 32, S. 135–141.

Hoffmeyer-Zlotnik, Jürgen H.P. 1998: „Beruf" und „Stellung im Beruf" als Indikatoren für soziale Schichtung, in: Ahrens, W.; Bellach, B.-M.; Jöckel, K.-H. (Hg.), Messung soziodemographischer Merkmale in der Epidemiologie, München: MMV Medizin Verlag, S. 54–64.

Hoffmeyer-Zlotnik, Jürgen H.P. 2003: „Stellung im Beruf" als Ersatz für eine Berufsklassifikation zur Ermittlung von sozialem Prestige, in: ZUMA-Nachrichten 53, S. 114–127.

Hopf, Wulf 1992: Ausbildung und Statuserwerb. Theoretische Erklärungen und Ergebnisse der Sozialforschung, Campus Forschung: 678, Frankfurt a.M.: Campus.

Hout, Michael 1983: Mobility Tables, Sage University Paper Series on Quantitative Applications in the Social Sciences: 07-031, Beverly Hills: Sage.

Hout, Michael 1984: Status, Autonomy, and Training in Occupational Mobility, in: American Journal of Sociology 89 (6), S. 1379–1409.

Hout, Michael 1989: Following in Father's Footsteps. Social Mobility in Ireland, Cambridge: Harvard University Press.

Hout, Michael; Hauser, Robert M. 1992: Symmetry and Hierarchy in Social Mobility: A Methodological Analysis of the CASMIN Model of Class Mobility, in: European Sociological Review 8 (3), S. 239–266.

Hradil, Stefan 1987: Sozialstrukturanalyse in einer fortgeschrittenen Gesellschaft. Von Klassen und Schichten zu Lagen und Milieus, Opladen: Leske + Budrich.

Hradil, Stefan 1992: Alte Begriffe und neue Strukturen. Die Milieu-, Subkultur- und Lebensstilforschung der 80er Jahre, in: Hradil, Stefan (Hg.), Zwischen Bewußtsein und Sein. Die Vermittlung „objektiver" Lebensbedingungen und „subjektiver" Lebensweisen, Opladen: Leske + Budrich, S. 15–55.

Hradil, Stefan 2001a: Bevölkerungsentwicklung und Gesellschaftsveränderung in den kommenden Jahrzehnten, in: Gegenwartskunde 3/2001, S. 377–403.

Hradil, Stefan 2001b: Soziale Ungleichheit in Deutschland, achte Auflage, Opladen: Leske + Budrich.

Hradil, Stefan 2002: Zur Sozialstrukturentwicklung in den neunziger Jahren, in: Süß, Werner (Hg.), Deutschland in den neunziger Jahren. Politik und Gesellschaft zwischen Wiedervereinigung und Globalisierung, Opladen: Leske + Budrich, S. 227–250.

Husemann, Rudolf 2002: Ältere Arbeitnehmer, Verlängerung der Lebensarbeitszeit und berufliche Weiterbildung, in: WSI-Mitteilungen 1/2002, S. 32–37.

Ishii-Kuntz, Masako 1994: Ordinal Log-Linear Models, Sage University Paper Series on Quantitative Applications in the Social Sciences: 07-097, Thousand Oaks: Sage.

Kalmijn, Matthijs 1994: Assortative Mating by Cultural and Economic Occupational Status, in: American Journal of Sociology 100 (2), S. 422–452.

Kappelhoff, Peter; Teckenberg, Wolfgang 1987: Intergenerationen- und Karrieremobilität in der Bundesrepublik Deutschland und in den Vereinigten Staaten, in: Kölner Zeitschrift für Soziologie und Sozialpsychologie 39 (2), S. 302–329.

Kaufman, Bruce E.; Hotchkiss, Julie L. 2000: The Economics of Labor Markets, fünfte Auflage, Fort Worth: Dryden.

Kerschke-Risch, Pamela 1990: Statusinkonsistenz. Ein neuer Ansatz für eine alte Theorie, in: Zeitschrift für Soziologie 19 (3), S. 195–202.

Kieser, Alfred; Walgenbach, Peter 2003: Organisation, vierte, überarbeitete und erweiterte Auflage, Stuttgart: Schäffer-Poeschel.

Kleining, Gerhard; Moore, Harriet 1968: Soziale Selbsteinstufung (SSE). Ein Instrument zur Messung sozialer Schichten, in: Kölner Zeitschrift für Soziologie und Sozialpsychologie 20 (3), S. 587–611.

Klemm, Klaus 2000: Bildung, in: Allmendinger, Jutta; Ludwig-Mayerhofer, Wolfgang (Hg.), Soziologie des Sozialstaats. Gesellschaftliche Grundlagen, historische Zusammenhänge und aktuelle Entwicklungstendenzen, Grundlagentexte Soziologie, Weinheim: Juventa, S. 145–165.

Klemm, Klaus 2001: Bildungsexpansion, Erfolge und Mißerfolge sowie Bildungsbeteiligung, in: Böttcher, Wolfgang; Klemm, Klaus; Rauschenbach, Thomas (Hg.), Bildung und Soziales in Zahlen. Statistisches Handbuch zu Daten und Trends im Bildungsbereich, Weinheim: Juventa, S. 331–342.

Koller, Barbara; Plath, Hans-Eberhard 2000: Qualifikation und Qualifizierung älterer Arbeitnehmer, in: Mitteilungen aus der Arbeitsmarkt- und Berufsforschung 33 (1), S. 112–125.

Koller, Barbara; Plath, Hans-Eberhard 2001: Qualifikation und Weiterbildung älterer Arbeitnehmer, in: Reinberg, Alexander (Hg.), Arbeitsmarktrelevante Aspekte der Bildungspolitik, BeitrAB: 245, Nürnberg: IAB, S. 63–95.

König, Wolfgang 1990: Berufliche Mobilität in Frankreich und Deutschland. Konsequenzen von Bildungs- und Beschäftigungssystemen für Frauen und Männer, Frankfurt a.M.: Campus.

König, Wolfgang; Müller, Walter 1986: Educational Systems and Labour Markets as Determinants of Worklife Mobility in France and West Germany. A Comparison of Men's Career Mobility, 1965-1970, in: European Sociological Review 2 (2), S. 73–96.

Kraemer, Klaus; Bittlingmayer, Uwe H. 2001: Soziale Polarisierung durch Wissen. Zum Wandel der Arbeitsmarktchancen in der „Wissensgesellschaft", in: Berger, Peter A.; Konietzka, Dirk (Hg.), Die Erwerbsgesellschaft. Neue Ungleichheiten und Unsicherheiten, Sozialstrukturanalyse: 16, Opladen: Leske + Budrich, S. 313–329.

Krais, Beate 1994: Erziehungs- und Bildungssoziologie, in: Kerber, Harald; Schmieder, Arnold (Hg.), Spezielle Soziologien. Problemfelder, Forschungsbereiche, Anwendungsorientierungen, Reinbek: Rowohlt, S. 556–576.

Krais, Beate 1996: Bildungsexpansion und soziale Ungleichheit in der Bundesrepublik Deutschland, in: Bolder, Axel et al. (Hg.), Die Wiederentdeckung der Ungleichheit. Aktuelle Tendenzen in Bildung für Arbeit, Jahrbuch Bildung und Arbeit: Bd. 1, 1996, Opladen: Leske + Budrich, S. 118–146.

Kreckel, Reinhard 1983: Soziale Ungleichheit und Arbeitsmarktsegmentierung, in: Kreckel, Reinhard (Hg.), Soziale Ungleichheiten, Soziale Welt, Sonderband: 2, Göttingen: Schwartz, S. 137–162.

Kreckel, Reinhard 1992: Politische Soziologie der sozialen Ungleichheit, Frankfurt a.M.: Campus.

Küchler, Felicitas von; Kade, Sylvia 1992: Das Bildungs- und Weiterbildungssystem der ehemaligen DDR, in: Küchler, Felicitas von; Kade, Sylvia (Hg.), Erwachsenenbildung im Übergang. Deutsch-deutsche Dialogversuche, Frankfurt a.M.: Pädagogische Arbeitsstelle des DVV, S. 13–36.

Kühl, Jürgen; Pusse, Leo; Teriet, Bernhard; Ulrich, Erbard 1975: Bezugssysteme für Ansätze einer Theorie der erwerbswirtschaftlichen und kontrahierten Arbeit, in: Mitteilungen aus der Arbeitsmarkt- und Berufsforschung 8 (4), S. 287–316.

Kühnel, Steffen 1992: Sparsame Modellierung mit logistischen Zufallsnutzenmodellen, in: ZA-Information 31, S. 70–92.

Kühnel, Steffen 1995: Programme zur Logitanalyse von kategorialen abhängigen Variablen auf Individualdatenebene, in: Historische Sozialforschung 20 (3), S. 63–87.

Kuwan, Helmut 1996: Faktoren der Teilnahme an beruflicher Weiterbildung, in: Bardeleben, Richard von; Bolder, Axel; Heid, Helmut (Hg.), Kosten und Nutzen beruflicher Bildung, Zeitschrift für Berufs- und Wirtschaftspädagogik, Beiheft: 12, Stuttgart: Steiner, S. 70–83.

Kuwan, Helmut 1997: Berichtssystem Weiterbildung, in: Noll, Heinz-Herbert (Hg.), Sozialberichterstattung in Deutschland. Konzepte, Methoden und Ergebnisse für Lebensbereiche und Bevölkerungsgruppen, Grundlagentexte Soziologie, Weinheim: Juventa, S. 125–144.

Kuwan, Helmut; Gnahs, Dieter; Kretschmer, Isabell; Seidel, Sabine 1996: Berichtssystem Weiterbildung VI. Integrierter Gesamtbericht zur Weiterbildungssituation in Deutschland, Bonn: BMBW.

Kuwan, Helmut, Gnahs, Dieter; Seidel, Sabine 2000: Berichtssystem Weiterbildung VII. Integrierter Gesamtbericht zur Weiterbildungssituation in Deutschland, Bonn: BMBF.

Kuwan, Helmut; Thebis, Frauke 2001: Berichtssystem Weiterbildung VIII. Erste Ergebnisse der Repräsentativbefragung zur Weiterbildungssituation in Deutschland, Bonn: BMBF.

Kuwan, Helmut; Thebis, Frauke; Gnahs, Dieter; Sandau, Elke; Seidel, Sabine 2003: Berichtssystem Weiterbildung VIII. Integrierter Gesamtbericht zur Weiterbildungssituation in Deutschland, Bonn: BMBF.

Kuwan, Helmut; Waschbüsch, Eva 1996: Zertifizierung und Qualitätssicherung in der beruflichen Weiterbildung. Zertifizierungsaktivitäten, Qualitätsstandards und Qualitätssicherungssysteme in der beruflichen Weiterbildung – Ansätze und Perspektiven, Berichte zur beruflichen Bildung: 193, Bielefeld: Bertelsmann.

Lawal, Bayo H. 2004: Review of Non-Independence, Asymmetry, Skew-Symmetry and Point-Symmetry Models in the Analysis of Social Mobility Data, in: Quality & Quantity 38 (3), S. 259–289.

Leemann, Regula Julia 1999: Determinanten beruflicher Weiterbildung. Eine empirische Überprüfung konkurrierender Theorien, in: Schweizerische Zeitschrift für Soziologie 25 (2), S. 217–258.

Lehner, Anja 1997: Der 'kleine Unterschied'. Wandel in der Einkommensungleichheit zwischen den Geschlechtern? in: Müller, Walter (Hg.), Soziale Ungleichheit. Neue Befunde zu Strukturen, Bewußtsein und Politik, Sozialstrukturanalyse: 9, Opladen: Leske + Budrich, S. 79–110.

Leidhold, Wolfgang 2001: Wissensgesellschaft, in: Korte, Karl-Rudolf; Weidenfeld, Werner (Hg.), Deutschland-TrendBuch. Fakten und Orientierungen, Schriftenreihe: 375, Bonn: Bundeszentrale für politische Bildung, S. 429–460.

Lenz, Werner 1987: Lehrbuch der Erwachsenenbildung, Stuttgart: Kohlhammer.

Liao, Tim Futing 1994: Interpreting Probability Models. Logit, Probit, and other Generalized Linear Models, Sage University Paper Series on Quantitative Applications in the Social Sciences: 07-101, Thousand Oaks: Sage.

Linke, Lothar 1994: Reorganisation der Arbeitsmarktpolitik. Weiterbildung für Arbeitslose in Deutschland, Discussion Papers FS I 94: 203, Berlin: WZB.

Lipsmeier, Antonius 1990: Berufliche Weiterbildung in der Bundesrepublik Deutschland, in: Anweiler, Oskar et al. (Hg.), Vergleich von Bildung und Erziehung in der Bundesrepublik Deutschland und in der Deutschen Demokratischen Republik, Köln: Verlag Wissenschaft und Politik, S. 363–376.

Logan, John A. 1983: A Multivariate Model for Mobility Tables, in: American Journal of Sociology 89 (2), S. 324–349.

Long, J. Scott 1997: Regression Models for Categorical and Limited Dependent Variables, London: Sage.

Löw, Martina 2003: Einführung in die Soziologie der Bildung und Erziehung, Einführungstexte Erziehungswissenschaft: 8, Opladen: Leske + Budrich.

Lüdtke, Hartmut 1989: Expressive Ungleichheit. Zur Soziologie der Lebensstile, Opladen: Leske + Budrich.

Ludwig-Mayerhofer, Wolfgang 1990: Multivariate Logit-Modelle für ordinalskalierte abhängige Variablen, in: ZA-Information 27, S. 62–88.

Ludwig-Mayerhofer, Wolfgang 1992: Statistik-Software zur Schätzung von Regressions-Modellen für ordinale abhängige Variablen, in: ZA-Information 31, S. 93–99.

Luijkx, Ruud 1994: Comparative Loglinear Analysis of Social Mobility and Heterogamy, Series on Work and Organization, Tilburg: Tilburg University Press.

Lutz, Burkart 1987: Arbeitsmarkt und betriebliche Arbeitskräftestrategie. Eine theoretisch-historische Skizze zur Entstehung betriebszentrierter Arbeitsmarktsegmentation, Frankfurt a.M.: Campus.

Lutz, Burkart; Sengenberger, Werner 1974: Arbeitsmarktstukturen und öffentliche Arbeitsmarktpolitik. Eine kritische Analyse von Zielen und Instrumenten, Kommission für wirtschaftlichen und sozialen Wandel: 26, Göttingen: Schwartz.

Lutz, Burkart; Sengenberger, Werner 1988: Segmentationsanalyse und Beschäftigungspolitik, in: Bolte, Karl Martin (Hg.), Mensch, Arbeit und Betrieb. Beiträge zur Berufs- und Arbeitskräfteforschung, Weinheim: VCH, Acta humanoria, S. 273–286.

Mach, Bogdan W.; Mayer, Karl Ulrich; Pohoski, Michal 1994: Job Changes in the Federal Republic of Germany and Poland: A Longitudinal Assessment of the Impact of Welfare-Capitalist and State-Socialist Labour-Market Segmentation, in: European Sociological Review 10 (1), S. 1–28.

Maier, Harry 1994: Bildungsökonomie. Die Interdependenz von Bildungs- und Beschäftigungssystem, Stuttgart: Schäffer-Poeschel.

Markert, Werner 1999: Von der beruflichen Weiterbildung zur neuen organisations- und handlungsbezogenen allgemeinen Weiterbildung, in: Arnold, Rolf; Gieseke, Wiltrud (Hg.), Die Weiterbildungsgesellschaft. Band 2: Bildungspolitische Konsequenzen, Grundlagen der Weiterbildung, Neuwied: Luchterhand, S. 70–89.

Martin, Albert; Düll, Herbert 2000: Betriebliche Weiterbildung und Arbeitsmarktsituation. Qualifizierungsmaßnahmen im Lichte organisationstheoretischer Ansätze und empirischer Datenanalyse, in: Matiaske, Wenzel; Mellewigt, Thomas; Stein, Friedrich A. (Hg.), Empirische Organisations- und Entscheidungsforschung. Ansätze, Befunde, Methoden, Festschrift zum 60. Geburtstag von Herrn Prof. Dr. Rolf Bronner, Heidelberg: Physica, S. 81–123.

Mathwig, Gasala; Habich, Roland 1997: Berufs- und Einkommensverläufe in Deutschland nach der Vereinigung, in: Hradil, Stefan; Pankoke, Eckart (Hg.), Aufstieg für alle? KSPW: Beiträge zum Bericht „Ungleichheit und Sozialpolitik" 2.2, Opladen: Leske + Budrich, S. 11–101.

Mayer, Karl Ulrich 1991a: Lebensverlauf und Bildung. Ergebnisse aus dem Forschungsprojekt „Lebensverläufe und gesellschaftlicher Wandel" des MPI für Bildungsforschung, in: Unterrichtswissenschaft. Zeitschrift für Lernforschung 19 (4), S. 313–332.

Mayer, Karl Ulrich 1991b: Soziale Ungleichheit und die Differenzierung von Lebensverläufen, in: Zapf, Wolfgang (Hg.), Die Modernisierung moderner Gesellschaften. Verhandlungen des 25. Deutschen Soziologentages in Frankfurt am Main, Frankfurt a.M.: Campus, S. 667–687.

Mayer, Karl Ulrich 2000: Die Bildungsgesellschaft. Aufstieg durch Bildung, in: Pongs, Armin (Hg.), In welcher Gesellschaft leben wir eigentlich? Gesellschaft X: 2, München: Dilemma-Verlag, S. 193–218.

Mayer, Karl Ulrich; Blossfeld, Hans Peter 1990: Die gesellschaftliche Konstruktion sozialer Ungleichheit im Lebensverlauf, in: Berger, Peter A.; Hradil, Stefan (Hg.), Lebenslagen, Lebensläufe, Lebensstile, Soziale Welt, Sonderband: 7, Göttingen: Schwartz & Co., S. 297–318.

Mayer, Karl Ulrich; Brückner, Erika 1989: Lebensverläufe und Wohlfahrtsentwicklung. Konzeption, Design und Methodik der Erhebung von Lebensverläufen der Geburtsjahrgänge 1929-31, 1939-41 und 1949-51. Teile I-III, Materialien aus der Bildungsforschung: 35, Berlin: MPI für Bildungsforschung.

Mayer, Karl Ulrich; Featherman, David L.; Selbee, L. Kevin; Colbjørnsen, Tom 1989: Class Mobility During the Working Life: A Comparison of Germany and Norway, in: Kohn, Melvin L. (Hg.), Cross-National Research in Sociology, American Sociological Association Presidential Series, Newbury Park: Sage Publications, S. 218–239.

Meier, Artur 1993: Die Probe aufs Exempel: Weiterbildung im sozialen Strukturwandel Ostdeutschlands, in: Meier, Artur; Rabe-Kleberg, Ursula (Hg.), Weiterbildung, Lebenslauf, sozialer Wandel, Neuwied/Kriftel/Berlin: Luchterhand, S. 183–198.

Menard, Scott 1991: Longitudinal Research, Sage University Paper Series on Quantitative Applications in the Social Sciences: 07-076, Newbury Park: Sage.

Menard, Scott 2001: Applied Logistic Regression Analysis, zweite Auflage, Sage University Paper Series on Quantitative Applications in the Social Sciences: 07-106, Thousand Oaks: Sage.

Mertens, Dieter 1984: Das Qualifikationsparadox. Bildung und Beschäftigung bei kritischer Arbeitsmarktperspektive, in: Zeitschrift für Pädagogik 30 (4), S. 439–455.

Milgrom, Paul; Roberts, John 1992: Economics, Organization and Management, Englewood Cliffs: Prentice-Hall.

Miller, Robert 1998: The Limited Concerns of Social Mobility Research, in: Current Sociology 46 (4), S. 145–163.

Mincer, Jacob 1974: Schooling, Experience and Earnings, New York: National Bureau of Economic Research.

Müller, Hans-Peter 1993: Sozialstruktur und Lebensstile. Der neuere theoretische Diskurs über soziale Ungleichheit, zweite Auflage, Frankfurt a.M.: Suhrkamp.

Müller, Walter 1972: Bildung und Mobilitätsprozeß. Eine Anwendung der Pfadanalyse, in: Zeitschrift für Soziologie 1 (1), S. 65–84.

Müller, Walter 1973: Family Background, Education and Career Mobility, in: Müller, Walter; Mayer, Karl Ulrich (Hg.), Social Stratification and Career Mobility, Publications of the International Social Science Council: 16, Paris: Mouton, S. 223–255.

Müller, Walter 1975: Familie, Schule, Beruf. Analysen zur sozialen Mobilität und Statuszuweisung in der Bundesrepublik, Studien zur Sozialwissenschaft: 25, Opladen: Westdeutscher Verlag.

Müller, Walter 1977: Further Education, Division of Labour and Quality of Opportunity, in: Social Science Information 16 (5), S. 527–556.

Müller, Walter 1979: Schulbildung und Weiterbildung als soziologische Hintergrundsvariablen, in: Pappi, Franz Urban (Hg.), Sozialstrukturanalysen mit Umfragedaten. Probleme der standardisierten Erfassung von Hintergrundsmerkmalen in allgemeinen Bevölkerungsumfragen, Monographien: Sozialwissenschaftliche Methoden: 2, Königstein: Athenäum, S. 169–206.

Müller, Walter 1994: Bildung und soziale Plazierung in Deutschland, England und Frankreich, in: Peisert, Hansgert; Zapf, Wolfgang (Hg.), Gesellschaft, Demokratie und Lebenschancen. Festschrift für Ralf Dahrendorf, Stuttgart: Deutsche Verlags-Anstalt, S. 115–134.

Müller, Walter 1998: Erwartete und unerwartete Folgen der Bildungsexpansion, in: Friedrichs, Jürgen; Lepsius, M. Rainer; Mayer, Karl Ulrich (Hg.), Die Diagnosefähigkeit der Soziologie, Kölner Zeitschrift für Soziologie und Sozialpsychologie, Sonderheft: 38, Opladen: Westdeutscher Verlag, S. 81–112.

Müller, Walter 1999: Der Mikrozensus als Datenquelle sozialwissenschaftlicher Forschung, in: Lüttinger, Paul (Hg.), Sozialstrukturanalysen mit dem Mikrozensus, ZUMA Nachrichten, Spezial: 6, Mannheim: ZUMA, S. 7–27.

Müller, Walter 2000: Bildungsexpansion und Bildungsfolgen im Systemvergleich, in: Niedermayer, Oskar; Westle, Bettina (Hg.), Demokratie und Partizipation. Festschrift für Max Kaase, Wiesbaden: Westdeutscher Verlag, S. 65–87.

Müller, Walter 2001: Zum Verhältnis von Bildung und Beruf in Deutschland. Entkopplung oder zunehmende Strukturierung? in: Berger, Peter A.; Konietzka, Dirk (Hg.), Die Erwerbsgesellschaft. Neue Ungleichheiten und Unsicherheiten, Sozialstrukturanalyse: 16, Opladen: Leske + Budrich, S. 29–63.

Müller, Walter; Brauns, Hildegard; Steinmann, Susanne 2002: Expansion und Erträge tertiärer Bildung in Deutschland, Frankreich und im Vereinigten Königreich, in: Berliner Journal für Soziologie 12 (1), S. 37–62.

Müller, Walter; Noll, Heinz-Herbert 1997: Arbeit und Sozialstruktur, in: Kahsnitz, Dietmar; Ropohl, Günter; Schmid, Alfons (Hg.), Handbuch zur Arbeitslehre, München: Oldenbourg, S. 553–571.

Müller, Walter; Shavit, Yossi 1998: Bildung und Beruf im institutionellen Kontext. Eine vergleichende Studie in 13 Ländern, in: Zeitschrift für Erziehungswissenschaft 1 (4), S. 501–533.

Müller, Walter; Steinmann, Susanne; Ell, Renate 1998: Education and Labour-Market Entry in Germany, in: Shavit, Yossi; Müller, Walter (Hg.), From School to Work. A Comparative Study of Educational Qualification and Occupational Destinations, Oxford: Clarendon Press, S. 143–188.

Noll, Heinz-Herbert 1987: Weiterbildung, Beschäftigungsstruktur und Statusdistribution, in: Weymann, Ansgar (Hg.), Bildung und Beschäftigung. Grundzüge und Perspektiven des Strukturwandels, Soziale Welt, Sonderband: 5, Göttingen: Schwartz, S. 141–170.

Nuissl, Ekkehard 2002: Weiterbildung/Erwachsenenbildung, in: Tippelt, Rudolf (Hg.), Handbuch Bildungsforschung, Opladen: Leske + Budrich, S. 333–347.

Nuissl, Ekkehard; Pehl, Klaus 2000: Porträt Weiterbildung Deutschland, Bielefeld: Bertelsmann.

Olbrich, Josef 2001: Geschichte der Erwachsenenbildung in Deutschland, Schriftenreihe: 371, Bonn: Bundeszentrale für politische Bildung.

Oschmiansky, Heide; Schmid, Günther 2000: Wandel der Erwerbsformen. Berlin und die Bundesrepublik im Vergleich, Discussion Papers FS I 00-204, Berlin: WZB.

Osterloh, Margit; Oberholzer, Karin 1994: Der geschlechtsspezifische Arbeitsmarkt. Ökonomische und soziologische Erklärungsansätze, in: APuZ B 6/94, S. 3–10.

Otte, Gunnar 1997: Lebensstile versus Klassen – welche Sozialstrukturkonzeption kann die individuelle Parteipräferenz besser erklären? in: Müller, Walter (Hg.), Soziale Ungleichheit. Neue Befunde zu Strukturen, Bewußtsein und Politik, Sozialstrukturanalyse: 9, Opladen: Leske + Budrich, S. 303–346.

Pfeiffer, Friedhelm; Brade, Joachim 1995: Weiterbildung, Arbeitszeit und Lohneinkommen, in: Steiner, Viktor; Bellmann, Lutz (Hg.), Mikroökonomik des Arbeitsmarktes, BeitrAB: 192, Nürnberg: IAB, S. 289–326.

Pfeiffer, Friedhelm; Reize, Frank 2000: Formelle und informelle berufliche Weiterbildung und Verdienst bei Arbeitnehmern und Selbständigen, Discussion Papers: 00-01, Mannheim: Zentrum für Europäische Wirtschaftsforschung.

Piore, Michael J. 1978: Lernprozesse, Mobilitätsketten und Arbeitsmarktsegmente, in: Sengenberger, Werner (Hg.), Der gespaltene Arbeitsmarkt. Probleme der Arbeitsmarktsegmentation, Frankfurt a.M.: Campus, S. 67–98.

Pischke, Jörn Steffen 2000: Continuous Training in Germany, IZA Discussion Paper Series: 137, Bonn: Forschungsinstitut zur Zukunft der Arbeit.

Pollmann-Schult, Matthias; Büchel, Felix 2002: Generierung eines Proxys zum Job-Anforderungsniveau aus den Informationen zu ausgeübtem Beruf und beruflicher Stellung. Ein neues Tool für die deutsche Überqualifikations-Forschung, in: ZUMA-Nachrichten 51, S. 78–93.

Powers, Daniel; Xie, Yu 2000: Statistical Methods for Categorical Data Analysis, San Diego: Academic Press.

Raftery, Adrian E. 1986: Choosing Models for Cross-Classifications, in: American Sociological Review 51 (1), S. 145–146.

Raftery, Adrian E. 1995: Bayesian Model Selection in Social Research, in: Sociological Methodology 25, S. 111–163.

Reinberg, Alexander 1999: Der qualifikatorische Strukturwandel auf dem deutschen Arbeitsmarkt – Entwicklungen, Perspektiven und Bestimmungsgründe, in: Mitteilungen aus der Arbeitsmarkt- und Berufsforschung 32 (4), S. 435–447.

Reinberg, Alexander; Hummel, Markus 2001: Die Entwicklung im deutschen Bildungssystem vor dem Hintergrund des qualifikatorischen Strukturwandels auf dem Arbeitsmarkt, in: Reinberg, Alexander (Hg.), Arbeitsmarktrelevante Aspekte der Bildungspolitik, BeitrAB: 245, Nürnberg: IAB, S. 1–62.

Reinberg, Alexander; Hummel, Markus 2001: Stillstand ist Rückschritt. Bildungsexpansion in Westdeutschland, IAB-Kurzbericht: 8/2001, Nürnberg: IAB.

Rosenbladt, Bernhard von; Schupp, Jürgen 1991: Die Ost-Stichprobe des Sozio-ökonomischen Panels (SOEP), in: Wagner, Gert; Rosenbladt, Bernhard von; Blaschke, Dieter (Hg.), An der Schwelle zur sozialen Marktwirtschaft. Ergebnisse aus der Basiserhebung des Sozio-ökonomischen Panels in der DDR im Juni 1990, BeitrAB: 143, Nürnberg: IAB, S. 63–69.

Rudolph, Helmut 2000: Befristete Arbeitsverträge sind bald neu zu regeln, IAB-Kurzbericht: 12/2000, Nürnberg: IAB.

Rürup, Bert; Sesselmeier, Werner 2001: Wirtschafts- und Arbeitswelt, in: Korte, Karl-Rudolf; Weidenfeld, Werner (Hg.), Deutschland-TrendBuch. Fakten und Orientierungen, Schriftenreihe: 375, Bonn: Bundeszentrale für politische Bildung, S. 247–288.

Sackmann, Reinhold; Windzio, Michael; Wingens, Matthias 2001: Unemployment and Social Mobility in East Germany, in: International Journal of Sociology and Social Policy 21 (4-6), S. 92–117.

Sauter, Edgar 1989: Herausforderungen an die berufliche Weiterbildung – Recycling oder Prävention, in: Döring, Peter A.; Weishaupt, Horst; Weiß, Manfred (Hg.), Bildung in sozioökonomischer Sicht. Festschrift für Hasso von Recum zum 60. Geburtstag, Köln: Böhlau, S. 141–159.

Schäfer, Hans-Peter 1990: Berufliche Weiterbildung in der DDR, in: Anweiler, Oskar et al. (Hg.), Vergleich von Bildung und Erziehung in der Bundesrepublik Deutschland und in der Deutschen Demokratischen Republik, Köln: Verlag Wissenschaft und Politik, S. 377–393.

Scherer, Stefani 2001: Early Career Patterns. A Comparison between Great Britain and West Germany, in: European Sociological Review 17 (2), S. 119–144.

Scherer, Stefani 2003: Sprungbrett oder Falle? Konsequenzen der Position des Erwerbseintritts auf den Karriereverlauf in Westdeutschland, Großbritannien und Italien, in: Müller, Walter; Scherer, Stefani (Hg.), Mehr Risiken - Mehr Ungleichheit? Abbau von Wohlfahrtsstaat, Flexibilisierung von Arbeit und die Folgen, Mannheimer Jahrbuch für Europäische Sozialforschung: 7, Frankfurt a.M.: Campus, S. 137–165.

Schnitzer, Klaus; Isserstedt, Wolfgang; Middendorff, Elke 2001: Die wirtschaftliche und soziale Lage der Studierenden in der Bundesrepublik Deutschland 2000. 16. Sozialerhebung des Deutschen Studentenwerks durchgeführt durch HIS Hochschul-Informations-System, Bonn: BMBF.

Schömann, Klaus; Becker, Rolf 1995: Participation in Further Education over the Life Course. A Longitudinal Study of Three Birth Cohorts in the Federal Republic of Germany, in: European Sociological Review 11 (2), S. 187–208.

Schömann, Klaus; Becker, Rolf 1998: Selektivität in der beruflichen Weiterbildung und Einkommensverläufe, in: Pfeiffer, Friedhelm; Pohlmeier, Winfried (Hg.), Qualifikation, Weiterbildung und Arbeitsmarkterfolg, ZEW-Wirtschaftsanalysen, Schriftenreihe des ZEW: 31, Baden-Baden: Nomos, S. 279–309.

Schömann, Klaus; Becker, Rolf; Zühlke, Sylvia 1997: Further Education and Occupational Careers in East Germany, in: Vierteljahreshefte zur Wirtschaftsforschung 66, S. 187–196.

Schreiber, Norbert 1998: Was nutzt berufliche Weiterbildung? Befunde aus aktuellen empirischen Untersuchungen, in: Sozialwissenschaften und Berufspraxis 21 (1), S. 29–47.

Schulenberg, Wolfgang; Loeber, Heinz Dieter; Loeber-Pautsch, Uta; Pühler, Susanne 1978: Soziale Faktoren der Bildungsbereitschaft Erwachsener. Eine empirische Untersuchung, Stuttgart: Klett-Cotta.

Schulze, Gerhard 1992: Die Erlebnisgesellschaft. Kultursoziologie der Gegenwart, Frankfurt a.M.: Campus.

Schwab, Herbert 1999: Perspektiven für die Weiterbildung nach dem Jahr 2000. Zwischen konservativer Modernisierung und fortschrittsgläubigem Traditionalismus? in: Scholz, Wolf-Dieter; Schwab, Herbert (Hg.), Bildung und Gesellschaft im Wandel. Bilanz und Perspektiven der Erziehungswissenschaft, Friedrich W. Busch und Jost von Maydell zum 60. Geburtstag, Oldenburg: Bibliotheks- und Informationssystem der Universität, S. 285–314.

Seifert, Wolfgang 1995: Die Mobilität der Migranten: Die berufliche, ökonomische und soziale Stellung ausländischer Arbeitnehmer in der Bundesrepublik, Berlin: Edition Sigma.

Seifert, Wolfgang 1996: Berufliche, ökonomische und soziale Mobilität von Arbeitsmigranten zwischen 1984 und 1993, in: Zapf, Wolfgang; Schupp, Jürgen; Habich, Roland (Hg.), Lebenslagen im Wandel. Sozialberichterstattung im Längsschnitt, Sozio-ökonomische Daten und Analysen für die Bundesrepublik Deutschland: 7, Frankfurt a.M.: Campus, S. 240–263.

Sengenberger, Werner 1978a: Arbeitsmarktstruktur. Ansätze zu einem Modell des segmentierten Arbeitsmarkts, zweite Auflage, München: Institut für Sozialwissenschaftliche Forschung.

Sengenberger, Werner 1978b: Die gegenwärtige Arbeitslosigkeit - auch ein Strukturproblem des Arbeitsmarkts, Frankfurt a.M.: Campus.

Sengenberger, Werner 1987: Struktur und Funktionsweise von Arbeitsmärkten. Die Bundesrepublik Deutschland im internationalen Vergleich, Frankfurt a.M.: Campus.

Sesselmeier, Werner; Blauermel, Gregor 1997: Arbeitsmarkttheorien. Ein Überblick, zweite, überarbeitete und erweiterte Auflage, Heidelberg: Physica.

Severing, Eckart 1994: Arbeitsplatznahe Weiterbildung. Betriebspädagogische Konzepte und betriebliche Umsetzungsstrategien, Grundlagen der Weiterbildung, Neuwied: Luchterhand.

Siebert, Horst 1994: Erwachsenenbildung in der Bundesrepublik Deutschland. Alte Bundesländer und neue Bundesländer, in: Tippelt, Rudolf (Hg.), Handbuch Erwachsenenbildung/Weiterbildung, Opladen: Leske + Budrich, S. 52–79.

Sobel, Michael E. 1995: The Analysis of Contingency Tables, in: Arminger, Gerhard; Clogg, Clifford C.; Sobel, Michael E. (Hg.), Handbook of Statistical Modelling for the Social and Behavioral Sciences, New York: Plenum Press, S. 251–310.

Sobel, Michael E.; Hout, Michael; Duncan, Otis D. 1985: Exchange, Structure, and Symmetry in Occupational Mobility, in: American Journal of Sociology 91 (2), S. 359–372.

SOEP Group 2001: The German Socio-Economic Panel (GSOEP) After More than 15 Years – Overview, in: Vierteljahreshefte zur Wirtschaftsforschung 70 (1), S. 7–14.

Spence, Michael A. 1973: Job Market Signaling, in: Quarterly Journal of Economics 87 (3), S. 355–374.

SPSS Inc. 2002: SPSS Advanced Models 11.5, Chicago: SPSS Inc.

Statistisches Bundesamt (Hg.) 2000: Datenreport 1999. Zahlen und Fakten über die Bundesrepublik Deutschland, Schriftenreihe: 365, Bonn: Bundeszentrale für politische Bildung.

Statistisches Bundesamt (Hg.) 2002: Datenreport 2002. Zahlen und Fakten über die Bundesrepublik Deutschland, Schriftenreihe: 376, Bonn: Bundeszentrale für politische Bildung.

Steinmann, Susanne 2000: Bildung, Ausbildung und Arbeitsmarktchancen in Deutschland. Eine Studie zum Wandel der Übergänge von der Schule in das Erwerbsleben, Opladen: Leske + Budrich.

Stooß, Friedemann 1994: Ältere Arbeitnehmer - Beschäftigungsperspektiven und Weiterbildungsbedarf, in: Forschungsinstitut der Friedrich-Ebert-Stiftung (Hg.), Bedeutung des demographischen Wandels. Erwerbsarbeit, berufliche Qualifizierung, Weiterbildung, Gesprächskreis Arbeit und Soziales: 40, Bonn: Friedrich-Ebert-Stiftung, S. 41–64.

Strzelewicz, Willy; Raapke, Hans-Dietrich; Schulenberg, Wolfgang 1966: Bildung und gesellschaftliches Bewußtsein. Eine mehrstufige soziologische Untersuchung in Westdeutschland, Stuttgart: Enke.

Szydlik, Marc 1990: Die Segmentierung des Arbeitsmarktes in der Bundesrepublik Deutschland, Beiträge zur Sozialökonomik der Arbeit: 24, Berlin: Edition Sigma.

Szydlik, Marc 1996a: Die Übereinstimmung von erworbenen und erforderlichen Qualifikationen in den Vereinigten Staaten von Amerika, der Bundesrepublik Deutschland und der Deutschen Demokratischen Republik. Bericht an die Deutsche Forschungsgemeinschaft, Manuskript, Berlin: Freie Universität, Institut für Soziologie.

Szydlik, Marc 1996b: Zur Übereinstimmung von Ausbildung und Arbeitsplatzanforderungen in der Bundesrepublik Deutschland, in: Mitteilungen aus der Arbeitsmarkt- und Berufsforschung 29 (2), S. 295–306.

Szydlik, Marc 1999: Berufsausbildung mit anschließend nicht adäquater Beschäftigung im deutsch-amerikanischen Vergleich, in: Beer, Doris; Frick, Bernd; Neubäumer, Renate; Sesselmeier, Werner (Hg.), Die wirtschaftlichen Folgen von Aus- und Weiterbildung, München: Hampp, S. 123–138.

Terwey, Michael 2000: ALLBUS: A German General Social Survey, in: Zeitschrift für Wirtschafts- und Sozialwissenschaften 120 (1), S. 151–158.

Thome, Helmut 1991: Modelling and Testing Interactive Relationships within Regression Analysis, in: Historical Social Research 16 (4), S. 21–50.

Thurow, Lester C. 1975: Generating Inequality, New York: Basic Books.

Thurow, Lester C. 1978: Die Arbeitskräfteschlange und das Modell des Arbeitsplatzwettbewerbs, in: Sengenberger, Werner (Hg.), Der gespaltene Arbeitsmarkt. Probleme der Arbeitsmarktsegmentation, Frankfurt a.M.: Campus, S. 117–137.

Tiede, Manfred; Voß, Werner 2000: Schließen mit Statistik - Verstehen, München: Oldenbourg.

Timmermann, Dieter 2002: Bildungsökonomie, in: Tippelt, Rudolf (Hg.), Handbuch Bildungsforschung, Opladen: Leske + Budrich, S. 81–122.

Tippelt, Rudolf 1990: Bildung und sozialer Wandel. Eine Untersuchung von Modernisierungsprozessen am Beispiel der Bundesrepublik Deutschland seit 1950, Weinheim: Deutscher Studien Verlag.

Tippelt, Rudolf 1997: Neue Sozialstrukturen: Differenzierung von Weiterbildungsinteressen und Pluralisierung des Weiterbildungsmarktes, in: Derichs-Kunstmann, Karin et al. (Hg.), Weiterbildung zwischen Grundrecht und Markt. Rahmenbedingungen und Perspektiven, Opladen: Leske + Budrich, S. 137–152.

Tippelt, Rudolf 1999: Bildung und soziale Milieus. Ergebnisse differentieller Bildungsforschung, Oldenburger Universitätsreden: 119, Oldenburg: Bibliotheks- und Informationssystem der Universität Oldenburg.

Tippelt, Rudolf; Barz, Heiner 2004: Soziale und regionale Differenzierung von Weiterbildungsverhalten und Weiterbildungsinteressen. Kurz-Zusammenfassung der Ergebnisse, München: Ludwig Maximilian Universität.

Tippelt, Rudolf; Cleve, Bernd van 1995: Verfehlte Bildung? Bildungsexpansion und Qualifikationsbedarf, Darmstadt: Wissenschaftliche Buchgesellschaft.

Treiman, Donald J.; Ganzeboom, Harry B.G. 1998: The Fourth Generation of Comparative Stratification Research, Paper prepared for a meeting of the ISA research council in Montreal 1997, last revised 8 May 1998, Los Angeles: UCLA, Department of Sociology.

Treiman, Donald J.; Ganzeboom, Harry B.G. 2000: The Fourth Generation of Comparative Stratification Research, in: Quah, Stella R.; Sales, Arnaud (Hg.), The International Handbook of Sociology, London: Sage, S. 123–150.

Ulrich, Joachim Gerd 2000: Weiterbildungsbedarf und Weiterbildungsaktivitäten der Erwerbstätigen in Deutschland. Ergebnisse aus der BIBB/IAB-Erhebung 1998/1999, in: Berufsbildung in Wissenschaft und Praxis 3/2000, S. 23–29.

Ultee, Wout C. 1980: Is Education a Positional Good? An Empirical Examination of Alternative Hypotheses on the Connection Between Education and Occupational Level, in: The Netherlands Journal of Sociology 16 (2), S. 135–153.

Urban, Dieter 1982: Regressionstheorie und Regressionstechnik, Teubner Studienskripten zur Soziologie: 36, Stuttgart: Teubner.

Urban, Dieter 1993: Logit-Analyse. Statistische Verfahren zur Analyse von Modellen mit qualitativen Response-Variablen, Stuttgart: Fischer.

Vermunt, Jeroen K. 1997: LEM. A General Program for the Analysis of Categorical Data, Manual, Tilburg: University.

Wagner, Gert; Schupp, Jürgen; Rendtel, Ulrich 1994: Das Sozio-oekonomische Panel (SOEP). Methoden der Datenproduktion und -aufbereitung im Längsschnitt, in: Hauser, Richard; Ott, Notburga; Wagner, Gert (Hg.), Mikroanalytische Grundlagen der Gesellschaftspolitik. Ergebnisse aus dem gleichnamigen Sonderforschungsbereich an den Universitäten Frankfurt und Mannheim, Bd. 2 Erhebungsverfahren, Analysemethoden und Mikrosimulation, Berlin: Akademie-Verlag, S. 70–112.

Wagner, Gert G. 2000: Erwerbsarbeit sollte Zukunft haben, in: Kocka, Jürgen; Offe, Claus (Hg.), Geschichte und Zukunft der Arbeit, Frankfurt a.M.: Campus, S. 215–233.

Wagner, Michael 1996: Lebensverläufe und gesellschaftlicher Wandel. Die westdeutschen Teilstudien, in: ZA-Information 38, S. 20–27.

Walwei, Ulrich 1997: Befristung von Arbeitsverhältnissen. Mehr Beschäftigung durch weniger Kündigungsschutz, in: Montada, Leo (Hg.), Beschäftigungspolitik zwischen Effizienz und Gerechtigkeit, ADIA-Stiftung zur Erforschung Neuer Wege für Arbeit und soziales Leben: 8, Frankfurt a.M.: Campus, S. 153–177.

Watson, Tony J. 1995: Sociology, Work and Industry, dritte Auflage, London: Routledge.

Weber, Max 1972: Wirtschaft und Gesellschaft. Grundriss der verstehenden Soziologie, fünfte, revidierte Auflage, Studienausgabe, Tübingen: Mohr.

Wegener, Bernd 1985: Gibt es Sozialprestige? in: Zeitschrift für Soziologie 14 (3), S. 209–235.

Wegener, Bernd 1988: Kritik des Prestiges, Opladen: Westdeutscher Verlag.

Weidig, Inge; Hofer, Peter; Wolff, Heimfrid 1999: Arbeitslandschaft 2010 nach Tätigkeiten und Tätigkeitsniveau, BeitrAB: 227, Nürnberg: IAB.

Weiß, Manfred 2002: Stichwort: Bildungsökonomie, in: Zeitschrift für Erziehungswissenschaft 5 (2), S. 183–200.

Werfhorst, Herman G. van der; Graaf, Nan Dirk de; Kraaykamp, Gerbert 2001: Intergenerational Resemblance in Field of Study in the Netherlands, in: European Sociological Review 17 (3), S. 275–293.

Wickens, Thomas D. 1989: Multiway Contingency Tables Analysis for the Social Sciences, Hillsdale: Erlbaum.

Wilkens, Ingrid; Leber, Ute 2003: Partizipation an beruflicher Weiterbildung. Empirische Ergebnisse auf Basis des Sozio-ökonomischen Panels, in: Mitteilungen aus der Arbeitsmarkt- und Berufsforschung 36 (3), S. 329–337.

Windzio, Michael 2000: Ungleichheiten im Erwerbsverlauf. Individuelle Ressourcen, soziale Schließung und vakante Positionen als Determinanten beruflicher Karrieren, Bremer soziologische Texte: 8, Herbolzheim: Centaurus.

Wittwer, Wolfgang 1995: Regelungsansätze und -widerstände im Bereich der beruflichen Weiterbildung. Die berufsbildungspolitische Diskussion seit 1970, in: Dobischat, Rolf; Husemann, Rudolf (Hg.), Berufliche Weiterbildung als freier Markt? Regulationsanforderungen der beruflichen Weiterbildung in der Diskussion, Berlin: Edition Sigma, S. 23–52.

Wittwer, Wolfgang 2001: Berufliche Weiterbildung, in: Schanz, Heinrich (Hg.), Berufs- und wirtschaftspädagogische Grundprobleme, Berufsbildung konkret: 1, Baltmannsweiler: Schneider, S. 229–247.

Witzel, Andreas; Helling, Vera; Mönnich, Ingo 1996: Die Statuspassage in den Beruf als Prozeß der Reproduktion sozialer Ungleichheit, in: Bolder, Axel et al. (Hg.), Die Wiederentdeckung der Ungleichheit. Aktuelle Tendenzen in Bildung für Arbeit, Jahrbuch Bildung und Arbeit: Bd. 1, 1996, Opladen: Leske + Budrich, S. 170–187.

Wohlrab-Sahr, Monika 1997: Individualisierung: Differenzierungsprozeß und Zurechnungsmodus, in: Beck, Ulrich; Sopp, Peter (Hg.), Individualisierung und Integration. Neue Konfliktlinien und neuer Integrationsmodus? Opladen: Leske + Budrich, S. 23–36.

Wolbers, Maarten H.J.; Graaf, Paul M. de; Ultee, Wout C. 2001: Trends in the Occupational Returns to Educational Credentials in the Dutch Labor Market. Changes in Structures and in the Association? in: Acta Sociologica 44 (1), S. 5–19.

Wolf, Christof 1995: Sozio-ökonomischer Status und berufliches Prestige. Ein kleines Kompendium sozialwissenschaftlicher Skalen auf Basis der beruflichen Stellung und Tätigkeit, in: ZUMA-Nachrichten 37, S. 102–136.

Wong, Raymond Sin-Kwok 1990: Understanding Cross-National Variation in Occupational Mobility, in: American Sociological Review 55 (4), S. 560–537.

Wong, Raymond Sin-Kwok 1992: Vertical and Nonvertical Effects in Class Mobility. Cross-National Variations, in: American Sociological Review 57 (3), S. 396–410.

Wong, Raymond Sin-Kwok 1994a: Model Selection Strategies and the Use of Association Models to Detect Group Differences, in: Sociological Methods & Research 22 (4), S. 460–491.

Wong, Raymond Sin-Kwok 1994b: Postwar Mobility Trends in Advanced Industrial Societies, in: Research in Social Stratification and Mobility 13, S. 121–144.

Wong, Raymond Sin-Kwok 1995a: Extensions in the Use of Log-Multiplicative Scaled Association Models in Multiway Contingency Tables, in: Sociological Methods & Research 23 (4), S. 507–538.

Wong, Raymond Sin-Kwok 1995b: Socialist Stratification and Mobility. Cross-National and Gender Differences in Czechoslovakia, Hungary, and Poland, in: Social Science Research 24 (3), S. 302–328.

Wong, Raymond Sin-Kwok; Hauser, Robert M. 1992: Trends in Occupational Mobility in Hungary under Socialism, in: Social Science Research 21 (4), S. 419–444.

Wunderlich, Gaby 1997: Einkommensungleichheit. Ein Vergleich der alten und neuen Bundesländer, in: Müller, Walter (Hg.), Soziale Ungleichheit. Neue Befunde zu Strukturen, Bewußtsein und Politik, Sozialstrukturanalyse: 9, Opladen: Leske + Budrich, S. 45–77.

Wuppertaler Kreis e.V.; CERTQUA 2002: Qualitätsmanagement und Zertifizierung in der Weiterbildung nach dem internationalen Standard ISO 9000:2000, Grundlagen der Weiterbildung, Neuwied: Luchterhand.

Xie, Yu 1992: The Log-Multiplicative Layer Effect Model for Comparing Mobility Tables, in: American Sociological Review 57 (3), S. 380–395.

Zimmermann, Ekkart 1980: Statusinkonsistenz in der Bundesrepublik Deutschland: Ein Stiefkind sozialstruktureller Analyse? in: Kölner Zeitschrift für Soziologie und Sozialpsychologie 32 (2), S. 325–338.

Zühlke, Sylvia; Goedicke, Anne 2000: Mobilität oder Immobilität? Zur Bedeutung interner Arbeitsmärkte in beiden deutschen Staaten vor 1989, in: Kölner Zeitschrift für Soziologie und Sozialpsychologie 52 (1), S. 81–95.